21世纪
高职高专规划教材
市场营销系列

“十四五”职业教育国家规划教材

“十四五”职业教育河南省规划教材

商务谈判与推销实务

Business Negotiation and Marketing Practices

（第2版）

主　编 / 王军华
副主编 / 项晓娟　孙晶晶　关克鑫

中国人民大学出版社
· 北京 ·

图书在版编目（CIP）数据

商务谈判与推销实务/王军华主编. --2版. --北京：中国人民大学出版社，2020.1
21世纪高职高专规划教材·市场营销系列
ISBN 978-7-300-27856-8

Ⅰ.①商… Ⅱ.①王… Ⅲ.①商务谈判-高等职业教育-教材 ②推销-高等职业教育-教材 Ⅳ.①F715.4 ②F713.3

中国版本图书馆CIP数据核字（2020）第003293号

“十四五”职业教育国家规划教材
“十四五”职业教育河南省规划教材
21世纪高职高专规划教材·市场营销系列
商务谈判与推销实务（第2版）
主　编　王军华
副主编　项晓娟　孙晶晶　关克鑫
Shangwu Tanpan yu Tuixiao Shiwu

出版发行	中国人民大学出版社		
社　址	北京中关村大街31号	邮政编码	100080
电　话	010－62511242（总编室）		010－62511770（质管部）
	010－82501766（邮购部）		010－62514148（门市部）
	010－62515195（发行公司）		010－62515275（盗版举报）
网　址	http：//www.crup.com.cn		
经　销	新华书店		
印　刷	北京宏伟双华印刷有限公司	版　次	2016年8月第1版
开　本	787 mm×1092 mm　1/16		2020年1月第2版
印　张	20.25 插页1	印　次	2024年2月第12次印刷
字　数	473 000	定　价	46.00元

第 2 版前言

党的二十大报告指出，“要坚持以推动高质量发展为主题，把实施扩大内需战略同深化供给侧结构性改革有机结合起来”，“加快建设贸易强国”，“推动共建‘一带一路’高质量发展，维护多元稳定的国际经济格局和经贸关系”。这些表述为我国商务事业高质量发展和商务型人才培养明确了方向，擘画了蓝图。促进内外贸一体化建设是新发展格局的内在要求，商务谈判和推销活动有助于增强内贸、外贸的动力和活力，有助于加强企业间的经济联系，促进经济高质量发展，推动国内国际循环顺畅连接。而服务构建新发展格局，推进商务高质量发展，需要培养出一批熟悉党和国家方针政策、精通商贸沟通规则、擅长经贸合作的谈判与推销人才。

本教材通过系统的商务谈判和推销基本理论和基础知识的阐述，以项目为导向，以任务为驱动，突出知识目标、能力目标、训练目标的实现，帮助学生熟悉商务谈判及推销的基本程序，学会创造性地在商务实践中运用商务谈判及推销的各种策略和技巧，具备谈判人员和推销人员应具备的能力和素质，为今后从事谈判、营销、推销、客户服务等岗位奠定坚实的职业素质和能力基础。

本教材在修订过程中，通过调研校企合作企业，与企业负责人、业务部门负责人、部门主管、一线骨干人员座谈，了解其对员工谈判能力与推销能力的具体需求。通过毕业生回访，了解其在求职相关工作岗位上遇到的谈判、推销能力的缺陷与短板。从而明确了教材修订的思路和内容，进一步突出以下特色：

1. 学科整合突出实践性特色

打破学科体系，将商务谈判与推销实务两门学科的内容进行整合，打破传统商务谈判、推销学教材的繁杂论述格局，减少课程门类，提高教学效果，彰显高职特色。同时，充分考虑高等职业教育发展的需要，以实际工作过程为主线，以谈判、推销人员的素质与能力要求为导向，以学生素质和技能培养为目的，以理论够用、注重案例及实战为原则来构建内容。

2. 项目教学提升职业能力

立足高职教育能力本位的教学改革，充分体现工学结合的教学思想，根据企业岗位和人才培养模式的特殊性，继续采用“项目导向、任务驱动”的结构体系。在学习项目时，学生要按照“知识、能力、实训”三个层次来掌握相关的知识和技能。采用“做中学”的方式，以练带学，通过最终实训任务的完成来帮助学生获得知识和技能，使学生的职业能力在潜移默化中得以提升。

3. 多元化资源引导参与式学习

顺应“互联网＋”和新媒体的发展，适当加入互动教学资源与二维码资源，新增了视频、动画、图表、参考文本等资料，增强了教材的趣味性和内容的丰富度，引导学生主动参与学习，拓宽视野，突出立体化；同时，联合其他院校老师和企业共同开发，体现了横向性，总体呈现出多媒介、多形态、多用途、多层次的特色。

4. 推陈出新适应时代要求

精简内容，更新实例，体现时代感。在保留一些经典案例的基础上，采用大量的最新案例，以提升学生的阅读兴趣。继续保留“教学互动”栏目，便于突出新型课堂中教师的支持者角色，有利于合作式的和有交流的学习。设置“主要概念和观念”栏目，有利于学生在课后反思与总结。教材的引导性和自学性特色更为突出。

5. 课程思政强调思想引领重要性

为积极响应习近平总书记在全国高校思想政治工作会议上提出的要用好课堂教学这个主渠道，各类课程都要与思想政治理论课同向同行，形成协同效应的要求，增加了“课程思政”模块。

坚持知识传授、能力培养与价值引领相结合，培养学生高尚的理想信念、正确的价值取向和政治信仰以及高度的社会责任感，引导学生将所学的知识转化为内在德行，转化为自己的素质和能力，树立正确的世界观、价值观与人生观。

本书由河南经贸职业学院王军华担任主编并制定编写大纲，河南经贸职业学院项晓娟、孙晶晶和河南职业技术学院关克鑫担任副主编，参编人员有河南经贸职业学院王舒冰、韩鹏辉、沈倩明。具体分工如下：项目一和项目二由王军华编写，项目三和项目八由王舒冰编写，项目四和项目五由项晓娟编写，项目六和项目七由韩鹏辉编写，项目九和项目十由孙晶晶编写，项目十一和项目十二由沈倩明编写。全书由王军华统稿，全书的PPT由关克鑫负责制作。

在编写过程中，我们得到了河南经贸职业学院领导、师生和校企合作实训基地企业的大力支持与帮助。同时，在编写过程中，我们参考了许多国内外学者的相关著作，他们的观点和独特的思维方式给了我们很多启迪，在此一并致以诚挚的谢意!

商务谈判和推销是一门涉及面广、实践性强的综合性课程，由于编者水平有限，书中难免存在疏漏与不足，敬请同行专家和广大读者批评指正。

编　者

第 1 版前言

随着我国市场经济体制的完善，商务谈判和商品销售成为市场的焦点和软实力。一直以来，谈判和推销无时不有、无处不在，已经渗透到现代社会政治、经济、军事、文化、外交等各个领域之中，成为人与人之间、组织与组织之间相互交流沟通、达成共识的不可或缺的工具。美国语言学家、哈佛大学教授约克·肯说过："生存就是与社会、自然进行的一场长期谈判，以获取你自己的利益，得到你应有的最大利益。"

商务谈判和推销既是科学，又是综合运用多学科知识于商务活动的艺术。随着现代信息技术的快速发展，商务谈判和推销更加具有技巧性，系统地学习商务谈判和推销变得十分重要，把握商务谈判局面和推销机会也成为现代商务人士的必备素质。为此，我们以培养学生的职业能力为出发点，以工作过程系统化为主要线索编写了本书。本书主要有以下特色：

1. 打破传统商务谈判、推销学教材的繁杂论述格局

本书结合高职教学课程改革，将商务谈判与推销实务两门学科的内容进行整合，设定为"商务谈判与推销实务"一门课程，打破传统商务谈判、推销学教材的繁杂论述格局，充分考虑高等职业教育发展的需要，以实际工作过程为主线，以谈判、推销人员的素质与能力要求为导向，以学生素质和技能培养为目的，以理论够用、注重案例及实战为原则来构建内容。

2. 构建项目任务式的教材体系

本书立足于高职教育能力本位的教学改革，根据企业岗位和人才培养模式的特殊性，采用了"项目导向、任务驱动"的结构体系。在学习项目时，学生要按照"知识、能力、实训"三个层次来掌握相关的知识和技能。采用"做中学"的方式，通过最终实训任务的完成来帮助学生获得知识和技能，促使其职业能力的培养和发展。

3. 选取满足时代要求的教学内容

本书在内容的选取上尽量满足时代的要求，推陈出新，在保留一些经典案例的基础上，采用大量的最新案例，以提高学生的阅读兴趣。本书设置了"导引案例""主要概念和观念""项目单元训练""课外知识拓展"等模块，以及"教学互动""经典案例"等栏目，以引发学生深入思考、拓展视野。本书的引导性和自学性特色突出。

4. 突出高职学生职业能力的培养

本书在编写上体现了工学结合的思想，有较强的实战性与实用性。实训内容、目的、要求清晰规范，有利于保证实训的开展和成效，真正做到任务驱动、以练带学，使学生的职业能力在潜移默化中得以提升，实践作用更加显著。

本书由河南经贸职业学院王军华副教授担任主编，项晓娟担任副主编，参编人员有河南经贸职业学院孙晶晶、王舒冰、韩鹏辉和沈倩明。具体分工如下：项目一和项目二由王

军华编写，项目三和项目八由王舒冰编写，项目四和项目五由项晓娟编写，项目六和项目七由韩鹏辉编写，项目九和项目十由孙晶晶编写，项目十一和项目十二由沈倩明编写。

在本书的编写过程中，我们参考了许多国内外学者的相关著作，他们的观点和独特的思维方式给了我们很多启迪，在此深表谢意。

商务谈判和推销是一门涉及面广、实践性强的综合性课程，由于编者水平有限，本书难免存在不足之处，敬请同行专家和广大读者批评指正。

编　者

2016年4月

目　录

项目一
商务谈判工作认知

【学习目标】

知识目标：了解谈判及商务谈判的含义，熟悉谈判及商务谈判的特征，理解商务谈判的分类，掌握商务谈判的各项原则。

能力目标：能够正确判定谈判与一般沟通的区别，并对谈判活动进行清晰的类别划分，明确商务谈判原则的适用条件，具备灵活运用商务谈判原则的能力。

素质目标：树立正确的谈判理念，提升合作意识，力促谈判“共赢”目标的实现。明确原则意识，遵守原则，尊重规则，能够依托勇气、智慧与规则保障理想谈判结果的达成。

实训目标：能够根据所学专业的行业背景，通过角色扮演，合理运用商务谈判原则，有效开展商务谈判活动。

【导引案例】

分橙子的故事

在谈判界有一个广为流传的经典小故事——分橙子的故事。有一位妈妈把一个橙子给了邻居的两个孩子，这两个孩子便讨论如何来分这个橙子。两个人吵来吵去，最终达成了一致意见，即由一个孩子负责切橙子，而另一个孩子选橙子。结果，这两个孩子按照商定的办法各自取得了半个橙子，高高兴兴地拿回家去了。

第一个孩子把半个橙子拿到家，把皮剥掉并扔进了垃圾桶，把果肉放到榨汁机里榨成了美味的果汁。而另一个孩子回到家后则把果肉挖掉并扔进了垃圾桶，把橙子皮留下来磨碎并混在面粉里烤成了美味的蛋糕。

问题：

两个孩子分橙子的方法好不好？有没有更好的分配方法？

任务一 认识谈判

一、谈判的概念

谈判是我们每个人日常生活中不可缺少的活动。日常生活里，很多人都有过这样的经历：从搞定客户签成单子，到说服老板成功加薪；从砍掉商贩的价格水分，到劝说小孩去做作业……可以说，谈判无处不在、无时不有。商业互动需要谈判，与人合作需要谈判，团队领导需要谈判，求职应聘需要谈判，国与国之间需要谈判，夫妻之间需要谈判，亲子教育需要谈判……因此，著名的谈判大师罗杰·道森讲道："假如没有谈判，世界将会怎样？假如不会谈判，你将会怎样？"

（一）谈判的含义

谈判（Negotiate）包括"谈"与"判"两个方面。"谈"是指说话和讨论，即双方或多方之间的沟通与交流，具体包括谈双方合作的意向、必要性，谈发展的前景、采取的措施和实施的手段等；"判"是指分辨与判定，即决定一件事情，就是对由合作而引起的责任承担、风险分担、亏损或盈利的分配、权利分享、义务履行等，做出数字、范围、界限标准和时限等方面的判定。

谈判有广义和狭义之分。广义的谈判泛指一切带有目的性的协商、交涉、商量、磋商等行为。狭义的谈判是指在正式场合下，有关方面通过相互协商以便找出某重大问题的解决办法，或通过讨论对某事达成一致意见的过程或行为。给谈判下一个准确的定义，并不是件容易的事情，因为谈判的内容极其广泛，很难用一两句话准确、充分地表达谈判的全部内涵，所以我们试图从谈判的形式、内容和特征等方面入手，分析谈判的内涵，以便把握谈判的基本概念。

美国著名谈判专家杰勒德·尼伦伯格在其《谈判的艺术》一书中所阐明的观点更加明确。他说："谈判的定义最为简单，而涉及的范围却最为广泛，每一个要求满足的愿望和每一项寻求满足的需要，至少都是诱发人们展开谈判过程的潜因。只要人们是为了改变相互关系而交换观点，只要人们是为了取得一致而磋商协议，他们就是在进行谈判。"

美国法学教授罗杰·费希尔和谈判专家威廉·尤瑞合著的《谈判技巧》把谈判定义为："为达成某种协议而进行的交往。"美国谈判专家威恩·巴罗认为："谈判是一种双方都致力于说服对方接受其要求时所运用的交换意见的技能，其最终目的是达成一项对双方都有利的协议。”

从我国当代的词典中，谈判的普通解释为：“当事人为了满足各自需要和维持各自利益而进行的洽谈和协商的过程，并为了取得双赢的结果而努力沟通；也可以说，谈判是解决问题、维持关系、建立合作关系的一种方式。”

综合上述观点，我们可以将谈判定义为：谈判是双方或多方为了实现各自的目的而进行的相互磋商，通过协调彼此关系达成一致意见的过程。

（二） 谈判的特征

研究发现，虽然中外学者对谈判的概念表述不尽相同，但这些表述的内涵却包含相同的基本特点，这些基本特点即谈判本身的特征。

1. 明确的目的性

谈判是一项目的性很强的活动。人们参加谈判都是为了达到某种目的。谈判的目的可划分为三个层次，即寻求共识、谋求合作、追求利益。因为谈判涉及双方的利益，而双方立场各异，要达成共识非常不易，双方只有具备寻求共识的共同意愿，才能达到谈判的这个基本目的。谈判之所以能够达成协议，是因为参与谈判的各方都有一定程度的合作要求，而且只有合作才可能出现双赢的结局。而谈判的终极目的是追求利益，只有谈判的结果对双方都有利，谈判双方才能达成协议。

2. 合作性和冲突性

合作性是谈判的前提，谈判双方都要具有一种新的谈判理念，即谈判双方不是对立的敌手，而是合作伙伴。在处理双方分歧时，要注意寻找双方都有可能接受的条件，“赶尽杀绝”的做法不会导向合作的局面。而冲突性使得谈判成为必要，就因为双方有冲突、有矛盾，才有必要通过谈判行为解决相关利益纠纷。

3. 地位的平等性和利益的不均等性

地位的平等性是指谈判各方地位平等，国家不分大小贫富，企业不论实力强弱，个人不管权势高低，在商务谈判中地位都应该是平等的。而谈判的结果也不可能是绝对公平的，可能一方得到的利益较多，另一方得到的利益较少，利益的多少取决于谈判者谈判能力的高下及所代表企业、国家的实力强弱。这也体现为谈判的竞争性，谈判人员可以通过竞争来衡量和估计自己与对方对抗的能力和手段，并各自得到相应的报偿。

经典案例

1991 年，中美知识产权谈判前，中方团长突然患病，刚出任外经贸部副部长 4 个月的吴仪，临危受命替补上阵。鉴于当时美国人在知识产权问题上的强势和我国国内知识产权保护的现状，此次谈判的任务极其艰巨。正是在此次赴美谈判中，一段精彩的对话广为流传，吴仪在外交场合强硬、机智的形象跃然而出。谈判开始时，颇为傲慢的美方代表先声夺人：“我们是在跟小偷谈判。”吴仪立时回应：“我们是在和强盗谈判，请看你们博物馆的展品，有多少是从中国抢来的。”新华社时政记者车玉明曾多次随吴仪出访。在他的印象中，在吴仪出席的外交和新闻发布会上，时常会遇到一些刁钻的问题，

"我们从来不为她捏把汗，就等她作出精彩的回答"。1992 年 1 月 17 日，中美知识产权谈判终于有了结果，吴仪代表中国政府在《中华人民共和国政府与美利坚合众国政府关于保护知识产权的谅解备忘录》上签署了自己的名字。

问题：

本次谈判体现了谈判的什么特征?

案例解析：

舆论认为，吴仪领导的中国代表团的谈判技巧是谈判成功的重要因素。在此后的中国入世谈判中，吴仪扮演了积极和强硬的角色。她在谈判中直截了当的作风，也给人们留下了深刻的印象。有理有据且毫不示弱的吴仪，也最终赢得了对手的尊重，为中国赢得了谈判桌上的平等地位。故这场谈判很好地体现了地位的平等性特征。

4. 谈判过程的互动性

谈判是人们沟通思想认识的一种交际方式，是谈判各方"给予"与"接受"兼而有之的互动过程，双方都对对方发出的信息做出接收、加工整理、反馈等反应，并相应地调整或改变自己的行为，通过持续不断的信息传递与反馈相互影响、相互适应，从而实现说服与被说服的过程。因此，谈判必须是双方或多方共同参与的过程，随着谈判交流的逐渐加深，谈判者的思想、感情会发生变化。这个过程中需要双方尽量正确地表达自己的思想，消除误解，从而避免冲突。

5. 谈判结果是使双方需求得以满足

谈判是互惠互利的。如果一方只想实现自己的目的和利益，那么双方就不可能达成一致。在谈判的过程中，双方都把自己的要求明确提出来，并对对方的合理要求表示理解与肯定。在处理双方分歧时，要注意寻找双方都有可能接受的条件，只有谈判的结果对双方都有利，谈判双方才能达成协议。

【教学互动】

互动问题：

"零和"游戏：游戏者有输有赢，一方所赢正是另一方所输，游戏的总成绩永远是零。这种理论认为，世界是一个封闭的系统，财富、资源、机遇都是有限的，个别人、个别地区和个别国家财富的增加必然意味着对其他人、其他地区和国家的掠夺。

"双赢"观念：个人的"利己"不一定建立在"损人"的基础上，通过有效合作，皆大欢喜的结局是可能出现的。

谈一谈在谈判中"零和"和"双赢"的具体应用。

要求：

教师不直接提供问题的答案，而是先引导学生结合本部分内容进行独立思考、自由发表见解，再组织课堂讨论，最后进行点评。

（三） 谈判的构成要素

谈判的构成要素，是指构成商务谈判活动的必要因素。在一场谈判即将开始之际，要做到胸有成竹且信心十足，只有从整体上认识谈判的各项构成要素，从全局上把握谈判的主动权，才能做到有的放矢、攻防有度、进退自如，从而达到谈判的预期目的。谈判的构成要素有谈判主体、谈判客体、谈判议题、谈判时间、谈判地点以及谈判背景，这些构成要素缺一不可。

谈判的关系主体与行为主体

1. 谈判主体

谈判主体，是指参加谈判活动的双方或多方。谈判主体多种多样，上到国家、国际组织，小到企业、个人，都可以成为谈判主体。当谈判并不单单是为了自身或小团体的利益，而是涉及组织、地区或国家利益时，严格要求认定主体的资格就显得十分必要。

【教学互动】

互动问题：

在谈判中，是当事人参加谈判好，还是代理人参加谈判好？当事人亲自参与谈判有哪些优势？委托代理人代己谈判又有哪些优势？

要求：

学生参考本页二维码相关资料，进行独立思考、自由发表见解，教师组织课堂讨论，最后对学生提出的典型见解进行点评。

2. 谈判客体

谈判客体，也称谈判标的，是指谈判双方或多方当事人权利和义务共同指向的客观事物。在商务谈判中，谈判客体可以是有形的商品，也可以是无形的劳务、权利等。谈判的客体不同，谈判的内容也不同。谈判客体是谈判活动的中心，谈判人员要围绕平等、互惠互利的原则，针对谈判客体的特点开展谈判活动，以达到预期的谈判目的。

3. 谈判议题

谈判议题，是指在谈判中双方所要协商解决的问题，即谈判的各项具体内容。谈判议题是谈判的起因、内容和目的，并决定当事各方参与谈判的人员组成及其策略，因此它是谈判活动的中心。谈判议题在商务谈判中，也是谈判双方的各项交易条件。以商务谈判为例，常见的谈判议题有商品规格、型号、质量、数量、包装、质检、运输、交货期、付款方式、保证条款和索赔等内容。没有议题，谈判显然无从开始和无法进行。

4. 谈判时间

谈判讲究天时、地利、人和，其中的天时，指的就是谈判时间的选择。谈判时间包含两个方面的意思：一是何时谈，二是谈多久。何时谈是指具体的谈判时间点，而谈多久是指谈判的期限，两者在谈判中都起着非常重要的作用。谈判时要选择对自己有利的时机谈判，尤其是异地谈判，要选择己方谈判人员体力、智力和情绪最好的时段和对手谈判，切忌在自己最低潮、客观环境对自己不利的时候和对手谈生意，这样你可能会未战先败。对于谈判期限来讲，一是谈判时限的设定应该有弹性，二是不要泄露自己的谈判时限，三是要有耐心，注意谈判中对费斯汀格法则（90/10 法则）[①] 的把握。

5. 谈判地点

谈判总会在一定的时空进行，越是重要的谈判，对谈判地点的选择越是讲究。一般情况下，谈判地点的选择有四种，即主场谈判、客场谈判、主客场轮流谈判和第三地谈判。具体内容见本项目任务二“五、按谈判所在地划分”。

经典案例

日内瓦是瑞士第二大城市，被称为“和谈之城”，它位于日内瓦湖西南角。日内瓦的湖光山色四季皆具吸引力，湖上的大喷泉是日内瓦的象征，同时被两大山脉即阿尔卑斯山脉和侏罗山脉环绕着。站在湖畔远望，可以看见环抱这座城市的阿尔卑斯山脉和侏罗山脉白雪皑皑的群峰——勃朗峰的雪顶。烟波浩渺的日内瓦湖，终年蓄满了高山雪水，清澈如镜。日内瓦是一座著名的国际都市，是国际机构云集的国际化城市，云集了无数的国际组织或办事处，包括世界贸易组织、世界卫生组织、世界气象组织、世界知识产权组织、世界经济论坛、诸国会议同盟、欧洲核子研究中心、国际标准化组织、世界教会协会、互联网虚拟图书馆、万国邮政组织、国际劳工组织、国际红十字会、联合国欧洲总部、联合国环境规划署、联合国难民署、联合国人权事务高级专员办公室、国际电信联盟等。在两次世界大战期间，国际联盟的总部就设在此地。

日内瓦因其深厚的人道主义传统、多彩多姿的文化活动、重大的会议和展览会、令人垂涎的美食、清新的市郊风景及众多的游览项目和体育设施而著称于世。同时，被选为国际和谈最多的城市，众多的日内瓦协议、日内瓦公约诞生于此。

问题：

为什么日内瓦被称为“和谈之城”？

案例解析：

对于第三地谈判而言，谈判地点的选择是非常重要的。日内瓦景色秀丽、气候宜人，且为众多国际组织的集中地，使得谈判者在此能够很好地适应环境，并方便解决问题。

6. 谈判背景

谈判背景，是指谈判所处的客观环境。任何谈判都不可能孤立地进行，而必然处在一定的客观环境之下并受其制约。因此，谈判背景对谈判的发生、发展、结局均有重要的影响，是谈判不可忽视的要件。谈判背景主要包括环境背景、组织背景和人员背景等方面。

上述六个方面为谈判的构成要素，而谈判活动作为一个有机整体，除了以上各方面的要素之外，还得考虑其他对谈判具有重大影响的因素，如谈判目的、谈判方式、谈判策略等。

---

① 生活中的 10%，由发生在你身上的事组成；而另外的 90%，则由你对所发生的事情如何反应决定。

二、商务谈判的概念

商务，是指一切与买卖商品服务相关的商业事务，包括一切有形或无形资产（即劳务与商品）的交换与买卖。因此，凡一切涉及商品买卖活动的谈判都是商务谈判，它是谈判的一种。随着商品经济的迅速发展，商务谈判已逐渐成为谈判的主要组成部分。

（一） 商务谈判的含义

商务谈判（Business Negotiations）有两层含义：一是商务，二是谈判。前者表明行为目标和内容性质，后者表明运作过程和活动方式。商务谈判，具体来说，是指有关商务活动的各方，为了达到各自的经济目的，就一项涉及各方经济利益的标的物及各项交易条件，通过沟通和协商，最后达成各方都能接受的协议的过程。商务谈判一般包括货物买卖、工程承包、技术转让、融资等涉及群体或个人利益的经济事务的谈判活动。

（二） 商务谈判的特征

商务谈判作为谈判的一种特定形式，既有谈判的共性，又有自身的个性特征。具体表现为：

1. 目的的经济性

不同的谈判者参加谈判的目的是不同的，如外交谈判涉及的是国家利益；政治谈判关心的是政党、团体的根本利益；军事谈判主要涉及敌对双方的安全利益。而商务谈判区别于其他谈判的主要特征，就是以追求和实现经济利益为目的。在商务谈判中，谈判者都比较注意谈判所涉及的成本、效率和效益。在现实的商务活动中，无论是商品的买卖、劳务的输出、技术的转让，或者投资谈判、并购谈判，无一不是如此。因此，人们通常以获取经济效益的好坏来评价一次商务谈判的成功与否。不讲求经济效益的商务谈判就失去了价值和意义。

2. 价值的转换性

商务谈判源于商品交换，通过商务谈判和商品交易活动，商品的生产者通过让渡商品的使用价值而获得商品的价值，而商品的消费者通过支付一定数量的货币即双方都认可的价格获得该商品的使用价值。随着商品由卖方以协商谈判的价格转让给买方，商品价值交换也就实现了。从这个意义上讲，商务谈判的过程就是价值转换的过程。需要指出的是，在商务谈判中，我们一方面要以价格为中心，坚持自己的利益，另一方面又不能仅仅局限于价格，应该拓宽思路，设法从其他利益因素上争取应得的利益。与其在价格上与对手争执不休，还不如在其他利益因素上使对方在不知不觉中让步。

3. 合同条款的严密性与准确性

商务谈判的结果是由双方协商一致的协议或合同来体现的。合同条款实质上反映了各方的权利和义务，合同条款的严密性与准确性是保障谈判获得各种利益的重要前提。有些谈判者在商务谈判中花了很大气力，好不容易为自己争取到较有利的结果，对方为了得到合同，也迫不得已做了许多让步，但是在拟订合同条款时掉以轻心，不注意合同条款的完整、严谨、准确、合理、合法，反而被谈判对手在条款措辞或表述技巧上引入陷阱，不仅到手的利益丧失殆尽，而且为此付出惨重的代价，这种例子在商务谈判中屡见不鲜。因此，在商务谈判中，谈判者不仅要重视口头上的承诺，更要重视合同条款的准确和严谨。

4. 评价标准的多元性

评价一项商务谈判活动是否成功，评价标准不是单一的，而是取决于多种因素，因此，商务谈判的评价标准具有多元性特点。综观各项商务谈判活动，评价标准主要有以下三个因素，即谈判目标的实现与否、谈判效率的高低及谈判各方关系的维护，三者缺一不可。

谈判成功与否的多元化评价

【教学互动】

互动问题：

如果在一场商务谈判中，谈判者通过种种努力实现了谈判的最理想目标，但是同时耗费了大量的时间和精力，并破坏了双方关系，那么，这样的谈判能够称为成功的商务谈判吗？

要求：

教师不直接提供上述问题的答案，而是先引导学生结合本部分内容进行独立思考、自由发表见解，再组织课堂讨论，最后对学生提出的典型见解进行点评。

三、商务谈判的作用

（一）　促进商品经济的发展

商品经济存在的基础是社会分工，即生产资料及产品属于不同的所有者，由此决定了人们之间有偿的、等价的交往关系的发展，这是由于商品经济本身就崇尚等价交换，即通过买卖双方的平等协商，实现在互利基础上的双赢结局。而谈判正是帮助人们实现这种联系的重要形式。商品经济越繁荣，社会越发达，商业往来就越频繁，商务谈判的应用就越广泛和多样。因此，商品经济的发展促进了谈判作用的广泛发挥。同时，商务谈判在社会生产、经济生活等各个领域的运用，又进一步促进了社会的繁荣、经济的发展，并更好地实现了商品经济社会中人们平等互利关系的维护。

（二）　加强企业间的经济联系

商务谈判的主体具有多样化的特点，大到国家甚至国际组织，小到个人、企业或其他组织，都可以成为商务谈判的主体。但是，商务谈判大多仍然集中于企业与企业之间的商品交易活动。随着我国市场体制的不断健全和完善，企业作为国家生产经营活动的主体，专业化程度越来越高，企业与企业之间的往来与联系也越来越密切，企业需要通过谈判获得生产要素或销售商品，需要通过谈判处理合同纠纷，通过谈判实现部门之间的合作与配合等。因此，谈判已经成为企业之间经济联系的桥梁和纽带。

（三）　促进对外贸易发展

当今世界经济是开放的经济，所有的经济活动都在向国际市场拓展。尤其跨境电商的发展，已经使得对外贸易变得越来越贴近老百姓的生活。众多企业需要直接面临国际客户的询盘、报盘、还盘等，商务谈判在国际商务活动中的作用也越来越重要。不少企业因缺乏独当一面、训练有素、了解各国习俗和法律的商务谈判人员而丧失了很好的贸易机会，造成了不必要的损失。因此，要想发展对外贸易，参与国际竞争，开拓国际市场，就必须精通商务谈判，熟练掌握商务谈判中的各类谈判策略和技巧，并加以灵活运用，进而在世界经济的发展中把握商机、赢得胜利。

经典案例

2023年是我国提出“一带一路”倡议10周年。统计数据显示，自“一带一路”倡议提出以来，中国与“一带一路”沿线国家的贸易发展提速，中国与沿线国家间的进出口总值从2013年的6.46万亿元增长至2021年的11.6万亿元，年均增长7.5%。有关学者研究认为，共建“一带一路”为促进贸易增长和创新发展作出了重要贡献。推动高质量共建“一带一路”，有助于发展良好的国际贸易伙伴关系，被国际社会视为促进贸易繁荣发展的重要引擎。

问题：

该案例体现了商务洽谈的什么作用？

案例解析：

“一带一路”（The Belt and Road，B&R）是“丝绸之路经济带”和“21世纪海上丝绸之路”的简称。2013年9月和10月，中国国家主席习近平分别提出建设“新丝绸之路经济带”和“21世纪海上丝绸之路”的合作倡议。“一带一路”是促进共同发展、实现共同繁荣的合作共赢之路，是增进理解信任、加强全方位交流的和平友谊之路。中国对“一带一路”部分沿线国家进出口实现快速增长，显示出共建“一带一路”为促进区域经贸合作提供了强劲动能。因此，该案例很好地体现了商务洽谈在促进我国对外贸易中的作用。

任务二 进行商务谈判分类

商务谈判按照不同的标准，可以从不同角度划分为不同类型，每种类型的谈判的优势、劣势各不相同，适用的情况及应采取的策略也各不相同。只有了解谈判的分类并根据不同类型商务谈判的特点，采取不同的谈判策略，才能最大限度地发挥该类谈判的优势，规避其劣势，从而取得谈判的成功。因此，对谈判类型的把握是商务谈判成功的起点。

一、按谈判主体的地域范围划分

（一）　国内商务谈判

国内商务谈判是指只限于本国国内各种经济组织及个人之间所进行的商务谈判活动。具体包括国内的各类商品购销谈判、商品运输谈判、公司并购谈判、合作经营谈判、经营承包谈判、借款贷款谈判、服务提供谈判、财产保险谈判、索赔谈判等。国内商务谈判相对于国际商务谈判来讲，由于谈判只在本国区域进行，只受本国法律的管辖，支付也不出国境，因此不存在使用外币的汇率问题，而且谈判的双方或各方都处于相同的文化背景中，这就避免了文化背景的差异可能对谈判所产生的影响。因为双方语言相同、观念一致，所以谈判的主要问题在于怎样调整双方的不同利益，寻找更多的共同点。

但是国内商务谈判也存在一些特殊的国情影响，以我国为例，国内商务谈判常常表现出重情轻义、法制观念淡薄、行政干预性强、不重视合同履行等特点。出现这种情况的原因，一方面是受我国传统文化的长期影响，商务谈判人员比较重视人情世故；另一方面是商务谈判人员法制观念淡薄，认为谈判只是把双方交易的内容明确一下，交易靠的是双方的关系、面子乃至交情，合同条款过于琐碎、细致，反倒伤了感情、失了面子。事实证明，这非但不利于谈判双方关系的维系，还使合同失去应有的效用，长此以往，反而会影响双方的合作。这是谈判人员必须坚决避免和克服的。

【教学互动】

互动问题：

你怎样看待中国商业活动中的“功夫在诗外”及“酒场即商场”现象？

要求：

教师不直接提供上述问题的答案，而是先引导学生结合本部分内容进行独立思考、自由发表见解，再组织课堂讨论，最后对学生提出的典型见解进行点评。

（二） 国际商务谈判

国际商务谈判是指谈判主体跨越国境，本国政府及各种经济组织与外国政府及各种经济组织之间进行的商务谈判活动。谈判中利益主体的一方，通常是外国的政府、企业或公民。可以说，国际商务谈判是对外经济贸易活动中普遍存在的一项十分重要的经济活动，是调整和解决不同国家和地区政府及商业机构之间不可避免的经济利益冲突的必不可少的手段。具体包括国际产品贸易谈判、合资经营谈判、合作经营谈判、外商独资投资谈判、补偿贸易谈判、各种加工和装配贸易谈判、技术贸易谈判、租赁业务谈判和劳务贸易谈判等。由于谈判主体来自不同的国家，其文化背景、语言习惯、价值观念、宗教信仰、行为规范、道德标准等存在极大的差别，因此，无论从谈判技术还是谈判内容上来看，国际商务谈判都远比国内商务谈判复杂得多。

商品贸易谈判的具体内容

二、按谈判内容划分

（一） 商品贸易谈判

商品贸易谈判即一般商品的买卖谈判，主要是买卖双方就买卖商品本身的有关内容，如品质、价格、数量、包装、运输、保险、货款结算方式，以及索赔、仲裁和不可抗力等问题所进行的谈判。商品贸易谈判是商务谈判中数量最多的一种谈判，主要包括农副产品购销谈判和工矿产品购销谈判。

非商品贸易谈判的常见类型

（二） 非商品贸易谈判

非商品贸易谈判是指谈判标的为商品贸易之外的其他类型的谈判。具体包括工程项目谈判、技术贸易谈判、劳务合作谈判、租赁业务谈判、投资谈判、资金谈判等。这类谈判或围绕某一项目展开，或针对某一技术或劳务进行。

三、按谈判规模划分

（一） “一对一”谈判

“一对一”谈判，也称单人谈判，是指谈判双方都为一个人的谈判。这样的谈判一般有两种情况：一是谈判业务比较单一，一个人就可以胜任；二是大中型谈判中穿插的谈判负责人或主谈就某一敏感或关键议题所进行的单独协商。“一对一”谈判往往是一种比较困难的谈判类型，因为双方谈判者只能各自为战，得不到助手的及时帮助。因此，此类谈判对谈判者各项素质的要求较高。

（二） 小组谈判

小组谈判是谈判中最多、最常见的一种谈判，是指由公司组成谈判小组并由谈判负责人带领进行的谈判。谈判小组的人数一般为3～7人。此类谈判一般适用于情况比较复杂、谈判内容较多的谈判项目，各方都有几个人同时参加谈判。小组谈判强调小组成员之间有分工、有协作，取长补短、各司其职、各尽所能、团结一致、互相配合，从而实现缩短谈判时间、提高谈判效率的谈判目的。

（三） 大型谈判

大型谈判是指谈判议题结构复杂、涉及项目较多、参与人员数量众多的商务谈判。通常认为参与谈判的人员数量在 12 人以上的就可以称为大型谈判，但这种划分只是相对而言，并没有严格的界限。国家级、省（市）级或重大项目的谈判，通常都属于此种类型。进行大型谈判，需要做好各方面的准备工作，如谈判方案的制订要周详，需要的话可以制订分阶段的谈判方案；组织好谈判班子，配备好阵营强大、拥有各种高级专家的顾问团或智囊团；选择有效的谈判策略；做好谈判的物质准备；等等。

四、按谈判参与方的数量划分

（一） 双方谈判

双方谈判，也称长桌谈判，是指谈判参与方只有两个利益主体的谈判。当涉及两个国家时，也可称为双边谈判。双方谈判的利益关系比较明确、简单，利益比较容易协调，谈判目标容易达成一致。

（二） 多方谈判

多方谈判，也称圆桌谈判，是指谈判参与方是两个以上利益主体的谈判。当涉及多个国家层面时，也可称为多边谈判。如朝核六方会谈，一共有朝鲜、中国、俄罗斯、日本、韩国、美国共六个国家参与。多方谈判由于利益关系比较复杂，矛盾的点和面大大增加，难以协调一致，谈判困难较多，需要协商谈判。

经典案例

全面与进步跨太平洋伙伴关系协定（Comprehensive and Progressive Agreement for Trans-Pacific Partnership，CPTPP），是亚太国家组成的自由贸易区，是美国退出跨太平洋伙伴关系协定（TPP）后该协定的新名字，是目前重要的国际多边经济谈判组织，前身是跨太平洋战略经济伙伴关系协定（Trans-Pacific Strategic Economic Partnership Agreement，P4），由亚太经济合作组织（APEC）成员中的新西兰、新加坡、智利和文莱四国发起，通过签订并生效的经贸协议，成员之间彼此承诺在货物贸易、服务贸易、知识产权以及投资等领域相互给予优惠并加强合作。2015 年 10 月 5 日，TPP 12 个成员国部长在美国亚特兰大就市场准入、监管和知识产权等领域的统一标准达成共识，耗时多年的 TPP 谈判基本完成。2017 年 1 月 23 日，美国宣布退出 TPP。2017 年 11 月 11 日，由启动 TPP 谈判的 11 个亚太国家共同发布了一份联合声明，协定改名为“跨太平洋伙伴关系全面进展协定”。

问题：

全面与进步跨太平洋伙伴关系协定的成员国之间的谈判属于哪一种类型谈判？该协

定对中国有何影响？

案例解析：

全面与进步跨太平洋伙伴关系协定的成员国之间的谈判，按谈判主体的地域范围划分属于国际商务谈判，按照谈判参与方的数量划分，属于多方谈判。

五、按谈判所在地划分

（一）主场谈判

主场谈判是指对谈判的某一方而言，在其所在地进行的谈判。比如，将我们同国外企业进行的商务谈判安排在我国境内，我们就属于主场谈判。

主场谈判具有诸多优势，如熟悉的环境会使自己产生一种安全感；可以充分依靠自己的信息渠道，搜集各种资料；能随时与自己的上级、专家顾问保持沟通，商讨对策；等等。但是，主场谈判也有一些劣势，如作为东道主，要尽地主之谊，安排食宿及招待事宜，操心费力；当对方提出进行现场参观时，容易被对方探听虚实；等等。

（二）客场谈判

客场谈判是指到对方所在地进行的谈判。一般来讲，一方到另一方所在地进行谈判，便意味着按照对方的规格和习惯进行谈判。

客场谈判不仅要受旅途劳顿之苦，而且会因不适应环境而在谈判中产生心理紧张、情绪不稳定等情况。当然凡事都不是绝对的，客场谈判也可以省却那些东道主必须承担的迎来送往，同时在谈判遇到僵持时可借必须回国请示而方便地暂时退出谈判。如果结合对谈判对方的实地考察，将有助于对对方的深入了解与准确认识，因此，选择客场谈判也有其他谈判不可比拟的好处。

（三）主客场轮流谈判

主客场轮流谈判是指商务谈判的谈判地点在主场、客场不断互换的谈判。比如，谈判可能开始在买方，继续谈判在卖方，而结束或在卖方或在买方。

主客场轮流谈判一般是在做大宗商品买卖，或是引进成套项目时使用。这种谈判通常复杂程度较高，拖延的时间也较长，对交易效果的影响也较大。主客场轮流谈判能够平衡主场谈判和客场谈判各自的利弊，便于双方扬长避短，但是奔波成本较高，双方精力耗费也较大。

（四）第三地谈判

第三地谈判，也称中立地谈判，是指谈判双方选择在第三国进行洽商的谈判。这种情况多见于双方立场对立、互不相让、矛盾较大的谈判，如两方的军事谈判、外交谈判等。国际商务谈判中，除两国商务人员同时在第三国从事商务活动，如参加国际博览会外，这种方式较为少见。

中立地谈判对谈判双方来讲不仅充分体现了地点公平原则，而且如果第三地的选择比较好，能够使得双方在比较放松、相对愉悦的心态下进行谈判，反而有利于谈判问题的解决。但是，中立地谈判的物质成本较高，而且地点选择本身比较复杂。

经典案例

日本的钢铁和煤炭资源短缺，渴望购买煤和铁。澳大利亚生产煤和铁，并且在国际贸易中不愁找不到买主。按理来说，日本谈判者应该到澳大利亚去谈生意。但日本人总是想尽办法把澳大利亚人请到日本去谈生意。澳大利亚人一般都比较谨慎，讲究礼仪，而不会过分侵犯东道主的权益。澳大利亚人到了日本，使得日本方面和澳大利亚方面在谈判桌上的相互地位就发生了显著的变化。澳大利亚人过惯了富裕的舒适生活，他们的谈判代表到了日本之后没几天，就急于想回到故乡别墅的游泳池、海滨和妻儿身旁去，在谈判桌上常常表现出急躁的情绪。而作为东道主的日本谈判代表则不慌不忙地讨价还价，因此在谈判桌上掌握了大量的主动权。结果日本方面仅仅花费了少量款待费作为“鱼饵”，就钓到了“大鱼”，获得了大量谈判利益。

资料来源：周琼，吴再芳．商务谈判与推销技术［M］．北京：机械工业出版社，2012.

问题：

该案例中的谈判属于哪种类型？

案例解析：

该案例中的谈判对于澳大利亚方来讲属于客场谈判，对于日方来讲属于主场谈判。

六、按谈判各方的态度划分

（一）　立场型谈判

立场型谈判，也称强硬式谈判、传统式谈判，是指谈判各方都把注意力放到如何维护自己的立场、否定对方的立场上的谈判。立场型谈判在谈判开始时就表明己方的立场，进而固执地加以坚持，并把谈判看成一场意志力的搏斗，认为在这样的竞赛中，立场越强硬，最后的收获也越多，从而忽视了谈判中真正的需要，以致不考虑能否找到一个兼顾双方需要的解决方法，只在谈判难以为继、迫不得已的情况下，才做出极小的松动和让步。如果双方都采取这种态度和方针，必然会导致关系紧张，增加谈判的时间和成本，降低谈判效率，以致很难达成协议。即使某一方屈服于对方的意志而被迫让步、签订协议，内心的不满也是显然的，因为在这场谈判中他的需要未能得到满足。这会导致日后协议履行过程中的消极行为，甚至想方设法阻碍和破坏协议的履行。从这个角度来判断，立场型谈判没有真正的胜利者。

（二）　让步型谈判

让步型谈判，也称关系型谈判、软式谈判，是指谈判各方都以宽大及让步的心态进行的谈判。让步型谈判者希望避免冲突，随时准备为达成协议让步，希望通过谈判签订一个皆大欢喜的协议。采用这种谈判方式的人，不把对方当作敌人，而视为朋友。他们的目的是要达成协议而不是获取胜利。因此，在让步型谈判中，一般做法是提议、让步、保持友善，以及为了避免冲突对抗而屈服于对方。如果谈判双方都为让步型谈判者，那么达成协议的可能性、速度以及谈判的成本与效率都会令人满意，双方的关系也会进一步得到加深。然而，由于利益驱使、价值观及个性的不同，在谈判中并非人人都会采用这种谈判方法。而且这种方法并不一定是明智、合适的，当遇到强硬的谈判者时极易受到伤害。因此，在实际的商务谈判中极少采取让步型谈判，一般只限于双方的合作关系友好且有长期业务往来的情况。

（三） 原则型谈判

原则型谈判，也称竞合型谈判、现代式谈判，是指谈判各方将对方视为与自己并肩合作的同事，而不是作为敌人来对待，并注意调和双方的利益而不是固守各自的立场的谈判。原则型谈判既不像让步型谈判那样只强调双方的关系而忽视利益的获取，也不像立场型谈判那样一味固守立场而忽视了双方的利益。它要求谈判双方尊重对方的基本需要，寻找双方利益上的共同点，从而找到使双方各有所获的方案。当双方的利益发生冲突时，则根据公平的原则来做决定，而不是通过双方意志力的较量一决胜负。原则型谈判者认为，在谈判双方对立立场的背后，存在某种共同性利益和冲突性利益。原则型谈判强调通过谈判所取得的价值。这个价值既包括经济上的价值，也包括人际关系的价值，是一种既理性又富有人情味的谈判，因此，该种谈判为世界各国的谈判研究人员和实际谈判人员所推崇。

七、按谈判议题展开的方向划分

（一） 横向谈判

横向谈判是指谈判双方将所有的谈判议题全部平摊在谈判桌上，多项议题同时讨论的谈判。横向谈判在某一问题上出现矛盾或分歧时，会把这一问题放在后面，转而讨论其他问题，如此周而复始地讨论下去，直到所有问题都谈妥为止。以资金借贷谈判为例，谈判涉及货币、金额、利息率、贷款期限、担保、还款以及宽限期等问题，如果双方在贷款金额上不能达成一致意见，就可以把这一问题放在后面，继续讨论担保、还款等问题，也许随着担保及还款问题的解决，贷款金额问题便迎刃而解。

（二） 纵向谈判

纵向谈判是指谈判双方将谈判的议题按照所确定的先后顺序依次进行商讨的谈判方式，即采用单项议题依次讨论的谈判。这种方式尤其适用于所谈条款的内容属于因果关系的问题。以索赔谈判为例，先讨论索赔原因，再商讨赔款条件，最后谈赔付金额的问题，逐个讨论每一问题和条款，讨论一个问题，解决一个问题，上个问题没解决，就不进入下一个问题，一直到谈判结束。

总之，在商务谈判中，不是横向谈判，就是纵向谈判，至于采用哪一种形式，主要根据谈判的内容、复杂程度以及谈判的规模来确定。一般来讲，大型谈判、涉及两方以上人员参加的谈判大都采用横向谈判的形式；而规模较小、业务简单，特别是双方已有过合作历史的谈判，则可采用纵向谈判的形式。

【教学互动】

互动问题：

商业谈判中，横向谈判好，还是纵向谈判好？

要求：

教师不直接提供上述问题的答案，而是先引导学生结合本部分内容进行独立思考、自由发表见解，再组织课堂讨论，最后对学生提出的典型见解进行点评。

八、按谈判沟通方式划分

（一）面对面谈判

面对面谈判，顾名思义就是谈判双方（或多方）直接地、面对面地就谈判内容进行沟通、磋商和洽谈的谈判活动。面对面谈判中，谈判各方可以直接对话，不仅是语言的直接交流，而且各方均能直接观察对方的仪表、手势、表情和态度，正是这些构成了面对面谈判独具的优势。不仅如此，由于面对面谈判是人与人之间进行的直接的沟通、磋商和洽谈，受人的个性、需要、动机和直觉的影响较大，因此，商务谈判所研究的谈判策略、技巧、心理、礼仪、人员管理等，都是以面对面谈判方式为背景展开讨论的。面对面谈判在谈判活动中的适用范围非常广泛，一般而言，凡是正规的、重要的、高规格的谈判，都以面对面的谈判方式进行。

（二）书面谈判

书面谈判是指谈判双方利用文字或图表，比如通过信函、电报、电传等形式进行的谈判。书面谈判主要适用于有经常性经济交往活动的谈判，产品批量大而供应范围广的购销谈判以及远距离谈判等。在实际工作中，常把书面谈判与面对面谈判结合在一起使用。有些在一般情况下采取书面谈判的交易，在特殊情况下也可以改用面对面谈判；经常有交往的双方，在原先双方约定的交易条件不变时，为了节省成本与时间，具体某一笔交易采用书面谈判的方式。书面谈判方式可以使双方对问题有比较充足的考虑时间，但为了保证谈判效率，一般应规定对方答复的有效期限。值得注意的是，虽然在书面谈判的过程中，也采用书面形式，但这只是反映谈判过程的情况，而不能表明成交的确立，因此，书面谈判的成交也要以合同为证。

（三）网上谈判

网上谈判是指借助互联网进行协商、对话的谈判方式。网上谈判是基于电子商务的出现和迅猛发展而出现的，并且越来越被企业提上重要的议事日程。网上谈判常见的形式有通过电子邮箱、即时通信工具等社交软件进行。与函电谈判一样，其谈判程序通常包含询盘、发盘、还盘、接受和签订合同五个步骤。这种借助互联网的新兴商务谈判方式，关键不在于更好地提供信息，而在于建立起与客户、合作伙伴之间的新的关系和沟通方式，也就是说通过无处不在的互联网，使得相互间的联系、交往以及商务活动完全可以在网上进行，从而达到提高客户或合作伙伴的满意度、降低成本、提高灵活性、缩短谈判时间、提高工作效率等目的。

（四） 电话谈判

电话谈判是指借助电话进行沟通、协商，寻求达成交易的一种谈判方式。电话谈判与面对面谈判同属于口头谈判，但是两者既有不同点，也有相同点。不同点在于一个是远距离不见面的磋商，另一个是近距离面对面的磋商；相同点在于都是用语言进行磋商，而且电话谈判方式也包括探询、成交、签约等不同步骤。双方在洽谈之前，都需要做有关的准备工作；洽谈开始，要做简短的寒暄；洽谈过程中，也少不了讨价还价；洽谈之后，要记录并整理有关情况和资料。有的电话洽谈自始至终都进行录音，双方在电话中达成的口头协议也构成了有法律约束力的口头合同。在经济发展越来越快的现代社会，时间就是金钱，效率就是效益，电话谈判以其方便、快捷的特点，在经济洽谈、商务营销中的应用越来越广泛。

九、按谈判内容的透明度划分

（一） 公开谈判

公开谈判是指谈判本身不保密，谈判的时间、地点、过程、结果均可公开的谈判。随着现代商业竞争的加剧，人们一般并不愿意过多地对外暴露谈判的相关内容，而选择保守商业机密，因而这种谈判很少被使用。

（二） 半公开谈判

半公开谈判是指有关谈判的内容以及谈判的其他安排有所选择地对外公开的谈判。在半公开谈判的情况下，谈判双方可根据自己的需要来选择对外公布的内容或信息，这种谈判在现今的商务活动中较多。

（三） 秘密谈判

秘密谈判是指有关谈判的各项内容、信息和安排全部内外保密的谈判。这种谈判对于谈判的保护比较好，可以大大降低商业机会的流失率，减少其他不良因素的干扰。

【教学互动】

互动问题：

在现实谈判中，可以选择公开谈判与秘密谈判交叉进行，这与半公开谈判有什么不同？

要求：

教师不直接提供上述问题的答案，而是先引导学生结合本部分内容进行独立思考、自由发表见解，再组织课堂讨论，最后对学生提出的典型见解进行点评。

十、按谈判时间长短划分

（一） 马拉松式谈判

马拉松式谈判是指谈判的时间很长、有时要经过很多轮商谈，持续几年甚至几十年的谈判，如我国的入世谈判。

（二） 闪电式谈判

闪电式谈判是指谈判的时间很短、双方很快就能达成一致意见的谈判。

经典案例

世界贸易组织（WTO）的前身是成立于1947年的关税与贸易总协定（GATT），1995年重组改称现名。毫无疑问，中国入世谈判是多边贸易体制史上最艰难的一次较量，在世界谈判史上也极为罕见。自1986年7月10日中国正式向WTO前身——关贸总协定递交复关申请起，国内外无数次预测这场谈判的时间表。但谁也不曾料到，由于谈判逐步被“政治化”及其本身的艰巨性、复杂性、特殊性和敏感性，这一谈就是15个春秋。中国代表团换了4任团长，美国换了5位首席谈判代表，欧盟换了4位首席谈判代表。从1987年就担任GATT（后为WTO）中国工作组主席的瑞士人吉拉德说，当初履新伊始，有人戏称他这个主席也许得干10年。吉拉德不以为然地大笑，岂知到头来竟干了14年半！

中国复关和入世谈判大致可分为三大阶段：第一阶段从20世纪80年代初到1986年7月，主要是酝酿、准备复关事宜；第二阶段从1987年2月到1992年10月，主要是审议中国经贸体制，中方要回答的中心题目是到底搞市场经济还是计划经济；第三阶段从1992年10月到2001年9月，中方进入实质性谈判阶段，即双边市场准入谈判和围绕起草中国入世法律文件的多边谈判。寸步不让的意志比拼，唇枪舌剑的讨价还价，15年来的每一场谈判，中方“从来不打算减少一美元、从来没想少说一个字来求得妥协”。经过艰苦斗争，美欧等发达国家不得不同意“以灵活务实的态度解决中国的发展中国家地位问题”，中方最终与所有WTO成员就中国加入WTO后若干年市场开放的领域、时间和程度等达成了协议。

问题：

该案例中的谈判属于哪种类型？

案例解析：

按照谈判时间划分，该案例中的谈判属于典型的马拉松式谈判；按照谈判主体所属的地域范围划分，该案例中的谈判属于国际商务谈判；按照谈判规模划分，该案例中的谈判属于超大型谈判。

任务三
把握商务谈判原则

商务谈判作为一项经济活动，任何人都不可能随心所欲，其语言行为要受到相关商务谈判原则的约束。商务谈判原则是指在商务谈判活动中必须遵循的各项准则，是谈判各方在交换意见、解决分歧的过程中所遵循的指导思想。正确认识和把握商务谈判的各项原则，有助于谈判各方提高谈判效率，维护谈判权益。

一、平等原则

平等原则是商务谈判得以顺利进行的首要原则，是谈判能够圆满结束的重要前提。在商务谈判中，无论各方的经济实力强弱、组织规模大小，都应该坚持地位平等、自愿合作、平等协商、公平交易。

商务谈判的平等原则具体体现为谈判各方的地位平等、权利与义务平等、签约与践约平等等多个方面。地位平等是指国家不分贫富、企业不论实力强弱、个人不论权势高低，在商务谈判中都应该一律平等。权利与义务平等是指商务谈判中的各方都应平等地享受权利，也要平等地承担义务。谈判者享受的权利越多，相应地需要承担的义务也就越多；反之亦然。签约与践约平等是指签订贸易及合作协议或合同的谈判各方，须重合同、守信用，认真制定，严格执行。只有坚持平等原则，商务谈判才能在互信合作的气氛中顺利进行，才能达到互助互惠的谈判目标。

二、互利原则

在商务谈判中，平等与互利两个原则密切联系、有机统一。平等是互利的前提，互利是平等的目的。具体是指商务谈判的各方出于自身利益的追求和互惠互利的意愿参加谈判、寻求共识以谋求合作。

商务谈判不是竞技比赛，不能一方胜利一方失败，一方盈利一方亏本。因为，谈判如果只有利于一方，不利方就会退出谈判，这样自然会导致谈判破裂，谈判的胜利方也就不复存在。坚持互利，就要重视合作，没有合作，互利就不可能实现。谈判各方只有在追求自身利益的同时，尊重对方的利益追求，立足于互补合作，才能互谅互让，争取互惠“双赢”，才能实现各自的利益目标，获得谈判的成功。事实上，谈判双方可以共同努力来增加可以切割的利益总数，即由谈判各方创造性地“做大蛋糕”，尽管其相对的份额保持不变，但各自的所得却增加了，这就是典型的“双赢”式的谈判。

经典案例

小张看中一个生意机会急于用钱，向创业开公司的朋友小李借了100万元，双方签订了一年还清的借据合同。12个月后，小张却说生意刚刚运转，资金周转不灵，只有不动产，没有现金，不能按时还款，而小李也因为公司创业中遇到瓶颈，日常开支困难，坚持按时要回其100万元的借款。双方的朋友关系变成了互相敌对的关系，只好通过律师交涉。最后，双方发现这样争斗的结果对双方都没有益处。于是，经过协商，双方决定重新拟定一个还款合同，签订了一个有利于双方的协议，即借款由一年付清改为三年付清，但约定了适当高于银行的借款利率。小李考虑了双方长期的朋友关系，做了必要的让步，但最后保证了自己的利益。小张解决了资金周转困难，并在自己承受范围内能够还清借款；而小李不但能够要回总的借款，也获得了高于银行的利息，双方都比较满意。

问题：

该案例体现了商务谈判的哪一个原则？

案例解析：

该案例体现最突出的商务谈判原则是互利原则。在谈判过程中，不要只局限于眼前利益，只有立足于长远，从互惠互利的原则出发，方可促使可能失败的合作走向成功。

三、合法原则

合法原则是商务谈判的根本，是指商务谈判必须遵守相关国家的法律、法规和政策。国际商务谈判还应当遵循有关的国际法和对方国家的有关法规。

商务谈判的合法原则，具体体现在谈判主体合法、谈判客体合法和谈判手段合法三个方面。谈判主体合法，是指参与谈判的各方组织及其谈判人员应具有合法的资格。谈判客体合法，是指谈判所要磋商的交易项目具有合法性，对于法律不允许的行为，如买卖毒品、贩卖人口、走私货物等，其谈判显然违法。谈判手段合法，是指应通过公正、公平、公开的手段达到谈判目的，而不能采用某些不正当的，如行贿受贿、暴力威胁等手段来达到谈判的目的。总之，只有在商务谈判中遵守合法原则，谈判及其协议才具有法律效力，当事各方的权益才能受到法律的保护。

四、诚实信用原则

诚实信用原则是市场经济活动的一项基本道德准则。一般认为，诚实信用原则的基本含义是指当事人在经济活动中应讲信用，恪守诺言，诚实不欺，在追求自己利益的同时不损害他人和社会的利益。我国古语讲：“经商信为本，诚招天下客。”在商务谈判中，谈判者保持诚信是很重要的，对于双方之间的公开约定，必须践约，正所谓一诺千金。一个谈判者的风格可以千变万化，但是他的诚信必须是不变的，是可以依赖的。

当然，谈判者的诚实守信并不等同于谈判桌上的开诚布公，更不等同于把一切都和盘托出。精明的谈判者，既讲信用，又讲究分寸，他们绝不随意透露自己的全部意图，不暴露自己的真实需求，而是该明言则明言，该回避则回避，通过自己的人品取得信任，但是通过自己的策略赢得谈判。

经典案例

《乔家大院》是中国电视剧史上讲述中国晋商的一部大戏，该剧讲述了一代传奇晋商代表——乔致庸弃文从商，怀抱以商救民、以商富国的梦想，经历千难万险终于实现了货通天下、汇通天下的故事。其以历史题材反映现实精神，通过主人公乔致庸跌宕起伏的从商经历和人生历程，深刻而又生动地展示了晋商文化中以诚实守信为本、以见利忘义为耻以及重信重义、百折不回的精神品质。无论是三晋还是海内外，彼此在各自的文化景观下观赏《乔家大院》、审视晋商时，大家一致认为：晋商成功的根本在于儒商，而儒商的根本在于“诚信”。《乔家大院》剧中所表现的坚持“诚信为本”“以义制利”的经商之道的晋商精神，使得晋商成为一个时代的传奇。

问题：

《乔家大院》弘扬的是什么样的商业文化？

案例解析：

诚信是商业道德体系的基石，也是个人、集体乃至国家和民族赢得别人信赖的非常珍贵的资本。《乔家大院》弘扬了一种商业文化，一种“诚信”文化。晋商的精神实质便是诚信，这种诚信是一种商业经营所必需的运作基础。

五、重利益轻立场原则

重利益轻立场原则，也称“利益第一、立场第二”原则或立场服从利益原则，是指在商务谈判中的双方或各方在处理立场与利益的关系中，要立足于利益而在立场方面做出一定的让步的原则。双方的利益是谈判的基点，不要在立场上讨价还价，要寻找在互相对立的立场背后可能隐藏着的双方共同和一致的利益。

当然，重利益并不是说就不要立场，在商务谈判中，我们必须有坚持的基本原则。谈判中的立场是指谈判者利益上的形式要求或依此做出的某种决定。同时，立场是谈判的基础。因为没有立场，就没有见解和观点，谈判也就不能进行。但是谈判的最基本问题不是双方在立场上的冲突，而是双方在利益上的协调。

谈判者所持的立场与其所追求的利益是密切相关的。立场反映了谈判者追求利益的态度和要求，而谈判者的利益则是促使其采取某种立场的原因。利益在许多情况下是内隐的，而一个人的立场则由他自己决定，并常常通过自己的言谈举止显现出来。

经典案例

西奈半岛本属于埃及，而 1967 年以色列侵占了西奈半岛，当 1978 年埃及重新要求收回西奈半岛时，双方谈判陷入僵局。由于西奈半岛紧挨以色列的国土，以色列出于国家边境安全的考虑及立场，坚持要保留西奈半岛的一部分，而埃及出于国土完整的需要及立场，则坚持要收回西奈半岛的全部领土。这种立场的对立与争执使谈判一度陷入僵局。如果仅把目标放在领土的划分上，根本无法解决问题，于是两国开始寻找双方的共同利益，希望用利益目标来解决问题。

资料来源：周琼，吴再芳．商务谈判与推销技术［M］．北京：机械工业出版社，2012.

问题：

在本案例中应怎样使用重利益轻立场原则来解决双方的问题？

案例解析：

1987 年埃及和以色列经过多年谈判，终于突破了僵局，达成了协议。出于对双方利益的考虑，以色列的利益要求是边境安全，而埃及的利益要求是国土完整，因此，最后双方达成的协议是西奈半岛领土完全归还埃及，但是要求紧挨以色列的大部分地区实行非军事化，以保证以色列的安全。即埃及的国旗可以在西奈半岛飘扬，但埃及的坦克却绝不能靠近以色列。这个令双方满意的协议之所以能够达成，就是因为找到了双方利益需求的满足点，并据此进行协调的结果。

六、人事分开原则

商务谈判中的人事分开原则是指在谈判中把对人即谈判对手与所讨论的问题的态度区分开来，不要在谈判中把对问题的不满发泄到谈判者个人身上的原则，即要处理好“对事不对人”或“对人不对事”的辩证关系。在商务谈判过程中，当双方互不了解，出现争执时，就容易将个人的好恶与现实问题结合在一起，产生沟通障碍，从而导致双方之间的误解加深，成见强化，最后致使谈判破裂。因此，将谈判个人的因素与谈判所涉及的目标分离，是商务谈判获得成功的重要方法之一。

【教学互动】

互动问题：

商务谈判中，怎样处理好“人”“事”两分的问题？

要求：

教师不直接提供上述问题的答案，而是先引导学生结合本部分内容进行独立思考、自由发表见解，再组织课堂讨论，最后对学生提出的典型见解进行点评。

七、客观标准原则

在谈判过程中，谈判双方的利益冲突客观存在，每一方都希望得到对自己有利的谈判结果。面对谈判中时时处处存在的以利益为焦点的分歧和冲突，谈判双方要达成协议，就必须消除这些分歧，最好能够找到一个最能反映客观情况的标准以利于理智解决问题。

（一）什么叫客观标准

客观标准是指独立于谈判双方意志之外并为双方所认可和接受、合情合理又切实可行的准则。首先，双方所寻求的客观标准应独立于各方主观意志之外，即不是谈判中的任何一方所指定。其次，该客观标准应为谈判各方所接受，任何一方不同意，都不能作为客观标准使用。最后，该客观标准应合法、合情、合理，并切合实际，方便操作和使用。可供双方作为协议基础的客观标准是多种多样的，可以是国际惯例、法律法规、道德准则，也可以是市场平均价格、专业标准、价格指数等。如果双方认为每个问题都需要双方共同努力去寻求客观标准，每一方就都应在对待最能反映客观性标准的问题上理智从事。如果要修改某些标准，必须在提出了更好的建议后方可考虑。

（二） 确定最合适标准

客观标准应具有以下几个特征。一是公平性，即给双方以平等的机会，就像两个人分东西，一方提出分配方案，而由另一方先行挑选。二是注重情理，谈判双方往往都认为自己的标准是合法的和公平的，而认为对方的标准不正确，这就要求谈判者从理性的角度出发，注意倾听对方的理由，并从中吸取合理的部分。三是排除主观意志的干扰。所谓主观意志，是指在不改变自身立场或观点的条件下，要求对方改变立场或观点。这种做法必然导致双方竭力维护各自的立场，甚至将谈判引向破裂。在这种情况下，即使达成协议，也要花费大量的时间和精力，并且恶化双方的关系还会影响双方的长期合作和伙伴关系。

经典案例

我国某公司向国外出口某种商品，对方国家公司一再要求降价。我方公司经过多次降价后认为已没有再降价的余地，遂从市场行情到成本列举了许多理由来支持己方的观点，对方公司不为所动，坚持要更优惠的价格，谈判就此陷入僵局。突然我方问起对方国家的反倾销标准，对方虽然不明所以，但也据实相告。最后我方问道：“若我们应你方要求再降价的话，不就成了向贵国倾销产品了吗？如果由此引起贵国对这种产品的反倾销，你们愿意承担后果吗？”

问题：

本案例中的客观标准是什么？

案例解析：

本案例中中方所使用的客观标准是反倾销标准。反倾销是国际贸易中一国为防止另一国对本国进行商品低价倾销而影响本国民族产业的发展，进而采取的一种抵制措施，通常表现为当进口国因外国倾销某种产品而令国内产业受到损害时，征收相当于出口国国内市场价格与倾销价格之间差额的进口税。

乐学善思

谈判解决问题 合作才是主流

十三届全国人大二次会议新闻中心于 2019 年 3 月 8 日 10 时在梅地亚中心新闻发布厅举行记者会。在路透社记者问及“您认为中美两国是否正在走向冲突？如何来避免这种情况？中方如何来加强和美方的互信？您认为中美之间的贸易战会结束吗？”时，时任国务委员兼外交部部长王毅回应称“中美关系历来是合作与摩擦并存，但是我们始终认为，合作是大于分歧的”。同时，王毅讲到，中美两国的利益已经高度融合。2018 年中美双边贸易额超过 6 300 亿美元，双向投资存量超过 2 400 亿美元，人员往来超过 500 万人次。美国几乎所有大公司在中国都有业务，几乎所有的州与中国都有合作。我们听到这样一种说法，有个别人声称要让中美“脱钩”。这显然是不现实的，与中国“脱钩”，就是与机遇“脱钩”，就是与未来“脱钩”，某种意义上也是与世界“脱钩”。中美只要坚持相互尊重，致力于平等协商，任何难题最终都能够找到双方都可以接受的解决办法。

思考：

中美贸易磋商应遵循什么基本理念？

提示：

中国的发展，毫无疑问得益于经济全球化；中国的发展，也为世界做出了巨大贡献。这是中国长期以来追求大局意识、和而不同、包容协作等理念的体现。任何形式的保护主义，最终都只会伤及本国企业与消费者。合作才是中美关系的主流。这既是中美两国领导人的共同认知，也是双方各界的一致共识。

主要概念和观念

◀主要概念

谈判　商务谈判　谈判主体　谈判客体　谈判议题　立场型谈判　让步型谈判　竞合型谈判

◀主要观念

谈判是我们每个人日常生活中不可缺少的活动，它无处不在、无时不有，只要是人们为了各自的目的进行的相互协商的活动，都可以理解为谈判。

谈判总会在一定的时空进行，越是重要的谈判，对谈判地点的选择越是讲究。一般情况下，谈判地点的选择有四种，即主场谈判、客场谈判、主客场轮流谈判和第三地谈判。无论选择什么样的谈判地点，都各有利弊，谈判者应学会在不同的谈判地点扬长避短。

商务谈判的评价标准具有多元性特点，即评价一项商务谈判活动是否成功，并不取决于单一的评价标准，而要考虑以下三项因素，即谈判目标的实现与否、谈判效率的高低及谈判各方关系的维护，三者缺一不可。

商务谈判按照不同的标准，可以从不同角度划分为不同类型，每种类型的商务谈判的优势、劣势各不相同，适用的情况及应采取的策略也各不相同。只有了解商务谈判的分类，并根据不同类型商务谈判的特点，采取不同的谈判策略，才能最大限度地发挥该类谈判的优势，规避其劣势，从而取得谈判的成功。

现代商务谈判比较推崇的是原则型谈判，也称竞合型谈判，它既不像让步型谈判那样只强调双方的关系而忽视利益的获取，也不像立场型谈判那样一味固守立场而忽视双方的利益，因而是一种既理性又富有人情味的谈判。

谈判中的重利益轻立场原则，也称“利益第一、立场第二”原则或立场服从利益原则，是指在商务谈判中的双方或各方在处理立场与利益的关系中，要立足于利益而在立场方面做出一定的让步的原则。但是，重利益并不是说就不要立场，在商务谈判中，我们必须有坚持的基本原则。谈判的最基本问题不是双方在立场上的冲突，而是双方在利益上的协调。

项目单元训练

一、单项选择题

1.“多项议题同时讨论”体现的是(　　)的特点。

A. 横向谈判　　B. 纵向谈判

C. 马拉松式谈判　　D. 闪电式谈判

2. 谈判客体又称(　　)。

A. 谈判议题　　B. 交易条件

C. 谈判标的　　D. 谈判地点

二、多项选择题

1. 下列属于谈判构成要素的有(　　)。

A. 谈判主体　　B. 谈判客体

C. 谈判议题　　D. 谈判时间

2. 按照谈判地点划分，商务谈判可分为(　　)。

A. 主场谈判　　B. 客场谈判

C. 主客场轮流谈判　　D. 第三地谈判

三、判断题

1. 主场谈判比客场谈判好。(　　)

2. 商务谈判中应遵循“立场第一、利益第二”的谈判原则。(　　)

3. 关系主体参与谈判比行为主体参与谈判要好。(　　)

四、简答题

1. 谈判的特征有哪些?

2. 商务谈判的原则有哪些?

五、论述题

商务谈判的类型有哪些?至少针对一种划分方式进行举例。

六、实操题

实训内容：商务谈判认知。

背景资料：

学校规划处的大学生创业孵化园创造了优惠条件为在校大学生提供创业基础，现共有30个店面对外出租，竞争激烈。假设你所在的班级准备组建一个创业小组，进驻大学生孵化园并租借一个店面，现在由你担任本次谈判的负责人，你需从哪些方面着手展开本次商务谈判?怎样体现商务谈判的各项原则?

要求：

分组讨论，推荐发言，以小组为单位形成书面作业并提交。

项目二
商务谈判准备

【学习目标】

知识目标：了解商务谈判的准备内容，掌握商务谈判心理准备、人员准备、物质准备、模拟谈判等相关内容，理解商务谈判方案的制订原则及结构内容，熟练掌握商务活动的相关礼仪。

能力目标：能够根据谈判背景进行恰当的心理准备、信息准备、物质条件准备及人员配备，并制订完善的谈判方案，掌握有效进行模拟谈判的能力，具备灵活运用商务活动礼仪的能力。

素质目标：树立"凡事预则立，不预则废"的理念，明确谈判准备工作的重要性，培养良好的谈判心态，切实加强工作谋划，做到思考在前、谋划在先。

实训目标：能够根据谈判背景，有效地进行谈判的一系列准备活动。

【导引案例】

我方采购冶炼组合炉和自动冶炼设备的谈判

我国某矿业集团股份有限公司因生产发展需要，需采购一套先进的冶炼组合炉和自动冶炼设备，经过反复比对，选择了美国一家公司的设备，并组建了一支由高级工程师龚嘉博亲自带队的经验丰富的谈判团队前往洽谈。为了保证本次谈判的成功，我方谈判团队从心态、信息、物质等多方面进行了相关准备。尤其是团队负责人龚嘉博查找了大量国内外有关冶炼组合炉和自动冶炼设备的产品资料，对设备进行了详细的比对和研究，又花了很大的精力对国际市场上自动冶炼设备的行情及美国这家公司的规模、实力、历史和经营现状、客户资料等进行了调查和了解。谈判第一阶段，双方先就冶炼组合炉进行洽谈。美方公司态度强硬，上来就对冶炼组合炉报价 160 万美元。龚工程师镇定自若，拿出提前准备的相关资料，详细陈述了国际市场上同类设备的市场行情，并列举了其他国家生产供应该类设备的一般成交价格。美方公司谈判代表目瞪口呆，没料到中国公司对产品及市场行情这么了解，最终冶炼组合炉以 78 万美元成交。随后谈判进入第二阶段，双方围绕自动冶炼设备进行谈判，美方初次报价 220 万美元，经过激烈的讨价还价，价格被压到 125 万美元，但距离我方能够接受的理想价格 92 万美元仍有差距，谈判陷入僵局。美方公司说道："我们已经作出了很大的让步，但仍不能满足贵公司要求，看来你们是没有诚意做成这单生意了，算了，我们也不谈了。"当天的谈判被迫中止。会后，中方谈判代表团成员有人表示出着急和焦虑，提出千里迢迢前来谈判，如果谈不拢，前面的努力将功亏一篑，而龚工程师则稳如泰山，说道："放心吧，他们会继续谈的。同样的设备，去年他们卖给其他国家的最低价格只有 87 万美元，国际市场上这种设备的成交价格在 90 万美元左右都是正常的。"果然不出所料，在第二天的谈判中，当龚工程师将近两年美方公司与其他国家客户的成交价格报出后，美方代表团惊愕一片，没有料到中方代表团不但了解产品的市场行情，甚至对于自己公司的客户都了如指掌，不敢再虚张声势，只得解释道："现在国际市场上原材料价格上涨得厉害，设备价格自然要水涨船高，同类产品价格比以前高也是正常的。"而龚工程师则反驳道："近两年国际原材料每年上涨指数没有超过 5%。咱们可以借此推算一下，今年该项设备价格应为多少呢?"事实胜于雄辩，美方公司谈判代表只得让步，最终双方以 92 万美元达成交易，我方取得谈判成功。

问题：

该案例中，我方为什么能够取得谈判的成功?

任务一 谈判心态与信息准备

一、谈判心态准备

心态决定成败。在商务谈判前，谈判人员做好心态准备是非常重要的。谈判者如果没有一个良好的心态，或是过于紧张、焦虑急躁，或是过于傲慢、盲目轻敌，或是过于慎重、畏首畏尾，对于谈判来说都非常不利。对于谈判这种紧密性比较高的工作而言，拥有一颗平常心，就等于拥有清醒的头脑。因此，在谈判过程中，谈判者一定要保持良好的心态。

（一） 学习的心态

一方面，21 世纪是一个日新月异的时代，新技术、新材料、新知识层出不穷，市场环境也在不断发生变化。作为谈判人员，只有永远保持一种学习的心态，紧跟时代发展，顺应市场趋势，才能在商战中立于不败之地。另一方面，快速发展的经济社会节奏，也使得社会上的浮躁心态变得非常普遍，各种成功学使得很多人在寻找成功和致富的捷径中迷失了自我。而实际上成功没有捷径，学习的心态本身是一种谦逊、谨慎的态度，有助于避免在谈判桌上因自以为是、过于傲慢而大意失荆州。

（二） “双赢”的心态

我们所处的时代是一个合作共赢的时代，企业之间的关联度日益增强，既有激烈竞争，又有合作和发展空间。虽然商务谈判过程的本质是双方（或多方）当事人的博弈过程，谈判中各方充分利用谈判技巧、策略，在追求自身最佳得益的前提下，获取最有利的交易条件，但谈判的结果并不是“你赢我输”或“你输我赢”。谈判双方首先要树立“双赢”的理念，牢记“双赢”的原则，牢牢把握合作的主线，管控好矛盾，使冲突和分歧朝着有利于解决问题的方向发展。双方都树立了“双赢”的理念，对谈判的顺利进行和双方利益达到最大化都有促进作用。

（三） 创新的心态

谈判的创新心态，一方面指的是谈判策略、谈判技巧的不断创新；另一方面指的是在谈判规则上的不断创新，即谈判既是“切分蛋糕”又是不断“做大蛋糕”的过程。在传统商务谈判中，谈判者往往首先考虑各自的利益，他们认为利益是一定的，别人多拿了，自己就少拿了。因此，双方就在分割利益上下功夫，而没有把注意力放在寻找使双方利润空间扩大并达到双赢的方案上面。事实上，商务谈判的成功与否在很大程度上取决于能不能扩大双方的整体利益，把“蛋糕”做大。一是双方可以通过各自的努力使成本降低，扩大双方的共同利益。二是打破自我封闭、观念保守的谈判思路，通过创新思维，拿自己不太需要的东西来交换自己需要的东西，从而使得谈判利益最大化。

（四） 抗挫的心态

在商务谈判中，谈判者会遇到各种各样的困难和阻碍，由此引起谈判者的心理波动，产生挫折是不可避免的。在商务谈判中，造成谈判者心理挫折的因素主要有以下几种：一是因谈判者掌握的谈判信息不够，制定的谈判目标不合理或者不可行而难以实现所导致的心理挫折；二是由惯例、经验、成见所形成的思维定式，对于谈判中所出现的新情况、新问题难以解决所造成的心理挫折；三是谈判者因自身的某些特殊需要，如自尊、面子、自我价值实现等受到伤害或者没有得到很好的满足而造成的心理障碍。而这些心理挫折，如果谈判者没有良好的抗挫心态，轻则可能会分散自己的注意力，重则可能造成剧烈的情绪波动，进而影响谈判进程。针对上述心理挫折，谈判者只有选择恰当的方式进行情绪控制或者主动面对，才能避免在商务谈判中处于被动的地位。

谈判的心理禁忌

二、谈判信息准备

当今时代是一个信息爆炸的时代。信息既是商务活动的先导，也是影响商务谈判成败的决定性力量。信息是谈判双方相互沟通的纽带，也是制订谈判计划和谈判战略的重要依据，还是控制谈判进程的重要手段。因此，谈判信息的搜集与整理对于商务谈判活动具有非常重要的意义。

商务谈判信息是指反映与商务谈判相联系的各种情况及其特征的有关资料。商务谈判信息资料同其他领域的信息资料相比，有其不同特点。首先，商务谈判资料无论是资料的来源还是资料的构成都更复杂和广泛，在有些资料的取得和识别上具有相当大的难度。其次，商务谈判资料是在特定的谈判圈及特定的当事人中流动，谈判者对谈判资料的敏感程度是其在谈判中获取优胜的关键。最后，商务谈判涉及己方和谈判对手的资金、信用、经营状况、成交价格等，具有极强的保密性。

（一） 商务谈判信息的构成

1. 各项方针、政策、法律及民俗

市场经济是法制经济，市场经济中的所有商品交易活动，都离不开法律法规的保护制约。社会经济活动都是在国家的宏观计划调节下进行的，政府的各项方针、政策为经济发展指明了方向，创造了宽松的市场环境，从而保证经济活动顺利进行。自然，企业的各种经济活动也是在这些方针指导下进行的。我国目前颁布的经济法有《合同法》《公司法》《产品质量法》《商标法》《专利法》《消费者权益保护法》《标准化法》等。

对于国际商务谈判而言，谈判人员还要了解和掌握国际贸易的各种法规条例，对方国家的行业政策、关税政策、贸易法规、进出口管理制度等，对我国是否实行禁运或限制进出口的种类范围，不同文化背景下的消费习俗、消费心理和购买行为有何不同，这有利于我方制订正确的谈判战略、计划，避免谈判中出现不必要的分歧、误会，促使谈判顺利进行。

2. 市场行情

随着现代社会生活节奏的不断加快，企业间的竞争也更加激烈，市场行情瞬息万变。面临如此构成复杂、竞争激烈的市场行情，商务谈判者必须进行多角度、全方位、及时的了解和研究。与谈判有关的市场行情信息主要有：市场的分布情况、产品的需求情况、销售的竞争情况、商品的流通渠道和习惯性销售渠道、商品的交易价格和常用优惠措施，以及商品市场分布的地理位置、运输条件、政治和经济条件等。只有对上述行情信息进行及时、准确、充分的了解和分析，才能准确预测和分析其变化动态，从而掌握谈判的主动权。

谈判需要搜集对方哪些信息？

3. 谈判对手信息

古语曰："知己知彼，百战不殆。"商务谈判的成败在很大程度上取决于其中一方对谈判对手信息的掌握程度。然而，商务谈判要面对的谈判对象可能来自不同国家或地区。由于文化背景、价值观念以及社会习俗等存在明显的差异，商务谈判者在谈判中的谈判风格也各不相同。只有了解和掌握谈判对手的情况，才能有针对性地制定我方的谈判策略。

经典案例

有一名成功的商人叫图拉德，20 世纪 60 年代，他只是一家玻璃制造公司的老板。但是，他希望能做石油生意。一天，他从一个朋友处得知阿根廷政府即将在市场上购买 2 000 万美元的丁烷气体，他就想试试看能否拿到这份合同。当他到达阿根廷时，由于在石油领域既无经验又无人脉，他只能凭着智慧和勇气去做。虽然他面临的对手是非常强大的英国石油公司和壳牌石油公司，但是在做了一番摸底后，他发现了一件事：阿根廷牛肉供应过剩，正想不顾一切地卖牛肉。于是，他告诉阿根廷政府：如果你们愿意向我购买 2 000 万美元的丁烷气体的话，我可以向你们购买 2 000 万美元的牛肉。这个条件，使他立即获得了与阿根廷政府合作的机会。图拉德随即飞往西班牙，那里有一家主要的造船厂因缺少订货正濒临倒闭，它是西班牙政府所面临的一个政治上棘手又敏感的问题。他告诉西班牙人：如果你们愿意向我购买 2 000 万美元的牛肉，我就在你们造船厂订购一艘造价 2 000 万美元的超级油轮，西班牙政府不胜欣喜，立即通过他们的大使传话给阿根廷政府，将图拉德订购的 2 000 万美元的牛肉直接运往西班牙。图拉德的最后一站是美国费城的太阳石油公司，他对他们说：如果你们愿意租用我价值 2 000 万美元的超级油轮，我将可以向你们购买 2 000 万美元的丁烷气体，太阳公司毫不犹豫地答应了他的条件。至此，一个玻璃制造商成功地做成了自己的第一批石油生意。他的竞争对手都自叹不如。

资料来源：周琼，吴再芳．商务谈判与推销技术［M］．北京：机械工业出版社，2012.

问题：

图拉德为什么能够成功？他的交易秘诀是什么？

案例解析：

没有不能整合的资源，只有未被发现的合作机会。图拉德之所以能够成功，就是因为他能够清晰地了解谈判对手的信息，并准确把握对手的真正需求，从而把握了商机，通过满足对方的需求，实现了己方的谈判目标。

（二） 商务谈判信息的要求

1. 准确性

准确性是指信息资料的真实可靠性。真实性是信息的生命，不真实的信息会把商务谈判决策引向歧途。为保证信息的真实性：首先，要求资料来源真实可靠；其次，在信息资料加工时，要注意鉴别，去伪存真，剔除不真实的信息资料；最后，要弄清模糊度较大的资料，不明确的资料要暂时搁置起来。

2. 全面性

全面性是指信息资料的完整性、系统性和连续性。残缺不全的资料常常会导致谈判中的判断失误。因此，搜集的信息资料必须是与商贸谈判有关的全方位的信息资料。搜集时要尽可能详细，网开四面，广泛搜集，防止遗漏重要的信息资料。同时，要保持系统性，要能反映有关政治、经济等活动的动态变化状况与转化过程及其特征。

3. 针对性

针对性是指所准备的信息资料要适合本次商务谈判工作的实际需要。只有切实适合本次谈判决策或解决问题的信息，才具有适用性。因此，资料搜集必须有明确的目的，按专题进行，不要面面俱到。同时，在整理和分析资料时，要善于选择与某一谈判行动有关的重要信息资料，送交决策者作为谈判决策时的参考。

4. 时效性

时效性是指信息资料的及时性。信息资料应尽可能灵敏地反映最新动态。信息有很强的时效性，具有时效性的信息才是财富。因此，一方面要及时地搜集发展变化着的有关情况的信息；另一方面，信息资料的整理、分析、传递的速度要快。

（三） 商务谈判信息的搜集渠道

1. 通过媒体搜集信息

既可以通过报纸、杂志、广播、电视等传统媒体，尤其是专业杂志、内部刊物、专业频道等进行信息搜集，也可以通过互联网等新兴媒体快捷而方便地查阅国内外市场供求信息、公司信息、产品信息和其他信息等。随着网络经济的发展，互联网已经成为搜集现代商务信息最便捷、最常用的渠道。

2. 通过统计资料搜集信息

统计资料既包括各国及国际组织、各地方政府、社会组织印发的各类统计年鉴、报表、月刊等资料，也包括各大银行、咨询公司、企业部门的统计数据等。如中国互联网络信息中心（China Internet Network Information Center，CNNIC），已经成为中国主要的互联网信息统计发布机构。

3. 通过各类会议搜集信息

现代商务活动中，各类会议的定期、不定期召开已经成为一种常态，如各种商品交易会、博览会、展销会、订货会等，这些会议可以成为搜集商务信息的有效渠道，尤其是行业性较强、可以直接开展商务活动的报告会、讨论会等。

4. 通过知情人员搜集信息

知情人员包括客户、朋友、消费者乃至对方现在或过去的雇员等，通过这些人员获取的信息会更加具有针对性。

除了上述渠道，商务谈判信息的搜集渠道还有各类广告、商务函电、公共场所等，国际商务谈判还可以通过驻当地大使馆和领事馆、商务代表处、地方贸易团体，以及本行业集团驻外办事处、分支机构等搜集信息。

（四）商务谈判信息的传递与保密

谈判信息资料的搜集整理与谈判信息资料的传递与保密是紧密相连的有机统一体，谈判者在做好信息资料的搜集整理的基础上，要十分注意谈判信息资料的传递与保密工作。

1. 信息的传递

商务谈判信息的传递包含两个方面：一是指己方谈判人员之间的信息传递，二是指谈判人员同己方企业之间的信息传递。对于前者，在谈判桌上本方谈判人员应该在保证信息保密的情况下，通过约定暗语、手势表情等方式进行传递。而对于后者，尤其是客场谈判的情况下，要进行有效的控制调节，以保证信息资料上传下达的通畅高效。通常情况下，需要事先规定好联络方式和制度，并明确联络程序及责任人，以便迅速顺利地汇报谈判情况，请示下一步行动，避免因部门之间的推诿而贻误商机。

谈判信息保密的一般措施

2. 信息的保密

由于商务谈判一般涉及商业机密，因此，商务谈判所涉及的文件、档案及双方各自有关重要观点等资料的保密工作同样重要。如果不严格保密，将造成不应有的损失。因此，在商务谈判中，必须做好谈判信息的保密工作，包括明确保密事项、采取相应的保密措施等，必要时还需签订保密协议。

经典案例

这是一个发生在一家生产家用纺织用品的工厂和其采购商之间的谈判。谈判已接近尾声，双方即将签订采购合同，但是工厂忽然接到了对方谈判负责人打来的电话，要求把价格再降低5%，否则将取消本次合作。工厂负责人听说后立即慌了，原来工厂已经很久没有接到订单，资金周转困难，基本面临停产的危险，本次订单如果能够签订成功，将会成为挽救工厂的关键，使得工厂起死回生。经过反复讨论和思量，最后，工厂负责人不得已交代己方谈判代表接受了对方5%的降价要求。原来，在签订合同的几天前，工厂的一名工作人员在与采购商的接触中，无意中提到工厂由于长期缺乏订单，正面临巨大的经营压力。作为“回报”，对方采购谈判负责人不但没有对他们施以同情，反而趁机压榨了一笔。

问题：

从本次谈判中，我们应该吸取的教训是什么？

案例解析：

本次谈判告诉我们，谈判收集信息的渠道非常广泛，在双方谈判接洽过程中，需增强防范意识，无论何时，作为公司的员工，都要严守公司的商务机密，尤其在谈判过程中，不能随意透露不利于己方的信息给对方。

任务二 谈判组织准备

谈判组织准备，也称谈判人员准备，是指为实现一定的谈判目的，依照某种特定的方式对人员进行的系统安排。一场成功的商务谈判，离不开一支规模适当、结构合理的谈判队伍。组织力量的来源，一方面是组织成员的个人素质与能力，另一方面是组织成员的协同能力。

一、谈判人员的素质和能力要求

在波澜壮阔的历史进程中，许多重大历史事件无不闪耀着谈判者超人的智慧和令人赞叹的谈判技巧，例如：在古代，苏秦、张仪合纵连横；晏子使楚，不辱使命；蔺相如完璧归赵等。到了当代，我们熟悉的有周恩来的外交才华、陈毅的幽默风趣，他们的个人形象和谈判风格都给我们留下了深刻的印象。当我们感叹谈判者的英姿飒爽、雄才伟略时，当我们为谈判者的智慧与气魄所折服时，有没有想过谈判的成功与谈判者良好的品质和修养、宽广的心胸以及大无畏的气魄是分不开的？

（一） 谈判人员的素质要求

1. 良好的职业道德

良好的职业道德是一个谈判人员必须具备的首要条件。因为作为特定的谈判代表参加谈判，其一言一行都关系到组织的整体形象和利益。具体来讲，谈判人员的职业道德包括诚信正直、遵纪守法、忠于职守、克己奉公、谦虚谨慎、团结协作，具有强烈的事业心、责任心和进取心。

2. 过硬的心理素质

商务谈判不仅是一种智力、技能和实力的比试，更是一场意志、耐性和毅力的较量。一些重大而艰难的谈判，往往不是一轮、两轮就能完成的。对谈判者而言，如果缺乏过硬的心理素质，是很难在谈判中成功的。因此，谈判人员要能够做到在顺境时不骄不躁，不目中无人；在逆境时保持良好的进取心态，不把自己的缺点和错误强加给别人；当别人侮辱自己时，不以牙还牙，而是宽大为怀，用智慧来应对。

3. 广博的知识储备

广博的知识储备是谈判人员在谈判中获得成功的前提条件，没有系统而精深的知识储备，就无法游刃有余地进行谈判。谈判人员要将普通知识和专业知识统一起来，在具备贸易、金融、营销等一些必备的专业知识的同时，还要广泛摄取心理学、经济学、管理学、财务学、控制论、系统论等学科的知识，并为我所用，这是谈判人员综合素质的体现。

4. 良好的礼仪素质

礼仪礼节作为一种道德规范，是人类文明的重要表现形式。任何行业都有一定的礼仪规范。在商务谈判中，礼仪礼节作为交际规范是谈判人员必备的基本素养。在谈判桌上，谈判者的彬彬有礼、举止有度、高雅格调，往往能给人带来赏心悦目的感觉，能为商务谈判营造一种和平友好的气氛；反之，谈判者的无知和疏忽，不仅会使谈判破裂，还会造成恶劣的影响。因此，谈判者必须具有良好的礼仪素质。

5. 健康的身体素质

商务谈判是一项困难、艰苦的工程，有时甚至要“知其不可为而为之”。但是，一旦接受了谈判任务，就要依照己方既定的目标与原则，以勇往直前的姿态全力以赴。因此，在商务谈判中，不管有什么样的困难和压力，都要显示出奋战到底的决心和勇气。而面对这些，如果没有健康的身体素质，是很难胜任的。谈判者只有精力充沛、体魄健康，才能适应超负荷谈判工作的需要。

（二）　谈判人员的能力要求

1. 综合的职业能力

（1）协调能力。商务谈判是涉及人与领域较多的复杂活动。这就要求谈判人员既能尊重他人，虚心听取利于谈判的合理意见，又善于解决矛盾，善于调动他人。

（2）应变能力。谈判桌上瞬息万变，因此谈判者需要有一定的应变能力，从而做到临危不乱，以不变应万变，即使陷入被动或困扰，也能做到处变不惊、从容应对。

（3）意志力。谈判工作可能是枯燥冗长的，这就要求谈判者有坚韧的意志力，不为困难所屈服，不为诱惑所动摇，有坚定的决心去赢得谈判的最终胜利。

（4）自制力。在谈判局势发生急剧变化，甚至在激烈的争执中也能克服自身的心理障碍，控制自身的行为，以恰当的语言和举止来说服和影响对方。既不被顺利冲昏头脑，又不因挫折萎靡不振。

（5）语言表达能力。谈判是人类利用语言工具进行交往的一种活动。谈判中的语言不仅应当准确、严密，而且应生动形象、富有感染力。一个优秀的谈判者，应像语言大师那样精通语言，通过语言的感染力强化谈判的艺术效果，同时使对手能够正确领悟己方的意图。

2. 较强的业务能力

（1）运筹、计划能力。谈判中的运筹、计划能力包括谈判的进度如何把握，谈判在什么时候、什么情况下可以进入下一阶段，在谈判的不同阶段将使用怎样的策略等，这些都需要谈判人员发挥其运筹的作用，当然这种运筹和计划离不开对谈判对手背景、需要、可能采取的策略的调查和预测。

（2）洞察能力。在谈判之前你并不十分了解你的对手，很多信息只有在谈判桌上才会发现。这就需要谈判者具备良好的观察能力和思考能力。绝不放弃对方语言、行动以及表情上的蛛丝马迹，进而判断对方的真实意图，以便采取相应对策。

（3）判断能力。谈判人员不但要善于察言观色，还要具备对所见所闻做出正确的分析和判断的能力。能够根据对方的第一次报价和一些行为，迅速做出判断和估测。正确的假设将直接影响谈判的进程。

（4）控制能力。谈判是由谈判者由两极走向交叉点的过程，由于这个过程会受到诸多不利因素的影响，因此，谈判形式变幻莫测，稍有不慎就会迷失方向。有控制力的谈判者能运用各种手段和方法把握住谈判局面的发展变化方向，善于抓住转瞬即逝的机会，让谈判按预定轨道向前发展。

（5）现场调控能力。随着双方力量的变化和谈判的进展，谈判中可能会出现比较大的变动。善于应变、权宜通达、机动进取是谈判者必备的能力。优秀的谈判人员要善于因时、因地、因事随机应变，从而完成对现场的调节和控制。

（6）创造能力。优秀的谈判者往往有一定的创造力，有丰富的想象力。在认真执行计划的同时，他们会努力拓展自己的想象空间。即便是在双方达成一致的基础上，他们也会寻找达成协议的更好的选择。

金无足赤，人无完人。要选择完全符合以上条件的商务谈判人员或许是不可能的。然而，中国古语也讲“尺有所短，寸有所长”，任何人都各有长处，也各有所短，彼此都有可取之处，没有一个人身上全是优点，也没有一个人身上全是缺点。我们要善于取人之长，补己之短。常识和经验告诉我们，在商务谈判中，选择商务谈判人员要坚持求其人之所长，而不在求其人为“完人”，只有通过慎重、周密的人员选择和安排，才能使得谈判胜券在握。

【教学互动】

互动问题：

结合上述商务谈判人员的素质和能力，自身应该提高的素质和能力还有哪些？

要求：

教师不直接提供上述问题的答案，而是先引导学生结合本部分内容进行独立思考、自由发表见解，再组织课堂讨论，最后对学生提出的典型见解进行点评。

二、谈判组织构成原则

（一） 知识互补原则

知识互补原则，是指谈判小组成员之间要实现专业知识的互补。商务谈判，特别是一些较大项目的谈判，涉及的专业知识可能会很多。而人无全才，拥有一技之长就是人才。商务谈判组织构成中应该有处理不同问题的专家，他们分别具有某一方面的专业知识，能够处理某一领域的专业问题。如商业人员精通市场，财务人员精通核算，技术人员精通技术，法律人员精通法律。这些不同专业的人员共同构成谈判队伍，互相配合，组成一支知识全面、业务精通的谈判队伍，发挥整体优势。

（二） 性格互补原则

性格是一个人比较固定的对人、对事的态度和行为模式，是人的个性心理特征。组建谈判队伍时，可以考虑将不同性格的谈判人员搭配在一起，互相协调，互补不足。现代医学研究表明，人们的性格可粗略分为活泼型、暴躁型、黏液型和抑郁型四大类。活泼型性格的人，大多数亲切随和、反应敏捷、开朗善辩，但欠稳重；暴躁型性格的人，敢作敢为、胆大好胜、处事果断，但是处事可能比较急躁，遇到对方挑衅难以冷静而理智地对待；黏液型性格的人，思维严谨、处事稳重，但是可能会表现出优柔寡断；抑郁型性格的人，办事细心、沉着冷静，但是过于拘谨，一旦遇到挫折会难以释怀。因此，只有将上述性格的人协调互补，才能让其在团队中发挥各自的作用。

（三） 学历、经验并重原则

学历的高低标志着一个人的受教育程度。一般情况下，学历高的人具有更丰富的专业知识，具有更大的潜能。但是“纸上得来终觉浅，绝知此事要躬行”，如果只有书本知识而欠缺实践，也很难应对形势突变的复杂谈判局面。而有些人虽然没有接受过多少高等教育，但是经过多年谈判实战的摸爬滚打，积累了丰富的谈判实践经验，临场发挥能力非常强。因此，谈判组织如果能够将高学历与有经验的人员结合在一起，将能够提高谈判队伍的整体谈判水平。

（四） 新老搭配原则

“新”指的是新人，即谈判场合的新兵。但是初生牛犊不怕虎，虽然经验较少，但是没有顾虑，敢作敢为。“老”指的是经验丰富的沙场老将。在谈判人员的配备中，既有初出茅庐的新兵，又有训练有素的老将，新人表现出的争强好胜、思路敏捷，与老将表现出的沉着稳重、坐镇指挥，两者相得益彰、互相配合，既发挥了优势，又培养了新人，是一种非常好的搭配。

（五） 精干高效原则

从谈判实践来看，谈判人员的人数控制在3～7人为宜。但如果是大型的谈判，则谈判规模会相应增大。但是无论是多大规模的谈判，一定要做到人员数量适当，要与谈判规模、谈判内容相适应，尽量避免不必要的人员设置。

【教学互动】

互动问题：

一般的商务谈判，为什么3～7人的规模最好？

要求：

教师不直接提供上述问题的答案，而是先引导学生结合本部分内容进行独立思考、自由发表见解，再组织课堂讨论，最后对学生提出的典型见解进行点评。

（六） 分工明确、互相配合原则

在商务谈判中，既要做到工作不越位、角色不混淆，又要做到默契配合、互相协作。具体体现为主谈和陪谈的分工与合作，台上和台下的分工与合作，各专业陪谈人员的分工与协作。

（七） 社会地位对等原则

商务谈判强调平等原则，因此，在配备商务谈判人员时，己方谈判人员的规格、地位应与对方出场人员级别相当，至少不低于对方人员的级别。这样做，一方面显示己方对对方的尊重，另一方面使得双方谈判实力相当。

三、谈判组织构成内容

（一） 谈判组织业务构成

谈判组织的业务构成包括商务人员、技术人员、财务人员、法律人员、翻译人员等。

1. 商务人员

由熟悉商业贸易、市场行情、价格形势的贸易专家担任，负责商务贸易的对外联络工作。

2. 技术人员

由熟悉生产技术、产品标准和科技发展动态的工程师担任，在谈判中负责对有关生产技术、产品性能、质量标准、产品验收、技术服务等问题进行谈判，也可为商务谈判中价格决策做技术顾问。

3. 财务人员

由熟悉财务会计业务和金融知识，具有较强的财务核算能力的财会人员担任。主要职责是对谈判中的价格核算、支付条件、支付方式、结算货币等与财务相关的问题进行把关。

4. 法律人员

由精通经济贸易各种法律条款，以及法律执行事宜的专职律师、法律顾问或本企业熟悉法律的人员担任。职责是做好合同条款的合法性、完整性、严谨性的把关工作，也负责涉及法律方面的谈判。

5. 翻译人员

由精通外语、熟悉业务的专职或兼职翻译担任，主要负责口头与文字翻译工作，沟通双方意图，配合谈判运用语言策略。在涉外商务谈判中，翻译人员的水平将直接影响谈判双方的有效沟通和磋商。

（二） 谈判组织角色构成

1. 谈判负责人

谈判负责人，在小组谈判中也称谈判小组长，是商务谈判组织的领导者，在谈判中拥有领导权和决策权，但不一定是主谈人员。具体职责包括谈判方案的制订、谈判队伍的组建、谈判桌上的组织协调、谈判后的分析总结与汇报等。通常情况下，能够担任谈判负责人的，或是公司领导层管理人员，或是某一领域的专家。谈判负责人一般具有以下特点：

(1) 较权威的地位。谈判负责人只有具有权威的地位，才能树立威信，率领团队。同时，较权威的地位一般也意味着较大的权力，而较大的权力能够使其在谈判桌上更好地发挥主观能动作用。

(2) 较全面的知识。谈判负责人除了本身具有较高的思想政治素质和业务素质外，还应具有较全面的知识，能够较为敏锐地发现谈判中的问题，制定正确的策略以引导谈判方向。

(3) 较强的管理能力。谈判负责人的主要职责之一就是负责谈判团队的管理。只有具有较强的管理能力，才能使其所带领的谈判团队具有较强的凝聚力和战斗力。

(4) 果断的决策能力。谈判负责人的另一个主要职责，就是负责判断和决策。谈判桌上情况瞬息万变，当谈判遇到突发情况，或者“将在外，君命有所不受”的情况时，胜败乃一瞬间之事，战机不可失，只有具备果敢的决策能力，才能抓住时机，赢得谈判。

【教学互动】

互动问题：

基于以下谈判内容，谈判负责人应该怎样进行选择?

1) 大型投资项目；2) 购买大型设备；3) 购买一般设备或原材料；4) 重要的销售合同；5) 一般的销售合同；6) 合同索赔谈判。

要求：

教师不直接提供上述问题的答案，而是先引导学生结合本部分内容进行独立思考、自由发表见解，再组织课堂讨论，最后对学生提出的典型见解进行点评。

2. 主谈

主谈，也称首席谈判代表，既是商务谈判中的主要发言人，也是谈判方案的主要执行者。一般要求主谈具有雄辩的口才、严密的逻辑思维、敏捷的反应能力和较高的业务水平。在有些情况下，主谈可能也是谈判负责人，两者合二为一。主谈在谈判活动中，起着举足轻重的作用，具体表现在：

(1) 做好谈判前的准备工作。具体包括谈判目标、策略和程序的安排，谈判成员之间的分工，了解并掌握谈判所需各类信息，备齐谈判所需的各类文件资料等。

(2) 发挥核心作用。作为谈判的主要发言人，一方面，主谈承担着谈判方案的执行落实工作；另一方面，代表着上级指示精神的贯彻执行。因此，主谈要能够勇担责任，言出必行。

(3) 抓住主攻点，寻找突破口。谈判是双方利益的激烈交锋，主谈要时刻保持头脑清醒，一方面要尽量守住己方阵地，另一方面要寻找对方可能妥协的方面作为主攻点，争取对方的让步，从而推动谈判朝着有利于己方的方向发展。

(4) 调动陪谈积极性。谈判成功与否的关键，就是能否有效发挥全体谈判成员的积极性、能动性和创造性，而主谈在这一方面负有主要职责。主谈要能够分工得当，认真听取和考虑各个陪谈成员的意见，最大限度地发挥每个陪谈的专业作用，为谈判献计出力。

基于上述作用，在谈判过程中，不能随便更换主谈。但是在下述情况下，可考虑更换主谈，具体包括：改变谈判级别，谈判陷入僵局，从头再谈，主谈不力或者出现严重的失误。

3. 陪谈

陪谈，是谈判组织的主要构成内容，能够在具体细节上答复对方的咨询并直接质疑对方，从而有效弥补主谈在某些专业上的不足，协助主谈完成谈判任务。在谈判桌前，陪谈在言行上一定要与主谈保持高度一致，与主谈相互呼应，完成谈判任务。

【教学互动】

互动问题：

买卖双方就交货问题进行谈判，假如你是卖方的商务陪谈，当你的主谈讲道："出于对商品品质的保证，又由于近期订单较多，因此，两个月内交货比较困难。"这时，你应该怎样发言与主谈呼应，并强化主谈的讲话意向？

要求：

教师不直接提供上述问题的答案，而是先引导学生结合本部分内容进行独立思考、自由发表见解，再组织课堂讨论，最后对学生提出的典型见解进行点评。

4. 智囊团

智囊团，也称顾问团或"外脑"，一般是指由若干智力较强、专业人丰富的人员组成的团体。对于大型谈判或者涉及项目较多的复杂谈判，只是依靠 3～7 人的谈判团队是很难完成庞大的谈判任务的，这个时候，有一个专业齐全、精明能干的智囊团的配合，将使得谈判如虎添翼。如中国加入世贸组织的谈判，在长达 15 年的谈判历程中，中国有大量的各方面专家在其中发挥了顾问作用。

任务三
制订谈判方案

谈判是一项非常复杂的工作，要在错综复杂的局势变化中左右谈判的发展，使自己处于有利地位，就要做到不打无准备之仗，在事先充分搜集信息的基础上，制订出完备的谈判方案。作为一份指导性文件，谈判方案能够对谈判进行预先筹划，为谈判成功打下基础。

一、谈判方案的概念及要求

（一） 概念

谈判方案，是指在谈判开始前对谈判目标、谈判主题、谈判议程、谈判策略、谈判人员组成及分工等预先所做的书面安排。它是为实施具体的谈判策略而采取的一系列具体措施的书面描述，具有较强的行动指向性和计划项目的全面具体性特征。

谈判方案可根据谈判的规模、重要程度的不同来制订。内容可多可少，可简可繁，既可以是书面形式的也可以是口头交代。在实际工作中，谈判者会根据谈判的具体情况，或详或疏地进行制订。

（二） 要求

由于商务谈判的规模、重要程度不同，商务谈判的内容有所差别，因此，谈判方案也会不同，但是其要求都是一样的。一个好的谈判方案要做到以下几点：

1. 简明扼要

谈判方案是指导谈判者进行谈判的指导性文件，是一系列具体执行措施。为了方便谈判成员查看并记住其主要内容，其内容不能过于繁杂，应结构清晰、突出重点。

2. 明确具体

简明扼要并不代表简单粗略。相反，为了突出其实操性，谈判方案的内容应与谈判的内容相结合，明确具体，不能空洞和含糊。

3. 富有弹性

富有弹性是指谈判方案的灵活性。俗话说“计划赶不上变化”，作为一份提前制作的文件，即便考虑再周全，在实施过程中也可能会面临这样或那样的问题。因此，要使该方案在指导中取得比较理想的效果，就必须使其具有一定的弹性，使得谈判人员能够在不违背根本原则的情况下，根据情况的变化，在权限允许的范围内灵活处理有关问题，以取得较为有利的谈判成果。谈判方案的弹性表现在：一是设定多层次可选择性目标，二是拟订可选方案，三是制订应急预案。

二、谈判方案的结构与内容

一个完整的谈判方案应该包括题目、前言、正文、落款等内容。现将具体结构及内容分析如下：

（一） 题目

一般由谈判双方、谈判内容和谈判文件组成；用介词“与”和谈判对手、谈判内容、文件组成。如：××公司与××公司关于××项目的谈判方案。

（二） 前言

前言主要是对双方的谈判背景进行分析，包括对双方企业的简要介绍，对双方谈判关系的描述，对本次谈判目的及谈判意义的简要说明等。

（三） 正文

1. 谈判主题

一般来讲，一次谈判为一个主题服务，所有谈判活动围绕该谈判主题展开。为保证全体谈判人员牢记谈判的主题，主题在表述上不可赘述，应言简意赅，尽量用一句话来概括和描述。如：以最优惠的条件达成某项交易。

2. 谈判目标

谈判目标是指谈判要达到的具体目的，它指明谈判的方向，并体现谈判方对本次谈判的期望水平。商务谈判的目标是以己方满意的条件达成一笔交易，确定正确的谈判目标是保证谈判成功的基础。谈判目标可分为三个层次。

（1）最低目标。最低目标也称底线，是谈判必须实现的最基本的目标，也是谈判的最低要求。若该目标不能实现，则谈判将不会有任何意义，宁愿谈判破裂，放弃该项目的谈判，也不能接受比最低目标更低的条件。因此，最低目标是谈判者必须坚守的最后一道防线。

（2）可接受目标。可接受目标是谈判人员通过对谈判对手、己方利益需求等影响谈判的各种主客观因素的全面估价，明确己方可以争取或做出让步的范围。这个目标实际上是个区间或范围，谈判中的讨价还价只要进入该范围，就意味着双方可以成交，也往往意味着谈判取得了成功。

（3）最高目标。最高目标也称理想目标，是己方在谈判中需要通过努力争取才能实现的目标，是谈判者超越可接受目标所争取的尽可能多的利益体现。该目标一般也意味着对方所能忍受的上限，也是对方的底线，因此最高目标的实现往往要冒谈判破裂的风险，谈判者一般需要充分发挥个人才智和水平才能实现。

【教学互动】

互动问题：

假如在公司的某次谈判中以出售价格作为谈判的目标，我方的底线是800元，对方的底线是1 400元，那么在本次谈判中我方的可接受目标和理想目标应怎样进行界定?

要求：

教师不直接提供上述问题的答案，而是先引导学生结合本部分内容进行独立思考、自由发表见解，再组织课堂讨论，最后对学生提出的典型见解进行点评。

3. 双方优劣势分析

为了进一步评判谈判双方所处的地位，必须系统、全面地分析谈判双方在本次谈判中所具备的优势条件和面临的威胁及不利条件，即分析己方与对方各自所拥有的优势与劣势，这是确定谈判战略战术的先决条件。通过这些分析，一方面，我方可以在谈判中尽可能地扬长避短；另一方面，我方可以针对对方的弱点与不足，进行有力的攻击和突破。

4. 谈判议程

谈判议程是指谈判各项议题的时间安排，包括谈判议题的确定和谈判时间的安排。谈判议程的安排对双方非常重要，从某种角度说，议程本身就是一种谈判策略，必须高度重视这项工作。谈判议程可分为通则议程和细则议程，前者由谈判双方共同协商确定，后者只供己方使用。

在拟定上述细则议程时，应注意几个方面的问题：一是谈判议程的安排要依据己方的具体情况，在程序安排上尽可能扬长避短，保证己方优势能得到充分发挥；二是议程的安排要能体现己方谈判的总体方案，统筹兼顾，引导和控制谈判进度和节奏；三是要能够为己方出其不意地运用一些策略埋下契机，一个谈判老手是绝对不会放过利用拟定谈判议程的机会来运筹谋略的。

5. 谈判策略和技巧安排

谈判策略和技巧的安排一般紧随谈判议程的安排，尤其是要紧密契合己方谈判细则议程的安排。具体策略和技巧，可考虑安排谈判顺序，如开局策略的选择、报价方式和原则、讨价技巧和还价技巧的使用、僵局处理技巧的安排、威胁战术的使用、让步的模式和原则、促成签约技巧的使用等。

6. 谈判小组成员的组成与分工

对己方参加本次谈判的人员进行分列，并明确每个人的角色分工。如：

小组负责人：公司副总　张××
主谈：公司市场部经理　李××
陪谈1：杨××　负责技术问题
陪谈2：刘××　负责金融问题
陪谈3：马××　负责市场问题

陪谈4：李×× 负责法律问题

记录员：张副总秘书 王××

7. 谈判费用预算

谈判费用预算是企业对本次谈判活动费用的匡算，是企业投入本次谈判活动的资金费用使用计划。它规定在谈判期内从事谈判活动所需的经费总额、使用范围和使用方法，是企业谈判活动得以顺利进行的保证。具体包括经费总额及其使用范围、分配方法等，可采用制定预算表的方式进行表述。常见的谈判费用包括住宿费、餐饮费、交通费、礼品费、招待费、资料费、通信费等。

8. 应急预案

应急预案是指面对突发情况的应急管理、计划安排等。应急预案的制订，有利于谈判者在谈判过程中遇到突发情况时，沉着面对，有序处理相关问题，从而为谈判活动顺利进行提供保障，为己方谈判成功奠定基础。

（四） 落款

落款主要包括谈判小组名称、制订该方案的单位或主管部门的名称及制订日期等。

从中美知识产权谈判中看谈判方案的制定规则与技巧

任务四
谈判物质条件准备

谈判物质条件准备主要包括三个方面：一是谈判场所的选择，二是谈判环境的布置，三是谈判人员食宿安排。谈判物质条件的准备，小到影响谈判人员的发挥，大到影响谈判气氛的形成，乃至关乎整个谈判前途。

一、谈判场所的选择

谈判场所的选择包括两个方面：一是谈判国家、地区的选择，二是具体的谈判场地的选择。前者应考虑交通方便、通信便利，后者应根据谈判的性质而定，最好是选择比较安静、不受干扰的场所。而对于非正式谈判，则不受上述条件限制。

通常谈判场所的选择有三种，即己方所在地、对方所在地和第三地。对于谈判者来讲，每种谈判场所的选择都各有利弊，应根据其特点尽量扬长避短。

如果谈判地点选在己方所在地，其优点是可充分发挥“天时、地利、人和”带来的优势。比如，可避免由于环境生疏带来的心理障碍，可方便查阅资料、向领导汇报、更换谈判人员，可节省差旅费和旅途时间等。美国谈判专家泰勒尔的实验表明，多数人在自己家的客厅与人谈话，比在别人家的客厅里更能说服对方。

如果谈判地点的选择是在对方所在地，也有其优越性，最大的优点是可以排除干扰，专心谈判。除此之外，还可以借参观对方公司或厂房为名，深入了解对方的实力等，可借口资料不在身边或者领导授权有限等，拒绝对方的一些要求。

有时，在第三地谈判也是不错的选择。尤其是那些紧张激烈、分歧较大的谈判，第三地的选择对双方都是公平的，不存在偏向，双方均无东道主优势，且避免外界过多干扰，能够平衡双方的利益需求，利于双方矛盾的调和。

二、谈判环境的布置

环境优美、巧妙布置的谈判环境，能够使谈判者有一种安全舒适、精神放松的心理感受，通过谈判环境的用心布置，不仅能够显示出己方热情友好的诚恳态度，还能够营造出和谐的谈判氛围，促使谈判顺利进行。当然，客方也要警惕主方利用场所布置给自己制造不舒适的阴谋诡计。

一般来讲，谈判环境的布置要满足以下要求：一是交通、通信便利，通信设施要完备；二是环境舒适幽静，并具备一定的灯光、通风和隔音条件；三是必要的办公设备齐全，必要时还要配备密谈室方便一对一沟通。对方会根据会场的布置情况来判断主方对此次谈判的重视程度及诚意。

（一） 主谈室的布置

主谈室应当宽大舒适、光线充足、色调柔和、空气流通、温度适宜，使得参与谈判的人员能够心情愉快、精神饱满地参与谈判。谈判桌一般居于房间中间，不宜装设固定电话或录音设备，以免干扰谈判进程，泄露有关机密，或对谈判方造成心理压力，影响谈判发挥。当然，如果双方协商需要录音，也可配备。

（二） 密谈室的布置

密谈室是供谈判双方内部协商机密问题而单独使用的房间。位置最好靠近主谈室，有较好的隔音性能，室内可配备白板、笔、笔记本等物品，窗户上要有窗帘，光线不宜太亮。作为东道主，绝不允许在密谈室安装微型录音或录像设备偷录密谈信息。作为客方在对方场地使用密谈室进行谈判时，一定要提高警惕。

（三） 休息室的布置

休息室是供谈判间隙或休会时双方休息时使用的，休息室应该布置得舒适，可配备沙发、鲜花或轻松的音乐，还可配备一些茶点，有利于双方放松紧张的神经，调节心情，舒缓气氛。

（四） 座次的安排

谈判会场的座位次序安排是否得当，是一个比较突出且敏感的问题。

1. 双方谈判

双方谈判或双边谈判，即通常所说的长桌谈判，是商务谈判中最常用的一种座次安排。长桌谈判有横式与竖式之别，横式即谈判桌在谈判厅里是横着摆放（见图 2-1），竖式即谈判桌在谈判厅里是竖着摆放（见图 2-2）。如果谈判桌横放，面对正门的一方为上，应属于客方；背对正门的一方为下，应属于主方。如果谈判桌竖放，应以进门的方向为准，右侧为上，属于客方；左侧为下，属于主方。同时，安排位置时，遵循居中为上、以右为上的基本原则。即在进行谈判时，各方的主谈人员应在自己一方居中而坐。其他人员则应遵循右高左低的原则，依照职位的高低分别在主谈人员的两侧就坐。假如需要翻译人员，应安排其就坐于仅次于主谈人员的位置，即主谈人员右侧。

2. 多方谈判

多方谈判或多边谈判，是指谈判的参加者是三方或者三方以上。多边谈判的座次排列有两种情况：一种是自由式，即参加谈判的各方可自由择座；另一种是主席式，即在面对房间正门设一个主位，谁需要发言，就到主位发言，其他人面对主位，背门而坐。

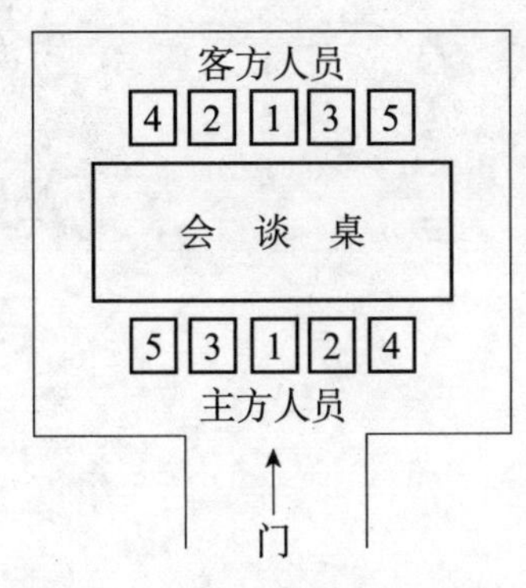

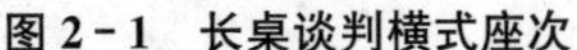

图 2-1　长桌谈判横式座次

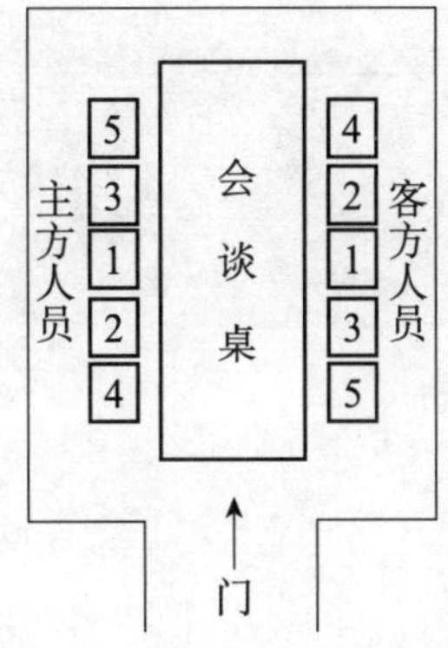

图 2-2　长桌谈判竖式座次

除了上述问题，谈判会场的其他设备和服务也要周到，如烟灰缸、纸篓、记事本、文件夹、各种饮料和水果等。总之，谈判场所的布置要服从谈判的需要，并根据谈判的性质、特点、关系等因素灵活决定。

三、谈判人员食宿安排

谈判是一种艰苦、复杂并极耗费体力、精力的商务活动，因此，食宿安排也是会谈的重要内容。东道主对于来访人员的食宿安排不一定要豪华、阔气，但是一定要周到细致、方便舒适，并符合当地的标准条件。许多外国商人，特别是发达国家的客商十分讲究时间效率、勤俭节约，并不喜欢琐碎而冗长的招待仪式，甚至会因为你的奢华而怀疑你有贿赂之嫌。但是，在谈判过程中，适当组织客方谈判人员参观游览一些当地的名胜古迹或搞些文体活动还是有必要的，不仅可以调节客人的旅行生活，还可以增进相互间的理解，同时作为一种缓冲和私下沟通，可以融洽谈判气氛。

经典案例

20 世纪 70 年代，为恢复中日邦交正常化，日本首相田中角荣到达北京进行谈判，他怀着等待中日间最高首脑会谈的紧张心情，在迎宾馆休息。迎宾馆内气温舒适，田中角荣的心情也十分舒畅，与随从的陪同人员谈笑风生。他的秘书早坂茂三仔细看了一下房间的温度计，是 17.8℃。这一田中角荣习惯的温度使得他心情舒畅，也为谈判的顺利进行创造了条件。

资料来源：陈文汉．商务谈判实务［M］. 2 版．北京：清华大学出版社，2018.

问题：

该案例中，我方进行了什么样的谈判准备?

案例解析：

该案例很好地体现了商务谈判准备中食宿安排的重要性。恰当的食宿安排，一方面体现了我方的礼仪，另一方面为谈判的顺利进行奠定了良好的基础。

任务五
模拟谈判

模拟谈判是指在正式谈判开始之前，谈判小组成员对即将开始的谈判进行的预演或彩排。作为谈判准备工作的最后阶段，事先演练是谈判的一个必经程序。美国著名律师劳埃德·保罗· 斯特莱克在其《辩护的艺术》中曾讲道："我常常扮演证人，让助手对我反复盘问，要他尽可能驳倒我，这是极好的练习，就在这种排演中，我常常会发现自己准备得还不够理想。于是我们就研讨出现的失误及其原因。然后，我和助手相互交换角色，由我去盘问他。就这样，新的主意逐渐形成。"

一、模拟谈判的意义

（一） 检验谈判计划是否周密可行

谈判计划是在谈判小组负责人的主持下，具体由谈判小组成员制订的。作为一个对未来将要发生的正式谈判的预计，可能会有一些不足或疏漏之处。事实上，谈判计划或方案是否完善，只有在正式的谈判中才能得到真正的检验，但那毕竟已经是事后行为，为时已晚。而模拟谈判正好能够弥补这种不足，在模拟谈判中，通过相互扮演对方的角色，模拟谈判中会出现的场景，能够较为全面地检验谈判计划或方案是否切实可行，发现一些己方可能忽略的问题，从而尽早修正和调整。

（二） 提高谈判人员的谈判技巧

模拟谈判能够使得谈判人员获得一次临场的操练和实践。很多成功的谈判实例和心理学研究表明，正确的想象练习不仅能够提高谈判者的独立分析能力，而且在心理准备、心理承受力、临场发挥等方面都是很有益处的。在模拟谈判中，谈判者可以一次又一次地扮演自己，甚至扮演对手，从而熟悉实际谈判中的各环节，提高自身的应变能力和谈判技巧，为临场发挥做好充分的心理准备。

全景模拟法的特点

二、模拟谈判的方法

（一） 全景模拟法

全景模拟法是一种在想象谈判全过程的前提下，谈判人员尽可能扮演谈判中所有人物的模拟方法。这种模拟方法耗资最大、最有成效，一般适用于那些大型的、复杂的、关系到企业重大利益的谈判。

（二）讨论会模拟法

这种方法有些类似于头脑风暴法。一方面，由企业参加本次谈判的人员根据自己的经验，就企业在本次谈判中谋求的利益、对方的基本目标、对方可能采取的策略、己方的对策等问题畅所欲言；另一方面，请专业人士或者谈判经验比较丰富的其他人员，对谈判中可能发生的情况、对方可能提出的问题等提出疑问，由谈判人员一一解答。讨论会模拟法特别欢迎反对意见，这些意见有助于己方重新审核拟订的谈判方案，从多种角度和以多重标准来评价方案的科学性和可行性。

【教学互动】

互动问题：

讨论会模拟法为什么特别欢迎反对意见？在讨论会模拟中应注意什么？

要求：

教师不直接提供上述问题的答案，而是先引导学生结合本部分内容进行独立思考、自由发表见解，再组织课堂讨论，最后对学生提出的典型见解进行点评。

（三）列表模拟法

列表模拟法是最简单的一种模拟方法，主要适用于小型的、常规性的谈判。有些类似于著名推销大师海因兹·姆·戈德曼的列表处理顾客异议的方法。即在一张纸上从中间画一条线，一分为二，一边列出己方各方面的优缺点、谈判目标及对方可能采取的策略，另一边列出己方应采取的对策。采取这种方法，应尽可能地搜罗问题并列出对策，找有丰富谈判经验的人员帮助完善。

三、模拟谈判应注意的问题

模拟谈判的效果直接关系到企业在谈判中的实际表现。而要想使模拟谈判真正发挥作用，就必须注意以下问题：

（一）科学做出假设

模拟谈判实际上就是提出各种假设，然后针对这些假设制定一系列对策和措施。因此，假设是否科学，是模拟谈判能否有效的重要前提。通常，在模拟谈判中的假设有三个方面：一是对客观环境的假设，二是对自身的假设，三是对对方的假设。

为确保假设的科学性，首先，假设的情况要基于客观事实，切忌仅凭想象主观臆造，所依据的事实越全面、越客观，假设的准确度就越高；其次，应该由具有丰富谈判经验的人员提出假设，相对而言，他们提出的假设的准确度较高；最后，我们应认识到，再高明的谈判者，也无法假设谈判中出现的所有情况，因此，谈判者在谈判中还需要不断变换思路，灵活应对。

（二） 谨慎选择参加人员

参加模拟谈判的人员，除了本次谈判中的实际人员以外，其他人员一般应为以下三类人员：一是知识型人员，这类人员专业知识丰富，且能够对所掌握的知识触类旁通、举一反三，他们能够从科学的角度去研究谈判中可能出现的问题；二是预见型人员，这类人员也称经验型人员，他们对谈判中可能出现的各类问题相当敏感，能根据自己的业务经验，准确推断出事物的发展变化规律，并指出事物的发展方向；三是求实型人员，这类人员有着强烈的脚踏实地的工作作风，考虑问题客观、实际、周密，不会以主观印象代替客观事实，对模拟谈判的各种假设条件能够小心求证，力求贴近实际。

（三） 较强的仿真性

模拟谈判越接近真实情况，就越能真实地发挥作用。参加模拟谈判的人员要具有较强的角色扮演能力。模拟谈判要求己方人员根据不同情况扮演场上的不同人物，并从所扮演的人物的心理出发，尽可能模拟出在真实情况下对方的所思所想，并有所作为。这就要求己方模拟人员克服心理障碍，尽量从对方的角度来思考问题并做出决定。

（四） 结束后要进行总结

模拟谈判的目的是发现问题，弥补不足，完善方案。因此，在模拟谈判结束后，只有及时地、认真地回顾在谈判中己方人员的表现，包括对策略的灵活运用程度、对对手的灵敏反应度、自身班子的协调配合度等，才能真正为谈判奠定良好的基础。

任务六
遵循商务礼仪

礼仪是人类文明和社会进步的重要标志，是人们在社会交往中的风俗习惯和文化传统中长期形成的行为规范和准则。俗话说“礼多人不怪”，礼仪是现代人必须具备的基本素质，具体表现为仪表、礼貌、礼节、仪式等。商务礼仪是商务人员的行为准则和道德规范，体现出商务活动中商务人员的基本素质、修养、涵养和教养。商务谈判作为一项特殊的商务活动，对谈判者的礼仪有特殊的要求，懂得并掌握这些必要的礼仪与礼节是商务谈判人员必须具备的基本素质。

一、商务谈判礼仪概述

商务谈判礼仪是指商务谈判中双方或多方，针对谈判中的不同场合、对象、内容和要求，借助语言、表情、动作等形式，向对方表示重视、尊重，从而达到塑造良好形象、建立和谐关系的行为准则和交往规范。

（一） 商务谈判礼仪的作用

优秀的谈判者，不仅要精通专业知识，掌握社会学、心理学、语言学等方面的知识，还要通晓礼仪知识，这样才能在谈判中得心应手、应对自如。因此，礼仪在商务谈判中的作用显而易见，具体体现为：

1. 规范行为

礼仪最基本的功能就是规范各种行为。在商务活动交往中，人们相互影响、相互作用，如果不遵循一定的礼仪规范，双方就缺乏合作的基础。在众多的商务规范中，礼仪规范可以使人明白哪些能做、哪些不能做，应该怎么做、不应该怎么做等。

2. 塑造形象

一般来讲，在商务活动中，一方往往通过对方的仪容仪表、举止言谈来判断对方，并通过对方来分析其所代表的企业的可信程度，进而影响与其交往的程度。因此，商务人士的形象设计很重要。

3. 营造氛围

一个企业，如果能够热情周到、大方得体地接待客户，想对方之所想，帮助对方解决困难，解决疑问，尊重对方，就会营造一种良好的谈判氛围，使对方乐意同你打交道。在一个宽松和谐的氛围中谈判，从而自然而然地缩短双方的距离，减少分歧。

4. 促进友谊

商务谈判是在人与人之间进行的，因此谈判的过程又是人际交往的过程。随着商务交往的深入，双方可能会产生一定的情绪体验。在商务谈判活动中，恰当的礼仪可以赢得对方的好感和信任，使双方相互欣赏、增进感情、促进友谊。

（二） 商务谈判礼仪的基本原则

1. 尊重原则

《孟子·告子上》中曾经讲道："恭敬之心，礼也。"因此，尊重是礼仪的本质，礼仪本身从内容到形式都是尊重他人的具体体现。"敬人者，人恒敬之；爱人者，人恒爱之"，"人敬我一尺，我敬人一丈"。"礼"的良性循环就是借助这样的机制得以生生不息的。当然，礼待他人也是自重的表现，不应以伪善取悦于人，更不可以富贵骄人。尊敬人还要做到入乡随俗，尊重他人的喜好与禁忌。总之，对人尊敬和友善，这是商务谈判中处理人际关系的一项重要原则。

2. 平等原则

在人际交往中，不应该因为和交往对象在年龄、性别、种族、国籍、财富等方面的不同而出现歧视和不平等的对待。同样的道理，在商务谈判中，也不能因为在文化、职业、身份、地位等方面的差异而厚此薄彼、区别对待。

3. 真诚原则

真诚原则是指要做到诚信待人、心口如一、言行一致、诚实无欺。礼仪对于商务活动的目的来说，不仅仅在于其形式和手段层面上的意义，而应将其视为商务人士情感的真诚流露与表现。只有恪守真诚原则，着眼于将来，通过长期潜移默化的影响，才能获得最终的利益。

4. 适度原则

适度原则是指在商务交往活动中要注意把握分寸、举止得体。庄子说："君子之交淡若水，小人之交甘若醴。"在商务活动中，既要彬彬有礼，又不能低三下四；既要热情大方，又不能轻浮谄谀。所谓适度，就是要注意感情适度、谈吐适度、举止适度。只有这样才能真正赢得对方的尊重，达到沟通的目的。

5. 入乡随俗原则

俗话说："十里不同风，百里不同俗"，"进门见礼，出门问忌"。一方水土养一方人，形成了特有的风俗和习惯。因此，在商务谈判活动中，尤其是在对外谈判中，不问禁忌，很容易造成不愉快的后果。

6. 遵时守约原则

现代社会，工作节奏普遍较快，讲究工作效率。无论什么原因，不守时都是失礼的行为，失约后都应该致歉。通常来讲，一般的人际交往，应提前2～3分钟到达；商务团体活动由于其特殊性，为周全起见，最好提前20分钟左右到达。

7. 女士优先原则

女士优先是西方一个体现教养水平的重要标志。如为女士开门并请女士先进，入座时应请女士先坐，行走时应请女士走内侧等，都体现了基本的礼貌和绅士风度。

经典案例

宁言实业有限公司成立后，亟须购买一批办公家具，价值数十万元。公司采购部经过多番市场考察，决定选择友典家具。友典家具有限公司得到消息后，委派销售部今年新进员工小秦前去拜访洽谈。小秦特别重视本次拜访，比约定提前两个小时到达了宁言实业有限公司，公司采购部赵经理没有料到对方会提前到访，打乱了当天的日程规划，略显尴尬。小秦与赵经理初次见面，双方互递了名片，并进行了初步沟通。洽谈结束后，赵经理注意到小秦在离开时将刚刚自己递上的名片不小心掉在了地上，走时还无意中从名片上踩了过去，赵经理不禁开始怀疑公司对友典家具的选择。

问题：

赵经理为什么开始怀疑公司的选择?

案例解析：

在商务洽谈场合，员工的礼仪形象不仅代表自身素质，也代表企业形象。案例中小秦没按预约时间到访，也未提前通知，且名片在商业交际中是一个人的化身，弄掉了对方名片还踩上更是一种不尊重，丢失生意也就不是偶然的了。

二、商务活动礼仪

（一） 商务迎送礼仪

迎送是商务活动中常见的礼仪活动。迎送活动的规格有高低，仪式有简繁。迎送的对象按其性质分，有专程前来，也有顺道路过；按其级别分，职务各有高低；按人数分，有大型的代表团，也有数人或者一人的。应根据其身份地位、来访性质及其与当地的关系等因素，安排相应的迎送活动。

1. 确定迎送规格

迎送规格主要依据三方面的情况来确定，即前来谈判的人员的身份和目的，己方与被迎送者之间的关系以及惯例。一般来讲，迎送人的身份地位要与对方对等。若当事人不能出面或者不能完全对等，应选择由职位相当的人士或副职出面，且应在会面时礼貌做出解释。

2. 掌握对方抵、离的时间

迎候人员应当准确掌握对方抵达的时间，提前到达机场、车站或码头，以示对对方的尊重，只能由你去等候客人，绝不能让客人在那里等你。送别人员应事先了解对方离开的准确时间，提前到达客人住宿的宾馆，陪同客人一同前往机场、车站或码头；亦可直接前往机场、车站或码头恭候客人，向客人道别。

3. 做好接待准备工作

在得知客人抵达日期后应首先考虑食宿安排问题。迎接时，最好在对方尚未启程时，问清楚对方是否已经自己联系好住宿，如果未联系好，则需代其预订酒店和房间。当得知对方人员中有女宾或者携有女眷时，可以准备鲜花，通常由儿童或青年女性在参加迎送的主要领导人与客人握手之后，将花献上。有的国家由女主人向女宾献花。如果对方人员较多，为了在接站时避免混乱，应事先排定乘车号和住房号，并打印成表格。在对方人员抵达后，将乘车表发至每一位客人手中，使之明确自己所乘的车号。

（二） 商务会面礼仪

商务交往中，要讲究见面时的礼仪，前面讲过首因效应，第一印象非常重要。会面礼仪主要包括问候、介绍、握手、递接名片等方面的礼仪。

1. 问候礼仪

见面问候时有两个问题要注意：

（1）问候要有顺序。一般来讲，位低的先行问候，下级先问候上级，主人先问候客人，男士先问候女士，这是一种社会公德。

（2）称呼要有别。中国人和外国人、生人和熟人、本地人和外地人不大一样。称呼的要点：一是有些称呼是普遍适用的，如称呼行政职务、技术职称等；二是和外商打交道时，更习惯称呼“先生”“女士”。此外，要注意慎用简称。

2. 介绍礼仪

介绍是指通过一定的方式使交往双方相互认识，使双方有一定程度的了解。介绍分为自我介绍和他人介绍两种。正确的介绍应该包含单位、职务、姓名，缺一不可。介绍时，遵循地位较高者有优先知晓权。因此，先把职位低的介绍给职位高的，先将晚辈介绍给长辈，先把男士介绍给女士。但是主客之间，则应先把客人介绍给主人，同时按照位置远近逐个介绍。

3. 握手礼仪

握手礼是世界上很多国家常使用的见面礼和告别礼，是用以表示欢迎、慰问、感激、祝贺时的一种礼节，双方往往是先嘘寒问暖，后握手致意。

（1）握手的方法。握手时，距对方约一步远，上身稍向前倾，两足立正，伸出右手，四指并拢，虎口相交，拇指张开下滑，向受礼者握手。时间一般以1～3秒为宜，握手时要集中精神，目视对方面部，面带微笑。另外，当握手时，不妨说一些问候的话。

握手的禁忌

（2）握手的顺序。握手的顺序遵循地位较高者先伸手的原则，因此，上下级之间，上级先伸手；长辈和晚辈之间，长辈先伸手；男士和女士之间，女士先伸手。但是主客之间，主人应先伸手表示欢迎或欢送。

此外，有些国家还有一些传统的见面礼节，如在东南亚信仰佛教的国家，人们在见面时双手合十致意；日本人行鞠躬礼；在我国，人们见面时有时会拱手行礼等，这些礼节在一些场合也可使用。

4. 递接名片礼仪

名片是社交场合用来表示个人身份的卡片，如今名片已经成为人们社交活动的重要工具。

（1）名片的递送。一般来说，地位低的人应先把名片递给地位高的人，客人应先将名片递送给主人。当与多人交换名片时，应依照职位高低的顺序，或是由近及远，切勿跳跃式地进行，以免给对方厚此薄彼之感。向他人递送自己的名片时，应将名片正面朝向对方，用拇指和食指夹住名片，其余手指托住名片的反面，双手奉上。同时，身体微微前倾，面带微笑，目视对方，并说“请多多指教”。如果自己的姓名中有不常用的字，最好能将名字读一遍，以便对方称呼。

(2) 名片的接受。接受时应起身，面带微笑并说“谢谢”或“非常荣幸”等礼貌语。接过名片，一定要看一遍，以示尊者。看过名片后，应将名片放好，不要随意摆弄或扔在桌上。另外，接受名片后要回敬给对方一张，如果没有带或者用完了，要向对方致歉。

（三） 签约礼仪

签约礼仪是指在商务活动中，合作双方或多方经过协商与谈判，彼此就谈判内容达成一致并举行签字仪式时应遵守的礼仪。

所有参加签字仪式的人员都要注意自己的服饰，仪表应整洁、挺括，仪态要庄重、友好、大方，气氛既不能过于严肃，也不应过分喜形于色。双方出席签字仪式的人员步入签字厅后，签字人入座，其他人员分宾、主并按身份高低顺序排列于各签字人座位后，双方身份最高者站立于中央，双方助签人员应分别站在各自签字人的外侧（见图 2-3）。

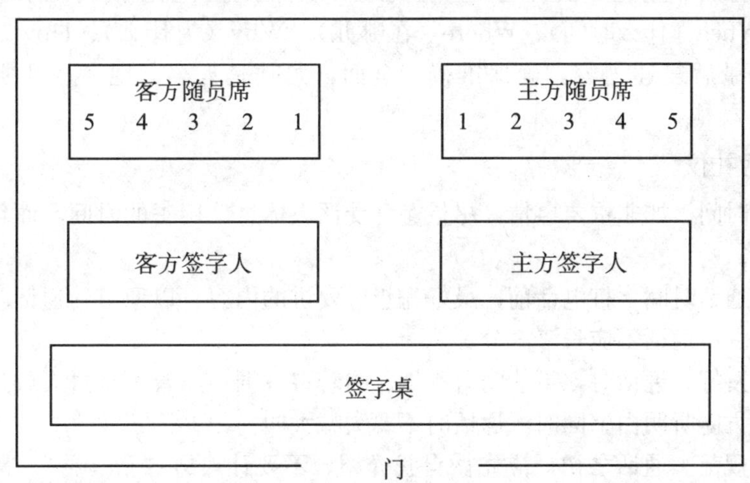

图 2-3　签字仪式座次安排

签字仪式开始后，双方主签人员在本国或本单位保存的文本上签毕后，由助签人员互相传递、交换协议文本，签字人再在对方保存的协议文本上签字，然后由双方签字人郑重地相互交换协议文本，并相互握手致意。其他参加签字仪式的人员应鼓掌祝贺。

协议文本交换完毕，双方人员握手致意后，服务人员用托盘端上香槟，供宾、主双方全体出席签字仪式的人员举杯庆贺。一般双方出席签字仪式的最高领导人及签字人和主谈人员相互碰杯即可，喝酒也只是象征性地表示一下庆贺之意，不能狂饮失态。签字仪式结束后，应让双方最高领导者及宾客先退场，然后东道主再退场。

以上介绍的是商务洽谈中的一般礼仪要求，在实际运作中，会有各种具体的做法，在不同地区其做法不尽相同，因此要因地制宜，不能生搬硬套。

（四）电话礼仪

电话是现代商务活动中公认的最便利的通信工具，电话礼仪是否到位，直接影响一个公司的声誉，甚至有时候还会成为交易成败的关键因素。

1. 接电话礼仪

（1）接电话要及时。一般来说，在办公室里，电话铃响3声之前就应接听，响6声后就应道歉："对不起，让您久等了。"如果受话人正在做一件要紧的事情不能及时接听，代接的人应代为解释。

（2）调整姿势与心态。拿起电话听筒的时候，一定要保持坐姿端正，面带笑容。礼貌、亲切、温情的声音会给对方留下良好的印象。如果绷着脸，声音会变得冷冰冰。而坐姿或站姿不端正，会影响声音的发出。

（3）自报家门并确认对方身份。接到对方打来的电话，拿起听筒应首先自我介绍："您好！我是××公司的×××。"然后主动问："请问您是哪位？我能为您做什么？您找哪位？"如果对方找的人在旁边，应说"请稍等"，然后用手掩住话筒，轻声招呼你的同事接电话。如果对方找的人不在，应该告诉对方，并且问："需要留言吗？我一定转告！"

（4）物品准备。用左手接听电话，右手边要准备纸笔，便于随时记录有用信息。按Who（谁）、When（什么时间）、Where（在哪儿）、Why（为什么）、How（怎么样）询问与记录；记录后复述内容，确保准确、全面，尤其是人名、地名、日期、电话与数字等。

2. 打电话礼仪

（1）选好时间。如非重要事情，尽量避开受话人休息、用餐的时间，而且最好别在节假日打扰对方。

（2）掌握通话时间。打电话前，最好先想好要讲的内容，以便节约通话时间，不要现想现说，通常一次通话不应长于3分钟。

（3）态度友好。说话时，不能叼着香烟、嚼着口香糖；声音不宜过大或过小，吐字要清晰，保证对方能听明白。同时，通话时不要大喊大叫。

（4）用语规范。通话之初，应先做自我介绍，不要让对方"猜一猜"。请受话人找人或代转时，应说"劳驾"或"麻烦您"，不要认为这是理所应当的。

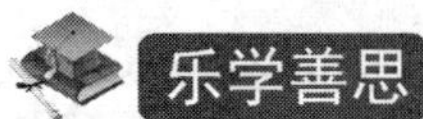

煞费苦心的座次安排

据参考消息网2019年3月2日报道，由于在关键性的朝鲜解除核武器和平壤要求的取消制裁问题上没有达成协议，美朝峰会以失败告终。这不禁让人想起十余年前的朝核六方会谈。

朝核六方会谈于2003年8月27日开始，到2007年9月30日为止，共举行过六轮会谈，谈判地点均在北京。中国作为东道主，为来自其他五方的来宾提供周到的服务。这种服务，大到谈判地点的选择、谈判场所的布置，小到会谈桌型的设计、美朝代表座位的安排。

每一轮谈判都被安排在钓鱼台国宾馆的芳菲苑。钓鱼台国宾馆的一大特色就是其浓厚的艺术氛围。芳菲苑里陈列着不少瓷器、玉器等艺术品，很多展品都是特地从故宫借来的，为的是让各国客人能够在很短的时间里欣赏到中国文物的精华。这些展品经常更换，六方团长每次握手合影时，背后的国画从来没有雷同的。

会谈用的桌子颇有些讲究。在第一轮会谈时，六边长桌的空隙处，需用一张小条桌填上才能合围，呈 12 边形。后来，为了体现会场整体造型，国宾馆的木工师傅们专门设计制作了桌角，真正实现了“六边六角”。特制的巨型墨绿色桌布覆盖整桌，无一接缝。除了主会场的大会议桌，还有一套相同式样的小会议桌。这是为工作组会议专门定制的。

为让朝、美代表挨着坐，中方费心巧做安排。每次六方会谈，团长的座位固定不变。以中方为起点，右手逆时针依次为日本、朝鲜、美国、俄罗斯和韩国。据说，为了设计这个顺序，中方当初也颇费了一番心思。英文字母顺序是排列的第一要则。不过，英文字母是取全称还是缩写，则很有门道。如果用缩写的话，中国是 China（C），朝鲜是 DPRK（D），日本是 Japan（J），韩国是 ROK（Ro），俄罗斯是 Russia（Ru），美国是 USA（U）。按照这一顺序，美国团长和朝鲜团长就被隔开了。为了让美、朝代表坐在一起，中方采用了按国名全称排座位的方式。这样一来，朝鲜是 DPRK（D），日本是 Japan（J），中国是 P. R. China（P），韩国是 ROK（Ro），俄罗斯是 Russia（Ru），美国是 USA（U）。美、朝双方正好在首尾两端，双方团长在六方会谈的桌子上，也正好成了邻座。

主会场边上的会见厅，专门用来召开六方团长会。厅里摆了一张直径约 4 米的圆形红木茶桌，但高度只有 50 厘米左右。会见厅的座位顺序完全按主会场布置，比起正式会议的“有棱有角”，圆桌会议提供了一份沟通的便利。

思考：

中方在谈判前所做的上述准备体现了我国什么样的核心价值观？

提示：

中国是一个具有优秀传统文化的国家，谈判前所做的上述准备很好地体现了社会主义核心价值观中的公正、平等、和谐等。既体现了好客之道，又彰显了我国源远流长的传统文化；既遵循了国际规则，又尽量推进以和为贵。

主要概念和观念

◀**主要概念**

谈判负责人　首席谈判代表　陪谈　智囊团　谈判方案　模拟谈判

◀**主要观念**

谈判是一项非常复杂的工作，要在复杂多变的环境中控制谈判的进程，为己方争取到有利的谈判地位，事前的充分准备必不可少。因此，谈判的准备和谈判的进行一样重要。谈判前的准备工作做得如何，将决定谈判能否顺利进行和能否达成有利于己方的协议。

谈判信息资料的搜集与整理和谈判信息资料的传递与保密是紧密相连且有机统一的，两者都非常重要。因此，谈判者在信息资料的搜集与整理的基础上，还要十分注意谈判信息资料的传递与保密工作。

一场商务谈判通常涉及多个领域、多个问题，非一人之力所能为之。小组谈判依赖的是组织的力量，而组织力量的来源，一方面是组织成员的个人素质和能力，另一方面则是组织成员的协同配合能力，两者缺一不可。

谈判方案的制订非常重要，西汉戴圣的《礼记·中庸》中曾讲："凡事豫则立，不豫则废。"豫（预），即预先，指事先做好计划或准备；立，即成就；废，即败坏。不论做什么事，事先有准备，就能获得成功，不然就会失败。

无论是大企业还是小企业，无论是大型复杂的谈判还是小型简单的谈判，都应重视模拟谈判。通过模拟谈判，能够对谈判可能出现的任何细节做好周密的准备，对对方可能提出的任何难题做出事先安排，从而掌握谈判主动权，为谈判的胜利奠定基础。

商务礼仪是商务人员的行为准则和道德规范，体现出商务活动中商务人员的基本素质、修养、涵养和教养。商务谈判作为一项特殊的商务活动，对谈判者的礼仪有特殊的要求，懂得并掌握这些必要的礼仪与礼节是商务谈判人员必须具备的基本素质。

项目单元训练

一、单项选择题

1. 所准备的信息资料要适合本次商务谈判工作的实际需要，体现了谈判信息的(　　)特点。

A. 全面性　　B. 准确性
C. 时效性　　D. 针对性

2. 关注谈判全过程，并扮演谈判中的所有人物，指的是模拟谈判中的(　　)。

A. 讨论会模拟法　　B. 列表模拟法
C. 全景模拟法　　D. 头脑风暴法

二、多项选择题

1. 商务谈判信息的要求有(　　)。

A. 全面性　　B. 准确性
C. 针对性　　D. 时效性

2. 下列对首席谈判代表的能力要求描述正确的有(　　)。

A. 反应敏捷　　　　　　　　　　B. 思维逻辑

C. 口才雄辩　　　　　　　　　　D. 较高的业务水平

三、判断题

1. “必赢”的心态是商务谈判成功的前提。(　　)

2. 商务谈判的首席谈判代表也称谈判负责人。(　　)

3. 握手礼仪应遵循地位较低者先伸手的原则。(　　)

四、简答题

1. 如何做好商务谈判信息的传递与保密工作?

2. 谈判组织构成原则有哪些?

五、论述题

商务谈判方案的结构内容有哪些?

六、实操题

实训内容: 模拟谈判。

背景资料:

学校的实训中心刚刚竣工，需要建设每个能够容纳80名学生的微机室6个，拟采购电脑480台、电脑桌椅480套、多媒体设备6套，预计投资240万元，由学生负责该项目的谈判工作。

要求:

(1) 学生自行分组，根据人数确定每组人数，拟定身份。

(2) 对买卖双方的谈判心理进行分析，尤其是稳定我方人员的谈判心态。

(3) 进行谈判信息的搜集与整理。

(4) 拟订谈判方案。

(5) 进行谈判会场的选择和布置。

(6) 分小组进行角色扮演和模拟谈判。

(7) 遵循相关商务礼仪。

(8) 进行实训总结并上交实训心得。

项目三
商务谈判开局

【学习目标】

知识目标：了解商务谈判开局阶段的基本任务，灵活掌握如何根据不同类型的谈判来营造相应的开局气氛，掌握营造开局气氛的方法及开局策略。

能力目标：能够根据不同的情况及气氛的需要来选择相应的开局策略，并具备灵活运用的能力。

素质目标：树立“良好的开端是成功的一半”理念，明确气氛营造在开局阶段的重要性，培养开局阶段气氛营造意识和策略选用的基本素质。

实训目标：根据所学专业的行业背景，选择谈判主题，通过角色扮演，分组进行商务谈判开局的模拟训练，恰当营造开局气氛，合理运用开局策略，有效开展谈判活动。

【导引案例】

松下先生在寒暄中失去先机

日本松下电器公司创始人松下幸之助先生刚“出道”时，曾因被对手以寒暄的形式探测了自己的底细而令自己产品的销售大受损失。

当他第一次到东京，找批发商谈判时，刚一见面，批发商就友善地对他寒暄说：“我们第一次打交道吧？以前我好像没见过你。”批发商想用寒暄托词，来探测对手究竟是生意场上的老手还是新手。松下先生缺乏经验，恭敬地回答：“我是第一次来东京，什么都不懂，请多关照。”正是这番极为平常的寒暄答复却使批发商获得了重要的信息：对方原来只是个新手。批发商问：“你打算以什么价格卖出你的产品？”松下先生又如实地告知对方：“我的产品每件成本是20元，我准备卖25元。”

批发商了解到松下先生在东京人地两生，急于要为产品打开销路，因此趁机杀价：“你首次来东京做生意，刚开张应该卖得更便宜些。每件20元，如何？”结果没有经验的松下先生在这次交易中吃了亏。

资料来源：白远．国际商务谈判：理论、案例分析与实践［M］．5版．北京：中国人民大学出版社，2019.

问题：

你觉得松下先生的失误在哪里？如果是你，有没有更好的可以扭转这种不利局面的方法？

任务一
开局任务

一、开局的含义及作用

开局谈判是商务谈判的前奏。商务谈判的开局对整个商务谈判过程起着非常重要的作用，它往往关系到商务谈判双方对商务谈判所持有的态度、诚意，是积极进行还是消极应对，关系到商务谈判的格调和商务谈判的走向。“好的开始等于成功的一半”，一个良好的开局会为整个商务谈判取得成功打下良好的基础。

（一） 开局的含义

所谓开局，就是指一场谈判开始时，谈判各方之间的寒暄和表态以及对谈判对手的底细进行探测，为影响、控制谈判进程奠定基础。谈判的开局阶段是指谈判准备阶段之后，谈判双方进入面对面谈判的开始阶段。谈判开局阶段的谈判双方对谈判尚无实质性认识。各项工作千头万绪，无论准备工作做得如何充分，都免不了遇到新情况、碰到新问题。由于在此阶段，谈判各方的心理都比较紧张，态度比较谨慎，都在调动一切感觉功能去探测对方的虚实及心理状态。因此，在这个阶段一般不进行实质性谈判，而只是双方见面、介绍、寒暄，以及谈判一些不太关键的问题。这些非实质性谈判从时间上来看，只占整个谈判程序的很小一部分。从内容上看，似乎与整个谈判主题无关或关系不太大，但它却很重要，因为它为整个谈判定下了一个基调。

开局在很大程度上决定着整个谈判的命运，对谈判的最终结果有举足轻重的影响。从生理上讲，人在任何活动的开始阶段精力总是最充沛的，注意力最集中，兴趣也最浓厚。人的精力充沛，注意力集中，兴趣浓厚，反应自然也就灵敏。也就是说，在谈判的开局阶段，双方的听力、注意力、理解力都处在高峰值。一些在谈判过程中无关大局的话，这时很可能引起对方的高度警觉，对后面的谈判产生极大的影响。因此，在谈判开局阶段，必须采取得力的方式，力求把握谈判的主动权。

（二） 开局的作用

开局谈判为整个谈判定下基调，决定着双方在谈判中的力量对比，双方在谈判中采取的态度和方式，也决定着双方对谈判局面的控制，进而决定着谈判的结果，对把握和控制整个谈判的局势意义重大。

1. 营造有利于己方的谈判气氛

谈判都是在一定的气氛下进行的，谈判气氛的形成与变化，将直接关系到谈判者在谈判中的成败得失，影响己方的根本利益和前途，因此成功的谈判者无一不重视在谈判的开局阶段创造良好的谈判气氛。谈判者的言行，谈判的空间、时间和地点等都是形成谈判气氛的因素。谈判者应把一些消极因素转化为积极因素，使谈判气氛向友好、和谐、富有创造性方向发展。可以说，任何一方如果控制了谈判开局气氛，那么，在某种程度上就等于控制住了谈判对手。要想形成良好的谈判气氛，就应该从以下几个方面着手：

（1）把握气氛形成的关键时机。谈判者从与对方的接触中，获得有关对方的第一印象和感觉，这种印象和感觉将在很大程度上决定谈判者在整个谈判过程中对对方的评价，而谈判各方对对方的印象和评价将在很大程度上决定谈判气氛。因此，谈判各方均应注意把握这一关键时期，力争创造良好的谈判气氛。

（2）运用中性话题，加强沟通。谈判者应在进入正式谈判之前，留出一定的时间，就一些非业务性的、轻松的话题，如气候、体育、艺术等，进行交流。

（3）树立诚实、可信、富有合作精神的谈判者形象。谈判者应注重对自身的形象设计，以诚实、可信、富有合作精神的谈判者形象出现在对方面前，以感染、鼓舞对方的谈判者。

（4）注意利用正式谈判前的场外非正式接触。在谈判开始之前，双方可能有一定的非正式接触机会（指非正式会谈），如欢迎宴会、礼节性拜访等，利用此类机会，也可充分影响对方人员对谈判的态度，有助于在正式谈判时建立良好的谈判气氛。

（5）合理组织。对于谈判的合理组织，包括对谈判时间和谈判前活动的合理安排、谈判室内的科学布置等，也有助于形成积极友好的谈判气氛。

2. 准确处置开局阶段的破冰期

一般把谈判涉入问题前的准备时间，称为破冰期。谈判开局的准备时间与谈判前的准备阶段不同，它是谈判已经进入开始阶段的短暂的过渡时间，谈判的各方见面、寒暄、握手、笑谈等都是在此期间进行的。正确把握破冰期，有利于谈判期的天然过渡。破冰期是谈判开局阶段的准备。通常情况下，破冰期的时间以把持在全体谈判时间的2%～5%为宜。长时间或多轮谈判，破冰期可以相对延长。例如，谈判双方在异地的大型谈判，可用终日的时间组织观光，以沟通感情、增进了解，为正式谈判营造良好的气氛。

在破冰期必须针对谈判进行具体问题的说明。所谓具体问题，主要指的是4P，即Plan（计划）、Purpose（目的）、Pace（速度）、Personality（谈判人员）。如果谈判者在开局时很自然地把话题集中在4P上，就会得到令人满意的开局结果。

破冰期是走向正式谈判的桥梁。如何控制破冰期的火候，也是一种谈判的艺术。破冰期过长，会降低谈判效力，增大成本投入，甚至会令谈判者感觉乏味，导致事与愿违的结果；破冰期过短，会使谈判者觉得生硬、仓促，谈判没有瓜熟蒂落的感觉，达不到创造良好开端的目的。至于破冰期究竟进行到何种程度才算合适，这不仅要对时间的长度加以斟酌，更重要的是靠谈判双方的经验，以及视谈判的具体情况而定。

3. 探测对方情况，了解对方虚实

在谈判的开局阶段，不仅要为转入正题营造气氛、做好准备，更重要的是，谈判的双方

都会利用这一短暂的时间进行事前的相互探测，以了解对方的虚实，因此，这段时间也称探测期。在这一期间，主要是借助感觉器官来接收对方通过行为、语言传递来的信息，并对其进行分析、综合，以判断对方的实力、风格、态度、经验、策略以及各自所处的地位等，从而为及时调整己方的谈判方案与策略提供依据。当然，这时的感性认识仅仅是初步的，还需在以后的磋商阶段加深认识。老练的谈判者一般都以静制动，用心观察对手的一举一动，即使发言，也是诱导对方先说。只有缺乏谈判经验的人，才抢先发表己见，主张观点。

实际上，这正是对方求之不得的。如果谈判者不想在谈判之初过多地暴露弱点，就不要急于发表己见。正确的策略是：在谈判之初最好诱导对方先说，然后察言观色，把握动向；对尚不能确定或需进一步了解的情况进行探测，这就涉及谈判正式开始时的诱导、察言观色、探测方面的问题。在谈判的开局阶段，双方较多地把注意力放在摸底上，摸底工作做得越详细、越深入，对对方的底线了解得越清楚，在谈判中就处于越有利的位置，越能掌握谈判的主动权。在这个过程中，需要针对以下几个方面进行了解：

（1）对方的实力。对方的实力包括其公司的历史、社会影响、资本积累与投资状况、技术装备水平，以及产品的品种、质量、数量等。

（2）对方的需求和诚意。对方同己方合作的意图是什么？他们的合作愿望是否真诚？他们对实现这种合作的迫切程度如何？他们对合作伙伴有多大的选择余地？等等。

（3）对方谈判人员的状况。谈判人员是由哪些人组成的？各自的身份、地位、性格、爱好如何？谈判经验如何？谁是首席代表？首席代表的能力、权限、以往的成功与失败的经历、特长、弱点以及对谈判的态度和倾向性意见如何？等等。

（4）对方在谈判中所必须坚持的原则。己方应设法去探求对方在此次谈判中所必须坚持的大原则以及在哪些问题上可以做出让步，这样在实质性磋商阶段就可以避重就轻，为己方争取最大的利益。

经典案例

A公司是一家实力雄厚的房地产公司，在投资的过程中相中了B公司的一块极具升值潜力的地皮，想尽快拿到手进行商业投资。而B公司也正想通过出售这块地皮获得资金，以拓展国外市场，于是双方精选了久经沙场的谈判干将，对土地转让问题展开磋商。

A公司代表："我公司的情况贵公司可能已有所了解，我公司是××公司和××公司（均为全国著名的大公司）合资创办的，经济实力雄厚，近年来在房地产开发领域业绩显著。在你们市去年开发的××花园，收益就很不错，听说你们的周总也是我们的买主啊。你们市的几家公司正在谋求与我们合作，想把他们手里的地皮转让给我们，但我们没有轻易表态。你们这块地皮对我们更有吸引力，我们准备把原有的住户拆迁，开发一片居民小区。前几天，我们公司的业务人员对该地区的住户、企业进行了广泛的调查，基本上没有什么阻力。时间就是金钱啊，我们希望能以最快的速度就这个问题达成协议，不知贵公司的想法如何？"

B公司代表："很高兴能与贵公司有合作的机会。我们之间以前虽没有打过交道，但对贵公司的情况还是有所了解的。我们遍布全国的办事处就有多家住的是你们建的房子，这可能也是一种缘分吧。我们确实有出卖这块地皮的意愿，但并不急于脱手，因为除了贵公司外，兴华、兴运等一些公司也对这块地皮表示出了浓厚的兴趣，正在积极地与我们接洽。当然了，如果你们的条件比较合理，我们还是愿优先与你们合作的，我们可以帮助你们简化有关手续，使你们的工程能早日开工。”

问题：

该案例中，双方谈判代表的开局陈述体现了什么特点？

案例解析：

以上案例中，双方谈判代表都不愧是久经沙场的谈判行家。A公司谈判代表明确、直接地进行了自我介绍，同时又充分显示了己方的谈判地位与实力。B公司谈判代表也表现得相当镇静，不卑不亢，在对对方的合作意愿予以回应的同时，也显示了己方不可小觑的谈判实力，使己方在谈判开局时不落于下风。

二、开局的方式

如果谈判的准备工作已经全部完成，就可以向对方主动提交洽谈方案，或者在对方提交的方案的基础上给予相应的答复。向对方提交方案有以下几种方式：

（一）提交书面材料，不做口头陈述

这是一种局限性很大的方式，只在两种情况下运用。第一种情况是，己方在谈判规则的束缚下不可能有别的选择方式。比如，己方向政府部门投标，政府部门规定在裁定的期间内不与投标者见面、磋商。另一种情况是，己方准备把最初提交的书面材料作为最后的交易条件。这时要求文字材料明确具体，各项交易条件准确无误，让对方一目了然，只需回答“是”或“不是”，无须再做任何解释。如果是对对方所提出的交易条件进行还价，还价的交易条件也必须是终局的，对方要么全盘接受，要么全盘拒绝。

（二）提交书面材料，并做口头陈述

在会谈前将书面材料提交给对方，这种方法有很多优点，书面交易条件内容完整，能把复杂的内容用详细的文字表达出来，对方可一读再读，全面理解。提交书面交易条件也有缺点，如提交的书面资料可能会成为一种对己方的限制，并难以更改。另外，文字形式的条款不如口语带有感情色彩，细微差别的表达也不如口语，特别是在不同语种之间，就更有局限性。因此，谈判者应掌握不同形式下的谈判技巧。在提出书面交易条件之后，就应努力做到下述要点：让对方多发言，不可多回答对方提出的问题；尽量试探出对方反对意见的坚定程度，即如果不做任何相应的让步，对方能否顺从意见；不要只注重眼前利益，还要注意目前的合同与其他合同的内在联系；无论心里感觉如何，都要表现得冷静、泰然自若；要随时注意纠正对方的某些概念性错误，不要只在对己方不利时才纠正。

（三）面谈提出交易条件

这种方式是指双方事先不提交任何书面形式的文件，仅仅在会谈时提出交易条件。这

种谈判方式有许多优点：可以见机行事，有很大的灵活性；先磋商后承担义务；可充分利用感情因素，建立个人关系，缓解谈判气氛等。但这种谈判方式也存在某些缺点：容易受到对方的反击；阐述复杂的统计数字与图表等相当困难；语种不同，可能会产生误会。运用这种谈判方式应注意下述事项：

（1）不要漫无边际地东拉西扯，而应明确所有要谈的内容，把握要点。

（2）不要把精力只集中在一个问题上，而应把每一个问题都谈深、谈透，使双方都能明确各自的立场。

（3）不要忙于自己承担义务，而应为谈判留有充分的余地。

（4）同前所述，不要只注重眼前利益，要注意目前的合同与其他合同的内容联系。

（5）无论心里如何考虑，都要表现得镇定自若。

（6）要随时注意纠正对方的某些概念性错误，不要在只对己方不利时才去纠正。

【教学互动】

互动问题：

在谈判开局阶段，应用怎样的方法来试探对方的虚实？在试探中有哪些方面的内容是必须了解的？

要求：

学生分组进行讨论，最后每个小组选一名代表发言，其他组可以针对该同学的发言提出问题，最后由教师进行点评总结。

任务二
开局气氛营造

谈判气氛是谈判对手之间的相互态度，它能够影响谈判人员的心理、情绪和感觉，从而引起相应的反应。因此，谈判气氛对整个谈判过程具有重要的影响，其发展变化直接影响整个谈判的前途。谈判开局气氛对整个谈判过程产生相当重要的影响并起着制约作用。谈判气氛在谈判一开始就已形成，并且必须在整个谈判过程中都得到保持，这就需要谈判人员的共同努力。谈判双方见面后的短暂接触，对谈判气氛的形成具有关键性的作用。谈判双方人员的目光、动作、姿态、表情、气质、谈话内容以及语调、语速等，会形成不同的谈判气氛。

谈判气氛是多种多样，有热烈的、积极的、友好的，也有冷淡的、对立的、紧张的；有平静的、严肃的，也有松懈的、懒散的；还有介于以上几种谈判气氛之间的自然气氛。而谈判开局阶段气氛的营造更为关键。因为这一阶段的气氛会直接决定双方能否有一个良好的开端。一般来说，开局气氛无论是冷淡的、对立的、紧张的，还是松懈的，都不利于谈判的成功。谈判开局气氛也不大可能一下子就变得热烈、积极、友好。实际上，当双方走到一起准备谈判时，洽谈的气氛就已经形成。热情还是冷漠，友好还是猜忌，轻松活泼还是拘谨紧张，都已基本确定，甚至整个谈判的进展（如谁主谈、谈多少、双方的策略）也都受到很大的影响。当然，谈判气氛不仅受开局时的影响，双方见面之前的预先接触、谈判深入后的交流都会对谈判气氛产生影响，但谈判开局瞬间的影响最强烈，它奠定了谈判的基础。此后，谈判的气氛波动比较有限。

谈判开局气氛是由参与谈判的所有谈判者的情绪、态度与行为共同营造的，任何谈判个体的情绪、态度与行为都可以影响或改变谈判开局气氛；与此同时，任何谈判个体的情绪、思维都要受到谈判开局气氛的影响，呈现出不同的状态。因此，营造一种有利的谈判开局气氛，从而控制谈判开局，控制谈判对手，对于谈判者来说就显得非常重要。什么样的开局气氛是比较合理的呢？根据开局阶段的性质、地位，根据进一步磋商的需要，可以把商务谈判的开局气氛分为高调气氛、低调气氛和自然气氛。

一、营造高调气氛

高调气氛是指谈判情势比较热烈，谈判双方情绪积极、态度主动，愉快因素成为谈判情势主导因素的谈判开局气氛。通常在下述情况下，谈判一方应努力营造高调的谈判开局气氛：己方占有较大优势，价格等主要条款对己方极为有利，己方希望尽早达成协议与对方签订合同。在高调气氛中，谈判对手往往只注意到他自己有利的方面，而且对谈判前景的看法也倾向于乐观，因此，高调气氛可以促进协议的达成。

（一） 营造高调气氛的条件

在什么情况下营造高调气氛，应具体考虑谈判双方的实力对比，谈判双方之间的业务关系和双方谈判人员的个人关系以及谈判者的成交意愿等因素。通常，可以在以下几种情况下营造高调气氛：

1. 己方占有较大优势

如果己方谈判实力明显强于对方，为了产生一定的威慑作用，使对方清醒地意识到这一点，并且在谈判中不抱过高的期望，又不至于将对方吓跑，在开局阶段，在语言和姿态上，既要表现得礼貌而友好，又要充分显示出己方自信的气势。

2. 双方企业有过业务往来，关系很好

这种友好关系应该作为双方谈判的基础。在这种情况下，开局阶段的气氛应该是热烈、友好、真诚、轻松愉快的。己方谈判人员在开局时，语言上应该是热情洋溢的；内容上可以畅叙双方过去的友好合作关系或两个企业之间的人员交往，也可以适当地称赞对方企业的发展和进步；姿态上应该比较自由、放松、亲切。在寒暄结束时，可以这样将话题引入实质性谈判："过去我们双方合作得一直非常愉快，我想，这次我们依然会有一个皆大欢喜的结果，让我们一起开始努力吧！"

3. 双方谈判人员建立了良好私人关系

谈判是人们相互之间交流思想的一种行为。个人感情会对交流的过程和效果产生很大的影响。如果双方谈判人员有过交往接触，并且结下了一定的友谊，那么，在开局阶段应该畅谈友谊。可以回忆过去交往的情景，也可以讲述离别后的经历，还可以询问对方家庭的情况，以增进双方之间的感情。一旦双方谈判人员之间建立和发展了私人感情，那么，提出要求、做出让步、达成协议就不是一件太困难的事。

4. 己方希望尽早与对方达成协议

由于己方的成交愿望强烈，希望把握时机，担心失去机会；或者对谈判成交前景判断乐观，希望提高谈判效率，迅速成交，因而全力投入，态度恳切，积极烘托热烈向上的谈判气氛。

（二） 营造高调气氛的方法

1. 感情渲染法

感情渲染法是指通过某一特殊事件来引发普遍存在于人们心中的美好感情因素，并使这种感情迸发出来，从而达到营造气氛的目的。

经典案例

中国一家彩电生产企业准备从日本引进一条生产线，于是与日本一家公司进行了接触。双方分别派出了一个谈判小组就此问题进行谈判。谈判那天，当双方谈判代表刚刚就坐，中方的首席代表（副总经理）就站了起来，他对大家说："在谈判开始之前，我有一个好消息要与大家分享。我的太太在昨天夜里为我生了一个大胖儿子！"此话一出，中方代表纷纷站起来向他道贺。日方代表于是也纷纷站起来向他道贺。整个谈判会场的气氛顿时高涨起来。

资料来源：利·汤普森．商务谈判［M］．赵欣，译．6版．北京：中国人民大学出版社，2019.

问题：

中方为什么能在强劲的对手面前取得开局的成功？

案例解析：

日本人在谈判中很愿意板起面孔谈判，营造一种冰冷的谈判气氛，给对方造成一种心理压力，从而控制整个谈判，趁机抬高价码或提高条件。于是，中方首席谈判代表用自己的喜事打破了日本人的冰冷面孔，营造了一种有利于己方的高调气氛。

2. 称赞法

称赞法是指通过称赞对方来削弱对方的心理防线，从而焕发出对方的谈判热情。即通过调动对方的情绪来营造高调气氛。

采用称赞法时应该注意以下几点：

（1）选择恰当的称赞目标。选择称赞目标的基本原则是：投其所好。即选择那些对方最引以为豪的，并希望己方注意的目标。

经典案例

东南亚某个国家的华人企业想要成为日本某著名电子公司在当地的代理商。双方几次磋商均未达成协议。在最后的一次谈判中，华人企业的谈判代表发现日方代表喝茶及取放茶杯的姿势十分特别，于是他说道："从××君（日方的谈判代表）喝茶的姿势来看，您十分精通茶道，能否为我们介绍一下？"这句话正好说中了日方代表的兴趣所在，于是他滔滔不绝地讲述起来。结果，后面的谈判进行得异常顺利，那个华人企业终于拿到了其所希望的地区代理权。

资料来源：吴建伟．商务谈判策略与案例分析［M］．北京：清华大学出版社，2017.

问题：

本案例中，这种开局方式的好处是什么？

案例解析：

开局阶段人们的精力最为充沛，注意力也最集中，所有的谈判者都在专心倾听别人的发言，注意观察对方的一举一动。谈判者应注意把握住这一关键时机，力争创造良好的谈判气氛。通过称赞对方来削弱对方的心理防线，从而焕发出对方的谈判热情，调动对方的情绪，营造高调气氛。

（2）选择恰当的称赞时机。如果时机选择得不好，称赞法往往适得其反。

（3）选择恰当的称赞方式。称赞方式一定要自然，不要让对方认为你是在刻意奉承他，否则会引起其反感。

3. 幽默法

幽默法是指用幽默的方式来消除谈判对手的戒备心理，使其积极参与到谈判中来，从而营造高调的谈判开局气氛。采用幽默法时要注意以下几点：

（1）选择恰当的时机。

（2）采取适当的方式。

（3）要收发有度。

经典案例

刘经理与王厂长约好中午十二点在生态园吃饭和谈判。可是一个小时后，王厂长才赶到，他抱歉地说："对不起，我来晚了，让您饿了这么久。"刘经理答道："没关系，我已经饱餐了美食的香气和绿色的空气。"

资料来源：吴建伟．商务谈判策略与案例分析［M］．北京：清华大学出版社，2017.

问题：

本案例中，刘经理的幽默开局的好处是什么？

案例解析：

刘经理用夸张的幽默手法表达了自己的不满，比起"您来得这么晚，为什么不让我先吃完午餐"要巧妙得多，而王厂长在刘经理的幽默中更感愧疚。

4. 问题挑逗法

问题挑逗法是指提出一些尖锐问题诱导对方与自己争议，通过争议使对方逐渐进入谈判角色。这种方法通常是在对方谈判热情不高时采用，有些类似于激将法。但是，这种方法很难把握火候，在使用时应慎重一些，要选择好退路。

（三）营造高调气氛的作用

商务谈判一般都是互惠式谈判，成熟的双方谈判者都会努力寻求互利互惠的最佳结果。一种有利于谈判进行的开局具有诸多的良好效应：

（1）为即将开始的谈判奠定良好的基础；

（2）传达友好合作的信息；

（3）能减少双方的防范情绪；

（4）有利于协调双方的思想和行动；

（5）能显示主谈人员的文化修养和谈判诚意。

这些要点说明在谈判之初建立一种和谐、融洽、合作的谈判气氛无疑是非常重要的。如果商务谈判一开始就形成了良好的气氛，双方就容易沟通，便于协商，毕竟谈判者都愿意在一个良好的气氛中进行谈判。

二、营造低调气氛

低调气氛是指谈判气氛十分严肃、低落，谈判的一方情绪消极、态度冷淡，不快因素构成谈判情势的主导因素。通常在以下情况下，谈判一方应该努力营造低调的谈判开局气氛：己方有讨价还价的砝码，但是并不占有绝对优势；合同中某些条款并未达到己方的要求，如果己方施加压力，对方会在某些问题上做出让步。低调气氛会给谈判双方都造成较大的心理压力，在这种情况下，哪一方心理承受力弱，哪一方往往就会妥协让步。因此，在营造低调气氛时，己方一定要做好充分的心理准备并要有较强的心理承受力。

（一） 营造低调气氛的条件

在什么情况下营造低调气氛，应具体考虑谈判双方的实力对比情况和谈判双方之间的业务关系等因素。通常，可以在以下几种情况下营造低调气氛：

1. 己方有讨价还价的砝码，但并不占有绝对优势

如果己方谈判实力相对弱于对方，为了不使对方在气势上占上风和轻视己方，谈判者应做好充分的心理准备并要有较强的心理承受能力，始终显示一种内在的信心和展示一种顽强作战、不屈不挠的斗争精神，也可以向对方表示一定的合作姿态，同时要善于运用己方的砝码迫使对方让步。

2. 双方有过业务往来，但己方对对方的印象不佳

低调的开局气氛通常是严肃的、凝重的。己方谈判者在开局时，语言上在注意礼貌的同时，应保持严谨，甚至可以带一点冷峻；内容上可以对双方过去的业务关系表示不满、遗憾，以及希望通过本次交易磋商来改变这种状况，也可以谈谈途中见闻、体育比赛等中性话题；姿态上应该充满正气，注意与对方保持一定的距离。在寒暄结束时，可以这样将话题引入实质性谈判："我们双方有过一段时间的合作关系，但遗憾的是并不那么愉快，希望这一次能有令人愉快的合作。千里之行，始于足下。让我们从头开始吧！"

（二） 营造低调气氛的方法

1. 感情攻击法

这里的感情攻击法与营造高调气氛的感情攻击法性质相同，都是以情感诱导作为营造气氛的手段，但两者的作用方向相反。在营造高调气氛的感情攻击中，要激起对方的积极情感，使得谈判开局充满热烈的气氛；而在营造低调气氛时，要诱发对方的消极情感，致使一种低沉、严肃的气氛笼罩在谈判开始阶段。

经典案例

克莱斯勒汽车公司曾是美国汽车行业的"三驾马车"之一。进入20世纪70年代，该公司业绩开始下滑，处于濒临破产的境地。1979年，克莱斯勒公司要求银行延期收回6.55亿美元贷款，分别与各家银行谈判时，各银行均不妥协。于是，公司董事会董事史蒂夫决定改成将大家召集到一起谈。如果各个银行在这次谈判中仍不妥协，后果将不堪设想，因为当时美国经济衰退严重，如果公司破产，对美国很可能意味着一个更可怕的经济灾难的来临。

当4月1日各家银行代表到齐时，史蒂夫宣布会议开始，他的开场白让人震惊："先生们，昨天晚上，克莱斯勒董事会举行了紧急会议。鉴于目前经济衰退，公司严重

亏损，利率节节上升，更不要说在座的各位银行家们的不支持态度，公司决定今晨 9 点 30 分宣布破产。”整个会议室鸦雀无声，空气异常沉闷。过了 5 分钟，史蒂夫补充道：“也许我应该提醒大家，今天是 4 月 1 日。”

问题：

史蒂夫采用了什么样的方法营造了怎样的气氛？

案例解析：

谈判桌上有时需要给对方制造压力以达成自己的目的，本案例中史蒂夫采用了感情攻击法营造了一种压抑的低调气氛，从而实现了自己的谈判目标。

2. 沉默法

沉默法是以沉默的方式来使谈判气氛降温，从而达到向对方施加心理压力的目的。注意这里所讲的沉默并非一言不发，而是指本方尽量避免就谈判的实质问题发表议论。采用沉默法要注意以下两点：

（1）要有恰当的沉默理由。通常人们采用的理由有：假装对某项技术问题不理解；假装不理解对方对某个问题的陈述；假装对对方的某个礼仪失误表示十分不满。

（2）要沉默有度，适时进行反击，迫使对方让步。

3. 疲劳战术

疲劳战术是指使对方对某一个问题或某几个问题反复进行陈述，从生理和心理上让对手疲劳，降低对手的热情，从而达到控制对手并迫使其让步的目的。一般来讲，人在疲劳的状态下，思维的敏捷程度下降，容易出现错误，热情降低，工作情绪不高，比较容易屈从于别人的看法。采用疲劳战术应注意以下两点：

（1）多准备一些问题，而且问题要合理，每个问题都能起到让对手疲劳的作用。

（2）认真倾听对手的每一句话，抓住错误并记录下来，作为迫使对方让步的砝码。

4. 指责法

指责法是指对对手的某项错误或礼仪失误严加指责，使其感到内疚，从而达到营造低调气氛，迫使谈判对手让步的目的。

经典案例

中国××公司到美国采购一套大型设备。中方谈判小组人员因交通堵塞耽误了时间，当他们赶到谈判会场时，比预定时间晚了近半个小时。美方代表对此大为不满，花了很长时间来指责中方代表的这一错误，中方代表感到很难为情，频频向美方代表道歉。谈判开始以后，美方代表似乎还对中方代表的错误耿耿于怀，一时间弄得中方代表手足无措，无心与美方讨价还价。等到合同签订以后，中方代表才发现自己吃了一个大亏。

资料来源：林力，解永秋．模拟商务谈判案例教程［M］．北京：中国轻工业出版社，2015.

问题：

本案例中，美方代表营造了哪种开局策略？这样做的好处是什么？

案例解析：

在中方和美方的谈判中，美方代表主要运用了进攻式开局策略来营造有利于他们的谈判气氛——低调谈判气氛，强硬地指出了中方的过失，以制造心理优势，使美方处于主动地位。

三、营造自然气氛

西方新制裁将影响核谈判气氛

自然气氛是指谈判双方情绪平稳，谈判气氛既不热烈，也不消沉。这种谈判开局气氛便于向对手进行摸底，因为谈判双方在自然气氛中传达的信息往往要比在高调气氛和低调气氛中传送的信息准确、真实。当谈判一方对谈判对方的情况了解甚少，对方的谈判态度不甚明朗时，谋求在平缓的气氛中开始对话是比较有利的。

（一）营造自然气氛的条件

自然气氛一般无须刻意去营造，商务活动中的许多谈判都是在这种气氛中开始的。但是，具体考虑谈判双方的实力对比和谈判双方之间的业务关系等因素，也可以有针对性地营造自然气氛。

1. 谈判双方势均力敌或实力相差不多

谈判人员应该努力防止一开始就强化对方的戒备心理和激起对方的敌对情绪，以致这种气氛延伸到实质性谈判阶段，双方为一争高下而两败俱伤。因此，谈判人员在开局阶段要保持沉稳大方，语言和姿态要做到轻松而不失严谨，礼貌而不失自信。

2. 双方企业有过业务往来，关系一般

开局目标是要争取创造一个比较友好、随和的气氛，但是己方在语言的热情程度上应该有所控制：在内容上，可以聊一聊双方过去的业务往来及人员交往，也可以谈一谈双方人员在日常生活中的兴趣爱好；在姿态上，可以随和自然。在寒暄结束时，可以这样来将话题引入实质性谈判："过去我们两个企业之间一直保持着业务往来关系，我们希望通过这一次的交易磋商，将我们双方之间的关系推向一个新的高度，让我们一起动手干吧！"

3. 双方企业在过去没有业务关系往来，是第一次业务接触

开局目标是争取创造一种比较友好、真诚的气氛，以淡化和消除双方的陌生感，以及由此带来的防备甚至是稍含敌意的心理，为后面的实质性谈判奠定基础。因此，己方谈判人员在语言上应该表现得礼貌、友好，且不失身份；在内容上以旅途见闻、体育消息、天气状况、个人业余爱好等比较轻松的话题为主，也可以就个人在公司的任职时间、负责范围、专业经历进行一般性的询问和交谈；在姿态上应该不卑不亢，沉稳中不失热情，自信但不骄傲。在寒暄结束时，可以这样来将话题引入实质性谈判阶段："这笔交易是我们双方的第一次业务交往，希望它能够成为我们双方长期友好合作关系的一个良好开端。我们都是带着希望来的，我想只要我们共同努力，就一定能够带着满意而归。"

谈判开局气氛

（二） 营造自然气氛的方法

营造自然气氛要做到以下几点：

（1）注意自己的行为、礼仪。

（2）要多听、多记，不要与谈判对手就某一问题过早发生争议。

（3）要多准备几个问题，询问方式要自然。

（4）对对方的提问，能正面回答的一定要正面回答；不能回答的，要采用恰当方式进行回避。

谈判气氛并非一成不变。在谈判中，谈判人员可以根据需要来营造适合自己的谈判气氛。但是，谈判气氛的形成并非全是人为因素的结果，客观条件也会对谈判气氛有重要的影响，如节假日、天气情况、突发事件等。因此，在营造谈判气氛时，一定要注意外界客观因素的影响。

【教学互动】

互动问题：

在谈判开局气氛的营造中，你觉得这三种开局气氛各自的优缺点是什么？你认为哪种开局气氛最好？通常你在买东西的时候更倾向于使用怎样的开局气氛？

要求：

教师不直接提供上述问题的答案，而是先引导学生结合本部分内容进行独立思考、自由发表见解，再组织课堂讨论，最后对学生提出的典型见解进行点评。

任务三
开局策略的选用

在商务谈判策略体系中，涉及谈判开局的具体策略是很多的。谈判人员为了促使谈判成功，形成良好的谈判气氛，在开局阶段应该做到：态度诚恳，真挚友好，务实灵活，求大同、存小异，不纠缠枝节问题，努力适应双方的利益需要。

一、开局策略的类型

任何商务谈判都是在特定的气氛中开始的，因而谈判开局策略的实施都要在特定的谈判开局气氛中进行。谈判开局的气氛会影响谈判开局策略，与此同时，谈判的开局策略也会反作用于谈判气氛，成为影响或改变谈判气氛的手段。因此，当对方营造了一个不利于己方的谈判开局气氛时，谈判人员可以采用适当的开局策略来改变这种气氛。

（一）协商式开局策略

协商式开局策略是指以协商、肯定的语言进行陈述，使对方对己方产生好感，营造一种双方对谈判的理解充满"一致性"的感觉，从而使谈判双方在友好、愉快的气氛中展开谈判工作。

协商式开局策略的目的在于创造取得谈判胜利的条件。协商式开局策略比较适用于谈判双方实力比较接近，双方过去没有商务往来的情况。第一次接触，双方都希望有一个好的开端。要多用外交礼节性语言、中性话题，使双方在平等、合作的气氛中开局。比如，谈判一方以协商的口吻来征求谈判对手的意见，然后对对方意见表示赞同或认可，最终双方达成共识。要表示充分尊重对方意见的态度，语言要友好礼貌，但又不刻意奉承对方。姿态上应该不卑不亢，沉稳中不失热情，自信但不自傲，把握适当的分寸，顺利打开局面。

协商式开局策略可以在高调气氛和自然气氛中运用，但尽量不要在低调气氛中使用。因为，在低调气氛中使用这种策略容易使自己陷入被动。协商式开局策略如果运用得好，可以将自然气氛转变为高调气氛。

经典案例

1972年尼克松总统访华，中美双方将要展开一场具有重大历史意义的国际谈判。为了营造一种融洽和谐的谈判环境和气氛，中方对谈判中的各种环境都做了精心的准备和安排，甚至对宴会上要演奏的中美两国的民间乐曲都进行了精心的挑选。在欢迎尼克松一行的国宴上，当军乐队熟练地演奏起《美丽的亚美利加》乐曲时，尼克松总统简直听呆了，他没有想到能在北京听到他如此熟悉的乐曲，因为这是他平生最喜爱的并指定在他的就职典礼上演奏的家乡乐曲。敬酒时，他特地到乐队前表示感谢，此时国宴达到了高潮，一种融洽而热烈的气氛同时感染了美国客人。

资料来源：李建民．国际商务谈判案例［M］．北京：经济科学出版社，2016.

问题：

为什么要演奏《美丽的亚美利加》乐曲？

案例解析：

协商式开局策略的目的在于创造取得谈判成功的条件。演奏《美丽的亚美利加》乐曲是针对特定的谈判对手，为了更好地实现谈判目标而运用的一种协商式谈判策略。

（二） 坦诚式开局策略

坦诚式开局策略是指以开诚布公的方式向谈判对手陈述自己的观点或意愿，尽快打开谈判局面。

坦诚式开局策略比较适合双方过去有过商务往来，而且关系很好、互相了解较深的情况，谈判人员可以将这种友好关系作为谈判的基础。在陈述中，可以真诚、热情地畅谈双方过去的友好合作关系，适当地称赞对方在商务往来中的良好信誉。由于双方关系比较密切，可以省去一些礼节性的外交辞令，坦率地陈述己方的观点以及对对方的期望，使对方产生信任感。

坦诚式开局策略有时也可用于实力不如对方的谈判者。己方实力弱于对方，这是双方都了解的事实，因此没有必要掩盖。坦率地表明己方存在的弱点，使对方理智地考虑谈判目标。这种坦诚也表达出实力较弱的一方不惧怕对手的压力，充满自信和实事求是的态度。坦诚式开局策略可以在各种谈判气氛中应用。这种开局方式通常可以把低调气氛和自然气氛引向高调气氛。

经典案例

某市某区一位党委书记在同外商谈判时，发现对方对自己的身份持有强烈的戒备心理，这种状态妨碍了谈判的进行。于是，这位党委书记当机立断，站起来对对方说道："我是党委书记，但也懂经济、搞经济，并且拥有决策权。我们摊子小，并且实力不强，但人实在，愿意真诚与贵方合作。咱们谈得成也好，谈不成也好，至少你这个外来的'洋'先生可以交一个我这样的'土'朋友。"寥寥几句肺腑之言，打消了对方的疑虑，使谈判顺利地向纵深发展。

资料来源：张照禄．谈判与推销技巧案例评析［M］．2版．成都：西南财经大学出版社，2015.

问题：

该党委书记这样说的好处是什么？

案例解析：

坦诚式开局策略有时也可用于谈判实力弱的一方，当己方的谈判实力明显不如对方，并为双方所共知时，坦率地表明己方的弱点，让对方加以考虑，更表明己方对谈判的真诚，同时表明己方对谈判和自身能力的信心。

（三）慎重式开局策略

慎重式开局策略是指以严谨、凝重的语言进行陈述，表达出对谈判的高度重视和鲜明的态度，目的在于使对方放弃某些不适当的意图，以达到把握谈判的目的。

慎重式开局策略

慎重式开局策略适用于谈判双方过去有过商务往来，但对方曾有过不太令人满意的表现，己方要通过严谨、慎重的态度，引起对方对某些问题的重视的情况。这种策略也适用于己方对谈判对手的某些情况存在疑问，需要经过简短的接触摸底的情况。当然，慎重并不等于没有谈判诚意，也不等于冷漠和猜疑，这种策略正是为了寻求更有效的谈判成果而使用的。

采用慎重式开局策略时，不要违反商务谈判的道德原则，即以诚信为本，向对方传递的信息可以是模糊信息，但不能是虚假信息。否则，会令己方陷入非常难堪的局面。慎重式开局策略适用于低调气氛和自然气氛，而不适用于高调气氛。这种策略还可以将其他的谈判气氛转为低调气氛。

（四）进攻式开局策略

进攻式开局策略是指通过语言或行为来表达己方强硬的姿态，从而获得谈判对手必要的尊重，并借以制造心理优势，使得谈判顺利地进行下去。采用进攻式开局策略一定要谨慎，因为在谈判开局阶段就设法显示自己的实力会使谈判一开局就处于剑拔弩张的气氛中，对谈判进一步的发展极为不利。

进攻式开局策略只有在特殊情况下才能使用。例如，发现谈判对手居高临下，以某种气势压人，有某种不尊重己方的倾向，如果任其发展下去，对己方是不利的，因此要变被动为主动，不被对方的气势压倒，采取以攻为守的策略，捍卫己方的尊严和正当权益，使双方站在平等的地位上进行谈判。进攻式策略要想运用得好，必须注意有理、有利、有节，不能使谈判在一开始就陷入僵局。要切中问题要害，对事不对人，既表现出己方的自尊、自信和认真的态度，又不能咄咄逼人，使谈判气氛过于紧张。一旦问题表达清楚，对方也有所改观，就应及时调节气氛，使双方重新建立起一种友好、轻松的谈判气氛。

进攻式开局策略可以扭转不利于己方的低调气氛，使之转向自然气氛或高调气氛。但是，进攻式开局策略也可能使谈判陷入僵局。

经典案例

日本泽田汽车公司在美国刚刚“登陆”时，亟须找一家美国代理商来为其销售产品，尽快打开美国市场。当日本汽车公司准备与美国代理公司谈判时，泽田公司的谈判代表因路上塞车迟到了。美国代理公司的谈判代表抓住这件事紧紧不放，想要以此为手段获取更多的优惠条件。泽田公司的代表被对手逼得无路可退，就站起来说：“十分抱歉耽误了您的时间，但是这绝非我们的本意，由于我们对美国的交通状况了解不足，导致了方才的迟到事件，我希望我们不要再为这个问题耽误宝贵的时间了，如果你们因为这件事而怀疑我们与你们合作的诚意，那么我们现在只好结束这次谈判，我相信按我们现在提供的优惠的代理条件在美国肯定能找到合作伙伴。”泽田公司代表的一席话说得美国代理商哑口无言，美国代理商也不想失去这次赚钱的机会，只是想利用此事取得谈判主动权，于是双方的谈判顺利地进行了下去。

资料来源：利·汤普森．商务谈判［M］．赵欣，译．6版．北京：中国人民大学出版社，2019.

问题：

日本代表有必要如此回复美方代表吗？

案例解析：

进攻式开局策略是指通过语言或行为来表达己方强硬的姿态，从而获得对方必要的尊重，并借以制造心理优势，使得谈判顺利地进行下去。采用进攻式开局策略一定要谨慎，其使用条件是当发现对手在刻意制造低调气氛，这种气氛对己方的讨价还价十分不利，如不扭转将损害己方的利益时。此案例中，日本谈判代表针对美国代理公司的进攻式开局策略也采用进攻式开局策略，成功瓦解了美方谋求营造低调气氛以取得谈判主动权的企图。

（五） 挑剔式开局策略

挑剔式开局策略是指开局时，对对手的某项错误或礼仪失误严加指责，使其感到内疚，从而达到营造低调气氛，迫使对手让步的目的。

【教学互动】

互动问题：

以上五种谈判策略，你觉得哪一种在日常生活中能够经常用到？你使用过哪一种？当对方使用上述策略时，你应该如何应对？

要求：

教师不直接提供上述问题的答案，而是先引导学生结合本部分内容进行独立思考、自由发表见解，再组织课堂讨论，最后对学生提出的典型见解进行点评。

二、选用不同开局策略时应考虑的因素

不同内容和类型的谈判，需要有不同的开局策略与之对应。谈判开局策略的选择要受到谈判双方实力对比、谈判形势、谈判气氛营造等一系列因素的制约和影响，选择谈判开局策略，必须全面考虑这些因素，并且在实施时还要依据谈判经验对其进行调整。一般来说，确定恰当的开局策略需要考虑以下几个因素：

（一） 谈判双方之间的关系

谈判双方之间的关系，主要有以下几种情况：

（1）如果双方在过去有过业务往来且关系很好，那么这种友好的关系应作为双方谈判的基础，在这种情况下，开局阶段的气氛应是热烈、真诚、友好、愉快和轻松的。例如：

“过去我们双方一直合作得很愉快，我想，这次我们仍然会合作愉快的。”

（2）如果双方有过业务往来，但关系一般，那么开局的目标是争取创造一种比较友好、和谐的气氛。例如：“过去我们双方一直保持着业务往来关系，我们希望通过这一次的交易磋商，将我们双方的关系推向一个新的高度。”

（3）如果双方过去有过一定的业务往来，但己方对对方的印象不好，那么开局阶段的谈判气氛应是严肃、凝重的。例如：“过去我们双方有过一段合作经历，但遗憾的是并不那么令人愉快，希望这一次我们能合作愉快。千里之行，始于足下。让我们从这里开始吧。”

（4）如果过去双方人员并没有业务往来，那么第一次的交往应力争创造一种真诚、友好的气氛，以淡化和消除双方的陌生感以及由此带来的防备，为后面的实质性谈判奠定良好的基础。例如：“这笔交易是我们双方的第一次业务交往，希望它能够成为我们双方发展长期友好合作关系的一个良好开端。”

（二）　双方的实力

（1）双方谈判实力相当，为了防止一开始就强化对手的戒备心理和激起对方的对立情绪，以致影响实质性谈判，在开局阶段，仍然要力求营造一种友好、轻松、和谐的气氛。己方谈判人员在语言和姿态上要做到轻松而不失严谨、礼貌而不失自信、热情而不失沉稳。

（2）如果己方谈判实力明显强于对方，为了使对方能够清醒地意识到这一点，并且在谈判中不抱过高的期望，又不至于吓跑对方，则开局阶段在语言和姿态上，既要表现得礼貌、友好，又要充分显示出己方的自信和气势。

（3）如果己方谈判实力弱于对方，为了不使对方在气势上占上风，从而影响后面的实质性谈判，则开局阶段在语言和姿态上：一方面要表示友好，积极合作；另一方面要充满自信，举止沉稳，谈吐大方，使对方不至于轻视己方。

乐学善思

良好的第一印象成就最终的谈判

会谈伊始，双方见面，彼此寒暄，互相正式介绍，然后大家围坐在谈判桌前开始洽谈。这时的会谈气氛还是客气的、友好的，彼此可能聊一些谈判以外的话题，借以使气氛更加活跃、轻松，消除互相间的生疏感、拘束感，为正式谈判打下基础。在此期间能否争取主动，赢得对方对你的好感，很大程度上取决于对方对你的“第一印象”。第一印象在人们的相互交往中十分重要。如果对方在与你初次交往中，对你的言行举止、风度、气质反映良好，就会对你产生好感、信任，并愿意继续与你交往；反之，就会疏远你，而且这种印象一旦形成，就很难改变。因此，要营造相互信任的谈判气氛，就要争取给对方留下良好的第一印象。

第一印象是指在短时间内以片面的资料为依据形成的印象。心理学研究发现，与一个人初次会面，45 秒钟内就能产生第一印象。这一最初的印象会对他人的社会知觉产生较强的影响，并且在对方的头脑中形成并占据主导地位。烽火猎聘某资深顾问曾指出："保持和复现，在很大程度上依赖于有关的心理活动第一次出现时注意和兴趣的强度。"这种先入为主的第一印象是人的普遍的主观性倾向，会直接影响以后的一系列行为。

思考：

如何打造良好的第一印象？

提示：

中国是礼仪之邦，谈判最初见面时，如果能够明理、懂礼、文明，会直接使得对方对己方谈判人员产生良好的第一印象，并赢得最初的信任。

主要概念和观念

◀**主要概念**

谈判开局 高调气氛 低调气氛 自然气氛 协商式开局策略 坦诚式开局策略 慎重式开局策略 进攻式开局策略 挑剔式开局策略

◀**主要观念**

“好的开始等于成功的一半”，商务谈判的开局意味着谈判正式开始。一个良好的开局关系到商务谈判的格调和商务谈判的走向，将为整个商务谈判取得成功打下良好的基础。

谈判气氛是多种多样，有热烈的、积极的、友好的，也有冷淡的、对立的、紧张的；有平静的、严肃的，也有松懈的、懒散的；还有介于以上几种谈判气氛之间的自然气氛。商务谈判人员要根据自己的需要营造己方需要的谈判气氛。

谈判开局策略的实施都要在特定的谈判开局气氛中进行，谈判开局的气氛会影响谈判开局策略的选择。与此同时，谈判的开局策略也会反作用于谈判气氛，成为影响或改变谈判气氛的手段。商务谈判人员要能够采用适当的开局策略来营造有利于己方的气氛。

项目单元训练

一、单项选择题

1. 开局阶段奠定谈判成功基础的关键是(　　)。

A. 良好的谈判气氛　　B. 合理的报价

C. 反复磋商　　D. 确定谈判目标

2. 一般认为开局之初的破冰期不超过谈判时间的(　　)。

A. 3%　　B. 5%

C. 10%　　D. 20%

二、多项选择题

1. 属于谈判开局气氛的有(　　)。

A. 高调气氛　　B. 低调气氛

C. 热烈气氛　　D. 自然气氛

2. 低调气氛的营造方法主要有(　　)。

A. 感情攻击法　　B. 沉默法

C. 幽默法　　D. 指责法

3. 高调气氛的营造方法主要有(　　)。

A. 感情攻击法　　B. 沉默法

C. 幽默法　　D. 称赞法

三、判断题

1. 具体问题的说明包括计划、目的、速度和谈判人员，简称4P。(　　)

2. 在谈判的开局阶段，高调气氛比低调气氛好，对己方谈判更有利。(　　)

3. 协商式的开局策略比较适合用来营造高调的开局气氛。(　　)

4. 保留式开局策略可能会使开局气氛由高调变为低调。(　　)

四、简答题

1. 一般什么情况的谈判开局适合营造高调的谈判气氛？

2. 常见的低调开局气氛的营造方法主要有哪些？

3. 在谈判开局中自然气氛的主要表现是什么？

五、论述题

作为一名未来的谈判人员，你认为本项目所介绍的五种开局策略各适用于哪种情况？至少针对其中的两种策略进行举例说明。

六、案例分析题

某中国商务谈判小组赴中东某国进行一项工程承包谈判。在闲聊中，中方负责商务条款的成员无意中评论了中东盛行的伊斯兰教，引起了对方成员的不悦。当谈及实质性问题时，对方较为激进的商务谈判人员丝毫不让步，并一再流露撤出谈判的意图。

问题：

(1) 本案例中，沟通出现的障碍主要表现在什么方面？

(2) 这种障碍导致谈判出现了怎样的局面？

(3) 应采取哪些措施消除这一障碍？

(4) 从这一案例中，中方谈判人员要吸取什么教训？

七、实操题

实训内容：营造开局气氛（识别不同的开局气氛；为企业在现实谈判中营造开局气氛提出可行性建议；根据现实谈判情况撰写营造开局气氛的方案）。

背景资料：

本公司经过几次与A银行的接触，双方即将进入实质性谈判阶段。作为本公司这次的谈判代表，你了解到对方谈判代表是以A银行王行长为首的三人谈判团队，根据你对王行长的了解，他是一位为人严谨、不苟言笑、做事非常认真尽责的人。为了能使谈判在一个和谐、愉快的氛围中顺利进行，请你根据所学知识，为该谈判撰写一份营造开局气氛的方案，以便将来与王行长的谈判能够顺利进行。

要求：

(1) 全班分为6～8个学习小组，以小组为单位组织引导学生讨论：如果你是谈判代表，你将营造哪种开局气氛？

(2) 以小组为单位，在讨论的基础上，制订一份营造开局气氛的方案。

(3) 各学习小组派出代表进行汇报，并说明营造该种开局气氛的原因。

(4) 各小组根据活动的内容，写出总结。

项目四
商务谈判磋商

【学习目标】

知识目标：了解谈判中的报价、讨价还价、僵局及让步的含义，掌握报价、讨价还价的方式和技巧，理解谈判僵局产生的原因，掌握商务谈判化解僵局的技巧和让步策略。

能力目标：能够正确判定谈判中报价、讨价还价、化解僵局和让步时应该运用的合适的策略，明确各种策略的适用条件、注意事项及应对方法，并具备灵活运用的能力。

素质目标：培养学生冷静沉着地面对谈判中超过预期的报价、复杂的讨价还价的心理素质，正确认识谈判中的僵局与让步，信守谈判中严谨保密的职业素养和良好的职业道德。

实训目标：通过角色扮演，合理运用报价、讨价还价、化解僵局和让步的各种策略，有效开展谈判活动。

【导引案例】

加薪谈判的故事

一名工会职员就机械厂的员工要求增加工资一事向厂方提出了一份书面申请，一周后，厂方约他谈判新的劳资合同。令他吃惊的是，一开始厂方就花了很长的时间向他详细介绍销售及成本情况，反常的开头让他措手不及。为了争取时间考虑对策，他便拿起桌上的材料看了起来，最上面一份是他的书面申请。一看之下他才明白，原来是他在打字时出了差错，将要求增加工资12%打成了21%。难怪厂方严阵以待。他心里有了底，谈判下来，最后以增资15%达成协议，比自己的期望值高了3个百分点。看来，他原来的要求太低了。

问题：

这名工会职员的加薪为什么能比期望值高？他的错误报价对彼此的心理有什么影响？

任务一
报　价

商务谈判中的报价，是指谈判一方主动或被动向对方提出己方交易要求的行为，包括价格、交货期、付款方式、数量、质量、保证条件等。报价直接影响谈判的开局、走势和结果，事关谈判者最终获利的大小，是关系到商务谈判最终能否成功的关键问题之一。要取得成功，就必须研究商务谈判的报价技巧和方式。

一、报价的形式

（一）书面报价

以书面方式提出，不准备口头补充。在书面形式的谈判中，交易条件的提出一般均采用此种方式。国际贸易中也称此为发盘。在面对面谈判中，采用此种方式提出交易条件的情形很少见。一般仅限于下述两种情形。第一种情形是在有关规则的约束下，己方没有选择余地，只能以这种方式提出交易条件。如在竞争一项规范的招标工程时的投标报价，即属这类情形。在中标前，双方不会也不可以就有关的交易条件进行面对面的磋商。提出交易条件的一方基于下述考虑：其以书面方式提出的交易条件既是最初的交易条件，也是最后的交易条件，即这一条件是终局性的，不希望对方进行任何讨价还价。

在第二种情形中，对谈判者以书面方式提交给对方的材料有很高的要求。一般均要求材料完备，表述明确无误，并在材料中要求对方无保留地接受。若材料不完备，表述含糊，则很容易使对方认为有讨价还价的余地，也容易被对方找到讨价还价的借口，对方不可能无保留地接受。

（二）口头报价

会谈时口头提出交易条件。不预先提供任何书面形式的报价材料，仅仅在双方会晤时口头提出交易条件，是一种比较常见的报价方式。这一方式的优点主要表现在下述几方面：

（1）具有很大的灵活性。谈判人员完全可以根据谈判形势的变化而变更自己的谈判战术，根据谈判中出现的具体情况，有针对性地提出交易条件。

（2）可以先磋商，后承担责任。通过接触，先摸清情况，特别是对方愿意做出承诺的情况，然后决定自己做出怎样的承诺。在达成协议前，谈判人员不需有任何义务感。

（3）面对面的商谈容易加强友好气氛，在报价过程中充分发挥感情因素的作用。当然，用得不好，也可能适得其反。

会晤时，口头提出交易条件的缺点在于：

（1）对手可以根据己方谈判人员的多方面表现识别、推测本企业所提交交易条件的坚定程度。经验表明，人们通常会认为书面表述的东西比口头表述的更真实，在人们心目中，文字材料如价目表、告示等具有更强的权威性。因此，在一般人心目中，尽管两种方式的报价水平相同，但是人们往往认为口头的报价具有更大的讨价还价的余地，纯粹的口头报价更容易招致对方的攻击。

（2）不借助任何书面材料，要把一些复杂的情况，如统计数据、计划图表等阐述清楚是比较困难的。

（3）由于对方事先对己方提出的某些问题不了解，其可能在听完己方口头阐明的交易条件后，要求暂停谈判以拖延时间，如“尚需做进一步研究才能答复”等。

（三） 以书面方式报价并准备口头补充

这一方式介于上述两种方式之间，其突出的优点是：书面文件便于对方理解，不至于延误谈判；可以通过书面材料将一些复杂的数据、图表等阐述清楚，己方在谈判时又有较大的灵活性。突出的缺陷则表现为：由于书面提出的交易条件不是终局性的，而对方又了解了更多的本企业准备履行的义务，这可能不利于己方讨价还价。

【教学互动】

互动问题：

在导引案例中，工会职员采取了哪种报价方式？这样做的好处是什么？弊端又是什么？

要求：

教师不直接提供上述问题的答案，而是先引导学生结合案例和本部分内容进行独立思考、自由发表见解，再组织课堂讨论，最后对学生提出的典型见解进行点评。

二、报价的策略

（一） 报价时机策略

报价时机策略是谈判者根据自己的经验，选择适当的时机，并提出报价，以促成成交的策略。价格谈判中，报价时机也是一个策略性很强的问题。有时，卖方的报价比较合理，但并没有使买方产生交易欲望，原因往往是此时买方正在关注商品的使用价值。因此，在价格谈判中，应当首先让买方充分了解商品的使用价值和为买方带来的实际利益，待买方对此产生兴趣后再来谈价格问题。

在报价时机中就存在先报价和后报价两种非常重要的策略。

1. 先报价

先报价也称主动报价。先报价比后报价更有影响力。因为先报价能争取主动权，通过先行报价，谈判者可以直接为谈判设定价格的上下限，并据此影响谈判对方的期望水平。

但是先报价也有不利之处：一是先报价等于先向对方亮出了自己的“底牌”，对方可能会根据报价信息，寻找谈判的突破口；二是一方先报价以后，另一方可能会以此为基础调整自己的报价，以获得额外利益。

先报价可以调整对方的期待水平，可以获得对方最大的认可，也会以较高的价格成交。

2. 后报价

后报价也称被动报价，它的利弊正好和先报价相反。其优势在于先行了解了对方的情况，同时没有暴露自己的信息，这样己方就可以集中力量寻找对方的漏洞，以便拿出有利的证据作为要求对方改变报价的依据。采用后报价的策略，还可能在对方报价以后，修改对己方不利的报价方案，以获得更多的利益。后报价的不利之处是：在谈判经验不足的情况下，有可能被对方的气势震慑，造成心理压力；若双方报价相差太大，则容易乱了己方的阵脚。

两种报价各有利弊。一般来讲，是选择先报价还是后报价取决于以下四种因素：

（1）谈判发起者应先报价，否则应后报价。

（2）在预测到谈判可能会激烈时，应先报价，以求先下手为强。在预测到谈判气氛友好时，一般双方不太关注报价先后的问题。

（3）在谈判中，如果双方实力相差悬殊，则实力强的一方应先报价；反之，实力弱的一方以后报价为宜。

（4）按照惯例，在商品购销谈判中，应由卖方先报价，而后买方还价；在投标者与招标者之间，应由投标者先报价。

（二） 报价表达策略

报价表达策略就是用口头或书面方式，用肯定和干脆的表达，似乎不能再做任何变动和没有任何可以商量的余地的策略。在运用报价表达策略时，报价无论采取口头或书面方式，表达都必须十分肯定、干脆，以示不能再做任何变动和没有任何可以商量的余地。千万不要使用“大概”“大约”“估计”这类含糊其词的词语，因为这会使对方感到报价不实。当你十分肯定报价时，买家惯用的手段就是以第三方的低价格作为胁迫，迫使你降价。此时最忌讳的就是马上听信买家降价，你应明确告诉他“一分价钱一分货”，并对第三方的低价毫不介意。当然，报价并不意味着一口价，而是要自己站稳脚跟，等待对方表现出真实的交易意图才开始让步，也算表达自己的诚意。

（三） 报价起点策略

价格谈判的报价起点策略，通常是指：作为卖方，报价起点要高，即“开最高的价”；作为买方，报价起点要低，即“出最低的价”。商务谈判中这种“开价要高，出价要低”的报价起点策略，由于足以震慑对方，因此被国外谈判专家称为“空城计”。对此，人们也形象地称之为“狮子大张口”。

显然，谈判双方报价起点的这种“一高一低”的策略，是合乎常理的。而不可能是“一低一高”，因为那是悖理的。也不可能是“一中一中”，因为那只可能是经过数轮讨价还价后的结果，不可能是开盘的局面。从对策论的角度看，谈判双方在提出各自的利益要求时，一般都含有策略性虚报的部分。这种做法，其实已成为商务谈判中的惯例。

当然，价格谈判中这种报价起点策略的运用，必须基于价格谈判的合理范围，必须审时度势，根据自身的实际市场调查报出一个相对合理的“最高价”或“最低价”，切不可漫天要价和胡乱杀价，否则就会吓跑对方，失去交易的机会并导致谈判的最终失败。

（四） 报价差别策略

在商务谈判中，同一商品会因客户性质、购买数量、需求缓急、交易时间、交货地点、支付方式等方面的不同，形成不同的购销价格。这种价格差别体现了商品交易中的市场需求导向，在报价策略中应重视运用。

例如，对老客户或大批量需求的客户，为巩固良好的客户关系或建立稳定的交易联系，可适当实行价格折扣；对新客户，有时为开拓新市场，亦可给予适当让价；对某些需求弹性较小的商品，可适当实行高价策略；若对方“等米下锅”，价格则不宜下降；旺季较淡季或应时较背时，价格自然更高；交货地点远程较近程或区位优越者，应有适当加价；支付方式上，一次付款较分期付款或延期付款，价格须给予优惠；等等。

总之，差别报价要根据具体情况报不同的价格，其最终的目的是让对方感觉得到了优惠，心理上有同一感，从而实现双方愉快而长期的商务合作。

（五） 报价对比策略

报价对比策略是指向对方抛出有利于己方的多个商家同类商品交易的报价单，设立一个价格参照系，然后将所交易的商品与这些商家的同类商品在性能、质量、服务与其他交易条件等方面做出有利于己方的比较，并以此作为己方要价的依据。

价格谈判中，使用报价对比策略，往往可以增强报价的可信度和说服力，并有很好的效果。报价对比可以从多方面进行。例如，将本商品的价格与另一可比商品的价格进行对比，以突出相同使用价值的不同价格；将本商品及其附加各种利益后的价格与可比商品不附加各种利益的价格进行对比，以突出不同使用价值的不同价格；将本商品的价格与竞争者同一商品的价格进行对比，以突出相同商品的不同价格；等等。

（六） 报价分割策略

报价分割策略是一种为了迎合买方的求廉心理，将商品的计量单位细分化，然后按照最小的计量单位报价的策略。价格分割是一种心理策略。卖方报价时，采用这种报价策略，能使买方对商品价格产生心理上的便宜感，容易为买方所接受。

对于报价分割策略的具体运用，可以采用如下两种形式：

1. 用较小的单位报价

例如：茶叶每千克 200 元按每两 10 元报价；大米每吨 1 000 元按每千克 1 元报价。国外某些厂商刊登的广告也采用这种技巧，如：“淋浴 1 次 8 便士”“油漆 1 平方米仅仅 5 便士”。巴黎地铁公司的广告是：“每天只需付 30 法郎，就有 200 万旅客能看到你的广告。”用小单位报价往往比用大单位报价更能使人在心理上产生便宜的感觉，更容易被人接受。

2. 用较小单位商品的价格进行比较

例如：“每天少抽一支烟，每天就可订一份×××报纸。”“使用这种冰箱的电费平均每天 0.5 元，0.5 元只够吃一根最便宜的冰棍。”“一袋去污粉能把 1 600 个碟子洗得干干净净。”“×××牌电热水器，洗一次澡，不到 1 元。”用小商品的价格去类比大商品的价格会给人以亲近感，拉近与消费者之间的距离。

从以上策略可以看出，报价不仅是一项竞争，也是一门艺术，价格高低事关商务谈判各方的切身利益，同时，价格又是在诸多因素的共同作用下最终形成的。因此，价格是商务谈判中最重要、最复杂的问题之一。为此，我们必须全面了解商务谈判中影响价格的因素，做好报价的准备工作，努力掌握并恰当地运用报价技巧，同时结合其他价格策略如价格解释策略、讨价还价策略等，打好组合拳，注重成本分析，重视历史经验数据，建立适用于本企业的价格，最大限度地占有信息，本着互惠互利、双方共赢的原则，具体问题具体分析，寻求有效的防范措施，最大限度地争取利益并降低风险引起的损失，以实现谈判的最终目标。

三、报价的原则

谈判一方向另一方报价时，不能信口开河，而是要经过仔细分析、精心梳理，不仅要考虑该报价所获的利益，还要考虑该报价能否被对方接受，即报价能够成功的概率。

具体来说，报价应遵守以下几项原则：

（一）首次报价要狠

对于卖方来说，首次报价必须是最高价；与此相反，对于买方来说，首次报价必须是最低价，这是报价的首要原则。主要原因是首次报价为要价定了一个最高限度。同时，首次报价会影响一方对另一方所提供商品或劳务的印象和评价。最后，首次报价够狠，才可以为以后的磋商留下充分的回旋余地，使谈判过程更富有弹性，以便于把握成交时机。

（二）合情合理、有根有据

报价要狠，但绝不是漫天要价、毫无道理、毫无控制。恰恰相反，报价过于离谱，对方或被逼无奈而中止谈判，或以其人之道还治其人之身，针锋相对也来个漫天要价。因此，报价应合乎情理，能够讲得通。如果报价过狠，又讲不出道理，对方必然认为己方缺少谈判的诚意并提出质疑，而己方又无法解释，其结果只能是被迫无条件让步。

（三）态度坚定、明确

报价时，态度要坚决、果断，毫无保留、毫不犹豫。这样做能够给对方留下认真而诚实的好印象。任何欲言又止、吞吞吐吐的行为，都必然会引发对方的不良感受，甚至会令其产生不信任感。

任务二
讨价还价

一、讨价

讨价是指谈判中的一方首先报价之后，另一方认为离自己的期望目标太远，而要求报价方改善报价的行为。讨价时，先要对报价进行评价或评论，以支持自己的讨价要求。评价可以从总体上谈本方对要价的看法。在对方改善报价后，也要对其做出新的评价，以便决定是否再次讨价。

（一） 讨价方式

讨价方式可以分为笼统讨价和具体讨价。笼统讨价即从总体价格上要求改善报价，常在第一次讨价时使用。具体讨价是就分项价格要求改善报价，常用于对方第一次改善报价后的讨价或不宜采用笼统讨价方式的场合。在对方已经对报价做了一次改善后，继续向其提出笼统讨价要求。

（二） 讨价技巧

在具体讨价过程中，要注意以下两点技巧：

1. 以理服人，见好就收

因为讨价是伴随着价格评论进行的，故讨价应采用尊重对方和说理的方式进行；又因为不是买方的还价，而是启发、诱导卖方降价，为还价做准备，如果此时硬压卖方降价，可能会使谈判过早地陷入僵局，对买方不利。故在初期、中期的讨价即买方还价前的讨价，应保持平和信赖的气氛，充分说理，以求效益最大化，即使碰到漫天要价者，也不应为其所动。

2. 揣摩心理，掌握次数

讨价次数是一个客观数，又是一个心理数。“心理次数”不反映改善后的价格是否接近评价程序，而只反映谈判中卖方对讨价有所反应，对买方所要求的条件愿意考虑。

当以分块、分类方式讨价时，其中水分大的部分，不能只讨两次价就停止，并且在每次讨价时不要忘了这次讨价的目标，对于对方每一次的价格改善都要进行揣摩，衡量与目标价格的差距，并在此基础上进行进一步的价格评论，以使得对方做出更进一步的价格改善。

二、还价

还价是指谈判一方根据对方的报价和自己的谈判目标，主动或应对方要求提出自己的价格条件。还价通常是由买方在一次或多次讨价后应卖方的要求而做出的。

（一）　还价方式

1. 按分析比价还价

按分析比价还价是指买方不了解所谈产品本身的价值，而以其相近的同类产品的价格或竞争者产品的价格做参考进行还价。

2. 按分析成本还价

按分析成本还价是指买方能计算出所谈产品的成本，然后以此为基础再加上一定百分比的利润作为依据进行还价。

3. 按谈判中每次还价项目的多少还价

（1）单项还价。单项还价是以所报价格的最小项目还价，即对主要设备或商品逐项、逐个进行还价，如对技术费、培训费、技术咨询费、工程设计费、包装费、运输费逐项还价。

（2）分组还价。分组还价是指把谈判对象划分成若干项目，并按每个项目报价中所含水分的多少分成几个档次，然后逐一还价。

在谈判过程中，双方如果机械地把还价盯在一个大目标上，很可能对目标的实现没有任何帮助。一个总价格是由许多项目构成的，如一些技术转让或其他大型的谈判项目其价格的构成可能包括很多内容，诸如专利权、专有技术、人员培训、技术资料、图纸交换等。因此，在对方报价时，如果价格水分较大，而己方在还价时不做分解，只笼统要求对方让步，就显得比较盲目，效果也不会很理想。比较好的做法是，把对方报价的目标分解，从中寻找出哪些技术是己方需要的，价格应是多少，哪些是不需要的，哪一部分价格水分较大，这样，还价要求才更有说服力。

经典案例

我国一家公司与德国仪表行业的一家公司进行一项技术引进谈判。对方向我方转让时间继电器的生产技术，价格是 40 万美元。德方依靠技术实力与产品名牌，在转让价格上坚持不让步，双方僵持下来，谈判难以进展。通过对德商分项报价的研究，我方发现德商提供的技术转让明细表上的一种时间继电器元件——石英振子技术，我国国内厂家已经引进并消化吸收，完全可以不再引进。我方以此为突破口，与德方洽商，逐项讨论技术价格，要求德商就转让技术分项报价，将转让费由 40 万美元降至 25 万美元，取得了较为理想的谈判结果。

资料来源：鲁小慧，孙勇．商务谈判［M］．郑州：河南科学技术出版社，2014.

问题：

我方是如何进行目标分解的？

案例解析：

我方把对方报价的目标分解，从中找出哪些技术是本方需要的，价格应是多少，哪些是不需要的，哪一部分价格水分较大，这样，还价要求就会比较有说服力。

（3）总体还价。总体还价又称一揽子还价，是指不分报价中各部分所含水分的差异，均按同一个百分比还价。

（二） 还价策略

在商务谈判中，针对对方的报价策略和方式，进行相应的还价。还价的策略主要有以下三种：

（1）比照还价法。比照还价法是指商务谈判的一方通过了解和分析对方的报价，对比参照报价，按照一定的升降幅度，以投石问路的方式进行还价的策略方法。比照还价法一般适用于买方或谈判实力不太雄厚、对价格掌握不很明了的一方。

运用比照还价法，弄清对方为何如此报价，即对方的真正期望。分析谈判对方的真正期望，主要从以下几方面入手：检查对方报价的全部内容，询问如此报价的原因和根据，了解对方在各项主要交易条件上有多大的灵活性。

【教学互动】

互动问题：

运用投石问路的询问来进行比照还价。例如：如果我们和你签订了为期一年的合同，你方的价格优惠是多少？

要求：

教师不给出答案，学生试着参照例子从多个方面进行投石问路式的询问。

投石问路技巧的使用

（2）反攻还价法。反攻还价法是指商务谈判的一方采用反驳攻击的技法，部分否定甚至全部否定对方的报价的策略方法。主要适用于两种情况：第一，对方的报价极不合理，策略性虚报的部分过分夸大；第二，对方缺乏谈判经验，对价格掌握不很明了，对对手缺乏了解。

运用反攻还价法的技巧及应注意以下问题：

第一，做好反攻的资料准备。即己方根据报价的内容和自己所掌握的价格比价的资料，推算出对方的虚价何在及其程度大小，并尽力揣摩对方的真实意图，制订反攻的方案。

第二，制定反攻的对策。一般把对方报价中虚价最大、己方反驳论据最充分的内容作为攻击点，由点到面，全面推翻对手的报价。

第三，要有理有据地反驳对方的报价，不做无中生有的攻击，也不能做人身攻击，态度宜友好温和。

（3）求疵还价法。求疵还价法是指商务谈判的一方采用挑剔的方法提出部分真实、部分夸大的意见，试图否定对方报价的策略方法。主要适用于两种情况：第一，卖方的报价确有问题，但多属枝节方面的问题；第二，对手欠缺谈判经验。

世上没有十全十美的东西，只要再三挑剔，任何方案都可挑出问题。己方应想方设法抓住对方商品的缺陷做适当的夸大，迫使对方降低报价的标准，使己方有更多的讨价还价余地，同时让对方知道，己方是很精明的，不轻易被人欺骗。

经典案例

苹果熟了，果园里一片繁忙景象。一家果品公司的采购员来到果园。“多少钱1斤?”“1.6元。”“1.2元行吗?”“少一分也不卖，目前正是苹果上市的时候。”不久，又一家公司的采购员走上前来。“多少钱1斤?”“1.6元。”“整筐卖多少钱?”“零买不卖，整筐1.6元每斤。”接着，这家公司的采购员从商品的功能、质量、大小、色泽等方面挑出了一大堆毛病来，其实是在声明：瞧你的商品多次。卖主显然不同意他的说法，在价格上也不肯让步。买主却不急于还价，而是不慌不忙地打开筐盖，拿起一个苹果掂量着、端详着，不紧不慢地说：“个头还可以，但颜色不够红，这样上市卖不上价呀!”接着伸手往筐里掏，掏了一会儿掏出一个个头小的苹果：“老板，您这一筐，表面是大的，筐底可藏着不少小的，这怎么算呢?”边说边继续在筐里掏着，一会儿，又摸出一个带伤的苹果：“看，这里还有虫咬，也许是雹伤。您这苹果既不够红，又不够大，算不上一级，勉强算二级就不错了。”这时，卖主沉不住气了，说话也和气了：“您真想要，说个价吧。”双方最终以每千克低于1.3元的价钱成交了。

问题：

分析两个买主导向不同结果的原因。

案例解析：

第一个买主遭到拒绝，而第二个买主却能以较低的价格成交，关键在于第二个买主在谈判中战略运用得当，使对方服气。

运用求疵还价法的技巧及注意事项：

第一，只有掌握对方商品的有关技术知识，才能对对方的商品吹毛求疵，才能说到点子上，使对方服气。

第二，在吹毛求疵时，忌面面俱到。如果抓不住重点、击不中要害，非但不足以说明问题，反而会引起对方的怀疑，以为你在故意刁难他，从而影响谈判的气氛和进展。

第三，对一些优质产品、名牌产品不能一味贬低。对某些商品的贬低如果过火，可能会激怒对方。

第四，面对谈判对手，不可直率地表露出自己的愿望或动机，要有耐心地、合理地保持若即若离的态度，使对手一直处于焦虑不安的状态。这样不但能把握谈判的主动权，而且在保持谈判不破裂的情况下，往往能取得较佳的效益。

【教学互动】

互动练习：

练习使用还价策略。假设卖方的一件外套报价280元，他可接受的最低价格是120

元，你能接受的最高价是150元（具体数字由教师分配，双方保密）。在这种情况下，买方将如何还价？

学生分成“买方”和“卖方”两队，进行角色扮演练习。

买方：还价次数……还价幅度……还价理由……

卖方：让步次数……让步幅度……让步理由……

要求：

第一步：教师给买方分配最高价，给卖方分配最低价。第二步：买方确定还价的理由和幅度，卖方确定让步的方式与时机。第三步：角色模拟。考核标准是根据情景进行还价，制定让步策略（至少要包含两种还价策略），离底价远的一方为获胜组。

任务三
僵局处理

一、僵局的含义

商务谈判僵局是指在商务谈判过程中，当双方对所谈问题的利益要求差距较大，各方又都不肯做出让步，导致双方因暂时不可调和的矛盾而形成对峙，从而使谈判陷入一种不进不退的僵持局面。

二、僵局产生的原因

在谈判过程中，僵局无论何时都有可能发生，任何主题都有可能形成分歧与对立。表面上看，僵局表现的时机与形式、对峙程度的高低是令人眼花缭乱、不可名状的。然而，谈判陷入危机往往是由于双方感到在谈判的多个方面期望相差甚远，并且在各个主题上这些差异相互交织在一起，出现难以缓解的迹象。造成谈判僵局的原因可能是多方面的，僵局并不是只在发生震惊世界的大事或者出现重大的经济问题时才出现。

（一） 谈判一方故意制造谈判僵局

这是一种带有高度冒险性和危险性的谈判战略，即谈判的一方为了试探出对方的决心和实力而有意给对方出难题，扰乱视听，甚至引起争吵，迫使对方放弃自己的谈判目标而向己方目标靠近。使谈判陷入僵局，其目的是使对方屈服，从而达成有利于己方的交易。

故意制造谈判僵局的原因可能是己方过去在商务谈判中上过当、吃过亏，现在要报复对方；或者己方处在十分不利的地位，通过给对方制造麻烦来改变自己的谈判地位，并认为即使自己改变了不利地位也不会有什么损失。这样做，往往会导致商务谈判陷入僵局。

通常情况下，谈判者往往不愿冒使谈判陷入僵局的风险，因为制造僵局往往会改变谈判者在谈判中的处境。运用得当会获得意外的成功；若运用不当，其后果也是不堪设想的。因此，除非谈判人员有较大把握和能力来控制僵局，否则最好不要轻易制造僵局。

（二） 双方因立场、观点对立而争执导致僵局

在讨价还价的谈判过程中，如果双方对某一问题各持自己的看法和主张，意见分歧，那么，越是坚持各自的立场，双方之间的分歧就会越大。这时，双方真正的利益为这种表

面的立场所掩盖，于是，谈判变成了一种意志力的较量，当冲突和争执激化、互不相让时，便会陷入僵局。

（三） 沟通障碍导致僵局

沟通障碍就是谈判双方在交流彼此情况、观点，商洽合作意向、交易条件等的过程中，可能遇到的由主观或客观的原因造成的理解障碍。甚至可能由于双方文化背景的差异——一方语言中的某些特别表述难以用另一种语言准确表述出来，从而造成误解。

经典案例

某跨国公司总裁访问一家中国著名的制造企业，商讨合作发展事宜。中方总经理很自豪地向客人介绍说："我公司是中国二级企业……"此时，翻译人员很自然地用"second-class enterprise"来表述。不料，该跨国公司总裁闻此，原本很高的兴致突然冷淡下来，敷衍了几句立即起身告辞。在归途中，他抱怨道："我怎么能同一个二流企业合作?"美国商人谈及与日本人打交道的经历时说："日本人在会谈过程中不停地'hi''hi'，原以为日本人完全赞同我的观点，后来才知道日本人只不过表示听明白了我的意见而已，除此之外，别无他意。"

问题：

本案例中，僵局产生的原因是什么？

案例解析：

由于双方文化背景不同，一个小小的误解会产生很多沟通障碍，甚至导致谈判陷入僵局，直接影响合作。

（四） 谈判人员的偏见或成见导致僵局

偏见或成见是指由感情原因所产生的对对方及谈判议题的一些不正确的看法。产生偏见或成见的原因是对问题认识的片面性，即用以偏概全的办法对待别人，因此很容易引起僵局。

由于谈判人员对信息的理解受其职业习惯、受教育程度、专业知识储备的制约，因此从表面上看来，谈判人员对对方所讲的内容似乎已完全理解了，但实际上这种理解却常常是主观、片面的，甚至往往与信息内容的实质情况完全相反。

（五） 环境的改变导致僵局

当谈判的外部环境，如价格、通货膨胀等因素发生变化时，谈判的一方不愿按原有的承诺签约，也会导致谈判陷入僵局。

（六） 谈判双方用语不当导致僵局

谈判双方因用语不当而造成感情上的强烈对立，双方都感到自尊受到伤害，不肯做丝毫的让步，谈判便会陷入僵局。

经典案例

在一家服装店，一对老年顾客挑选了一件肥大的上衣，售货员见老人挑的这件衣服过于肥大，就说："这件衣服您不能穿。"老人感到奇怪，就开口问道："怎么不能穿?"售货员说："这件衣服能装你俩。"老人一听，不高兴了，怒气冲冲地质问道："什么叫'能装你俩'? 你这是卖衣服，还是卖棺材呢?"

资料来源：鲁小慧，孙勇．商务谈判［M］．郑州：河南科学技术出版社，2014.

问题：

售货员错在哪里?

案例解析：

售货员是好意，觉得衣服过于肥大不适合这位老人穿用，但由于说话不得体，不仅生意没有做成，反而招致不愉快。

（七）　谈判中形成一言堂导致僵局

谈判中的任何一方，不管出于何种欲望，如果只顾滔滔不绝地论述自己的观点而忽略了对方的反应和陈述的机会，必然会使对方感到不满与反感，导致潜在的僵局。

（八）　谈判人员的失误导致僵局

有些谈判者想通过表现自我来显示实力，从而使谈判偏离了主题：或者争强好胜，提出独特的见解令人诧异；或者设置圈套，迷惑对方，使谈判的天平向着己方倾斜，以实现在平等条件下难以实现的谈判目标。但是在使用某些策略时，如果时机掌握不好或运用不当，则往往会导致谈判过程受阻及僵局的出现。

（九）　谈判人员的强迫手段导致僵局

谈判中，人们常常因有意或无意地采取强迫手段而使谈判陷入僵局。特别是涉外商务谈判，由于不仅存在经济利益上的相争，还有维护国家、企业及自身尊严的需要，因此某一方越是受到逼迫，就越是不会退让，谈判的僵局也就越容易出现。

（十）　谈判人员素质低下导致僵局

俗话说："事在人为。"谈判人员素质的高低往往成为谈判进行顺利与否的决定性因素。无论是谈判人员工作作风方面的原因，还是谈判人员知识经验、策略技巧方面的不足或失误，都可能导致谈判陷入僵局。

（十一）　利益合理要求的差距导致僵局

在谈判中，即使双方都表现出十分友好、坦诚与积极的态度，但是如果双方对各自所期望的收益存在很大差距，那么谈判还是会搁浅。当这种差距难以弥合时，合作必然走向流产，僵局便会产生。

三、打破僵局的策略

（一） 用语言鼓励对方打破僵局

当谈判出现僵局时，你可以用话语鼓励对方打破僵局。叙述旧情，强调双方的共同点，以达到打破僵局的目的。

【教学互动】

互动练习：

给老板和职员分别设定一个身份，设计谈判加薪内容，分别达到你被老板赏识并升职加薪和你被开除这两种结果。

要求：

教师不直接提供上述问题的答案，而是先引导学生结合本部分内容进行独立思考、自由发表见解，再组织课堂讨论，最后对学生提出的典型见解进行点评。

（二） 运用休会策略打破僵局

休会策略是谈判人员为控制和调节谈判进程、缓和谈判气氛、打破谈判僵局而经常采用的一种基本策略。把休会作为一种积极的策略加以利用，可以达到以下目的：

（1）仔细考虑争议的问题，构思重要的问题。

（2）可以召集各自谈判小组成员，集思广益，商量具体的解决办法，探索变通途径。

（3）检查原定的策略及战术。

（4）研究讨论可能的让步。

（5）决定如何应对对手的要求。

（6）分析价格、规格、时间与条件的变动。

（7）阻止对手提出令人尴尬的问题。

（8）排斥讨厌的谈判对手。

（9）缓解体力不支或情绪紧张。

（10）应对谈判出现的新情况。

（11）缓和谈判一方的不满情绪。

需要注意的是，提建议的一方应把握好时机，看准对方态度的变化，讲清休会时间；要清楚并委婉地讲清需要，但也要让对方明白无误地知道；提出休会建议后，不要再提出其他新问题来谈，先把眼前的问题解决了再说。

经典案例

蛇口招商局负责人袁庚同美国PPC公司签订合资生产浮法玻璃的协议。谈判时，在蛇口方面知识产权费用占销售总额的比重这件事上产生了较大的分歧。美方要价是6%，而蛇口方面还价是4%。经过一番讨价还价，美方要价为5%，而蛇口方面还价是4.5%。双方都不肯再让步了，于是谈判陷入僵局。这时候蛇口招商局采取了休会策略。

休会期间，袁庚出席美方的午餐会，在应邀发表演讲时，故意将话题转向谈论中国文化上。他充满豪情地说：“早在千年以前，我们民族的祖先就将四大发明——指南针、造纸术、印刷术和火药无条件地贡献给了全人类，而他们的后代子孙却从未埋怨过不要专利权是愚蠢的；恰恰相反，他们盛赞祖先具有伟大的人格和远见。”一席豪情奔放的讲话，把会场的气氛激活了。接下去，袁庚转到正题上，说道：“我们招商局在同 PPC 集团的合作中，并不是要求你们也无条件地让出专利，不，我们只要求你们要价合理——只要价格合理，我们一分钱也不会少给!”这番话，虽然是在谈判桌外说的，却深深触动了在座的 PPC 集团的谈判者。回到谈判桌以后，PPC 集团很快做出了让步，同意以 4.75%达成协议，为期 10 年。蛇口的这个协议，比其他城市的同类协议开价低出了一大截。从达成的协议上不难看出，与最初的要价相对比，美方让步是 1.25 个百分点，而我方让步仅 0.75 个百分点。

问题：

休会策略有哪些好处?

案例解析：

休会策略能够让双方平静下来，重新调整思路。休会改变了谈话环境和方式，在非正式的环境下沟通更轻松，僵持的问题更容易迎刃而解。

（三）　利用调节人调停打破僵局

当谈判因双方严重对峙而陷入僵局时，双方信息沟通就会发生严重障碍，互不信任，互相存在偏见，甚至敌意。当进入立场严重对峙、谁也不愿让步的状态时，找一位中间人来帮助调解，有时能很快使双方立场出现松动。商务谈判中的中间人主要是由谈判者自己挑选的。确定的斡旋者应该是与对方熟识、为对方所接受的，否则就很难发挥其应有的作用。在选择中间人时，不仅要考虑其能体现公正性，还要考虑其是否具有权威性。

（四）　更换谈判人员或者由领导出面打破僵局

谈判中出现了僵局，虽经多方努力仍无效果时，可以征得对方同意，及时更换谈判人员，消除不和谐因素，缓和气氛，有可能轻而易举地打破僵局，保持与对方的友好合作关系。

换人时要向对方做委婉的说明，争取获得对方的理解。一般不要随便换人，即使迫不得已换了人，事后也需要对替换下来的谈判人员做一番工作，不能挫伤他们的积极性。

（五）　有效退让打破僵局

在商务谈判中，当谈判陷入僵局时，如果对国内、国际情况有了全面了解，对双方的利益所在又把握得恰当、准确，那么就应以灵活的方式在某些方面采取退让的策略，去换取另外一些方面的得益，以挽回看起来已经失败的谈判，达成双方都能接受的合同。

（六）　场外沟通打破僵局

谈判会场外沟通又称场外交易、会下交易。它是一种非正式谈判，双方可以无拘无束地交换意见，达到沟通、消除障碍、避免出现僵局之目的。

当出现以下情况时，可采取场外沟通：

（1）谈判双方在正式会谈中，相持不下，即将陷入僵局。

（2）当谈判陷入僵局，谈判双方或一方的幕后主持人希望借助非正式场合进行私下商谈，从而缓解僵局。

（3）谈判双方的代表因为身份问题，不宜在谈判桌上让步以打破僵局，但是可以借助私下交谈打破僵局，这样又可不牵涉身份问题。

（4）谈判对手在正式场合严肃、固执、傲慢、自负、喜好奉承。这样，在非正式场合给予其恰当的恭维（因为恭维别人不宜在谈判桌上进行），就有可能使其做较大的让步，以打破僵局。

（5）谈判对手喜好郊游、娱乐。

运用场外沟通时应注意以下问题：

（1）谈判者必须明确，在一场谈判中用于正式谈判的时间是不多的，大部分时间都是在场外度过的，必须把场外活动视为谈判的一部分，场外谈判往往能得到正式谈判得不到的东西。

（2）不要把所有的事情都放在谈判桌上讨论，而是要通过一连串的社交活动讨论和研究问题的细节。

（3）当谈判陷入僵局，就应该离开谈判桌，举办多种娱乐活动，使双方无拘无束地交谈，促进相互了解，沟通感情，建立友谊。

（4）借助社交场合，主动和非谈判代表的有关人员（如工程师、会计师、工作人员等）交谈，借以了解对方更多的情况，往往会得到意想不到的收获。

（5）在非正式场合，可由非正式代表提出建议、发表意见，以促使对方思考，因为即使这些建议和意见很不利于对方，对方也不会追究，毕竟讲这些话的不是谈判代表。

微漫画-表现型谈判风格特点和应对策略

微漫画-友善型谈判风格特点和应对策略

微漫画-冲动型谈判风格特点和应对策略

微漫画-分析型谈判风格特点和应对策略

（七） 寻找替代的方案打破僵局

谈判中一般存在多种可以满足双方利益的方案，而谈判人员经常简单地采用某一方案，而当这种方案不能为双方同时接受时，僵局就会形成。也可以对一个方案中的某一部分采用不同的替代方法。例如：另选商议的时间，改变售后服务的方式，改变承担风险的方式、时限和程度，改变交易的形态，改变付款的方式和时限等。

（八） 其他方法打破僵局

1. 更换话题打破僵局

当谈判陷入僵局，经过协商而毫无进展，双方的情绪均处于低潮时，可以采用避开该话题的办法，换一个新的话题与对方谈判，以等待高潮的到来。

2. 从对方的漏洞中借题发挥打破僵局

谈判实践告诉我们，在一些特定的形势下，抓住对方的漏洞，小题大做，会给对方一个措手不及。

3. 利用一揽子交易打破僵局

所谓一揽子交易，即向对方提出谈判方案时，好坏条件搭配在一起，像卖三明治一样，要卖一起卖，要同意一并同意。

4. 适当馈赠打破僵局

谈判者在相互交往的过程中，适当地互赠一些礼品，会对增进双方的友谊、沟通双方的感情起到一定的作用，也是普通的社交礼仪。所谓适当馈赠，就是说馈赠要讲究艺术，一要注意对方的习俗，二要防止贿赂之嫌。

5. 以硬碰硬的方式打破僵局

当对方通过制造僵局，给你施加太大压力时，妥协退让已无法满足对方的欲望，应采用硬碰硬的方式向对方反击，让对方自动放弃过高要求。

运用打破僵局的策略时，要根据当时当地的谈判背景与形势灵活运用策略，在具体谈判中，最终采用何种策略应该由谈判人员根据当时当地的谈判背景与形势来决定，辩证地思考问题，注重打破僵局的科学性与艺术性。

任务四
让 步

一、让步的必要性及可能出现的后果

一方报价，一方还价后，双方形成一种对峙的局面，双方都为了成交更有利于己方，想方设法要求对方让步。在谈判中，让步是一种普遍现象。无论是买方还是卖方，让步都是其达成有效协议所必须采取的策略。从某种意义上说，让步是谈判双方为达成协议而必须承担的义务。商务谈判各方要明确己方所追求的最终目标，以及为达该目标可以或愿意做出哪些让步。让步本身就是一种谈判策略，它体现了谈判人员通过主动满足对方需要的方式来换取自己需要满足的精神实质。如何把让步作为谈判中的一种基本技巧、手段加以运用，这是让步策略的基本意义。

如果谈判双方都坚持各自的报价，互不让步，那么协议将永远无法达成。坐在谈判桌上一毛不拔的现象是极少见的，双方只有经过让步，多次重新出价，直至互相靠拢，才能最终实现交易目标。谈判是妥协的艺术，没有让步就无法成功。

经典案例

清朝名臣左宗棠喜欢下棋，而且棋艺高超，少有敌手。在奉命率兵赴新疆平叛前夕的一天，他微服出巡，在街上看到一位老者摆棋阵，并且在招牌上写着："天下第一棋手。"左宗棠觉得老者太过狂妄，立刻前去挑战，没有想到老者连出破绽，被左宗棠击败，并且左宗棠连胜三盘。左宗棠看到"天下第一棋手"都被自己打败了，心里非常高兴，"志在必得，舍我其谁"的自信心更加坚定。在得意之余，左宗棠命老者赶快自己砸了招牌走人，不要再在这里丢人现眼。接着，左宗棠率兵去新疆平乱出征了。没想到的是，当左宗棠从新疆平乱胜利归来，那块"天下第一棋手"的招牌依然竖在那里。他很不高兴，决定再教训一次这个不知天高地厚的人，于是又和老者下棋。但是这次左宗棠竟然三战三败，被老者打得落花流水。左宗棠不服，第二天再去，仍然惨遭败北。这让左宗棠很迷惑，为何前后两重天？老者哪能在这么短的时间内进步得如此之快？老者笑着说道："前次左将军行将出征，重任在肩，老朽恐挫公锐气，且对弈时也多有暗示棋场如战场，风云多变，遇到险境，须有信心方能扭转战局，转败为胜。今日左将军得胜归来，未免有些心高气傲，挫您锐气，是恐您骄傲自满、得意忘形，这于国于民不利，因此老朽也就不能让您了……"左宗棠听后，甚是惭愧，当即起身鞠躬拜谢老者，感慨道："先生不仅棋艺高超，而且深谙为人处世之道，可以终身为师矣！"老者为了不影响左宗棠出师平叛，把个人名节置于国家利益之后，胸襟和胸怀，让人钦佩，也让我们看到了老者的大智慧。不计较个人的一时名利，而是把军机国事摆在了前面，不逞一时之快，不争匹夫之勇。在时与势面前，能分得清，才是真正的大智慧。正如古人所言，"大直若屈，大巧若拙，大辩若讷"。

问题：

本案例中，你怎么看待老者宁愿砸招牌也要让棋的行为？

案例解析：

本案例中的让步是一种大智慧。在商务谈判中，不是要时时刻刻突显自己，如果受不了委屈和屈辱，受了一点气就要找回来，不分时机场合，不分轻重缓急，最后不免因小失大。做出了让步，并不代表就是失败者，相反，如果从让步中赢得了利益的优化、关系的密切、感情的融洽，这比争一时之气、逞一时之能，是更大的胜利。

二、让步的原则

谈判本身是一个讨价还价的过程，也是一个理智的取舍过程。如果没有舍，也就不能取。高明的谈判者应该知道在什么时候抓住利益，在什么时候放弃利益。不要什么都想得，否则可能什么都得不到。只有有得有失，才可能使谈判达成协议。让步是达成协议不得不采取的措施。正因为如此，让步的技巧、策略才显得十分重要。

那么，要想做出的让步既对自己有利，又能使谈判顺利达成协议，就要遵循如下基本原则：

（一）　维护整体利益

让步的基本原则是：整体利益不会因为局部利益的损失而造成损害；局部利益的损失是为了更好地维护整体利益。谈判者必须十分清楚什么是局部利益，什么是整体利益；什么是枝节，什么是根本。让步只能是局部利益的退让和牺牲，而整体利益必须得到维护。因此，让步前一定要清楚什么问题可以让步、什么问题不能让步、让步的最大限度是什么、让步对全局的影响是什么等。以最小的让步换取谈判的成功，以局部利益换取整体利益是让步的出发点。

（二）　明确让步条件

让步必须是有条件的，绝对没有无缘无故的让步。谈判者心中要清楚，让步必须建立在对方创造条件的基础上，而且对方创造的条件必须是有利于己方整体利益的。当然，有时让步是根据己方策略或是根据各种因素的变化而做出的。这个让步可能是为了己方的全局利益，为了今后长远的目标，也可能是为了尽快成交而不至于错过有利的市场形势等。

经典案例

大型平价药店康利即将开业，供应商可以用“蜂拥而至”来形容。王峰是一家弱势品牌的厂家代表，负责洽谈品牌进店事宜。与康利采购陈经理的谈判非常艰难，对方的要求十分苛刻，尤其是 90 天账期实在让人难以接受，双方谈判陷入了僵局，王峰以向总部请示为由结束了第一次洽谈。一天，康利采购陈经理打电话给王峰，问王峰能不能先决定出资包一块店内广告板做广告。实际上，王峰所在的公司当月正在开展药店内做展示广告活动，但王峰没有立即答应，而是说：“陈经理，我会向公司市场部尽力争取协调这件事，在最短的时间答复你，但是我们的产品还没进入你们药店，您能不能给一个公司要求的 60 天的回款期，让产品进入药店呢？这样我也好向公司申请广告费用啊。”陈经理说：“你向公司申请吧，申请下来就按你说的办理进货吧。”最终，王峰的产品以 60 天的账期进入了康利药店，也完成了公司店内广告展示的任务，并且该广告展示也促成了较好的销售量。

资料来源：王景山．商务谈判 [M]．西安：西北工业大学出版社，2009.

问题：

让步要注意什么问题？

案例解析：

让步的代价一定要小于让步所得到的利益。要避免无谓的让步，要用我方的让步换取对方在某些方面的相应让步或优惠，遵循得大于失的原则。

（三） 选好让步时机

让步时机要恰到好处，不到需要让步的时候绝对不要做出让步的许诺。让步之前必须经过充分的磋商，时机要成熟，使让步成为画龙点睛之笔，而不要画蛇添足。一般来说，当对方没有表示出任何退让的意思时，让步不会给己方带来相应的利益，也不会增强己方讨价还价的力量，故不能做出让步。

何时让步，怎样让步，是因人而异的。如果对方是谈判新手，那么，在谈判初始阶段，即使你采取低姿态，有较大的让步表示，对方很可能并不感激，也不欣赏。即使你明确地告诉他，他也会因缺乏经验而不敢信任你。如果碰巧对方是个想向上级邀功请赏的人，那么，你就是个牺牲品。如果对方是个谈判老手或是个有智慧、有理性、消息灵通的人，你也不能马上表示妥协，但他能充分理解你，并愿意与你共同协商，满足各自的要求。在这种情况下，往往是双方一点就通。

（四） 确定适当的让步幅度

让步可能是分几次进行的，每次让步都要让出自己的一部分利益。让步的幅度要适当，一次让步的幅度不宜过大，让步的节奏也不宜过快。如果一次让步过大，会把对方的期望值迅速提高，会提出更高的让步要求，使己方在谈判中陷入被动局面。如果让步节奏过快，对方觉得轻而易举就可以得到需求的满足，那么对方就会认为己方的让步无须负担压力和损失，也就不会对己方的让步给予足够重视。

（五） 不要承诺做出与对方同等幅度的让步

即使双方让步幅度相当，双方由此得到的利益也不一定相同。不能单纯从数字上追求相同的幅度，我们可以让对方感到己方也做出了相应的努力，以同样的诚意做出让步，但是并不等于幅度是对等的。

（六） 在让步中讲究技巧

在关键性问题上力争使对方先做出让步，而在一些不重要的问题上己方可以考虑主动做出让步姿态，促使对方的态度发生变化，从而争取对方的让步。

微动画-主动让步的注意事项

（七） 不要轻易向对方让步

商务谈判中双方做出让步是为了达成协议而必须承担的义务。但是必须让对方懂得，己方每次做出的让步都是重大的让步。要让对方感到必须付出重大努力之后才能得到一次让步，这样才会提高让步的价值，也才能为获得对方的更大让步打下心理基础。无论对任何人，在做出让步时，最好的办法是让他经过一番努力、奋斗，如此争取到的东西他才会感到最有价值、最有意义。

（八） 每次让步后要检验效果

己方做出让步之后要观察对方的反应：对方相应表现出的态度和行动是否与己方的让步有直接关系，己方的让步对对方产生多大的影响和说服力，对方是否也做出相应的让步。如果己方先做了让步，那么在对方做出相应的让步之前，就不能再做让步了。

三、让步的模式

一般认为，让步次数不宜过多，过多不仅意味着利益损失大，而且影响谈判的信誉、诚意和效率；频率也不可过快，过快让步容易让对方有一种成就感，会越发鼓舞对方的斗志和士气；幅度更不可过大，过大可能会使对方感到己方报价的水分大，会使对方的进攻欲望更强，程度更猛烈。让步要考虑让步的幅度和次数，做到步步为营。下面通过表 4-1 来说明八种让步模式。

表 4-1 **八种让步模式** 单位：元

让步方式	第一阶段让步金额	第二阶段让步金额	第三阶段让步金额	第四阶段让步金额
第一种让步方式	0	0	0	100
第二种让步方式	25	25	25	25
第三种让步方式	40	27	20	13
第四种让步方式	50	30	12	8
第五种让步方式	45	40	0	15

续表

让步方式	第一阶段让步金额	第二阶段让步金额	第三阶段让步金额	第四阶段让步金额
第六种让步方式	13	20	27	40
第七种让步方式	45	40	−2	17
第八种让步方式	100	0	0	0

表4-1中，假设卖方最大的让步金额为100元，让步分四个阶段进行，不同的让步方式所产生的影响及其结果各不相同。

第一种方式：冒险型。前三个阶段卖方始终坚持原来的报价，不肯做丝毫退让。意志薄弱的买方可能屈服于卖方的压力，或者干脆退出谈判。意志坚强的买方则会坚持不懈，继续要求卖方做出让步，而第四阶段卖方的大幅度退让，很可能引发买方提出更高的要求，往往使谈判陷入僵局。

经典案例

中国南方某工艺品公司作为供货方同某外商就工艺品买卖进行谈判。谈判开始后，工艺品公司谈判人员坚持800元一件，态度十分强硬，而外商只出500元的价格，且亦是毫不示弱。谈判进行了两日，没取得任何进展。外商提出休会再谈一次，若再不能取得共识，谈判只能作罢。工艺品公司坚决不退让，眼看谈判即将破裂。第三天谈判继续开始，双方商定最后阶段谈判只定为3个小时，因为没有办法破解僵局，再拖延下去也只能是浪费时间。谈判进行了两个多小时仍是毫无进展。在谈判还剩下最后10分钟时，双方代表已做好退场准备了，这时工艺品公司首席代表突然响亮地宣布："这样吧，先生们，我们初次合作，谁都不愿出现不欢而散的结局，为表达我方的诚意，我们愿把价格降至660元，但这绝对是最后的让步。"外商代表先是一惊，而后沉默了好几分钟，就在谈判结束的钟声即将敲响之时，他们伸出了手说："成交了！"

资料来源：王景山．商务谈判［M］．西安：西北工业大学出版社，2009.

问题：

本案例中，工艺品公司为什么能取得胜利？

案例解析：

这次谈判中，工艺品公司在做了最大限度的坚持后，一步到位地让步，既维护了谈判的胜利结束，也博得了对方的信任，双方不失时机地握手言和了。

第二种方式：刺激型。这种等额的让步容易使买方认为，只要有足够的耐性，卖方就会继续做出退让。因此，在第四阶段以后，尽管卖方已无法再做出让步，但买方却仍期待卖方进一步的退让。这种让步方式容易导致僵局，甚至造成谈判破裂。

第三种方式：希望型。卖方逐步减少其让步金额，显示出卖方的立场越来越强硬，不会轻易让步。对于买方来说，虽然卖方仍存在让步的可能，但让步的幅度越来越小。

第四种方式：妥协型。卖方表示了较强的妥协意愿，同时明确地告诉对方，所能做出的让步是有限的。卖方在前两个阶段的让步有提高买方期望的风险，但后两个阶段的让步则可让买方意识到，要求卖方做更进一步的退让已是不可能的了。

第五种方式：危险型。前两个阶段大幅度的退让，大大提高了买方的期望水平，而在第三个阶段卖方又拒绝做出任何让步，买方往往很难接受这一变化，容易使谈判陷入僵局。卖方虽然在最后又做了一定的让步，但与买方的期望值相比，可能仍有很大的差距。

第六种方式：诱发型。这种递增的方式足以让买方认为，只要坚持下去，卖方还将做出更大的退让，买方的期望会随时间的推延而增大。第四阶段以后卖方虽已无路可退，却又无法取得买方的信任，很容易出现僵局，甚至导致谈判破裂。

第七种方式：虚伪型。由第五种方式变化而来。第三阶段的加价显示了卖方更为坚定的立场，第四阶段为表善意而做出的小小退让，目的则在于增强买方的满足感。

第八种方式：愚蠢型。卖方大幅度的退让大大提高了买方的期望水平，买方势必在随后的几个阶段争取更大的让步。但由于卖方在一开始就将自己的让步余地全部断送，实际上已不可能再做出任何退让。在这种情况下，双方极有可能产生尖锐的对抗，如果不能进行有效的沟通，很容易使谈判陷入僵局。

上述八种让步方式基本概括了现实谈判中的各种让步方式。从谈判的实践来看，第三和第四种方式比较理想。他们的特点是让步的幅度逐轮递减，以此来向对方暗示正在逼近让步的极限值，同时为顺利达到或接近双方的成交价格铺平了道路。第五和第七种让步方式在运用时需要较高的艺术技巧，且风险较大。第一、第二、第六和第八种方式很少采用。

四、己方让步的策略

（一）　互利互惠的让步策略

谈判不会是仅仅有利于某一方的洽谈。一方做出了让步，必然期望对方对此有所补偿，以获得更大的让步。一方在做出让步后，能否获得对方互利互惠的让步，在很大程度上取决于双方商谈的方式：一种是所谓的横向谈判，即采取横向铺开的方法，几个议题同时讨论、同时展开、同时向前推进；另一种是所谓的纵向谈判，即先集中解决某一个议题，而在开始解决其他议题时，已对这个议题进行了全面深入的研究讨论。采用纵向谈判方式，双方往往会在某一个议题上争持不下，而在经过一番努力之后，往往会出现单方让步的局面。横向谈判则把各个议题联系在一起，双方可以在各议题上进行利益交换，达成互惠式让步。争取互惠式让步，需要谈判者具有开阔的思路和视野。除了坚持某些己方必须得到的利益以外，不要太固执于某一个问题的让步，而应统观全局，分清利害关系，避重就轻，灵活地使己方的利益在某方面能够得到补偿。

为了能顺利地争取对方互利互惠的让步，商务谈判人员可采取的技巧是：

（1）当己方谈判人员做出让步时，要求对方回报。例如："我们做出这个让步是与公司政策相违背的，在公司主管面前也不好交代。所以贵方也应该在某个问题上有所回报，这样我们也可以对公司有个说法。"

（2）把己方的让步和对方的让步直接联系起来。例如："优惠可以，但享受我方的优惠是有条件的，即一次购买 1 000 件以上，并且要预付货款的 40%，货款为两次付清。"在一般情况下，对方会在两者之间选择其一。

两种方式相比较，第一种方法言之有理且言中有情，再加上委婉的语气，对方不会不动情。第二种方法虽让对方有选择权，但直接提出交换，显得比较生硬。

（二） 予远利谋近惠的让步策略

在商务谈判中，参加谈判的各方均持有不同的愿望和需要，有的对未来很乐观，有的则很悲观；有的希望马上达成交易，有的却希望能够等上一段时间。因此，谈判者自然也就表现出对谈判的两种满足形式，即对现实谈判交易的满足和对未来交易的满足。而对未来的满足程度完全凭谈判人员自己的感觉。比如：当对方在谈判中要求己方在某一问题上做出让步时，己方可以强调保持与己方的业务关系将能给对方带来长期的利益，而本次交易对能否成功地建立和发展双方之间的这种长期业务关系至关重要，向对方说明远利和近利之间的利害关系。如果对方是精明的商人，是会取远利而弃近惠的。其实，对己方来讲，采取予远利谋近惠的让步策略，并未付出什么现实的东西，却获得近惠，何乐而不为？

（三） 丝毫无损的让步策略

丝毫无损的让步是指在谈判过程中，当谈判的对方就某个交易条件要求己方做出让步，其要求的确有些理由，而对方又不愿意在这个问题上做出实质性的让步时，可以采取这样一种处理的办法，即首先认真地倾听对方的诉说，并向对方表示："我方充分地理解您的要求，也认为您的要求是有一定的合理性的，但就我方目前的条件而言，因受种种因素的限制，实在难以接受您的要求。我们保证在这个问题上我方给予其他客户的条件绝对不比给您的好。希望您能够谅解。"如果不是什么大的问题，对方听了上述一番话以后，往往会自己放弃要求。

五、迫使对方让步的策略

（一） 情绪爆发策略

人们总是希望在一个和平、没有紧张对立的环境中工作和生活。当人们突然面临激烈的冲突时，在冲突的巨大压力下，往往惊慌失措，不知该如何是好。在大多数情况下，人们会选择退却，以逃避冲突和压力。

人们的上述特点常常在谈判中被对手利用，从而产生了所谓的情绪爆发策略，作为逼迫对方让步的手段。

在谈判过程中，情绪爆发有两种：一种是情不自禁的爆发，另一种是有目的的爆发。前者一般是因为在谈判过程中，一方的态度和行为引起了另一方的反感，或者是因一方提出的谈判条件过于苛刻而引起的，是一种自然的、真实的情绪发作。后者则是谈判人员为了达到自己的谈判目的而有意识地进行的情绪发作，准确地说，是一种情绪表演，也是一种谈判策略。我们这里说的情绪爆发是指后者。在谈判过程中，当双方在某一个问题上相持不下时，或者对方的态度、行为欠妥，或者要求不太合理时，我们可以抓住这一时机，突然之间情绪爆发，大发脾气，严厉斥责对方无理且没有谈判的诚意，有意制造僵局。情绪爆发的烈度应该视当时的谈判环境和气氛而定。但不管怎样，烈度应该保持在较高水平上，甚至拂袖而去，这样才能震慑对方，产生足够的威慑作用和影响。在一般情况下，如果对方不是谈判经验丰富的行家，在这突如其来的激烈冲突和巨大压力下，往往会手足无措，动摇自己的信心和立场，甚至怀疑和检讨自己是否做得太过分，而重新调整和确定自己的谈判方针和目标，做某些让步。

在运用情绪爆发策略迫使对方让步时，必须把握时机和分寸。无由而发会让对方一眼看穿；力度过小，起不到震撼、威慑对方的作用；力度过大，则会让对方觉得你小题大做，甚至使谈判破裂而无法修复。

（二）吹毛求疵策略

吹毛求疵策略也称先苦后甜策略，它是一种先用苛刻的虚假条件使对方产生疑虑、压抑、无望等心态，以大幅度降低对手的期望值，然后在实际谈判中逐步给予优惠或让步的策略。由于对方在心理上得到了满足，便会做出相应的让步。该策略由于用“苦”降低了对方的期望值，用“甜”满足了对方的心理需要，因此很容易实现谈判目标，使对方满意地签订合同，同时己方从中获取较大利益。

使用这一策略，可以实现四个目的：

（1）使卖主把价格降低。

（2）使买主有讨价还价的余地。

（3）让卖主知道，买主是很聪明的，是不会轻易被人欺骗的。

（4）销售人员在以低价出售商品时，使用这一策略可以有向老板交代的借口——既然我们的商品让买方挑出这么多毛病，能以这个价格卖出去已经很不错了。

但是，任何谈判策略的有效性都有一定的限度，这一策略也是如此。先向对方提出要求，不能过于苛刻、漫无边际，要挑得有分寸，不能与通行做法和惯例相差太多；否则，对方会觉得我方缺乏诚意，以致中断谈判。在谈判中运用这一策略时还要注意，提出比较苛刻的要求，应尽量是针对对方掌握较少的信息与资料的某些方面，或是双方难以用客观标准检验、证明的某些方面；否则，对方很容易识破你的战术，采取应对的措施。

经典案例

有一次，某百货商场的采购员到一家服装厂采购一批冬季服装。采购员看中一种皮夹克，问服装厂经理：“多少钱一件?”“500 元一件。”“400 元行不行?”“不行，我们这是最低售价了，再也不能少。”“咱商量商量，总不能要什么价就什么价，一点也不能降吧?”服装厂经理感到，冬季马上到来，正是皮夹克的销售旺季，不能轻易让步。因此，很干脆地说：“不能让价，没什么好商量的。”采购员见话已说到这个地步，没什么希望了，扭头就走了。过了两天，另一家百货商场的采购员又来了。他问服装厂经理：“多少钱一件?”回答依然是 500 元。采购员又说：“我们会多要一些，采购一批，最低可多少钱一件?”“我们只批发，不零卖。今年全市批发价都是 500 元一件。”这时，采购员不再还价，而是不慌不忙地检查产品。过了一会儿，采购员说：“你们的厂子是个大厂，信得过，所以我到你们厂来采购。不过，你的这批皮夹克式样有些过时了，去年这个式样还可以，今年已经不行了。而且颜色也单调，你们只有黑色的，而今年皮夹克的流行色是棕色和天蓝色。”他边说边看其他产品，突然看到有一件缝制得马虎、口袋有裂缝的皮夹克，马上对经理说：“你看，你们的做工也不如其他厂的精细。”他边说边检查，又发现有件衣服后背的皮子不好，便说：“你看，你们这衣服的皮子质量也不好。现在顾客对皮子的质量要求特别讲究。这样的皮子和质量怎么能卖这么高的价钱呢?”这时，经理沉不住气了，并且自己也对产品的质量产生了怀疑。于是，经理用商量的口气说：“你要真想买，而且要得多的话，价钱可以商量。你给个价吧!”“这样吧，我们也不能让你们吃亏，我们购买50件，400元一件，怎么样?”“价钱太低，而且你们买得也不多。”“那好吧，我们再多买点儿，买100件，每件再加30元，行了吧?”“好，我看你也是个痛快人，就按你的意见办!”于是，双方在微笑中达成了协议。

问题：

为什么前一个采购员没有成功，而后一个采购员谈判成功了呢?

案例解析：

后者在谈判中采用了吹毛求疵策略。后面这位采购员不急于找卖主讨价还价，而是百般挑剔，提出一大堆问题和要求，使卖主感到买主是很精明的，而且很内行，从而被迫降价。

（三） 走马换将策略

走马换将策略是指在谈判桌上的一方遇到关键问题或与对方有无法解决的分歧时，借口自己不能决定或其他理由，转由他人再进行谈判。这里的“他人”或者是上级、领导，或者是同伴、合伙人、委托人、亲属、朋友。不断更换自己的谈判代表，有意延长谈判时间，为的是消耗对方的精力，促使其做出大的让步。

通过更换谈判主谈人，侦察对手的虚实，耗费对手的精力，削弱对手的议价能力，为自己留有回旋余地，做到进退有序，从而掌握谈判的主动权。作为谈判的对方需要重复地向使用走马换将策略的这一方陈述情况，阐明观点。面对新更换的谈判对手，需要重新开始谈判。这样会付出加倍的精力、体力和投资，时间一长，难免出现漏洞和差错。这正是运用走马换将策略一方所期望的。

一个谈判代表与对方谈了一段时间后，就找理由更换一个新的谈判代表上场。新的谈判代表上场后，可以抹杀其前任所做出的让步，要求重新开始讨论。谈了一段时间后，又找理由换第三个谈判代表上场。这样，便可使对方处在不利的地位。因为他要复述过去争论的话题，要了解新的对手，就会消耗许多精力，使其在正式的谈判中力量不足，从而丧失信心、降低要求。

另外，这种策略能够补救己方的失误。前面的主谈人可能会有一些遗漏和失误，或谈判效果不尽如人意，则可由更换的主谈人来补救，并且顺势抓住对方的漏洞发起进攻，最终获得更好的谈判效果。

（四） 分化对手，重点突破策略

在磋商阶段，谈判双方都逐渐地了解了彼此的交易条件和立场，这时，每个谈判人员都会自觉地或不自觉地就双方讨价还价的问题进行反思。例如，某个谈判人员认为，对方对己方提出的条件极力反对，只不过是一种“讹诈”，因此应不予理睬，而要坚持原则；

另一位谈判人员却认为，从对方的观点来看，其反对并非完全没有道理，甚至可以说是完全正确的，因此，己方应该修改原先提出的交易条件，做出适当的让步，以利于达成协议。这样一来，在己方内部就存在意见上的分歧。如果己方的谈判小组组长不能有效地控制和约束这种分歧，而使之表面化、外在化的话，另一方就可以积极地开展“统战”工作，分化对方。其基本做法是：把对方谈判小组中持有利于己方意见的人员作为重点，以各种方式给予各种支持和鼓励，与之结成一种暂时的无形同盟。比如说，对他的态度特别友善，对其意见多持肯定态度，有些意见如不能接受，则以很温和、委婉的方式予以说明和拒绝。而对待不利于己方意见的对方谈判人员，则采取强硬态度。己方的这一策略如果运用得当，能使其本人毫无察觉。只要对方谈判小组中的某一个成员松了口，其内部必然乱了阵脚，争取对方让步也就大有希望了。此外，这种做法也容易导致对方谈判小组内部成员之间的相互猜疑，从而瓦解其战斗力。

（五） 红白脸策略

红白脸策略又称软硬兼施策略、好坏人策略、鸽派鹰派策略。在谈判初始阶段，先由唱白脸的人出场，他傲慢无理，苛刻无比，态度强硬，立场坚定，毫不妥协，让对手产生极大的反感。当谈判进入僵持状态时，唱红脸的人出场，他表现出体谅对方的难处，以合情合理的态度，照顾对方的某些要求，放弃自己一方的某些苛刻条件和要求，做出一定的让步，扮演红脸的角色。实际上，他做出这些让步之后所剩下的那些条件和要求，恰恰是原来设计好的必须全力争取达到的目标。

需要指出的是，不管对方谈判人员如何表现，己方都要坚持自己的谈判风格，按既定方针办，在重要问题上绝不轻易让步。如果对方扮演的“好人”“坏人”，不超出商业的道德标准，不以极其恶劣的手段来对待你，就不要采取过分直率的行动，可婉转指出对方报价的水分和要求的不合理之处，提出你的公平建议；如果对方确实在使用阴谋诡计，可以考虑采取退出谈判、向上提出抗议、要求撤换谈判代表、公开指出对方诡计等形式。

（六） 利用竞争坐收渔利策略

制造和利用竞争永远是谈判中逼迫对方让步的最有效的武器和策略。当谈判的一方存在竞争对手时，其谈判的实力就大为减弱。

买主把所有可能的卖主请来，同他们讨论成交的条件，利用卖者之间的竞争，各个击破，为自己创造有利的条件。该策略取自“鹬蚌相争，渔翁得利”，比喻双方争执，让第三者得利。即利用卖者之间的竞争，使买者得利的典型代表。该策略成功的基础是制造竞争，卖者的竞争越激烈，买者的利益就越大。

在谈判中，我们应该有意识地制造和保持对方的竞争局面。有时，对方实际上并没有竞争对手，但我们可以巧妙地制造假象来迷惑对方，以求逼迫对方让步。

（七） 虚拟假设策略

所谓虚拟假设，首先是提出假设，分析利害，迫使对方选择让步。1977 年 8 月，克罗地亚人劫持了美国环球公司一架班机，最后迫降于法国戴高乐机场。法国警方与劫持者进行了 3 天谈判。双方陷入僵局后，警方运用虚拟假设向对方发出了“最后通牒”：“如果你们现在放下武器跟美方警察回去，你们将被判处不过2～4年的监禁。但是，如果我们不得不逮捕你们，按照法国的法律，你们将被判处死刑。你们愿走哪条路呢？”恐怖分子只好选择了投降。

虚拟假设的另一作用是诱使对方进入圈套，以使自己如愿以偿。美国谈判大师赫伯·科恩一次飞往墨西哥城去主持一次谈判研讨会，抵达目的地时，旅馆告知已“客满”。此时，赫伯·科恩施展了他的看家本领，找到了旅馆经理问：“如果墨西哥总统来怎么办？你们是否要给他一个房间？”“是的，先生099号房间。”经理回答。赫伯·科恩接着说：“好吧，他没有来，所以我住他那间099。”结果他顺利地住进了“总统套房”，不过附加条件是总统来了必须立即让出，而这个概率是很小的。

（八） 得寸进尺策略

得寸进尺策略是指一方在争取对方一定让步的基础上，再进一步，提出更多的要求，以争取己方利益。这一策略的核心是：一点一点地要求，积少成多，以达到自己的目的。

也有人称它为“蚕食策略”，意思是就像蚕吃桑叶一样步步为营。还有人把它形象地喻为“切意大利香肠”，你想得到整根的意大利香肠，而你的对手抓得很牢，这时你一定不要去抢，而是恳求他给你切一片，这时他不会十分介意，第二天你再恳求他给你切薄薄的一片，第三天、第四天，这样一片一片，整个香肠就是你的了。

经典案例

有位精明的顾客去店里买录像机时，他对售货员说：“我了解你，我信赖你的诚实，你出的价格我绝不还价。”（先以道德的压力使对方公平出价）“等一等，如果我要买台带遥控的录像机，会不会在总价上打点折扣？”（以一揽子交易压价）“还有一件事要向你提一下，我希望我付给你的价格是公平的——一次双方都获益的交易。如果是这样的话，三个月后，我的办公室也要买一套，现在就可以定了。”（以远利压价）最后他用他理想的价格买到了录像机。

问题：

这位顾客是怎样达到预期目标的？

案例解析：

这位顾客每次赶在对方报价之前提出新的条件，不动声色地使售货员一再压价，最终得到了非常划算的价格。

但这种战术的运用也有一定的风险，如果一方压得太凶，或要求越来越高的方式不恰当，反而会激怒对方，使其固守原价，甚至加价，以进行报复，从而使谈判陷入僵局。因此，只有在具有一定条件的情况下，才采用这一策略。这些条件是：

（1）出价较低的一方，有较为明显的议价倾向。

（2）经过科学的估算，确信对方出价的水分较大。

（3）弄清一些不需要的服务费用是否包括在价格之中。

（4）熟悉市场行情，一般在对方产品市场疲软的情况下，回旋余地较大。

（九）先斩后奏策略

先斩后奏策略又称人质策略。这在商务谈判活动中可以解释为“先成交，后谈判”。即实力较弱的一方往往通过一些巧妙的办法使交易已经成为事实，然后在举行的谈判中迫使对方让步。

先斩后奏策略的实质是让对方先付出代价，并以这些代价为“人质”，扭转自己实力弱的局面，让对方通过衡量已付出的代价和中止成交所受损失的程度，被动接受既成交易的事实。先斩后奏策略的做法主要有：

（1）卖方先取得买方的预付金，然后寻找理由提价。

（2）买方先获得了卖方的预交商品，然后提出推迟付款。

（3）买方取得货物之后，突然又以堂而皇之的理由要求降价等。

当然，以上做法如无正当理由，可视为缺乏商业道德，不宜采用，但必须懂得反应用策略，即当对方对我方使用该策略时，我方应怎么办。

如果对方使用先斩后奏策略，那么对付它的对策应该是：首先，尽量避免“人质”落入他人之手，让对方没有“先斩”的机会；其次，即使交易中必须先付定金或押金，也必须做好资信调查，并有何种情况下退款的保证；最后，还可采取“以其人之道还治其人之身”的做法，尽可能相应掌握对方的“人质”，一旦对方使用此计，则可针锋相对。

经典案例

小王的妻子打算买一所房子，可是丈夫不太赞成。好几次妻子提议让小王陪她去选购房子，小王总是找理由推托。几周后的一天，妻子打电话给他，说她买了一所房子。小王以为听错了，修正她说：“你是看中了一所房子吧?”妻子说：“正准备签合同，邻居和朋友都知道我们要搬家了，父母也已经知道了，孩子都选好了自己的房间，新房的窗帘和部分家具已经订购了，你过来吧!”结果，小王只得与妻子一起去签合同。

资料来源：刘蓉．商务谈判与推销技巧［M］．北京：机械工业出版社，2015.

问题：

小王的妻子是怎么成功地让小王陪她去签合同的?

案例解析：

妻子采用先斩后奏策略，告诉小王的是一个已经完成了的事实，为了维护自己的面子，小王只得同意。

（十）声东击西策略

在军事战术上，声东击西是指当敌我双方对阵时，我方为更有效地打击敌人，造成一种从某一面进攻的假象，借以迷惑对方，然后攻击其另一面，这种战术策略同样适用于谈判。

在谈判中，一方出于某种需要而有意识地将会谈的议题引到对对方并不重要的问题上，借以分散对方的注意力，达到己方的目的。

实际的谈判结果也证明，只有更好地隐藏真正的利益需要，才能更好地实现目标，尤其是在不能完全信任对方的情况下。

在了解、掌握这一策略的目的作用后，我们就可更加灵活、自如地运用它。如果你要对某个重要问题让对方先让步的话，就可利用声东击西的策略，故意把这一问题轻描淡写地一笔带过，反而强调不重要的部分，给对方造成错觉，这样，你可能会更容易地达到目的。其实就是先采取障眼法，作为缓兵之计，把主要问题先搁下来，以便抽出时间对有关问题做更深入的了解，探知和查明更多的信息和资料，或以此延缓对方所要采取的行为。

（十一） 最后通牒策略

在谈判双方争执不下，对方不愿做出让步以接受己方的交易条件时，为了逼迫对方让步，己方可以向对方发出最后通牒。通常做法是：给谈判规定最后的期限，如果对方在这个期限内不接受己方的交易条件达成协议，则己方就宣布谈判破裂而退出谈判。

最后通牒在多数情况下是一个非常有效的策略。在谈判中，人们对时间是非常敏感的。特别是在谈判的最后关头，双方已经过长时间紧张激烈的讨价还价，在许多内容上已经达成一致或接近一致的意见，只是在最后的某一两个问题上相持不下，如果这时一方给谈判规定了最后期限，另一方就必须考虑自己是否准备放弃这次盈利的机会，牺牲前面已投入的巨大谈判成本，权衡做出让步的利益牺牲与放弃整个交易的利益牺牲孰轻孰重，以及坚持不做让步、打破对方的最后通牒而争取达成协议的可能性。

如果谈判的对手没有足够的勇气和谈判的经验的话，那么，在最后通牒面前常常选择的道路是退却，作出让步以求成交。

六、阻止对方进攻的策略

（一） 有限策略

1. 权力有限

杰勒德·尼伦伯格在《谈判的艺术》中讲述了这么一件事：他的一位委托人安排了一次会谈，对方及其律师都到了，尼伦伯格作为代理人也到了场，可是委托人自己却失约了，等了好一会儿，也没有见人影。这三位到场的人就先开始谈判了。随着谈判的进行，尼伦伯格发现自己正顺顺当当地迫使对方做出一个又一个承诺，而每当对方要求他做出相应的承诺时，他却以委托人未到、权力有限为理由，委婉地拒绝了。结果，他以一个代理人的身份，为他的委托人争取了对方的许多让步，而他却不用向对方做出相应的让步。因此，精于谈判之道的人都信奉这样一句名言："在谈判中，受了限制的权力才是真正的权力。"

2. 资料有限

在商务谈判过程中，当对方要求就某一问题进一步解释，或要求己方让步时，己方可以用抱歉的口气告诉对方："实在对不起，有关这方面的谈判资料我方手头暂时没有（或者没有备齐，或者这属于本公司的商业秘密或专利品资料，概不透露），因此暂时还不能做出答复。"对方在听过这番话后，自然会暂时放下该问题，这就是利用资料限制因素阻止对方进攻的常用策略。

3. 其他方面的限制

包括自然环境、人力资源、生产技术要求、时间等因素在内的其他方面的限制都可用来阻止对方的进攻。

但是，经验表明：该策略使用的频率与效率是成反比的。限制策略运用过多，会使对方怀疑己方无谈判诚意，或者请己方具备一定条件后再谈，反而使己方处于被动的境地。

（二）不开先例策略

不开先例是谈判一方拒绝另一方要求而采取的策略方式。当一方向对方提出最优惠政策时，对方承担不起，这时对方就可以“不开先例”挡回其过分要求。如果买方提出的要求使卖方为难，卖方可向买方解释，如果答应了他的要求，对卖方来说就等于开了一个先例，以后对其他买主要采取同样的做法，这不仅对卖方来说无法负担，而且对以前的买主也不公平。一般情况下，提出要求的一方很难真正掌握回绝一方的真实情报信息，也无法证实回绝一方语言的真实性，因而只能见好就收，就此罢手。不开先例策略是对事不对人，一切不利因素都推诿于客观原因。运用这一策略既不伤面子，又不伤感情，可说是两全其美的好办法。当然不开先例是一种策略，因此，提出的一方不一定是真的没开过先例，也不能保证以后不开先例，只说明对被应用者不开先例。

运用这一战术，要注意另一方是否能获得必要的情报和信息来确切证明不开先例的事实。如果对方有事实证明，你只是对他不开先例，那效果就会适得其反。

（三）以弱求怜策略

以弱求怜策略又称恻隐术，是一种装可怜相、为难相的做法，以求得对方的同情，争取合作。在一般情况下，人们总是同情弱者，不愿落井下石，将之置于死地。

以弱求怜策略常见的表现形式有：装出一副可怜巴巴的样子，说可怜话，进行乞求，如“这样决定下来，回去要被批评，无法交差”，“要砍头”，“我已退到崖边了，再退就要掉下去了”，“求求你，高抬贵手”，“请你们不看僧面看佛面，无论如何帮我一把”。这一招很有感染力。在使用这一策略请求合作时，一定注意不要丧失人格和尊严，直诉困难也要不卑不亢。与此类似，有的谈判人员以坦白求得宽容。当在谈判中被对方逼得招架不住时，干脆把己方对本次谈判的真实希望和要求和盘托出，以求得对方的理解和宽容，从而阻止对方的进攻。

弘扬诚信文化，健全诚信建设长效机制

——二十大报告关于提高全社会文明程度的重要精神

党的二十大报告中指出要“弘扬诚信文化，健全诚信建设长效机制”，这是提高全社会文明程度，实施公民道德建设工程的重要一环。人无信不立，国无信不兴。中国自古以来就强调“讲信修睦”，这不仅是中国由来已久的历史文化传统，更是中华民族世代相传的道德圭臬，是为人之本、处世之方、立国之基。讲信修睦出自《礼记·礼运》：“大道之行也，天下为公，选贤与能，讲信修睦。”寓指讲究信用，睦邻修好。《礼记》中将“讲信修睦”视为大同世界的理想境界。在中国传统文化中，无论是人与人之间，还是国与国之间，要调整相互间的关系，达至亲密和睦这一境界的关键就在于以“信”

为优良美德和思想传统。何谓“信”？据《说文解字注》，“信，诚也。人言则无不信者，故从人言”。“信”是一个会意字，其本义是以言语取信于人。正所谓“志以发言，言以出信，信以立志”。由“信”之本义引申，“信”意味着诚实无欺，恪守信用。中国传统文化中诸子百家多元并存，他们虽对个人的穷通荣辱、国家的治乱兴衰怀持着各异的思想与态度，但诚信却是他们共同推崇的道德准则。弘扬诚信文化，更要建设社会信用体系，在全面依法治国和全面提升社会主义核心价值观的过程中，诚信机制发挥的作用越来越突出，越来越重要。

资料来源：搜狐网．【每日一学】党的二十大报告中传统文化理念解读．

思考：

二十大报告中提到的弘扬诚信文化的重要性是什么？

提示：

实现中华民族伟大复兴，是中华民族近代以来的伟大梦想。形成同心共圆中国梦的强大合力，诚信可谓是道德基石。二十大强调要弘扬诚信文化，正是以中国传统诚信文化为汩汩源泉。新时代每个公民都守持诚信，中国梦的实现就有了坚实的基础。与此同时，中国愿同世界各国讲信修睦、合作共赢，向着推动构建人类命运共同体目标稳步迈进。

主要概念和观念

◀**主要概念**

报价　讨价　还价　僵局　让步　吹毛求疵策略　走马换将策略　红白脸策略　先斩后奏策略　声东击西策略　最后通牒策略

◀**主要观念**

商务谈判中的报价，不是单指价格本身，而是谈判者所要求的总称，包括价格、交货期、付款方式、数量、质量、保证条件等。报价直接影响谈判的开局、走势和结果，事关谈判者最终获利的大小，是关系到商务谈判最终能否成功的关键问题之一。

报价分为先报价和后报价，商务谈判人员要依靠自身的经验，选择适当的报价方式和报价时机，以掌握谈判的主动权。

讨价与还价是商务谈判磋商中的两个环节，应遵循先讨价后还价的原则，且讨价应把握好讨价次数，还价之前还应有价格解释或价格评论的穿插，这样才能增强自身再报价的说服力。

商务谈判僵局是商务谈判磋商过程中通常会经历的阶段，在谈判陷入僵局时，谈判人员要冷静思考，认真分析双方的利益所在，采取恰当的僵局突破策略，就一定能打破僵局，促使成交。

在谈判中，让步是一种普遍现象。无论买方还是卖方，让步都是其达成有效协议所必须采取的策略。从某种意义上说，让步是谈判双方为达成协议而必须承担的义务。如何把让步作为谈判中的一种基本技巧、手段加以运用，这是让步策略的基本意义所在。

项目单元训练

一、单项选择题

1. 谈判中，作为卖方，报价起点(　　)。

A. 要低　　B. 要高

C. 既要低又要接近理想报价　　D. 既要高又要接近理想报价

2. 谈判中最容易产生僵局的议题是(　　)。

A. 验收标准　　B. 违约责任

C. 合同价格　　D. 履约地点

二、多项选择题

1. 谈判还价策略有(　　)。

A. 比照还价法　　B. 反攻还价法

C. 求疵还价法　　D. 直接还价法

2. 从谈判的实践来看，(　　)让步模式比较理想。

A. 希望型　　B. 刺激型

C. 妥协型　　D. 诱发型

三、判断题

1. 如果己方的谈判实力强于对方，或者说与对方相比，己方在谈判中处于相对有利

的地位，那么采取先报价的策略是有利的。（　　）

2. 谈判僵局应随时处理，而不必选择所谓的最佳时机。（　　）

3. 让步的幅度太小，会让对方认为这不是最后的让步，仍步步紧逼。（　　）

四、简答题

1. 谈判的报价原则有哪些?

2. 商务谈判让步的模式有哪些?

五、论述题

迫使对方让步的策略有哪些？举例说明。

六、实操题

实训内容：商业谈判僵局演练。

背景资料：

某百货公司计划在市郊修建一个大型购物中心，而选中的土地的使用权归杨村所有。公司愿意出700万元购买土地使用权，而杨村人却坚持要1 000万元。经调查分析，这片土地是杨村人的命根子，卖掉了土地他们必须另谋生路，他们想用卖土地的钱开一家工厂。如果钱少了，他们的计划就会受影响。而百货公司是国有企业，让步须请示上级，他们想在购买土地上省下一些钱，用于扩大商场规模。

要求：

根据情景设想各种可能的僵局，而后运用让步策略突破僵局。

项目五

商务谈判成交

【学习目标】

知识目标：了解成交机会的判定，掌握促使谈判签约成功的策略，理解谈判合同的制定、履行、变更、终止及纠纷的处理，做好谈判结束的总结工作。

能力目标：能够准确识别成交信号，并做出积极正确的回应，灵活运用各项促成签约的策略以引导成交签约，明确谈判合同包含的内容，灵活运用处理合同纠纷的方法。

素质目标：增强谈判中抓住机会促成成交的意识，明确谈判收尾的重要性，培养公平公正、遵纪守法、不为私利的谈判人格。

实训目标：通过角色扮演、情景设计，合理运用促使签约策略，有效地完成谈判收尾工作。

【导引案例】

小男孩买西瓜

一位法国人，他家有一片小农场，种的是西瓜。他家里经常有人来电话，要订购他的西瓜，但每一次都被他拒绝了。有一天，来了一位小男孩，约有十二岁，他说要订购西瓜，被法国主人回绝了，但小男孩却不走，主人做什么，他都跟着走，在主人身边，专谈自己的故事，一直谈了个把小时。主人听完小男孩的故事后，开口说："说够了吧？那边那个大西瓜给你好了，一法郎。""可是，我只有一毛钱。"小男孩说。"一毛钱?"主人听了便指着另一个西瓜说："那么，给你那边那个较小的绿色的瓜，好吧?""好吧，我就要那个。"小男孩说："请不要摘下来，我弟弟会来取，两个礼拜以后，他来取货。先生，你知道，我只管采购，我弟弟负责运输和送货，我们各有各的责任。"最后，这个西瓜以一毛钱成交。

问题：

小男孩虽然遭到明确无误的拒绝，但谈判并没有结束，为什么他能以一毛钱买到西瓜?

任务一
成交机会判定

在双方经历了实质性磋商，尝试了现有的可能适用的各种手段后，无论是否能够成交，通常可认为面谈进入结束阶段。商务谈判何时终结？这需要谈判人员在商务谈判中准确地把握结束机会，并熟练运用商务谈判的结束技巧和促进签约的策略，圆满完成任务。有经验的谈判者总是善于在关键的、恰当的时刻，抓住对方隐含的签约意向或巧妙地表明自己的签约意向，趁热打铁，促成交易。

一般而言，商务谈判的结束时机可以从以下四方面判定：

一、通过谈判时间判定

（一） 从双方约定的谈判时间

在谈判之初，双方一起确定整个谈判所需的时间，谈判进程完全按照约定的时间安排，当谈判已接近规定的时间时，自然进入谈判终结阶段。按约定时间终结谈判就会使双方有紧迫感，促使双方提高工作效率。如果在约定的时间内不能达成协议，一般也应该遵守约定时间将谈判告一段落，或者另约时间继续谈判，或者宣布谈判破裂。

（二） 单方限定的时间

由谈判一方限定时间，是指在谈判中占有优势的一方出于对自己利益的考虑，需要在一定时间内结束谈判。单方限定时间无疑是对被限定方施加某种压力，被限定方可以同意，也可以不同意，关键要看交易条件是否符合自己的谈判目标。

（三） 形势突变的谈判时间

本来双方已经约定好谈判时间，但是在谈判过程中形势发生了突然变化，如市场行情突变、外汇行情大起或大落、公司内部发生重大事件等，谈判者突然改变原有计划，如要求中止谈判、提前结束谈判等。这是因为谈判的外部环境是不断发展变化的。

二、通过交易条件判定

（一） 考察交易条件中的分歧点

从数量上看，如果交易双方已达成一致的交易条件占据绝大多数；从质量上来看，如果交易条件中最关键、最重要的问题都已经达成一致，出现这两种情况中的任何一种，就可以判定谈判已经进入终结阶段。

（二） 考察交易对手交易条件是否进入己方成交线

成交线是己方可以接受的最低交易条件，是达成协议的下限。如果对方认同的交易条件已经进入己方成交范围，谈判自然进入终结阶段。当然，己方还可能争取到更好的交易条件，但是已经看到了可以接受的成果。

三、通过谈判策略判定

这里指的策略不是一般的谈判策略，而是某些特定的谈判策略，从其做法和影响来看，这些策略对谈判有最终的冲击力，是终结谈判的信号与标志。

（一） 最后立场策略

最后立场策略即一种在谈判中以破裂达到施压于对方的目的，迫使对方让步的策略。谈判者经过多次磋商之后仍无结果，一方阐明己方最后的立场，讲清楚让步的幅度，如果对方不接受，谈判即宣布破裂；如果对方接受该条件，则谈判成交。

（二） 折中进退策略

该策略是指将双方立场和条件的差距，取中间条件作为双方共同进退或妥协的标准，以解决剩余谈判的策略。由于该策略主体特征是相互妥协且更多强调“对半”让步，因此，只有在谈判的最后阶段才可以使用。在谈判的前期使用该策略，仅条件不合理的一方得利，折中结果难以公正。在经过严谨的分阶段谈判后，双方立场都有所改善，交易条件日趋公平合理时，对最后尚存的文字、数字条件分歧采用折中方式解决，其结果才更合理。

（三） 一揽子交易策略

该策略是指双方将所有分歧条件组成一个方案向对方提出的做法。由于该方案包含谈判存在的所有分歧，故称一揽子交易，而针对所有分歧提出了有进有退的条件，因此也称“好坏搭配”，这种谈判做法无疑告诉谈判对手，这是最后的意见了，没得可谈了。

（四） 冷冻策略

该策略是指暂时中止谈判的做法。中止谈判从形式上讲就是停止谈判，是某种意义上的终结。只是引起中止的原因不同，冷冻的意义会有所差别。当双方因为谈判条件的差距太大，一时难以克服，但双方又有成交愿望；或因为与交易相关的许可证、外汇、行政审批、政治或人事上发生重大事故，但交易双方自持交易诚意时，冷冻谈判就会出现。这时，谈判进入终局。不过，“冷冻”并不一定是冷落对手，而是谈判行为的冷却、停顿。对于当事人，则可能仍是礼貌、热情相待，并决定“后会有期”。

当谈判处于竞争之中，谈判标的还有其他的选择机会，需腾手加以利用；或干脆就是因为某一方态度不配合，此时的“冷冻”在表面上也是终局谈判，但在时间上比前者要短，在说法与做法上也有别于前者。例如：在说法上多以对方的态度与条件为由头说事，或反过来自嘲己方无能力说服对手、无条件满足对手等；在做法上会悉听尊便，停顿谈判安排——无限期休会、放弃谈判要求等。

四、其他成交信号

成交信号是指商务谈判的各方在谈判过程中所传达出来的各种希望成交的暗示。对大多数商务谈判人员而言，如何在第一时间识别对方发出的成交信号，在对方发出此类信号时能往成交的方向引导，并最终促成交易，成为所有成功谈判的“必杀技”。而一些经验欠丰富的谈判人员，往往在对方“暗送秋波”——发出成交信号时，仍然“不解风情”，导致最终与成交擦肩而过、失之交臂。那如何成功识别对方的“秋波”呢？

（一）成交的语言信号

在谈判过程当中，谈判对手最容易通过语言方面的表现流露出成交的意向，经验丰富的谈判人员往往能够通过对对手的密切观察及时而准确地识别对手通过语言信息发出的成交信号，从而抓住成交的有利时机。

1. 某些细节性的询问表露出的成交信号

当对手产生了一定的成交意向之后，如果谈判人员细心观察、认真揣摩，往往可以从他（她）对一些具体信息的询问中发现成交信号。例如：他们向你询问一些比较细致的产品问题，向你打听交货时间，向你询问产品某些功能及使用方法，向你询问产品的附件与赠品，向你询问具体的产品维护和保养方法，向你询问其他老客户的反映，向你询问公司在客户服务方面的一些具体细则等。在具体的交流或谈判实践当中，对手具体采用的询问方式各不相同，但其询问的实质几乎都可以表明其已经具有一定的成交意向，这就要求谈判人员迅速对这些信号做出积极反应。

经典案例

客户：你们在服务公约上说可以做到三年之内免费上门服务和维修，那么我想知道，如果三年以后产品出现问题该怎么办？

销售人员：您提的这个问题确实很重要，我们公司也一直关注这个问题。为了给客户提供更满意的服务，我们公司已经在各大城区都建立了便民维修点，如果在保修期之外出现问题的话，您只要给公司总部的服务台打电话说明您的具体地址，那么我们公司就会派离您最近的便民维修点的维修人员上门服务，服务过程中只收取基本的材料费用而不收取任何额外的服务费……

问题：

本案例中，从哪里可以看出客户有成交意向？

案例解析：

本案例中，客户询问的是售后服务的细节问题，说明已经有了成交意向，销售人员很快就做出反应，打消了客户的疑虑。

2. 某些反对意见表露出的成交信号

有时，对手会以反对意见的形式表达他们的成交意向，比如他们对产品的性能提出质疑，对产品的某些细微问题表达不满等。对手有时候提出的某些反对意见可能是他们真的准备购买时在某些方面存在的疑虑，谈判人员需要准确识别成交信号和真实反对意见之间的区别。

经典案例

客户：这种材料真的经久耐用吗？你能保证产品的质量吗？

销售人员：我们当然可以保证产品的质量！我们公司的产品获得过多项国家专利和各种获奖证书，这一点您大可以放心。购买这种高品质的产品是您最明智的选择，如果您打算现在要货的话，我们马上就可以到仓库中提货。

客户：我还是有些不放心，我不能确定这种型号的产品是否真的如你所说的那么受欢迎……

销售人员：这样吧，我这里有该型号产品的谈判记录，而且仓库也有具体的出货单，这些出货单就是产品质量的最好证明了……购买这种型号产品的对手确实很多，而且一些老客户还主动为我们带来了很多新客户，如……这下您该放心了吧，您对合同还有什么疑问吗？

问题：

本案例中，销售人员是靠什么判断能否成交的？

案例解析：

本案例中，销售人员在及时应对反对意见，打消客户疑虑的同时，通过对客户进行试探性询问确定客户的真实意图，来判定能否成交。

（二）成交的行为信号

有时，对手可能会在语言询问中采取声东击西的战术，比如他们明明希望产品的价格能够再降一些，可是他们却会对产品的质量或服务品质等提出反对意见。这时，谈判人员很难从他们的语言信息中有效识别成交信号。在这种情形下，谈判人员可以通过对手的行为信息探寻成交的信号。

【教学互动】

互动问题：

以下现象能说明客户有成交的意愿吗？

（1）客户不断观察、抚摸样品。

（2）客户反复观看产品的说明书。

（3）客户忽然表现出很轻松的样子。

（4）客户在你进行说服活动时，不断点头或很感兴趣地聆听。

（5）客户带领别人一起试用产品。

(6) 客户在谈判过程中身体不断向前倾。

要求：

教师不直接提供上述问题的答案，而是先引导学生结合本部分内容自己独立思考、自由发表见解，再组织课堂讨论，最后对学生提出的典型见解进行点评。

(三) 成交的表情信号

对手的面部表情同样可以透露其内心的成交欲望。比如，当对手的眼神比较集中于你的说明或产品本身时，当对手的嘴角微翘、眼睛发亮显出十分兴奋的表情时，或者当对手渐渐舒展眉头时，这些表情上的反应都可能是对手发出的成交信号，谈判人员需要随时关注这些信号，一旦对手通过自己的表情语言透露出成交信号，谈判人员就要及时做出恰当的回应。

看准顾客各种成交信号

经典案例

在一次与客户进行谈判的过程中，刚开始销售人员发现那位客户一直紧锁眉头，还时不时地针对产品的质量和服务提出一些反对意见。销售人员对他提出的问题都一一给予了耐心、细致的回答，同时针对市场上同类产品的一些不足强调了本公司产品的竞争优势，尤其是针对客户比较关心的服务品质方面着重强调了本公司相对完善的客户服务系统。在向对手一一说明这些情况的时候，销售人员发现客户对他的推荐不再是一副漠不关心的模样，客户的眼睛似乎在闪闪发亮，销售人员知道自己的介绍说到了客户的心坎儿上，于是便趁机询问客户需要订购多少产品，客户说出了他打算订购的产品数量，这场谈判很快就要成功了……

问题：

怎么看出客户传达的成交信号？

案例解析：

本案例中，客户的表情从紧锁眉头到眼睛闪闪发亮，客户的表情变化向销售人员透露了其内心的变化，也传递了成交的信号。

(四) 成交的进程信号

转变洽谈环境，主动要求进入洽谈室或在谈判人员要求进入时，非常痛快地答应，或谈判人员在合同上书写内容、做成交付款动作时，对方没有明显的拒绝和异议。

向谈判人员介绍自己同行的有关人员，特别是谈判的决策人员。如主动向谈判人员介绍“这是我的太太”“这是我的领导×××”等。

根据终端环境的不同、谈判对象的不同、产品的不同、谈判人员介绍能力的不同、成交阶段的不同，对手表现出来的成交信号也千差万别，不一而足，无一定之规。优秀的谈判人员可以在终端实战中不断总结、不断揣摩、不断提升。总之，如何读懂商务谈判中对方的“秋波”，对大多数商务谈判人员来说，是“运用之妙，存乎一心”。

任务二
促成签约

一、正面督促法

正面督促法是指谈判人员用简单而明确的语言，向谈判对手直截了当地提出成交建议，也称直接请求成交法。这是一种最常用也是最简单、最有效的方法。

例如："师傅，您刚才提出的问题都得到解决了，是否现在可以谈购买数量的问题了?"

又如："××主任，您是我们的老客户了，您知道我们公司的信用条件，您看这次能否在半个月后交货?"

正面督促法的优点是：可以有效地促成购买；可以借要求成交向对方直接提示并略施压力；可以节省洽谈时间，提高谈判效率。但它也存在一些局限性，如过早直接提出成交可能会破坏不错的谈判气氛，也可能会给对手增加心理压力，还可能使对手认为谈判人员有求于他，从而使谈判人员处于被动。

运用正面督促法，应把握成交时机。一般来说，以下三种情况下可以更多地运用该方法：

(1) 与关系比较好的老顾客谈判时。

(2) 在对手不提出异议，想购买又不便开口时。

(3) 在对手已有成交意图，但犹豫不决时。

二、最后期限法

最后期限法即规定谈判截止日期，利用谈判期限的力量向对方施加无形压力，借以达到促成签约的目的。谈判中的买方和卖方都可以采用这一策略。

谈判中，买方采用期限策略的实例：

(1)"我方12月31日以后就无力购买了。"

(2)"如果你不同意，下星期一我们就要找别的卖主商谈了。"

(3)"我方要在4月1日之前完成全部订货。"

(4)"这是我们的生产计划书，假如你们不能如期完成，我们只好另找其他的供应商了。"

谈判中，卖方采取期限策略的实例：

(1)“存货不多，欲购从速。”

(2)“如果你方不能在 9 月 1 日以前给我们订单，我们将无法在 10 月 30 日前交货。”

(3)“如果我方这星期收不到货款，这批货物就无法为你方保留了。”

(4)“从 5 月 1 日起，价格就要上涨了。”

(5)“优惠价格将于 9 月 30 日截止。”

三、优惠鼓励法

优惠鼓励法即向对方提供某种特殊的优待，促成双方尽快签订合同。例如，采用买几送一、折扣销售、附送零配件、提前送货、允许试用、免费安装、免费调试、免费培训、实行“三包”等手段。

经典案例

天津某半导体工厂欲改造其生产线，需要采购设备、备件和技术。此时，加拿大的一家供应商和德国的一家供应商同时主动联系该半导体工厂，并邀请工厂派出代表前去谈判磋商。两家供应商与工厂的谈判均进展顺利，两边的报价差不多，而且二者都有自己独特的优势，德方装运保险较方便，加方技术较先进。上海厂商不知选哪家。面对僵局，德方首席谈判代表灵机一动，采用了优惠鼓励法，提出工厂可免费试用设备一个月再付款的优惠条件，最后和工厂达成了协议。

在此次商务谈判中，德方最大的竞争对手就是加方。加拿大供应商有着比较好的技术，不过其产品进口到中国的装运、保险、报关等程序都比较复杂。德方谈判代表抓住了己方装运、保险等程序比较方便的优势条件，一方面和上海厂商谈判代表努力商讨价格问题，另一方面带上海厂商的有关技术人员参观其工厂，并把最好的技术都展示给对方看，以让上海厂商对德方产品的质量感到满意。当谈判进展到最后，德方首席谈判代表灵活地运用了优惠鼓励法，主动提出更好的优惠条件，让上海厂商免费试用己方设备一个月再付款。德方谈判代表这样的做法不仅在价格上给予对方优惠，更重要的是，一个月的免费试用让上海厂商免去了对设备在试验阶段出现问题的担忧，上海厂商听到如此好的优惠条件立即与德国供应商达成了协议，签订了合同。

问题：

采用优惠鼓励法的优势是什么？

案例分析：

在谈判有竞争对手且双方实力势均力敌的情形下，优惠鼓励法非常实用。本案例中，加拿大供应商和德国供应商各有优劣势，且两方与上海厂商前期的谈判都非常顺利，上海厂商不知该选择哪家供应商时，德方主动提出的优惠条件无疑给自己的胜利加了筹码，最终与上海厂商达成了协议。

四、晓以利害法

商务谈判中，绝大多数的威胁会对谈判双方造成压力。晓以利害这种方法一方面可以使威胁方更清楚自己威胁的利弊得失，另一方面可以增加对手的心理压力。

经典案例

湖南德丰是一家经营工业品的公司，由于业务发展扩大，需要租赁办公楼。公司的行政总监屠志刚看中了省进出口集团公司综合性办公大楼的一套房子。以下是屠总监和省进出口集团公司后勤处周处长商谈对话的节选。

周处长：我们这套房子上一家公司的租金就是11万元，所以你们来了租金不能低于这个数。

屠总监：周处长，你可能还不太了解我们公司，我们公司是××集团下面的控股公司，是国内非常著名的企业集团。

周处长：对你们优惠一点可以，但8万元实在是太低了，总公司肯定不能接受。

屠总监：我看见你们办公大楼内还有酒店，也属于你们后勤处管理吧？

周处长：对，正常对外营业。

屠总监：我们经常有省内外的客户及总公司人员过来，每年的住宿费和招待费不下十几万元。如果我们以后所有的客户和总公司过来出差的人员住在你们酒店，有相关的宴请招待也在你们酒店，对你们酒店的生意可是非常有帮助的哦。

周处长：这倒是，以后在我们酒店消费可以办理会员卡，享受优惠。那既然你们公司这么大，业务也很好，怎么才只出8万元呢？

屠总监：我们集团是一家以财务管理见长的公司，每一项开支公司都有严格的预算，也正是因为如此严格而科学的管理，所以我们集团才发展得如此之快。另外，我看你们大楼的人气也不旺，如果我们进驻的话，我们集团间频繁的高层人员来往一定会提升你们办公大楼的人气和档次。

最后双方以8万元的年租金成交。

问题：

本案例中，双方成交的原因是什么？

案例分析：

本案例中，屠总监通过积极挖掘对方的潜在需求，通过利弊分析，来激发对方的成交动机，最终促使成交。

五、付诸行动法

付诸行动法是指谈判一方以一种主要问题已经基本谈妥的姿态采取行动，促进对方签订合约。采取以下行为，将有助于促成谈判成交。

（1）适时展现对“结束谈判”的积极态度。可以反复询问对方：“既然我们对所有的问题都已达成共识，何不现在就签署协议呢?”

（2）与对方商量协议/合同的具体内容。如探讨合同的遣词用字等，表示谈判双方已在主要议题和价格上达成共识。

（3）以行动表示达成协议。如买方（卖方）可以着手草拟协议，边写边向对方询问喜欢哪一种付款方式或愿意将货物送到哪个地方或仓库。或买方开始动笔填写订单，给卖方购货凭证，相互握手以示成交等，行动可以具体展现你对达成协议的诚意。

（4）提供一项特别的优惠。诱使对方提早结束谈判，如再给出一定比例的折扣，承担运费等。

谈判一方可以给对方一个购货单的号码、明信片，或者和他握手祝贺谈判成功。这些行动有助于加强对方已经做出的承诺。

微动画-应用谈判战术的心理素质

任务三
谈判收尾

一、整理核实谈判记录

（一） 对交易条件的最后检索

在谈判者认为最后即将达成交易的会谈开始之前，有必要对一些重要的问题进行一次检索。

（1）明确还有哪些问题没有解决。

（2）对自己期望成交的每项交易条件做最后的确认，同时明确自己对各种交易条件准备让步的限度。

（3）决定采取何种结束谈判的战术。

（4）着手安排交易记录事宜。

（二） 确保交易条款的准确无误

1. 价格方面的问题

（1）价格是否已经确定？缔约者是否能收回人工和材料价格增长后的成本？

（2）价格是否包括各种税款或其他法定的费用？

（3）在履行合同期间，如果行市发生了变化，那么成交的产品价格是否也随之变化？

（4）在对外交易中是否考虑了汇率的变化？

（5）对于合同价格并不包括的项目是否已经明确？

2. 合同履行方面的问题

（1）对“履约”是否有明确的解释？它是否包含对方对产品的试用（测试）？

（2）合同的履行能否分阶段进行？是否已做了明确规定？

3. 规格方面的问题

（1）如果有国家标准或某些国际标准可以参考，那么是否已明确哪些问题运用哪些标准？而哪些标准又与合同的哪部分有关？

（2）对于在工厂或现场的材料与设备的测试以及它们的公差限度和测试方法，是否做了明确的规定？

4. 仓储及运输等问题

（1）谁来负责交货到现场？谁来负责卸货和仓储？

（2）一些永久性或临时性的工作由谁来负责安排与处理？

5. 索赔处理的问题

（1）处理的范围如何？

（2）处理能否排除未来的法律诉讼？

（三）谈判记录

要完成价格谈判和合同的拟定，必须借助谈判记录。从始至终，谈判记录是撰写合同文本的最重要的依据。在整个谈判过程中，应由专人进行谈判记录。谈判记录的主要内容分两部分：一是谈判过程中双方言辞中对己方有利的话语，如对方的承诺、对方的错误表达、对方言语中的漏洞等；二是双方就谈判议题达成的协议，要及时记录下来，以便更好地控制谈判流程。一般来说，谈判记录要注意以下几个方面：

（1）通读谈判记录或条款以表明双方在各点上均一致同意。通常当谈判涉及商业条款及规格时须使用这一方法。

（2）每日的谈判记录，由一方在当晚整理就绪，并在第二天作为议事日程的第一个项目宣读，后由双方通过。

（3）如果只需进行两三天的谈判，则由一方整理谈判记录后，在谈判结束前宣读通过。

二、草拟书面合同

（一）合同的基本格式

下面以工矿产品购销合同（见表 5－1）为例说明购销合同的基本格式及文字表述。此合同适用于工矿产品的购销活动，为一般工业企业所采用，是应用最为广泛的合同文本之一。

合同一般包括三个组成部分，即约首、正文和约尾三部分。

1. 约首

约首即合同的首部，包括合同的名称、编号、订约时间和地点、供需双方的名称等。在书写时应注意以下几点：

（1）供需双方的名称要写全称，不能只写简称。

（2）合同要有编号。

（3）签约时间。

（4）签约地点。

2. 正文

（1）产品名称、商标、型号、厂家、数量、金额、供货时间及数量条款的表述。

（2）质量要求、技术标准、供方对质量负责的条件和期限条款的表述。

（3）交（提）货地点、方式条款的表述。

表5-1 工矿产品购销合同

需方：

供方：

一、产品名称、规格型号、单位、数量、单价、总价、交货时间及数量

产品名称	规格型号	单位	数量	单价（元）	总价（元）	交货时间及数量
合计人民币（大写）：					¥	

二、质量要求技术标准：国标。

三、出卖人对质量负责的条件及期限：产品质保期为________年。

四、交（提）货方式、地点：________________________________。

五、运输方式及费用承担：汽运，承担运费。

六、标的物所有权自付清全款时起转移，但买受人未履行支付价款义务的，标的物属于出卖人所有。

七、包装标准、包装物的供应和回收。

八、验收标准、方法、地点及期限：按出厂合格证验收。

九、随机备品、配件及工具数量：按随机装箱单供应。

十、结算方式及期限。

十一、如需提供担保，____________________。

十二、本合同解除的条件。

十三、违约责任：按《中华人民共和国合同法》的相关规定执行。

十四、解决合同纠纷方式。

十五、本合同自____________________起生效。

十六、其他约定事项：

出卖人	买受人	鉴（公）证意见：
出卖人（章）： 住所： 法定代表人： 委托代理人： 电话： 传真： 开户银行： 账号： 邮政编码：	买受人（章）： 住所： 法定代表人： 委托代表人： 电话： 传真： 开户银行： 账号： 邮政编码：	鉴（公）证机关（章） 经办人： 年 月 日

有效期限： 年 月 日至 年 月 日

（4）运输方式及到达站港和费用负担条款的表述。

（5）合理损耗及计算方法条款的表述。

（6）包装标准、包装物的供应与回收和费用负担条款的表述。

（7）验收标准、方法及提出异议期限条款的表述。这一条款极易出现纠纷，在填写时应特别注意。

（8）随机备品、配件工具数量及供应办法条款的表述。

（9）结算方式及期限条款的表述。

（10）担保条款的表述。

（11）违约责任条款的表述。

（12）解决合同纠纷方式条款的表述。

（13）其他约定事项的表述。

3. 约尾

合同的结尾主要载明双方进行沟通联系的一些信息资料，也是双方当事人签字盖章的地方。

房屋租赁合同范本

【教学互动】

互动练习：

设计一份房屋租赁合同。

要求：

学生参照上述合同格式，根据租赁的特点设计一份房屋租赁合同，教师最后结合正式的租赁合同对比讲解。

（二）草拟书面合同的基本要求

谈判双方的要约、承诺达成一致意见后，一般就应展开正式合同文本的书写（电子合同及其他不需要用正式合同形式的除外），书写必须遵循一系列原则。

1. 确定固定化内容

书写合同应依据谈判的原始文件进行，是对谈判内容严格、准确的文字表达，因此应避虚就实。避虚就是在书写中应尽量避免使用虚词、弹性语词，如“尽可能”“以最大努力”“争取”等。就实就是全面、严谨、准确地以文字表达谈判内容及其实质。

2. 明晰深化思想

书写合同必须将口头讨论过的内容明晰化、具体化，使之可以切实操作、执行。其实质就是思考、推敲有关谈判内容和口头达成标的（目标）的影响因素、条件、可行性及未来可能产生的对其有利或不利的发展变化，将之诉诸文字表达，使合同无懈可击，以巩固谈判的成果，并保证合同本身不致成为违约的依据。

3. 完善具体细节

其有两层含义：一是指在口头谈判结束后，将一些谈判内容的细节问题借助合同书写过程逐一解决之，如各种费用、检验的细节、总价（值）的精确计算等；二是指合同文本自身的诸多细节问题，如撰写格式、所用文具等问题。正式合同一般以毛笔、钢笔撰写为宜，最好是用电脑打印，所用纸张也应比较高档、正规。正式合同不得涂改。

4. 具备法律效力

为使谈判成果形成一个具有法律效力的文件，撰写合同时必须注意：一是订立合同的当事人必须具有完全的民事行为能力和合法资格；二是合同必须是当事人真实意思的表示；三是合同必须合法；四是合同必须遵从社会公共利益和道德的要求；五是合同形式符合规定要求。

（三） 谈判合同的订立

谈判合同的订立是指谈判双方共同为意思表示达成合意的状态。《中华人民共和国合同法》第十三条和第十四条对此进行了规定，谈判合同的订立，包括要约和承诺两个阶段。

1. 要约

《中华人民共和国合同法》第十四条规定："要约是希望和他人订立合同的意思表示，该意思表示应当符合下列规定：（1）内容具体确定；（2）表明经受要约人承诺，要约人即受该意思表示约束。"具体而言，是当事人一方向另一方当事人提出订立合同的建议和要求，提出订立合同建议和要求的一方为要约人，对方称为受要约人。

要约应具备如下条件：必须具有与他人订立合同的目的；要约的内容须具体、确定；经受要约人承诺，要约人即受要约的约束。

经典案例

某市建筑公司 C 急需水泥，遂向 A 和 B 发出电报，电报称："我公司急需建筑用水泥 500 吨，如贵厂有货，请于见电报之日起两日内通知我公司，我公司将派技术员前往验货并购买。"A 和 B 在收到电报后均向 C 回电并报了价。其中，A 在回电同时将 200 吨水泥运往 C 的所在地。在该批水泥到达前，C 得知 B 的质量较好，且报价合理，于是便又向 B 发电报一份："我公司愿购买贵厂 500 吨水泥，盼速发货，运费由我方出。"当天下午，A 的水泥运到，而 C 告诉 A 他们已决定购买 B 的水泥。A 认为 C 既然发出了要约，自己又在规定时间内做出了承诺，C 就应受要约约束，不应不守信用。

问题：

要约有什么特点？

案例解析：

要约是希望和他人订立合同的意思表示。这说明：首先，要约是一种意思表示。要约既不是事实行为，也不是法律行为，只是一种意思表示。要约邀请是当事人订立合同的预备行为，在发出要约邀请时，当事人仍处于订约的准备阶段，其目的在于引诱他人向自己发出要约。其内容往往是不明确、不具体的，C 急需水泥，遂向 A 和 B 发出电报，要约邀请不具有要约的约束力，发出要约邀请的人不受其约束。A 在回电的同时将 200 吨水泥运往 C 的所在地，后果需要自己承担。

2. 承诺

承诺是受要约人同意要约的意思表示，须具备如下条件：

（1）承诺须由受要约人向要约人做出。

（2）承诺的内容必须与要约的内容完全一致。

（3）承诺须在要约的存续期内做出。要约一经受要约人承诺即表明双方当事人就合同的主要条款内容达成合意，推销合同即告成立。因此，承诺对推销合同的成立与否起决定性的作用。

经典案例

大名农场向多家果品加工企业寄送了水果品种简介及价目表。甲企业收到后，立即回电表示希望按照价目表所列价格购买苹果100吨，并要求一周内运至指定地点。农场收到电报后立即装车发货。第五天，大名农场将苹果运至指定地点。此时，当地水果已经大幅度降价，甲企业遂要求农场按市场价销售。遭到拒绝后，甲企业拒不收货，并表示自己不收货，因为双方的合同不成立。大名农场则认为合同已经成立，便诉至法院，要求甲企业履行合同。

问题：

甲企业应该承担违约责任吗？

案例解析：

甲企业向大名农场发出的回电，内容清楚、具体，属于要约，具有法律上的约束力。而大名农场接电后立即装车发货，并在约定时间运至指定地点，是以实际履行合同的行为进行了承诺（《中华人民共和国合同法》规定，承诺应当以通知的形式做出，但根据交易习惯或者要约表明可以以通过行为做出承诺的除外）。因此，双方的合同已经成立，合同自承诺生效时成立。甲企业应承担违约责任。

三、审核合同

正式合同文本书写完毕以后，谈判双方就应正式签字，但签字前先应该进行的是签字前的审核。

（一） 审核对象

1. 主体资格审核

合同需经双方有正当权限的代表依法签署才为有效。所谓有正当权限的代表通常是指能负责承担合同规定义务，享受合同规定权利的法人代表。应注意签署者的权限。通常合同签署者必须是企业法定代表人或被授权的企业全权代表，授权证书应由企业法定代表人签发。若主谈者具有此两种身份中的任何一种，可直接签署合同；反之，则应由企业法定代表人签署，或取得充分授权后签署合同。

2. 文本审核

对合同文本的审核是签署合同前的一个必要的环节。一般来说，对合同文本的审核应从两个方面考虑：如果文本使用两种文字撰写，则要严格审核两种不同文字的一致性；如果使用同种文字，则要严格审核合同文本与协议条件的一致性。此外，还要核对各种批件（包括项目批文、用汇证明、订货卡等）是否完备、是否与合同内容一致，切忌只凭记忆阅读审核。

（二） 审核内容

1. 合法性审核

合法性审核包括有无违反国家法律法规的强制性规定，是否存在损害社会公共利益或以欺诈、胁迫手段订立合同的情形，是否存在重大误解或显失公平等。

2. 有效性审核

有效性审核有两层含义：一是双方谈判者有无签署合同的全权，二是合同内容有无自相矛盾或前后相冲突之处。

3. 一致性审核

买卖合同中的常见陷阱与应对策略

一致性审核即审核合同文本与谈判内容（可据谈判纪要进行）的一致性。

4. 文字性审核

文字性审核即审核合同文字是否严谨、准确，是否表达了谈判内容。审核合同时，为保证合同审核的有效性，应由2～3人进行，以便互相检验，并且反复审核若干次，确保万无一失。签署前的审核应当双方同时进行。合同附件多为业务性的实施细则或技术细则，一般由企业业务部门负责人或技术部门负责人签署，不宜由企业负责人包揽。

经典案例

消费者王某家有一套96平方米的两居室，和装修公司签订合同约定的装修价格是4万元，王某觉得十分优惠。但到了中期验收交款时，王某发现装修公司没有统一配送环保材料，工艺水平也一般，项目没有增加费用却比合同多出了1万元。施工方说是设计师当初把尺寸算错了，而合同上有“按实际发生计算”的条款，如果王某不给钱，工地就停工。并且，王某在订合同时有这么一项条款：对施工项目提出更改或撤销，视为部分违约，须向家装公司支付增项金额20%的违约金。他当时对此也提出疑问，装修公司工作人员表示“这是例行公事，放心签吧”。因此，王某就不在意了，而在实际装修过程中，王某感到原设计中有不合理之处，要求将衣柜从南墙移到北墙，书架从东边移到西边。本来是很简单的改动，但家装公司要收取近千元的增项费。

问题：

审核合同时要注意什么？

案例解析：

在装修签单初期，设计师往往为了能够签单，而通过隐瞒装修的工程项目来达到降低价格吸引消费者的目的。而在他们提供的合同中，也对“按实际发生计算”的条款一笔带过。一旦家装过程开始，消费者就会不断遇到需要增项的问题。消费者在审核合同时，应该注意用语是否严谨，谈判双方在洽谈时要尽量详细，并且具体问题一定要在合同中注明，以作为自己维权的依据。

四、执行合同

（一）　合同的生效

合同的生效是指合同发挥作用，对合同当事人产生具有法律效力的行为约束力。合同的生效和合同的成立是两个既有联系又有区别的概念。合同的成立是合同生效的前提与基础，合同的成立并不必然导致合同的生效。合同生效的时间可以是和合同的成立同时，也可以晚于合同的成立。合同生效的时间主要有以下几种情形：一是合同明文规定合同自正式签署时起即刻生效；二是合同明文规定在合同签署后的若干天（月）生效；三是合同在双方当事人签署后，还须经上级主管部门或有关政府部门批准后才能生效。此类合同往往在合同中订明：“合同一经批准，即行生效。”如果合同中没有说明合同生效时间，又不存在上述第三种情形，则合同自签订时生效，即合同成立时间与合同生效时间同时。

（二）　合同的履行

它是合同当事人双方实现、完成合同中所规定的权利、义务和责任事项的法律行为。合同的履行有以下三个条件。其一，先决条件。是指要求某一事件或行为必须发生在履行以此为条件的允诺之前，如甲方 8 月份交货必须以乙方在 7 月 1 日前将信用证开到甲方为先决条件。其二，后随条件。如合同中的品质索赔期限，可以规定为货到目的地后，收货方须在数天内向交货方提出，收货方不在规定的期限内提出索赔，便失去了获得赔偿的权利。其三，同时条件。即合同中要求缔约的当事人双方同时行动的条款。如销售合同中的一手交钱，一手交货。买方只有做好付款准备，才能要求得到货物；卖方也只有做好交货准备，才能要求付款。合同的履行必须遵循全面履行原则，即合同当事人必须严格按照合同约定的时间、地点、方法、数量、质量标准、价款、酬金等条款来履行。

经典案例

王峰是国内一家电子元件生产企业的销售人员，新开发了一家全球知名跨国公司客户。经过一个多月的接触和多次谈判，双方签订了长期供货合作协议。王峰决心以出色的服务维护好与这个大客户的关系。十天前，客户第一个订单传真了过来，要求交货期是自下订单当日算起两周后的月底。王峰心想这是大客户，一定要做好一切服务，于是提前一周送货上门。送货后第四天，此客户采购部给王峰发来一份传真，要求王峰公司支付仓储费用及其他人工费用 12 000 元，理由是王峰他们公司提前送货，没有按照合同规定执行，给对方增加了额外的负担。

问题：

签订合同为什么重要？

案例解析：

商务谈判中的各项谈判工作固然重要，但是，即使谈成了业务，如果不签订合同，双方的权利义务关系不固定下来，以后执行过程中也可能出现问题。所以说，合同的签订不可忽视，而且合同的签订也是商务谈判取得成果的标志。当然，合同签订后要按照合同约定来履行，否则可能要承担违约责任。

（三） 合同的变动

合同变动最常见形式为合同的变更、解除与转让。

（1）合同的变更一般应采用书面形式。合同变更后的民事责任问题，由合同当事人在协商变更时或者在此之后自行约定。

（2）合同的解除是合同有效成立后，当具备法律规定的合同解除条件时，或因当事人一方的意思表示或者由当事人双方协议，使合同关系归于消灭的行为。合同的解除有约定解除和法定解除两种情形。

（3）合同的转让是合同一方当事人通过协议将合同权利或者义务转移给受让人的一种法律行为。它包括合同权利的转让、合同义务的转让和合同权利义务的一并转让三种情况。

（四） 合同的终止

合同的终止是基于一定的法律事实，合同所规定的当事人双方的权利、义务及责任在客观上已不复存在。合同出现下列法定事由的，合同的权利义务关系终止：

（1）债务已经按照约定履行。

（2）合同解除。

（3）债务相互抵销。

（4）债务人依法将标的物提存。

（5）债权人免除债务。

（6）债权债务同归于一人。

（7）法律规定或者当事人约定终止的其他情形。合同权利义务关系终止后，当事人应当遵循诚实信用原则，根据交易习惯履行通知、协助、保密等义务。

（五） 合同纠纷及其处理

合同纠纷是指因合同的生效、解释、履行、变更、终止等行为而引起的合同当事人的所有争议。合同纠纷的内容主要表现在争议主体对于导致合同法律关系产生、变更与消灭的法律事实以及法律关系的内容有着不同的观点与看法。合同纠纷的范围涵盖一项合同从成立到终止的整个过程。

1. 违反合同的责任

违约责任是当事人因违反合同义务而依法应当承担的责任。其实质是对合同有效性的维护。认定合同当事人的违约责任必须在客观上具备四个条件：(1) 当事人有违反合同义务的行为；(2) 当事人的违约行为并非因不可抗力所致；(3) 违反合同义务的行为已经造成损失；(4) 在违反合同的行为和有关损失之间存在因果关系。

承担违约责任的形式主要有：(1) 违约金。即法律规定或者合同约定的，一方当事人一旦违反合同义务便应当向对方支付的金钱。违约金带有对违约人的经济处罚和对受损失方予以补偿的性质。(2) 赔偿金。即由违反合同义务的当事人对于因自己违反合同义务给对方造成的损失，以支付金钱的方式来予以补偿，被用于赔偿损失的金钱称为赔偿金。

2. 合同纠纷的处理方法

一般而言，处理合同双方纠纷的方式主要有四种：协商、调解、仲裁和诉讼。

(1) 协商。合同当事人在友好的基础上，通过相互协商解决纠纷，这是最佳的方式。

(2) 调解。合同当事人如果不能协商一致，可以要求有关机构调解。比如，一方或双方是国有企业的，可以要求上级机关进行调解。上级机关应在平等的基础上分清是非进行调解，而不能进行行政干预。当事人还可以要求合同管理机关、仲裁机构、法庭等进行调解。

(3) 仲裁。合同当事人协商不成、不愿调解的，可根据合同中规定的仲裁条款或双方在纠纷发生后达成的仲裁协议向仲裁机构申请仲裁。

(4) 诉讼。如果合同中没有订立仲裁条款，事后也没有达成仲裁协议，合同当事人可以将合同纠纷向法院起诉，寻求司法解决。除了上述一般特点之外，有些合同还具有其自愿的特点，如涉外合同纠纷，解决时可能会援引外国法律，而不是中国有关合同方面的法律。

经典案例

康胜公司原销售人员张宏在火车上遇到了与康胜公司有长期业务关系的康宏公司王经理，闲聊中张宏得知康宏公司正准备进行技术改造，需购置一台新仪器，张宏表示康胜公司有这方面的业务关系，可以帮忙采购，双方达成协议。康宏公司按规定时间向康胜公司汇预付款 10 万元。但到了合同约定的交货日期，康胜公司却以张宏在与康宏公司签订合同时已是下岗人员，无公司代理权为由，拒绝履行合同。康宏公司则认为康胜公司并没有把解除张宏业务代理权的情况通知自己，且张宏仍具有盖有康胜公司合同专用章的空白合同书，康宏公司同意追加 1%的代理费。但 15 日后，康胜公司仍未能购到康宏公司需要的仪器。康宏公司催告康胜公司因时间紧，只能给 10 日宽限期，届时如仍不履行合同，则将解除合同并追究法律责任。但期限过后，康胜公司仍未购到康宏公司急需的仪器。康宏公司为此损失了 15 万元。于是康宏公司提出解除该合同，要求康胜公司退还预付款并赔偿损失。

问题：

康宏公司应该怎么做才能维护自身的合法权益？

案例解析：

双方因为合同的有效性及赔偿问题存在纠纷，在调节、协商无果的情况下，康宏公司可以通过仲裁和诉讼的方式争取己方的合法权益。

五、对谈判结果进行总结

谈判结束后，不管成功还是失败，都要对过去的谈判工作进行全面的总结，对于谈判所涉及的资源进行及时、系统的整理和维护。这样，才能真正实现谈判的意义，即不但要获得眼前的利益，更要注重公司长远的发展。尤其对于国际性的商务谈判，这项工作非常重要。

（一） 谈判总结的步骤

第一步，回顾谈判的情况，整理谈判记录和资料。谈判的总结工作应以事实为基础。要真正达到总结工作的目的，必须对谈判情况加以客观的回顾。例如，谈判的记录、各种文件和资料应按时间顺序或问题加以全面、系统的整理、分类、归纳，以形成真实反映谈判情况、可供分析研究的完整资料。

第二步，分析和评定谈判情况，总结经验，找出问题。进行谈判总结工作时，最重要的一项内容就是根据谈判的具体情况，对总结内容的三个方面进行具体分析，肯定经验和成绩，找出存在的问题，即应有目标和实际情况之间的差距，并在此基础上做出客观评价。

第三步，提出改进措施和建议。为了解决存在的问题，力求在下次谈判中不再出现类似的错误，要进行措施的改进。进行这项改进措施和建议要有说服力和科学性，要明确、具体，避免抽象。

第四步，撰写总结报告。总结报告是谈判工作的书面体现和结果。它一般包括谈判的目标与目的、谈判的过程和概况、谈判的成果及问题、谈判的评价及各方面的工作建议等。必要时，可以把一些重要的数据、图表、资料、文件作为附件，以便为今后的谈判工作提供详尽的信息情报。

（二） 谈判总结的内容

谈判是一项艰苦复杂的工作，它需要随时总结，经常请示汇报，即便出了问题，做错了决定，违反了纪律，也要如实汇报，以便在组织的帮助下妥善处理，避免给公司造成更大的利益损失。商务谈判的内容比较广泛，具体有以下几个方面：

1. 己方谈判方面的总结

对于己方的谈判总结具体包括以下内容：

（1）谈判的准备情况，主要包括准备工作是否充分、资料的搜集是否齐全、选派的人员能否胜任等。

（2）谈判的总体情况，主要包括谈判的目标及实现情况、谈判成果的综合分析、谈判的效率等。

(3) 谈判过程的具体情况，主要包括谈判的程序、各阶段所运用的技巧和策略、谈判的思维、语言的艺术、谈判人员的综合表现等情况。

2. 己方公司方面的总结

对己方公司方面的总结是为了了解本公司各方面的工作对谈判的影响和作用，进而改善公司的经营管理，为今后的谈判创造更有利的条件。具体内容如下：

(1) 公司对谈判人员确定的职责、给予的权力及管理情况的适当性。

(2) 公司所要求的谈判目标、谈判原则和交易条件的合理性。

(3) 公司提供或要求提供的标的物的品种、规格、质量、价格及服务等方面的可行性。

(4) 是否能够加强与原有客户的信息沟通，在建立稳固的业务联系的基础上，开拓新市场，创造新客户，增进彼此的了解，不断扩大商务往来。

3. 客户方面的总结

对于客户方面的总结十分重要，不可忽视。对客户谈判的情况进行研究，可以从中学习和借鉴谈判的经验和教训，有助于向客户提出善意、合理的意见和建议，将客户的各种意见和要求（如供应或购买意向，供应或购买能力，所能提供的标的物的品种、规格、质量、价格、服务或对方的其他具体要求等）加以归纳、整理，及时反馈给公司，为本公司的经营管理质量提供宝贵经验。

另外，合同的签订并不意味着双方关系的完结，相反，它表明双方的关系进入了一个新的阶段。从近的方面来讲，合同把双方的关系紧紧地结合在一起；从远的方面来看，本次交易为今后的合作奠定了基础。因此，为确保合同得到认真彻底的履行，以及考虑到今后双方的业务往来，应该安排专人负责与对方保持联系，己方的谈判人员也可与对方的谈判人员保持经常的私人交往，以便双方的关系保持良好的状态。

维护多元稳定的国际经济格局和经贸关系

——党的二十大报告关于高质量发展的重要内容

二十大报告提出，推进高水平对外开放。依托我国超大规模市场优势，以国内大循环吸引全球资源要素，增强国内国际两个市场两种资源联动效应，提升贸易投资合作质量和水平。

稳步扩大规则、规制、管理、标准等制度型开放。推动货物贸易优化升级，创新服务贸易发展机制，发展数字贸易，加快建设贸易强国。营造市场化、法治化、国际化一流营商环境。推动共建“一带一路”高质量发展。优化区域开放布局，巩固东部沿海地区开放先导地位，提高中西部和东北地区开放水平。加快建设西部陆海新通道。加快建设海南自由贸易港，实施自由贸易试验区提升战略，扩大面向全球的高标准自由贸易区网络。有序推进人民币国际化。深度参与全球产业分工和合作，维护多元稳定的国际经济格局和经贸关系。

构建新发展格局是开放的国内国际双循环，不是封闭的国内单循环。高水平对外开放是实现高质量发展的内在要求。

问题：

我国在“加快构建新发展格局，着力推动高质量发展”中关于对外经贸发展持什么样的态度？

思政提示：

二十大报告提出维护“多元稳定的国际经济格局和经贸关系”，意味着今后我国将更加注重将自身牢牢嵌入全球产业链和供应链，与之深度交融，防止“脱钩断链”；在与发达经济体保持经贸合作的同时，注重与发展中国家密切贸易投资往来，主动地扩大对外合作。

主要概念和观念

◀**主要概念**

成交信号　促成签约　正面督促法　最后期限法　合同的生效　合同的履行　合同的变更　合同的终止

◀**主要观念**

成功的商务谈判人员都是善于把握成交机会的人。商务谈判何时可以终结？这需要谈判人员在商务谈判中准确地把握机会，并熟练地运用商务谈判的结束技巧和促进签约的策略，从而圆满完成任务。因此，有经验的谈判者总是善于在关键而恰当的时刻，抓住对方隐含的签约意向或巧妙地表明自己的签约意向，趁热打铁，促成交易的达成。

谈判收尾工作也很重要，具体包括整理和核实谈判记录、草拟书面合同、审核合同、执行合同和对谈判结果进行总结。

谈判结束后，不管成功还是失败，都要进行全面的总结，这样才能真正实现谈判的意义，即不但要获得眼前的利益，更要注重公司长远的发展。尤其对于国际性的商务谈判，这项工作非常重要。

项目单元训练

一、单项选择题

1. 在商务合同上签字前，对合同文本与谈判内容的一致性进行审核，称为(　　)。

A. 合法性审核　　B. 有效性审核

C. 一致性审核　　D. 文字性审核

2. 基于一定的法律事实，合同所规定当事者双方的权利、义务及责任在客观上已不复存在的情况，称为(　　)。

A. 合同的变更　　B. 合同的解除

C. 合同的转让　　D. 合同的终止

二、多项选择题

1. 签订合同时，语意一致原则是指双方使用的语言与所表达的意愿应完全一致的原则，必须遵守(　　)规则。

A. 共识　　B. 均衡

C. 简明　　D. 用词一致

2. 在制定合同条文时，公正实用原则应表现为(　　)。

A. 效益性　　B. 合法性

C. 均衡性　　D. 现实性

三、判断题

1. 在谈判术语中，成交线是指不能接受的最低交易条件。(　　)

2. 合同的正文和合同的附件具有同等的法律效力。(　　)

3. 在合同正文的谈判中，一切条文的本质精神都应符合合同项下交易的行业和国际公认习惯或相关法律精神以及交易各方所在国的有关法律规定。(　　)

四、简答题

1. 促使谈判签约的方法有哪些？

2. 草拟谈判合同的原则有哪些？

五、论述题

如何判定商务谈判的成交？

六、实操题

实训内容：兼职签署代理化妆品协议。

背景资料：

为了在校期间更好地学以致用，你们小组准备与深圳百扬化妆品有限公司合作代理其香伊儿（HONIL）精油系列产品。经过几轮谈判，现在双方进入最后阶段：首批拿货额我方 8 000 元，对方 10 000 元，其他有关数量、付款等问题，双方已达成一致。作为学生代理谈判小组的负责人，你将如何根据前期的谈判结果，审时度势把握好时机，适时、果断地促成谈判，并在完成相关合同条款的谈判后结束本次谈判，顺利完成本次谈判任务，签署代理化妆品协议？

要求：

草拟谈判合同，围绕合同条款进行谈判，运用促使成交策略，完成谈判签约。

项目六
推销工作认知

【学习目标】

知识目标：掌握推销的概念、推销的特点、推销的内容。了解推销学的研究对象和方法，了解推销的功能与作用，理解推销方格理论及现代推销模式的内容，明确现代推销观念的实质是从顾客的需求得到满足的过程中获利。

能力目标：理解推销工作的实质是顾客和推销人员之间的关系和心理上的博弈，并在不同的推销模式下，具备相对应的能力和素养，为从事推销工作打下坚实的基础。

素质目标：树立推销信心，注重个人形象和企业形象，增强产品推销前先进行自我推销的意识，培养主动、热情、诚信、友善、忠诚、责任、遵纪守法等良好的职业品德。

实训目标：通过角色扮演，合理运用推销方格理论，在不同的推销模式下，完成推销工作。

【导引案例】

乐视视频更换“欠122亿”图标，下载量暴增20%

2021年2月临近春节之际，各大App纷纷送红包引流，吸引人气，并将红包金额高调地更换到了App图标上，如抖音分20亿元，快手分21亿元，百度App分22亿元，拼多多分2亿元。后来网友发现，乐视视频App也来凑热闹，在更新版本中，图标Logo换新，但显示竟然是“欠122亿”的字样，引发网友广泛讨论。

该“神操作”迅速冲上热搜，有网友表示，乐视这波操作超过了别人几十亿元的效果。乐视真的欠了122亿元？对此，乐融致新CEO张巍回应称，有些网友猜测说“122亿”是各大平台的春节红包的分红金额总额，实际并不是。这是一种自嘲，但是“122亿”确实也不是乐视视频欠款精确的金额，因为乐视网还在老三板上市，具体的欠款金额要以乐视网公布的年报为准。

乐视视频“欠122亿”这个热搜出来后，乐视视频App下载量涨幅接近20%。

问题：

上述乐视视频的案例属于推销的范畴吗？为什么？

任务一
掌握推销理论

一、推销的概念及特点

(一) 推销的含义

推+销 = 推销，即在特定的场合或特定的环境下，推销员借助主动性介绍、宣传、推荐，使消费者从被动型倾听，从开始提出拒绝到愿意接受，最后做出购买决策的整个过程。

推销作为一种社会活动，是无处不在的。我们每一个人都亲身体验过与推销有关的活动。例如：母亲要求孩子少吃点零食，学生要求老师少留点课堂作业，员工要求老板给自己增加工资，动物保护组织通过公益广告号召人类少食鱼翅以拯救濒临绝迹的鲨鱼，在商店或者淘宝网店购买服装，等等。从广义上讲，推销是指一个活动主体，试图以一定的方法和技巧，向特定对象进行的某种游说、劝说、推荐等行为，使之接受自己的意愿、观念、想法、要求等，最终双方达成共识的行为过程。但在商业活动中，更具有代表性、更能体现现代推销本质的推销活动的应该是类似于下面的情形。

(1) 马云在创业之初向企业老板们推销在中国黄页上建立自己企业的网站。

(2) 一个软件开发商在分析了某一顾客的需求后，向他推荐了一款新式的办公自动化系统。

(3) 某化妆品厂家的推销人员帮助某一百货公司设计了一个化妆品展销方案。

(4) 一家制药厂的新药推销人员向一位大夫介绍某种新药的治疗效果及使用中应注意的问题。

(5) 某飞机制造公司的经销商，向某国航空公司陈述购买该公司飞机可能给该航空公司带来的利润增长分析结果。

上述五个例子中的推销是指商品交换范畴的推销，即商品推销，也就是狭义上的推销，是指推销人员运用一定的方法和技巧，帮助客户购买某种商品或服务，以使双方的需求得到满足的行为过程。由于牵涉经济利益关系，因此推销人员要充分运用各种推销技巧和方法，解决顾客的购买异议，最终使顾客接受该商品或服务。

（二） 推销概念辨识

1. 市场营销与推销

有人认为市场营销（Marketing）就是推销（Selling），把推销和市场营销混为一谈，也有人认为市场营销与推销完全不同且各自独立活动，这两种看法都是很片面的。应该说市场营销是引导产品从生产者到达消费者所实施的一切企业活动，包括市场调研、选定目标市场、产品开发、定价、分销、促销、品牌建立、营销策划、销售管理、客户关系管理以及售后服务等一系列活动。市场营销的核心内容就是为满足目标市场顾客需要而综合运用营销策略组合，最终获得合理利润的经营活动。因此，市场营销的含义比推销更广泛、更丰富，层次更高，要求也更高。

早期的市场营销与推销几乎是同义语。事实上，推销仅仅只是市场营销人员的职能之一，但不一定是最重要的职能。这是因为，如果企业的市场营销人员搞好市场营销研究，了解购买者的需求，按照购买者的需求来设计和生产适销对路的产品，同时合理定价，搞好分销、促销等市场营销工作，那么这些产品就可以轻而易举地推销出去。但事实上，推销必不可少。

市场营销与推销存在原则上的区别：市场营销重视买方需求，认真考虑如何更好地满足顾客的需要，根据顾客的需要设计产品吸引顾客，根据顾客的需要定价迎合顾客，根据顾客的需要确定分销渠道方便顾客，根据顾客的需要进行促销传播产品信息。而传统的推销，主要是指面对面或者一对一的直接的人员推销，重视的是卖方的需求，以销售现有的产品、实现企业盈利为主要目标，缺乏对顾客需求的关注。换种说法就是：市场营销的出发点是市场（需求），传统推销的出发点是企业（产品）。

2. 促销与推销

产品、定价、渠道、促销四大因素构成了市场营销组合，也就是俗称的4P，而其中的促销又分为四种方式，包括人员推销、广告、营业推广、公共关系。本书中所说的“推销”，即人员推销，实际上是促销组合的一部分，也是市场营销的一种功能。

促销（Promotion）又称销售促进，是指企业通过人员和非人员的方式把产品和服务的相关信息传递给顾客，以激起顾客的购买欲望，影响和促成顾客购买行为的经营活动。推销属于人员促销，而广告、营业推广、公共关系并不属于这一范畴。推销的主要工具和方法在于“推”，这与其他促销形式形成了方式上的差别。虽然目前已经出现了利用电话、会议、网络媒介的推销行为，但推销的主观人员特征还没有实质性的改变。

促销和推销都是一种信息的传播和市场沟通活动。在市场经济中，生产者、经营者与消费者之间存在信息上的分离，消费者对企业的产品和服务信息缺乏了解，缺少购买激情和冲动，这时候就需要企业对商品信息进行专门设计，再通过媒体形式传达给消费者，激发消费者的购买欲望，促使消费者购买。

促销组合是企业开展促销活动最常见的方式。通过人员推销、广告、营业推广、公共关系这四种方式的有机结合，从而顺利地实现促销目标。

促销组合的优势和不足如表6-1所示。

表 6-1　　促销组合的优势和不足

促销组合	优势	不足
人员推销（Personal Selling）	直接和目标对象沟通信息，建立感情，及时反馈，当面促成交易	需要人员多，费用大，接触面窄
广告（Advertising）	传播广泛，生动，节省资源	针对性不足，难以促成交易
营业推广（Sales Promotion）	短期内刺激购买欲望，促成购买，形式多样	接触面窄，效果短暂，不利于品牌建立
公共关系（Public Relation）	影响面广，信任度高，提升知名度和美誉度	耗资巨大，效果难以控制

3. 传销与推销

传销（Multi-Level Marketing）又称多层式推销，是一种通过人传人的方式来达到销售的市场策略，传销组织通过多层次、独立的传销来销售或提供劳务，每个传销员除了销售货物以赚取利润外，还可以介绍、训练他人成为新的传销人，并建立新的销售网络来销售公司货物，在公司获取更多利润的同时，每个传销员也在自己的销售网络中获取相应的差额。传销培训教材极富煽动性和欺骗性，而且具有很多心理学的要素，极易诱人上当。传销培训教材编织的链条程序大体是这样的：要把新人骗进传销组织，大致分为列名单、电话或书信邀约、摊牌、跟进，乃至胁迫加盟。

传销具有两个明显特征：(1) 传销的商品价格严重背离商品本身的实际价值，有的传销商品根本没有任何使用价值，服务项目纯属虚构；(2) 参加人员所获得的收益并非来源于销售产品或服务等所得的合理利润，而是他人加入时所缴纳的费用。

推销与传销有实质上的不同，具体体现在以下四个方面。

(1) 产品不同。传销的产品价格严格背离产品本身的价值。而推销的起点是产品的终端销售，是营销的一种策略，企业以销售产品为企业运营的基础。

(2) 加入方式不同。传销在加入时，上线要收取下线的商品押金，一般以购物或资金形式收取“入门费”。而推销则不需要如此，企业中的推销人员无须缴付任何高额入门费，也不会被强制认购货品。

(3) 销售管理不同。传销中，上线通过欺骗下线来获取自己的利益。采用“复式计酬”方式，即销售报酬并非仅仅来自商品利润本身，而是按发展传销人员的“人头”计算提成。而正当的推销的销售报酬仅仅来自商品利润本身。

(4) 目的不同。传销人员的主要目的不仅仅是推销产品以取得报酬，还要建立、发展传销员网络，并根据这个网络的销售业绩获取经济收入。而推销最终面对的是终端客户，主要目的是进行商品交易。

反传销动画短片

1998 年 4 月颁布的《国务院关于禁止传销经营活动的通知》宣布全面禁止传销，国务院 2005 年颁布的《禁止传销条例》正式将传销定为非法。

（三） 推销的特点

推销是一门艺术，是推销人员与消费者面对面的双向沟通活动，是促销的一种有效形式。它具有以下特点：

1. 特定性

推销是企业在特定的市场环境中为特定的产品寻找买主的商业活动，必须首先确定需要特定产品的潜在客户，然后有针对性地向推销对象传递信息并进行说服，因此，推销总是有特定对象的。任何一位推销人员每一次的推销活动都需具有这种特定性。

2. 双向性

推销不仅是一个商品转移的过程，还是一个信息双向沟通的过程。推销人员一方面向顾客推荐产品、提供售后服务等方面的信息；另一方面必须留意观察顾客的反馈，探求顾客的真实需求，并及时反馈给企业，为企业领导的正确经营决策提供依据。

3. 互利性

现代推销是一种互惠互利的双赢活动，必须同时满足推销主体与推销对象双方的不同要求。成功的推销需要买卖双方都有积极性，其结果是符合双方的利益，不仅推销的一方卖出商品，实现盈利，而且推销对象也感到需求得到了满足，给自己带来了多方面的利益。只有对双方有利，才能实现双赢。

4. 灵活性

影响市场环境和推销对象需求的不确定因素很多，每一次推销活动都各有不同，推销人员只有灵活掌握推销原理和技巧，恰当地调整推销策略和方法，才能有效地说服顾客，促使其购买。

5. 说服性

推销的中心是人而不是物，说服是推销的主要手段，也是推销的核心。为了获得顾客的信任，让顾客接受被推荐的产品，采取购买行动并重复购买，推销人员必须就产品的功能和优点，耐心详细地向顾客做宣传、介绍，从而促使顾客接受推销人员的观点、商品或服务。

6. 服务性

在推销的过程中，顾客购买的不仅仅是商品本身，更是一个完整的服务体验过程，因此越是服务周到，顾客越愿意接受推荐，采取购买行为的可能性就越大。正如世界推销大王乔·吉拉德曾说过的，推销本身就是一种服务。

二、推销的内容

（一） 推销自己

在向客户推销自己公司的产品时，首先要把自己推销给客户。只有把自己有效地推销给客户，才能让客户愉快地接受你，你才有机会来推销自己公司的产品。有五种方式可以推销自己。

1. 要以对方为导向

在推荐自己的时候，注重的应该是对方的需要和感受，并根据他们的需要和感受说服对方，被对方接受。

2. 要有自己的特色

推荐自己必须先从引起别人的注意开始，如果别人不在意你的存在，那就谈不上推荐自己。那么，如何引起别人的注意呢？关键是要有自己的特色，有什么与众不同之处。

3. 要善于面对面

人们通过面谈可以取得推荐自己、说服对方、达成协议、交流信息、消除误会等功效。面对面推荐自己时，应注意和遵循下面的法则：依据面谈的对象、内容做好准备工作；语言表达自如，要大胆说话，克服心理障碍；掌握适当的时机，包括摸清情况、观察表情、揣摩心理、随机应变等。

4. 要有灵活的指向

人各有所好，假如你针对对方的需要和感受仍说服不了对方，没能被对方接受，那么你应该重新考虑自己的选择。

5. 要注意控制情绪

人的情绪有振奋、平静和低潮三种表现。在推荐自己的过程中，善于控制自己的情绪，是一个人自我形象的重要表现方面。情绪无常，很容易给人留下不好的印象。为了控制自己亢奋的情绪，美国心理学家尤利斯提出了三条有趣的忠告：低声、慢语、挺胸。

（二） 推销产品的价值

产品是指能提供给市场、用于满足人们某种欲望和需求的任何事物，包括实物、服务、场所、组织、思想、主意等。现代市场营销理论认为，产品整体概念包含核心产品、有形产品和附加产品三个层次。核心产品，是指消费者购买某种产品时所追求的利益，是顾客真正要买的东西，因而在产品整体概念中也是最基本、最主要的部分。有形产品，是核心产品借以实现的形式，即向市场提供的实体和服务的形象。如果有形产品是实体物品，则它在市场上通常表现为产品质量水平、外观特色、式样、品牌名称和包装等。产品的基本效用必须通过某些具体的形式才能得以实现。附加产品，是指消费者购买有形产品时所获得的全部附加服务和利益，包括提供信贷、免费送货、安装、售后服务等。因此，推销人员不能仅仅向消费者推销产品，而应借助所推销的产品，想方设法唤起并刺激消费者，使他为满足自己现在或将来的需求而产生购买欲望，产品推销本身则处于次要地位。

（三） 顾客需求的满足

在全球经济一体化的今天，若想产品有销路，最主要的是它必须满足人们主要的或基本的需求。一般来说，人都有相同的基本需求和愿望。例如，致富的愿望、让他人羡慕的愿望、取得成功的愿望等，任何一个人都会为了使自己的生活变得更有意义、更丰富多彩而努力奋斗。这些基本需求影响着人们的言行，也影响着人们的购买行为。任何一种产品，只要它能满足人们的某些需求，就会受到欢迎。推销人员应该把产品的使用价值与顾客的基本需求有机结合起来。推销的成功与否取决于产品能让顾客需求得到满足的程度。

三、推销的功能

在现代社会中，推销活动至少有以下几种重要功能。

（一） 销售商品

销售商品是推销的基本功能。推销是商品由推销人员向推销对象运动的过程。在这个过程中，通过寻找顾客、接近顾客、推销洽谈，进而达成交易，实际上就是实现商品所有权的转移，完成了商品销售。只有把商品销售出去，才能达到预期的推销目的，才能为企业创造利润。

（二） 传递商品信息

在市场经济下，商品琳琅满目，各种商品各具特色，顾客如何根据自己的需要找准所需商品，厂商如何完成销售，都离不开传递商品信息这一过程，因为推销不仅要满足顾客对商品的需要，也要满足顾客对商品信息的需要，及时地向顾客传递真实、有效的信息。推销人员向顾客传递的主要商品信息如表 6－2 所示。

表 6－2　　推销人员向顾客传递的主要商品信息

商品的一般信息	它是指有关商品的功效、性能、品牌、商标、生产厂家等有关信息，告知顾客某种商品的存在。
商品的差别优势	它是指商品在同类中所处的地位及特殊功能。要针对不同目标顾客的需要，突出宣传所推销商品的某些特征，以便在顾客心目中树立产品形象。
商品的发展信息	它是指有关企业产品的发展动态，如新材料的运用、新产品的开发以及老产品改进等信息，以此引导顾客接受新产品。
商品的经营信息	它是指有关商品的销售价格、经营方式、服务措施、销售地点等信息，以此方便顾客购买。

（三） 提供服务

推销不仅是把商品销售给顾客，而且是通过提供各种服务，帮助顾客解决各种困难和问题，满足顾客多层次、多方面的需求。具体来说，推销服务包括售前服务、售中服务和售后服务。提供的服务越周到，就越能赢得客户的信任与好感。优质的售后服务体现了企业善始善终的经营思想。

售前服务要求推销人员具备专业的素养，在销售前为顾客提供信息咨询或培训服务；售中服务需要推销人员具有热情的态度，在销售过程中为顾客提供热情接待、介绍商品、包装商品、送货上门、代办运输等服务；推销人员还要提供用心的售后服务，为顾客提供售后的安装、“三包”维修、处理顾客异议等服务。

（四） 反馈市场信息

现代推销过程是一个供求信息的双向沟通过程。推销人员是企业联系市场的纽带，是企业获取情报的重要渠道。推销人员通过与推销对象以及市场的直接接触，能够及时、准确地搜集客户和市场信息，为企业的决策提供支持。

推销人员向企业反馈的市场信息主要有：

（1）顾客信息。例如，顾客对推销品及其企业的反馈，顾客的需求、购买习惯、购买方式及经济状况等。

（2）市场需求信息。例如，推销品的市场需求状况及发展趋势，推销品在市场中的优劣态势等。

（3）竞争者信息。例如，竞争者商品的更新状况、销售价格、质量、品种规格以及竞争者促销手段的变化等。

四、推销的原则

推销的实质是要刺激并满足顾客的需求，因此在推销过程中，推销人员只要掌握了正确的推销原则，就可以有章可循，从而减少推销失误，提高推销成效。

（一） 顾客导向

客户的需求和欲望是市场营销的出发点，也是推销的出发点。因此，推销人员必须认真了解顾客的需要，把推销品作为满足顾客需要的方案向顾客推荐，让顾客明白它确实能满足其需要。但是还有一部分顾客并未意识到需求，这就需要推销人员借助推销手段、方法，千方百计地唤起并刺激顾客，当刺激迎合顾客的需求，就更容易被顾客接受。

（二） 互利互惠

互利互惠原则是指在推销过程中，推销人员要以交易能够为双方都带来较大的利益为原则，不能做出以损害一方利益为前提来满足另一方利益的行为。推销活动中，在顾客买到称心如意的商品、得到某种价值和利益的同时，推销人员完成了销售任务，获得了佣金和提成等经济利益。双方只有实现了共赢，才能够建立长期且良好的合作关系，才能够取得良好的口碑。“一锤子”买卖、欺行霸市和宰客行为都是行不通的。这样的推销是一把双刃剑，在偷偷“砍伤”顾客利益的同时，恰恰也使商品推销者的长期利益受到了损害。

需要说明的是，互惠互利原则并不是对顾客的让利或赠奖利诱。实际上，客户追求的利益是多方面的，既有物质的，也有精神的，必须将利益与顾客的需求相适应。推销人员在努力实现互利互惠原则时，必须善于认识顾客的核心利益并与顾客加强沟通。

（三） 以诚为本

诚信的基本含义是诚实，不疑不欺，在人际交往中言而有信、言行一致、表里如一，在推销过程中以诚待人，真诚地面对顾客，如实地向顾客介绍商品，不提供伪劣产品，不做虚假宣传，不以次充好，不从事欺骗性活动，不做虚假承诺，用真诚之心面对自己所从事的工作，用诚恳之心面对自己的销售对象，一切推销工作以诚为本。

【教学互动】

互动练习：

某大学对若干名大学生做了以“推销”为主题的一项调查。关于“推销活动与推销人员”的某些观点如下：

(1) 推销是一种工作，不是一种职业。

(2) 为了推销成功，推销人员必须学会说谎与欺骗。

(3) 推销活动只对推销人员有利。

(4) 推销人员只为赚钱，而不顾其他。

(5) 一名优秀的推销人员，必定是一位精于计算的人。

假如你是推销人员，正与一名完全同意上述否定推销活动言论的大学生谈话，试着说服这位大学生。

要求：

教师先引导学生结合本部分内容进行独立思考、自由发表见解，再组织课堂讨论，最后对学生提出的典型见解进行点评。

五、推销方格理论

推销方格（Sales Grid）是在推销过程中，推销人员与顾客在交往的时候都有着各种各样的心理，形成推销人员和顾客各自的心理状态。不同的推销心态往往带来不同的推销效果。

推销方格理论分为推销人员方格和顾客方格两个部分：推销人员方格研究推销活动中推销人员的心理活动状态，顾客方格则研究顾客在推销活动中的心理活动状态。

（一） 推销人员方格理论

推销人员在进行推销时必须关注和权衡两个重要方面：一是完成销售任务，把产品卖出去；二是与顾客建立良好的人际关系，以便日后开展业务。在具体的推销活动中，推销人员追求的两种目标的心理态度就构成了推销方格（见图6-1）。

推销人员方格中的横坐标表示推销人员对推销任务的关心程度，纵坐标表示推销人员对顾客的关心程度。两个坐标值都是从1逐渐等值增大到9，坐标值越大，表示推销人员对其关注的程度越高。理论上来说，推销人员的心态有81种之多，如果这样划分，推销人员两种相邻心态之间的差别非常小，很难把握。针对这一情况，布莱克和蒙顿基本上把推销人员分成五种类型。

1. 事不关己型，坐标为（1,1）

第一种推销心态称为事不关己型。持有这种心态的推销人员既不关心客户的需求是否能够得到满足，也不关心自己的推销任务，对本职工作缺乏热情和责任心。究其原因，也

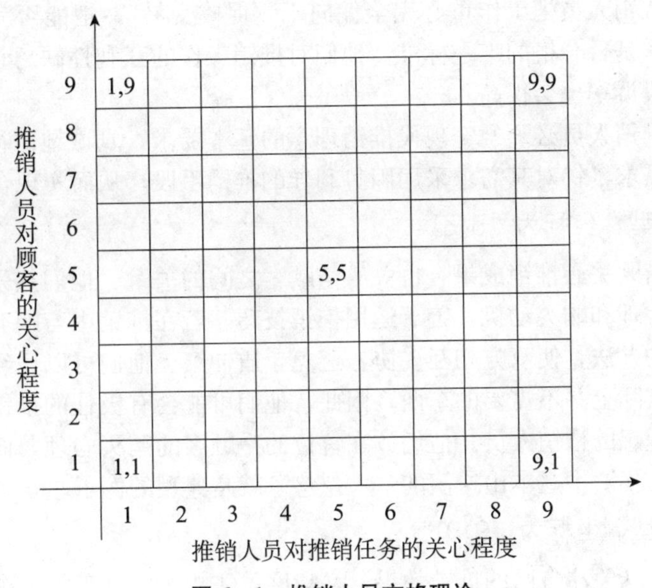

图 6-1　推销人员方格理论

许是推销人员主观上不努力，缺乏进取心，也可能是公司施加的工作压力不够，缺少有效的激励和奖惩措施。

产生的原因：一是企业雇用的推销人员不合格，缺乏专业素养；二是推销人员缺乏爱岗敬业精神，不思进取，缺乏成功欲望；三是企业疏于管理，未能建立有效的激励措施和奖惩制度。

处理策略：首先，选择合适的推销人员。其次，加强入职培训，为推销人员树立正确的推销观念，积极向上的人生观。最后，健全规章制度，制定合理的薪酬激励机制，奖勤罚懒，能者多得。

2. 顾客导向型，坐标为（1,9）

这类推销人员非常重视与顾客的关系，而不关心推销任务。其典型特征就是为了树立良好的个人形象，而对顾客过于迁就，从而忽视了公司的销售目标。在推销与顾客之间，将顾客放在首要地位，把建立和保持与顾客的关系作为工作目标。这类推销人员可能会成为一个理想的人际关系专家，但不容易成为一名合格的推销人员。

产生原因：一是这类推销人员片面夸大了人际关系在推销过程中的重要性，二是这类推销人员对以顾客为中心的现代推销观念的理解有问题，三是企业管理制度存在缺陷。

处理策略：担负职责，认真完成本职工作，既要真诚对待顾客，又要维护企业利益，公私分明，不能因人情而侵犯企业利益。

3. 强力推销型，坐标为（9,1）

这类推销人员的心态与顾客导向型推销人员恰恰相反，这类推销人员具有强烈的成就感和事业心。为了提高业绩，有些推销人员不惜采用多种手段，全然不顾顾客的真实意愿和需求，迫使其购买，以达到推销的目的。有这种心态的推销人员的强行推销不但损害了顾客的利益，而且损害了企业的市场形象和产品信誉，最终损害企业的长远利益。事实上，在竞争日益激烈的买方市场条件下，强力推销型推销人员是没有多大市场的。

产生原因：推销人员把工作重心完全偏向于“促成交易”，把能否完成销售任务视为检验推销人员工作是否合格的唯一标准。他们对推销工作的互利性缺乏认识，虽然短时间内业绩较高，但投诉率也会很高。

处理策略：推销人员必须遵守现代推销理念的基本要求，真诚地对待顾客，挖掘、引导、刺激顾客的需求，针对其需求采用因势利导的推销手段，从而实现合作共赢。

4. 推销技巧型，坐标为（5,5）

这类推销人员既关心推销成果，也关心与顾客之间的关系。他们热爱推销工作，十分重视研究顾客的心理和购买动机，善于运用推销技巧。若在推销中与顾客意见不一致，一般都能采取折中的办法，使双方相互妥协，避免矛盾冲突。他们可以凭经验和推销技巧诱使顾客购买一些实际上并不需要的东西，因此，他们可能会有极佳的推销业绩。但这类推销人员仍然不是理想的推销人员。他们放在首位的是顾客的购买心理，而不是顾客的利益需求。如小品《卖拐》中赵本山扮演的“大忽悠”就是典型的例子。

5. 解决问题型，坐标为（9,9）

这类推销人员既关注自己的推销效果，又高度关注顾客的真正需求和利益。这种推销人员是一种较理想的推销人员，具有强烈的事业心和高度的责任感，真诚关心和服务于顾客，工作上积极主动。他们把推销活动视为满足双方需求的过程，将大量精力用于研究推销技巧，关心推销效果，又最大限度地解决顾客困难，注意开发顾客潜在需求和满足顾客需要，将推销任务与顾客需求两者紧密结合，使商品交换关系与人际关系有机地融为一体。他们能够针对顾客的问题提出解决办法，并在此基础上顺利提高自己的推销业绩，满足顾客的真正需要是他们工作的重心，辉煌的推销业绩是他们奋斗的目标。

（二） 顾客方格理论

推销活动不仅受推销人员态度的影响，而且受顾客态度的影响。推销人员必须对顾客的态度进行分析，因人而异地展开推销。在购买活动中，顾客至少有两个目的：一是希望通过与推销人员磋商，讨价还价，力争花较少的钱购买到最合适的商品；二是与推销人员建立良好的人际关系，为今后的合作打好基础。前者注重“商品利益”，后者注重“和谐关系”，但不同的顾客对这两方面的重视程度有所差异。有些顾客关注产品本身，有些顾客更关注推销人员的态度和服务。这些差异程度通过坐标表现出来，就形成了顾客方格图（见图6-2）。

我们用横坐标表示顾客对购买任务的关心程度，用纵坐标表示顾客对推销人员的关心程度，两者都从低到高划分成9个等级。在81种顾客心态类型中，也存在5种典型的类型。

1. 漠不关心型，坐标为（1,1）

持有这种心态的顾客既不关心推销人员，也不关心产品购买本身。原因之一是其没有购买决策权，或者决策权交给别人，自己尽量不做出购买决定，回避推销人员。向这类顾客推销商品是非常困难的，推销成功率很低。

2. 软心肠型，坐标为（1,9）

软心肠型又称情感型，持有这种心态的顾客对上门的推销人员极为同情和关心，相反

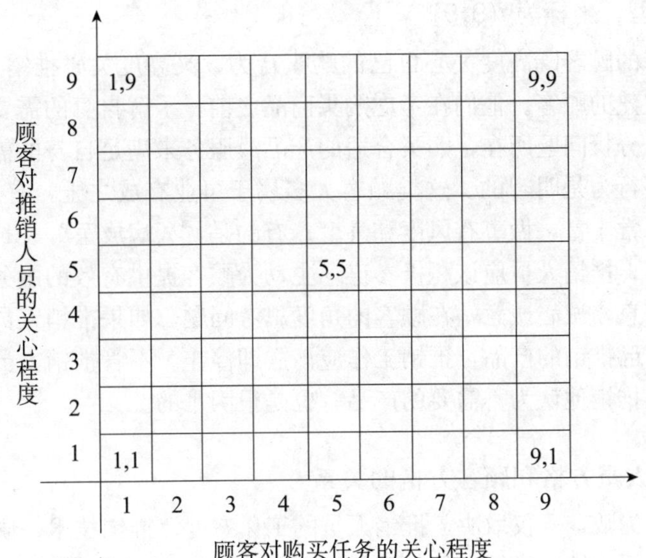

图 6-2　顾客方格理论

对于自身的购买行为却不太关心。因此，他们也许只是因为推销人员热情周到，或因为推销人员辛苦工作而受到感动，从而做出购买决策。许多老年人和性格柔弱、羞怯的顾客都属于此类顾客。但要注意，对于软心肠型顾客，推销人员切不可把顾客对其的同情和关心当成一种进行推销可利用的条件，而将顾客不需要、不适合顾客或质量有问题的产品推销给顾客；否则，一旦顾客认识到自己的决策是错误的，以后就会对推销人员产生不信任和抵制心理，从而不利于建立长期合作。

3. 防卫型，坐标为（9,1）

持有这种心态的顾客只关心如何以更佳的条件购买商品，对推销人员非但不关心，反而极为反感，甚至敌视。这类顾客可能受传统观念的影响，认为无商不奸或者有过上当受骗的经历，因此，出于防卫，认为所有的推销人员都不是好人。他们在购买过程中小心谨慎、斤斤计较，总希望获得更多的利益。这类顾客只是对推销人员或推销工作有偏见，而不是不愿意接受推销品。因此，推销人员必须先推销自己，取得顾客的理解和信任，从而打消顾客的顾虑和偏见，而不要急于推销产品。对待这类顾客切不可用强，否则会导致顾客的反感和不快，推销人员最好采取迂回的策略，先与顾客交朋友，不谈推销，熟悉了之后再推销。

4. 干练型，坐标为（5,5）

持有这种心态的顾客既关心自己的购买行为，也关心推销人员的推销工作，购买时保持冷静的态度、清醒的头脑。这类顾客有商品知识和购买经验，在与推销人员打交道时显得非常聪明，既乐意听取推销人员的意见，又倾向于自主地做出购买决策。但干练型顾客在接受推销时容易显示自己的知识、经验、聪明、公正、宽容等优势，往往会购买一些自己并不十分需要或很不合算的商品。

对待这种顾客，最好的办法就是尽量地满足其消费心理，推销人员要用大量的事实和证据说话，让顾客自己做出购买决策。

5. 寻求答案型，坐标为（9,9）

持有这种心态的顾客既高度关心自己的购买行为，又高度关心推销人员的推销工作，他们被认为是最成熟的顾客。他们在考虑购买商品之前，了解自身的需要，通过倾听推销人员的推销介绍，分析问题所在，购买合适的产品或服务来满足自身的需求，解决存在的问题，他们的购买行为是明智的。这类顾客大多属于事业有成之士，有远见，思维敏锐：有的是人生阅历非常丰富，做事有风度和气度；有的是"久病成医"，积累了购买经验。

对待这类顾客，推销人员应该积极参谋，主动为顾客提供有效的服务，及时向顾客提供真实、有效的信息，诚心诚意站在顾客的角度思考问题。如果推销人员已经知道这种顾客实际上不需要自己推销的产品，推销工作应该立即停止。不管推销人员的推销技术如何高超，向这种顾客推销他认为不需要的产品，也是很困难的。

（三）推销人员方格和顾客方格的关系

推销的成功与失败，不仅取决于推销人员的工作态度、推销技术，同时受到顾客态度的影响。布莱克教授总结出推销人员方格与顾客方格的关系，反映了推销人员态度和顾客态度之间的内在联系。

根据推销方格理论，五种类型的推销人员和五种类型的顾客可进行不同的组合（见表6-3)。有的顺利达成交易，有的不能成交，有的即使成交也不是二者简单搭配的结果。为此，我们可以用表6-3来表示推销人员与顾客的关系。其中，"＋"表示推销成功；"－"表示推销失败；"0"表示推销成败的概率相等。

表6-3　推销人员方格与顾客方格搭配

推销人员方格	顾客方格				
	1,1	1,9	5,5	9,1	9,9
9,9	＋	＋	＋	＋	＋
9,1	0	＋	＋	0	0
5,5	0	＋	＋	－	0
1,9	－	＋	0	－	0
1,1	－	－	－	－	－

正常状态下，推销人员的推销心态越是趋向于解决问题型［表6-3中（9,9）型］，其推销能力越强，就越有可能获得理想的推销效果。从国外有关机构对推销人员推销心态和推销绩效之间关系的比较研究发现：在推销业绩方面，按推销人员方格中的分类，解决问题型（9,9）比推销技巧型（5,5）高3倍，比强力推销型（9,1）高15倍，比顾客导向型（1,9）高9倍，比事不关己型（1,1）高75倍以上。由此可见，不同类型的推销人员对推销工作的贡献差异很明显。因此，要想成为一位成功的推销人员，健康的心态是不可或缺的，推销人员应树立正确的推销观念，端正态度，加强培训和锻炼，调整和改善心态，努力向解决问题型的推销人才靠拢。

从现代推销学的角度来看，具有（9,9）型推销心态的推销人员比较成熟和理想，但并不是说明只有这种心态的推销人员才能取得推销佳绩。推销活动成功与否，除了自身努力，还需要看顾客是否配合。如果推销专家遇到一位漠不关心型（1,1）顾客，即使他有再高明的推销技巧，也很难成功。如果一位顾客导向型（1,9）推销人员遇到一位软心肠型（1,9）顾客，双方都很关心对方，即便不用什么推销技巧，推销人员也依旧能够取得推销的成功。

因此，正确把握推销心态与购买心态之间的关系是非常重要的。只要二者能够达到互相配合、和谐统一，推销就会成功。

任务二 了解推销模式

推销模式是指根据推销活动的特点及对顾客购买活动各阶段的心理演变应采取的策略，归纳出一套程序化的标准推销模式。推销模式有很多种，比较常见的主要有以下几种。

一、爱达模式

（一）爱达模式的含义

爱达模式（AIDA）（见图6-3）被认为是国际上较为成功的推销公式。爱达模式将顾客购买的心理过程分为四个阶段，即注意（Attention）、兴趣（Interest）、欲望（Desire）、行动（Action）。这四个阶段的第一个字母组合成推销模式——AIDA模式。

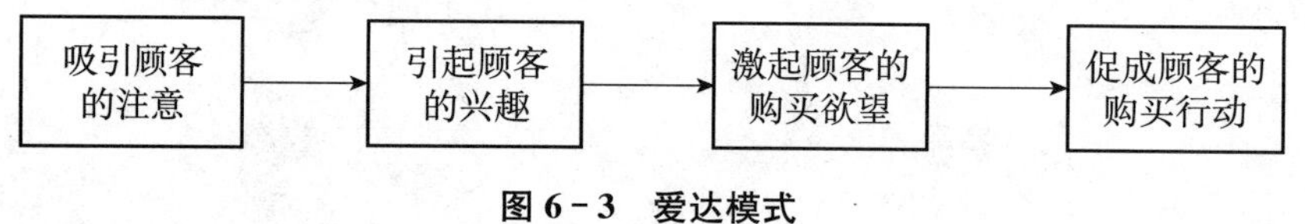

图6-3 爱达模式

（二）爱达模式的具体做法

1. 吸引顾客的注意

人们的购买行为通常都是从注意开始的。因此，推销人员应想方设法刺激顾客的听觉、视觉、嗅觉等感官，吸引顾客对推销品的注意，并使其关注自己所说的每一句话和每一个动作细节。吸引顾客注意的方法有很多，如形象吸引法、语言吸引法、利益提示吸引发等。推销人员要因人、因地而采取不同的方法。

（1）形象吸引法。当一名推销人员首次出现在顾客面前时，顾客可能凭着瞬间的判断而在潜意识里持欣赏、信任或者厌恶态度，这就是重要的第一印象。第一印象来自推销人员的服饰、举止、表情等所带给顾客的视觉上的刺激。能否在短时间内给顾客留下良好的第一印象，对于推销人员来说是非常重要的。因此，推销人员应该重视自己的仪表形象。

（2）语言吸引法。拉近与顾客距离最好的办法，莫过于找到顾客所感兴趣的话题，使双方处在良好的氛围之中，这样可以降低顾客的防范心理。

（3）利益提示吸引法。推销人员开门见山地将产品给顾客带来的利益告诉顾客，利用人们关注自身利益的心理，来吸引顾客的注意。

除了以上几种吸引消费者注意的方法以外，还有很多方法可以集中消费者的注意力，推销人员应根据时间、地点、销售对象的不同而采取灵活多样的方法。

2. 引起顾客的兴趣

兴趣与注意有着密切关系。兴趣是在注意的基础上发展起来的，是一个人对某一事物抱有的积极态度。对推销而言，兴趣就是顾客对推销产品或购买抱有的积极态度。在推销活动中，顾客对产品产生的好奇、期待、偏爱和喜好等情绪，均可称为兴趣。兴趣的进一步发展结果是欲望，如有可能，推销人员应让顾客体验产品，亲自检验产品的质量，让顾客亲身体验比其他任何一种方法都更具有说服力。具体包括以下几点：

（1）向顾客示范所推销的产品。它可以消除顾客的疑虑，促使他们产生购买欲望。如推销人员推销绿色无味环保油漆，可领消费者去粉刷好的样板间参观，让其感受一下用此类油漆装修的房间的空气质量。

（2）了解顾客的基本情况。对顾客越了解，就越能了解顾客的真实需求，交换意见和看法，更有希望达成交易。

（3）推销人员演示示范动作。通过示范，顾客能够了解产品的具体功能，最好在示范时增添一些戏剧性的场景，这样就更加能够引起消费者的兴趣。

（4）让顾客参与其中。

（5）随身携带宣传册，对主要内容进行解释。

（6）示范时间要适中，太长或太短都不好，而且要有所侧重。

（7）言谈举止要得体，并且引导顾客在示范过程中得出正确结论。

3. 激起顾客的购买欲望

激起客户的购买欲望是指推销人员通过推销活动，在唤起顾客对产品的兴趣后使顾客产生拥有推销品的强烈愿望，从而导致顾客产生购买欲望，以及不购买商品对自身来说是一种损失的心理感受。

在推销过程中，激起顾客的购买欲望可以通过三个步骤来完成：首先，提出购买建议；其次，观察顾客的肢体语言，识别、辨别顾客异议的根源和种类；最后，有针对性地化解顾客异议，多方诱导、强化顾客的购买意愿。激起顾客购买欲望的方法有：推销效用法、美景描绘法、联系提示法、多方证实法。

4. 促成顾客的购买行动

促成顾客的购买行动是指推销人员要不失时机地强化顾客的购买意识，培养顾客的购买意向，促使顾客最终产生购买行为。这一阶段是爱达模式的最后一个阶段，也是全部推销过程和所有推销努力的目标。推销人员在这一阶段必须抓住机会，坚定顾客购买的信心，促成顾客尽快做出购买决策。

在此阶段，推销人员应注意以下问题：一要准确观察成交信号，二要合理把握成交时机，三要尽量打消顾客的疑虑，四要及时促成交易。如果暂时没有成交，推销人员也要分析顾客不能做出购买决策的原因，并针对这些原因做好说服工作，重申顾客购买产品将会得到的利益。

经典案例

张亮是专门销售上光用的油漆的推销人员，他将要和东鹏公司的采购经理刘娅女士会面。在过去，他们公司曾经会面过，但是没有达成买卖协议。这次张亮在预定的时间外足足等了20分钟，终于，一位秘书将他带进张丽的办公室。

张亮：您好，刘经理。我是邦迪油漆公司的张亮，我想和你谈谈我们的产品。（刘娅并没有理睬张亮的微笑，而只是指着桌子前面的一张椅子）

刘娅：请坐。我想告诉你我手头现在有两个月的存货。而且，东鹏公司已经同那些供货商打了近三年的交道。

张亮：（坐下）谢谢！你知道，邦迪油漆公司是全国最大的油漆公司之一。我们的服务和价格都是无可挑剔的。

刘娅：你为什么觉得你们的服务优于其他公司呢？

张亮：因为我们对全国的每个销售点都保证在24小时内发货，如果我们当地的储备不足，我们会空运供货。我们是业界唯一采用空运方式的公司。另外，我们的油漆很牢固。贵公司通常的订货量是多少，刘经理？

刘娅：这要看情况而定。

张亮：大多数公司都订一两个月的货。贵公司一年之中共用多少油漆？

刘娅：只有看了你们的产品之后，我才会想订货的问题。

张亮：我明白，我只是想弄清你们的订货量，以便决定给你们的价格折扣。

刘娅：我想，你们的价格和折扣不会比现在的好。我想给你看一份价目单。

张亮：我相信各个厂家之间油漆价格的竞争会很激烈，这是我们最新的价目单，您可以比较。如果把价格与产品质量和服务保证联系起来，您会发现我们的产品很具吸引力。

刘娅：也许吧！

张亮：许多和贵公司类似的公司都不止一家供货单位，这样可以保证供货的稳定性，我们愿意成为贵公司的供货商之一。

刘娅：我只想有一家供货商，这样我可以得到更多的折扣。

张亮：您考虑过两家轮流供货吗？这样您可以获得相同的折扣，并且货源更加充足。

刘娅：让我考虑考虑，把你随身带来的文件留下来，我看看吧。

问题：

请对张亮的推销过程进行评述。

案例解析：

（1）吸引顾客的注意。推销人员告知顾客邦迪油漆公司是全国最大的油漆公司之一，油漆很牢固，服务和价格都是无可挑剔的；并且他们是业界唯一采用空运方式的公司，对全国的每个销售点都保证在24小时内发货，如果当地的储备不足，会立即空运供货，以此引起顾客的注意。

（2）引起顾客的兴趣。因为该顾客是一个典型的商业型顾客，她追求的是高利润或低成本，所以推销人员把最新的价目单给顾客，并引导顾客将产品的价格及质量联系在一起进行比较，以突出产品优势，引起顾客的兴趣。

(3) 激起顾客的购买欲望。在推销人员了解到顾客的目的是要低折扣后，推销人员应及时用低折扣以及两家供货能保证货源充足的优势来激起顾客的购买欲望。

(4) 促成顾客的购买行为。通过以上阶段的推销，该推销人员已经打消了顾客的疑虑并激发了顾客的购买欲望。顾客主动要求推销人员留下产品的文件，说明该推销人员的推销已经成功了一大半。

（三） 适用情况

爱达模式从消费者心理活动的角度具体研究推销的不同阶段，不仅适用于店堂推销、柜台推销、会展推销，也适用于易于携带的生活用品和办公用品的推销，还适用于新推销人员以及对陌生顾客的推销。

二、迪伯达模式

（一） 迪伯达模式的含义

迪伯达模式（DIPADA）（见图 6-4）是海因兹·姆·戈德曼根据自己的推销经验总结出来的推销模式。“迪伯达”是六个英文单词（Definition、Identification、Proof、Acceptance、Desire、Action）的首字母组合 DIPADA 的音译，分别代表迪伯达模式的六个推销步骤。迪伯达模式与传统的爱达模式相比，被认为是一种创造性的推销模式。该模式的要诀在于：先谈顾客的问题，后谈推销的产品，推销人员在推销过程中必须先准确地发现顾客的需要和愿望，然后把它们与自己推销的产品联系起来。

迪伯达模式比较适用于老顾客即熟悉顾客的推销、无形产品及开展无形交易的推销（如保险、技术服务、咨询服务、信息情报、劳务市场等）、客户属于有组织购买及单位购买者的推销。

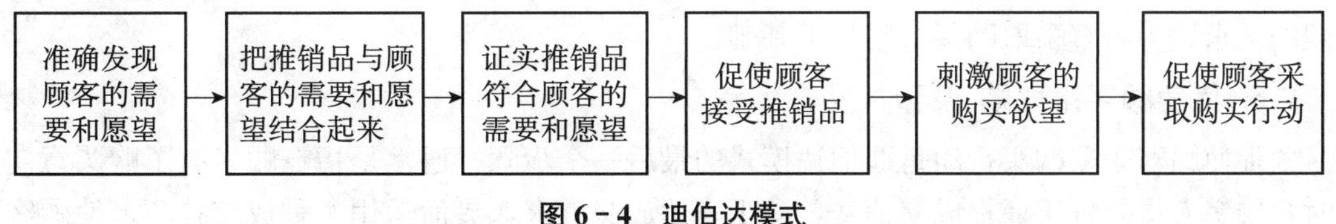

图 6-4　迪伯达模式

（二） 迪伯达模式的具体做法

1. 准确发现顾客的需要和愿望

推销人员在拜访顾客之前，应对准顾客进行科学的调查、分类及管理，定义出自己真正的顾客对象，以便拜访。从推销时间来看，真正的推销满足顾客的需要和愿望是推销活动的出发点，但顾客的需要有的是明显的、可言说的，有的则是隐蔽的、不可言明的。因此，需要推销人员去认真推敲、揣摩、分析，从而准确地发现顾客的需要和愿望。这是有效说服顾客的基础和保证，是使推销走向成功的根本所在。

2. 把推销品与顾客的需要和愿望结合起来

当推销人员简单、准确地总结出顾客的需要和愿望之后，便进入第二个阶段：把对顾客需要的调查分析与今后的推销程序结合起来。这是一个由探讨需要向开展实质性推销转移的过程。

推销人员在推销活动中，要主动提示产品的利益，使产品的内在功效外显，让顾客感觉到产品是符合自己需要的，是令人满意的。

3. 证实推销品符合顾客的需要和愿望

推销人员对自己所推销的产品在向顾客进行介绍、展示、说明时，要证明所推销的产品刚好符合顾客的需要，能满足顾客的购买愿望，采用各种方法对推销内容进行证实，以增加顾客的信任感，减少顾客的担忧。

证实，意味着推销人员必须向顾客提供有说服力的证据，借以证明自己的推销言之有理、言之有据。证据主要包括：人证——如专家、领导、明星等权威人士或社会知名人士的论证；物证——如权威机构的检测报告、获奖证书、报纸杂志的报道等；例证——曾经购买推销品取得效益的单位或个人的典型案例等。

4. 促使顾客接受推销品

通过各种证据虽然证实了推销人员所推销的产品符合顾客的需要和愿望，正是顾客需要的，但这并不意味着顾客已经接受了该产品，推销人员仍需要利用诱导、总结、提问、示范、试用等方法与技巧，促使顾客接受推销品。

促使顾客接受推销品必须坚持以顾客为本的原则。首先，必须明确接受的主体是顾客，也只有顾客的接受才有意义；其次，要避免硬性推销、急于求成的做法，不能试图强迫顾客接受。

5. 刺激顾客的购买欲望

推销过程中，仅仅将顾客的需要和推销品联系起来是远远不够的。当顾客接受推销品之后，推销人员应及时激起顾客的购买欲望，利用各种诱因和刺激使顾客对推销品产生强烈的需求，为顾客采取购买行动打下基础。

6. 促使顾客采取购买行动

促使顾客采取购买行动是迪伯达模式的最后一个步骤，通常是指在顾客有了购买意向时，推销人员要善于捕捉成交信号，敢于表达成交诉求，灵活运用各种成交技巧，使顾客现场购买。

（三） 适用情况

与传统的爱达模式相比，迪伯达模式的特点是紧紧抓住了顾客的需要这个关键性因素，使推销工作更能有的放矢。因此，这一模式也被人们认为是一种创造性的推销，是以需求为核心的现代推销学在实践中的应用。迪伯达模式主要适用于向批发商、厂商、零售商或熟悉的顾客推销各种工业品、无形产品等。如果在拜访顾客时，对方主动询问某一产品，想要了解相关情况时，推销人员也可以使用迪伯达模式展开推销。

三、埃德帕模式

（一）埃德帕模式的含义

埃德帕模式（见图 6-5）是迪伯达模式的简化形式，它适用于有着明确的购买愿望和购买目标的顾客。“埃德伯”是五个英文字母——IDEPA ——的音译。这五个英文字母分别为五个英文单词的首字母。I 为 Identification 的缩写，意为把推销的产品与顾客的愿望结合起来；D 为 Demonstration 的缩写，意为向顾客示范合适的产品；E 为 Elimination 的缩写，意为淘汰不宜推销的产品；P 为 Proof 的缩写，意为证实顾客已做出正确的选择；A 为 Acceptance 的缩写，意为顾客接受推销品，做出购买决定。

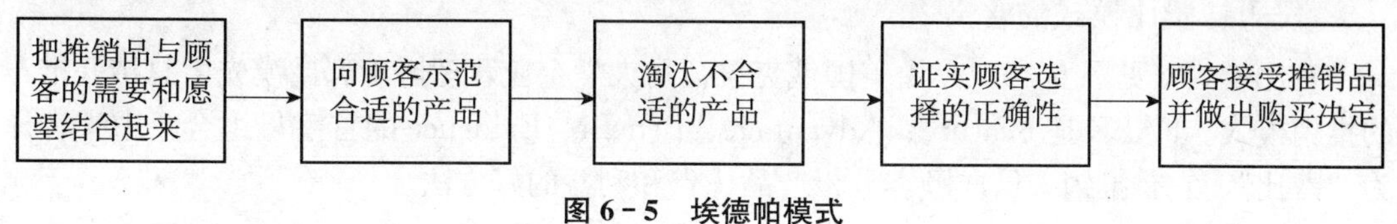

图 6-5　埃德帕模式

（二）埃德帕模式的具体做法

1. 把推销品与顾客的需要和愿望结合起来

主动上门购买的顾客都是带有明确的需求而来的，因此推销人员热情接待顾客的同时，应了解顾客的实际需要，尽量提供可供顾客选择的推销品，注意揣摩顾客的心理，把推销品与顾客需求结合起来。

2. 向顾客示范合适的产品

在确认顾客的需要问题后，推销人员一般都应根据其具体需要，进行产品的介绍、说明和示范。如果顾客的要求单一，只要某种型号的产品就能满足其需要的话，推销人员有的放矢地进行有针对性的介绍即可；如果顾客是拿着进货清单，那么对清单上所列的产品都应加以示范；如果顾客的需要不确定，推销人员应以顾客参谋的身份，提出供顾客参考的意见，并尽可能地扩大交易量。推销人员越早示范产品，成功的可能性就越大。

3. 淘汰不合适的产品

不合适的产品就是不能满足顾客需要的产品。推销人员应在众多产品中，把不合适的产品，即与顾客需要标准距离较大的产品剔除，使顾客尽量买到称心如意的产品。

4. 证实顾客选择的正确性

上门顾客一般都有自己的主见，经过推销人员的介绍和筛选，顾客会有一个大概的购货选择。如果是中间商，他们会对产品的盈利性十分关心；如果是一般顾客，他们则会对产品的质量、款式、功能比较关心，此时采用实例进行证实就显得非常重要。这里的证实与迪伯达模式中的证实大致一样，不同点在于迪伯达模式中的证实是对推销人员自己的介绍说明进行证实，而这里主要是要证实顾客的选择是正确的。

5. 顾客接受推销品并做出购买决定

推销人员应针对顾客的具体特点和需要进行促销工作，并提供优惠的条件，以促使顾客购买推销的产品。因此，这个阶段包含所有为促进交易而展开的推销活动，诸如折扣的提供、合同的签订、交货期的确定、运输的安排和其他售后服务的提供等。

（三） 适用情况

埃德帕模式适用于对有着明显购买愿望和购买目标的顾客展开的推销，尤其适用于向零售商推销。零售商接待的顾客大多数是自己主动到商店来购买的顾客。一般来说，这些顾客或多或少都知道自己需要购买哪些产品。

四、费比模式

（一） 费比模式的含义

费比模式（见图6-6）是由美国俄克拉荷马大学企业管理博士郭昆漠先生总结并推荐的推销模式。FABE是Feature、Advantage、Benefit、Evidence的首字母组合，中文音译为“费比”。它是推销人员向顾客分析产品优点和利益的好方法。

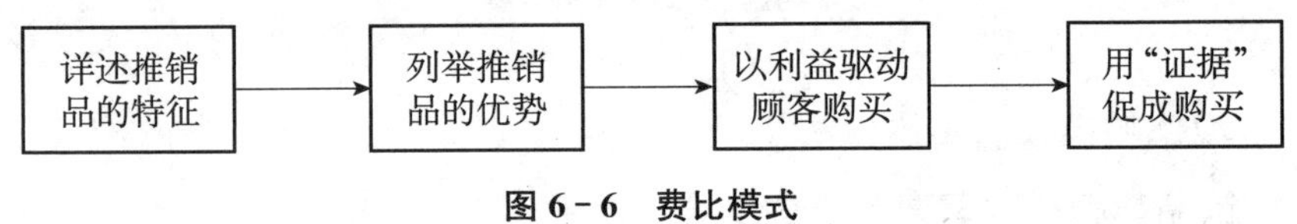

图6-6 费比模式

（二） 费比模式的具体做法

1. 详述推销品的特征

该模式要求推销人员以准确的语言向顾客介绍产品特征，包括产品的性能、构造、作用、使用的简易及方便程度、耐久性、经济性、外观优点及价格等。如果上述内容多而难记，推销人员可借助宣传资料和卡片，并在向顾客介绍时将其交给顾客。

2. 列举推销品的优势

这一步骤要求推销人员根据推销品的实际优点，充分说明其在质量、功能、性价比和服务等方面的超群和领先之处。用针对性、目的性很强的解说，展示产品的优势。特别要注意的是，所分析的优点要与前面介绍的特征相结合，不要脱离特征来谈优点。

3. 以利益驱动顾客购买

推销人员应在了解顾客需求的基础上，尽量多地列举产品能给顾客带来的利益，获得“顾客认知价值”的最大化。从产品的外在利益到内在利益，从实体利益到附加利益，从给顾客带来的经济利益到社会利益、情感利益，都应一一列举出来。尤其对顾客特别关注的方面要多讲解、多举例，以充分激发顾客的购买欲望。

4. 用“证据”促成购买

推销人员应以真实的数字、案例、实物等作为证据，让证据说话可能是说服力最强、效果最好、事半功倍的做法，有助于消除顾客的疑虑，让顾客信任并做出购买决策。

五、吉姆模式

（一）吉姆模式的含义

吉姆模式（GEM）（见图 6－7）旨在帮助培养推销人员的自信心，提高说服能力。其关键是“相信”，即推销人员一定要相信自己所推销的产品（Good），相信自己所代表的公司（Enterprise），相信自己（Meself）。

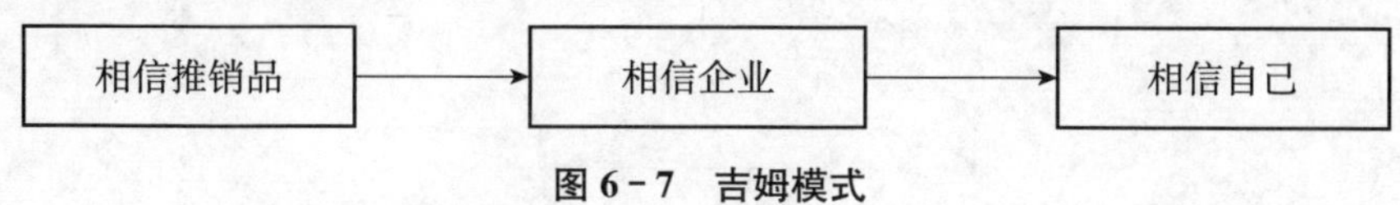

图 6－7　吉姆模式

（二）吉姆模式的具体做法

1. 相信推销品

推销人员应对推销品有全面、深刻的了解，同时要把推销品与竞争产品相比较，看到推销品的长处，对其充满信心，因为推销人员对产品的信心会感染顾客。

2. 相信企业

要使推销人员相信自己的企业和产品，企业和产品的信誉是基础，而信誉是依靠推销人员与企业的全体职工共同创造的。企业和产品的良好信誉，能增强推销人员的自信心和激发顾客的购买动机。

3. 相信自己

推销人员要有自信。推销人员应正确认识推销职业的重要性和自己的工作意义，以及未来的发展前景，从而使自己充满信心，这是推销成功的基础。

总之，推销人员在推销过程中只有深入研究顾客对推销的心理认识过程，同时十分注重自己的态度与表现，才能成功地进行推销。

【教学互动】

互动问题：

（1）顾客购买的心理活动可分为哪几个阶段？各包括哪些内容？

（2）顾客的思维和情感过程对购买有什么样的影响？

（3）几种推销模式中你最认同哪一种？为什么？

（4）联系实际谈谈如何才能成为一名解决问题型的推销人员。

要求：

教师不直接提供上述问题的答案，而是先引导学生结合本部分内容进行独立思考、自由发表见解，再组织课堂讨论，最后对学生提出的典型见解进行点评。

鲁豫采访格力总裁董明珠

任务三 学会自我推销

一、自我推销概述

每个人都在不断地推销自己。无论你是谁，每当你遇见某人、向别人解释、和人通电话或是提出自己的观点时，你就在推销你所拥有的最宝贵的财富——自己。要想赢得社会的肯定，就离不开自我推销，人人都是自己的推销员。

（一） 自我推销的含义

自我推销就是个体将自己独特的人格、形象、观念、知识与才能推销给“顾客”的过程，也是通过自身的努力获得他人的肯定、尊重、信任和接受的过程。不论你是谁、有多么博学，如果不会推销自己，你就很难成功。你必须学会推销自己的服务、推销自己的知识、推销自己的人格魅力。总之，要学会推销自己。

（二） 推销自己的重要性

世界上到处都存在才华横溢、学富五车、能力超群的“失败者”。是命运的不公还是自身的不足？千里马常有，而伯乐不常有。有才能的人更要做自己的伯乐，学会推销自己。

1. 自我推销有利于个人职业发展

在竞争日益激烈的现代社会，越来越多的人顶着沉重的工作压力。有才华的人如果不能在人才济济的职场中脱颖而出，不能在客户面前谈吐自如，不能在社会交往中吸引别人的眼球，就会使自己的才能被埋没。只有懂得推销自己的人，才能在工作和生活中如鱼得水。

2. 自我推销是有效建立人际交往的首要步骤

在传统的观念里，人们只注重知识的培养，却不懂得表现自我。人际关系的深入发展，既受个人品质方面吸引力的影响，又受个人特征的影响。善于推销自己的人会适当地展现自己的人格魅力，能引起更多人的注意，从而建立广阔的人际关系。

3. 自我推销可以得到更多的机会

人生处处皆推销。求职面试需要自我推销，竞聘加薪需要自我推销，销售商品需要自我推销……只有擅长自我推销的人，才能获得成长、成功和更多的人生机会，并实现自己想要达到的目标。

（三） 了解自己

一个人要敢于并善于正确评价自己，给自己一个公正客观的评价，冷静地分析自己的优缺点，以便更好地推荐自己。

1. 兴趣

自己有什么兴趣爱好？喜欢音乐吗？喜欢体育活动吗？参加过哪些社团活动？有证明吗？

2. 能力

自己擅长做什么？最近做过哪些能施展才干的工作？取得了什么成就？获得了什么证书？

3. 受教育程度

拥有怎样的学历？参加过哪些职业培训？有没有获得相关的证书？

4. 经验

到目前为止做过什么工作？写下自己在每项工作中的职责和义务以及取得的成绩。

5. 性格特点

列出自己的性格特点，包括好的和不好的。如果做过性格测试，最好将测试结果与将应聘的职业和岗位要求对照一下。

二、推销人员的自我推销

经典案例

有“日本推销之神”美誉的原一平，在开始做推销时并不顺利。有一次，他去拜访一家寺庙的住持吉田和尚。原一平滔滔不绝地向住持介绍保险的好处。老和尚一言不发，很有耐心地听原一平把话说完。然后，他以平静的语气说：“听完你的介绍之后，我丝毫没有投保的意思。”停顿了一下，他接着说：“人与人之间，像这样相对而坐的时候，一定要具备一种强烈的吸引对方的魅力。如果你做不到这点，将来就没什么前途可言了。”原一平起初并不明白老和尚话中的含义，后来才逐渐有所领悟，只觉得傲气全失，冷汗直流，呆呆地望着吉田和尚。老和尚又说：“年轻人，先努力去改造自己吧！”“改造自己？”“是的。你知不知道自己是一个什么样的人？要改造自己，首先必须认识自己。”“认识自己？”“是的，赤裸裸地注视自己，毫无保留地彻底反省，然后才能认识自己。”“请问我要怎么做呢？”“就从你的投保客户开始。你诚恳地去请教他们，请他们帮助你认识自己，让他们告诉你应该怎样做他们才能接受你、信服你。我看你有慧根，倘若按照我的话去做，他日必有所成。”吉田和尚的一席话，犹如当头一棒，点醒了原一平。

问题：

请对原一平的推销过程进行评述。

案例解析：

一个人如果连自己都不认识，又如何让别人去接受你？别人如果不能接受你，又如何能接受你的产品？因此，推销人员首先要正确认识自己、推销自己。一旦顾客接受了你，产品只不过是伴随你进入他们生活的一件附加品而已，推销自然也会变得简单起来。

戴尔·卡耐基说：“我们大多数的时候是重复在做同一件事，就是推销自己让别人或社会接受，从这个意义上来说，人生就是一场推销。”在推销过程中，推销人员不仅要注重自身形象，给顾客留下良好的第一印象，还要注意谈话技巧，成功推销商品。

（一） 推销自己的形象

在西方经济发达国家，流传着这样一句话：没有卖不出去的商品，只有卖不出去商品的推销人员。推销人员要把商品卖给顾客，除了要掌握必要的推销技巧，熟知市场知识、产品知识、消费者知识外，更需做到成功推销自己——让顾客在购买商品前首先接纳推销人员。

心理学家研究发现，人们的看法常受首因效应、晕轮效应、定型效应的影响。良好的第一印象会使对方心怀好感且久久难忘；反之，坏的印象则很难改变。

（1）首因效应。是指由于第一印象的作用而对后续交往产生影响的现象。有一位心理学家曾做过一个实验：把被试者分为两组，同看一张照片。对甲组说，这是一位屡教不改的罪犯。对乙组说，这是一位著名的科学家。看完后让被试者根据这个人的外貌来分析其性格特征。结果甲组说：深陷的眼睛藏着险恶，高耸的额头表明了他死不悔改的决心。乙组说：深沉的目光表明他思想深邃，高耸的额头表明了科学家探索的意志。

这个实验表明，若第一印象形成的是肯定的心理定式，则会使人在后续了解中多偏向于发掘对方具有美好意义的品质。若第一印象形成的是否定的心理定式，则会使人在后续了解中多偏向于揭露对方令人厌恶的部分。

（2）晕轮效应。在观察对方时，对方的某个特点、品质特别突出就会掩盖我们对对方的其他品质和特点的正确了解，被突出的这一点起了类似晕轮（月亮周围有时出现的朦胧圆圈）的作用，导致观察失误。这种错觉在心理学中被称为晕轮效应。

有一项实验：让人们看一张卡片，上面写着一个人的五种品质：聪明、灵巧、勤奋、坚定、善良。看后让人们想象一下这是一个什么样的人，结果人们普遍想象成一个友善的好人。然后，把卡片上的“善良”一词换成“凶狠”，顺序变成：聪明、勤奋、坚定、凶狠、灵巧。再让大家想象一下这是一个什么样的人，结果人们普遍推翻了原来的结论，转而认为这是一个可怕的坏人。

这说明“善良”和“凶狠”这两个品质产生了掩盖其他品质的晕轮效应。晕轮效应一般产生在不熟悉的人之间或者伴有严重情感倾向的人之间，最能产生晕轮效应的是外表，外表的美丽往往容易留下美好的第一印象。另外，一个人的气质、性格、能力、才智以及家庭背景、个人修养都会产生晕轮效应。但是，无论你是什么样的人，一个粗俗的举止，就会破坏你的全部好印象，而一个美好的举动则可使你倍增光辉。

（3）定型效应。人们会不自觉地把人按年龄、性别、外貌、衣着、言谈、职业等外部特征归为各种类型，并认为每一类型的人有共同特点。在交往观察中，如果仅用这一类人的共同特点去理解他们，在概括偏颇或忽略个体差异时，就会出现认知错觉。这种错觉称为定型效应。

根据定型效应，推销自己时要注意自己扮演的角色，虽然都是推销自己，但形象可以是千差万别的。不同的形象会留给对方留下不同的印象。如果你推销化妆品，就要以美容师的形象出现。如果你推销服装，就要以模特的形象出现。要想成功推销自己，必须时时变换自己的角色，根据自己推销的目标和推销的对象来给自己的角色定型，以适应不同情景，达到推销的最终目的。

（二）推销自己的人品

推销人员的人品也直接决定了顾客的看法，会使顾客产生不同的心理反应，从而潜在地影响交易的成败。好的人品必须合乎社会的道德规范和价值观念，向客户推销自己的人品，就要表现出良好的品德：热情、自信、主动、诚信、爱心、勇气、责任、忠诚、坚持、同情心、谦虚、尊老爱幼等。其中，诚信是赢得客户好感的最好办法，所有的客户都希望自己的购买决策是正确的，希望从交易中得到好处，害怕蒙受损失。如果客户察觉到推销人员有不诚信的行为，就会产生戒心，出于对自己利益的保护，可能会终止交易。

三、企业的自我推销

在当今这个充满竞争的社会里，企业形象的推销尤其重要，企业形象的建立重点在于文化的建设与传播，只有建设好企业形象，才能在消费者心中树立口碑并产生良好的印象。企业形象的推销是指社会公众与企业内部公众对企业的整体印象和评价。企业形象是由丰富的内容和多样的形式构成的完整印象，它可以分解为企业的精神风貌、企业的视觉形象、企业的质量文化和企业的服务文化。

（一）企业的精神风貌

企业的文化就是企业的灵魂，而企业的形象也是企业自我推销的基础。任何一个企业，在推销过程中，都必须不断积累人气，满足消费者的心理需求和物质需求。因此，企业必须为自己营造一个良好的发展环境，这样不仅可以在员工中构成一股强大的凝聚力，还能提高员工的主动性，员工的素养和职业道德也能得到相应的提高。企业文化作为一种企业风貌随时随地影响着员工，使得员工与其他社区群体在交流的时候能够更好地实现交流，并给对方留下好的印象。

（二）企业的视觉形象

企业形象是最直观、最直接的外在表现形式，是影响消费者购买欲望的最关键因素。企业的外在形象主要表现在包装、商标和广告上，各种用于宣传的标语、文字、影像、图片材料，以及员工衣服、生产环境等，都是企业形象的表现方式。消费者对这些外在表现形式的感受力正是他们的消费欲望，也是他们认识企业和产品的最直接、最重要的途径。

因此，这种外在形象会直接影响消费者的消费能力。

（三） 企业的质量文化

对产品是否信任是影响消费者购买欲望的直接因素。因此，企业要从产品的质量出发，加强质量管理。企业只有具备良好的生产条件和严格的质量管理，才能保证产品的质量。企业要建立完善的质量保证管理体系和违规行为惩罚体系，健全企业的质量文化，而这种质量文化的建立正好能促进企业产品质量的提升，这也会成为消费者在购买一些产品时的评判标准，从而全面有效地刺激消费者消费，提高营销效率。

（四） 企业的服务文化

虽然我国的消费水平和产品质量水平都在不断提高，但我们在保证质量的同时，必须加强企业在营销方面的服务质量。科技的发展让产品之间的质量差异变得越来越小，而服务质量则成为企业质量竞争的关键，当人们发现这种质量的竞争已经减弱时，就会慢慢地开始针对服务方面提出不同的要求。完善的营销服务和售后服务都能吸引消费者前来购物，这会在很大程度上影响消费者的购买欲望。

乐学善思

国家领导人出访 促进经贸合作

经贸合作是国家领导人出访的重要内容之一，一般会有经贸代表团随行。国家主席习近平多次出访，同各国签署了众多合作协议。以 2015 年为例，当年 4 月，习近平出访巴基斯坦，两国签署了约 460 亿美元的合作协议，多达 30 个项目，涉及中巴经济走廊；习近平访问哈萨克斯坦、俄罗斯和白俄罗斯三国，与之签署了一系列多领域双边合作文件，“一带一路”也成功与有关国家和地区的发展战略实现了对接。其中，中国与白俄罗斯签署大单近 20 项，总价值 157 亿美元。访问美国期间，中美达成 49 项成果清单。据商务部消息，与习近平同期访美的中国投资贸易访问团和六个分团共计采购美国大约 271 亿美元的产品。习近平出访英国后，中英双方共达成约 150 项合作协议，涉及金额约 400 亿英镑，超出预期。其中，欣克利角核电站的投资金额就高达 60 亿英镑。南非之行中，中南双方共同见证签署了 26 项双边协议，总价值达 940 亿南非兰特，约合 419 亿人民币。

思考：

国家领导人出访时，对促进国家经贸发展有什么好处？

提示：

世界经济的发展离不开中国，同时，双边经贸合作大单也有利于中国自身的经济转型。一国领导人在出访时为本国开拓海外市场，已成国际惯例。特别是在一些竞争激烈的领域，政府高层借访问亲自宣传，体现的是一国政府对该项目的全面支持，可能会在融资等方面给予很多优惠。

主要概念和观念

◀**主要概念**

推销　营销组合　市场营销　促销　促销组合　传销　推销人员方格　顾客方格　推销模式　爱达模式　迪伯达模式　埃德帕模式　费比模式　吉姆模式　自我推销

◀**主要观念**

推销作为一种社会活动，是无处不在的。我们每一个人都亲身体验过与推销有关的活动。试图通过一定的方法和技巧，向特定对象进行某种游说、劝说、推荐，使之接受自己的意愿、观念、想法、要求等的活动，都可以称为广义上的推销。

市场营销与推销存在原则上的区别，市场营销的含义比推销更广泛、更丰富，层次更高，要求也更高。同时，推销与促销也不同。产品、定价、渠道、促销四大因素构成了市场营销组合，也就是俗称的 4P，而其中的促销又分为四种方式，包括人员推销、广告、营业推广、公共关系。推销，即人员推销，实际上是促销组合的一部分，也是市场营销的一种功能。

推销的内容不只是指推销产品，还包括推销自己及满足顾客的需求。而在中间，首先要做的就是把自己推销给客户。只有把自己有效地推销给客户，才能让客户愉快地接受你，你才有机会来推销自己公司的产品。

推销的实质是要刺激并满足顾客的需求，因此在推销过程中，推销人员只要掌握正确的推销原则，就可以有章可循，从而减少推销的失误，提高推销成效。

推销模式是指根据推销活动的特点及对顾客购买活动各阶段的心理演变应采取的策略，归纳出一套程序化的标准推销模式。推销模式有很多种，推销人员需要根据实际情况来决定采取哪一种推销模式。

无论你是谁，每当你遇见某人、向别人解释、和人通电话或是提出自己的观点时，你就在推销你所拥有的最宝贵的财富——自己。要想赢得社会的肯定，就离不开自我推销。

在当今这个充满竞争的社会里，企业形象的推销尤其重要。企业形象的建立重点在于文化的建设与传播，只有建设好企业形象，才能在消费者心中树立口碑，并产生良好的印象。

项目单元训练

一、单项选择题

1. 推销是企业在特定的市场环境中为特定的产品寻找买主的商业活动，必须先确定谁是需要特定产品的潜在顾客，然后有针对性地向顾客推荐，体现的是推销的(　　)特点。

A. 双向性　　　　B. 互利性

C. 指定性　　　　D. 灵活性

2. 下面不属于塑造良好的个性和品质的因素是(　　)。

A. 培养自信心　　　　B. 消除自卑意识

C. 吃苦耐劳　　　　D. 有耐心

二、多项选择题

1. 下列属于推销功能的有（　　）。

A. 销售产品　　B. 传递商品信息

C. 提供服务　　D. 反馈市场信息

2. 自我推销就是个体将自己独特的（　　）推销给顾客的过程。

A. 人格　　B. 形象

C. 观念　　D. 知识与才能

三、判断题

1. 事不关己型推销人员既不关心客户的需求是否能够得到满足，也不关心自己的推销任务。（　　）

2. 无论用什么样的推销模式，推销人员的个人形象都是至关重要的。（　　）

3. 商务谈判中应遵循“立场第一，利益第二”的谈判原则。（　　）

四、简答题

1. 推销的特点有哪些？

2. 迪伯达模式适用的情况有哪些？在现实生活中有哪些运用？

3. 推销自己的形象的要素有哪些？

五、论述题

五种推销模式中，你最认同哪一种？为什么？

六、实操题

实训内容：自我推销。

背景资料：

根据“我是谁”（基本情况包括姓名、来自哪里、个人兴趣爱好、专业、家庭情况等），进行自我推销设计，可以推销自己的任何一个方面，比如外貌、能力等，从而达到以下目的：

(1) 锻炼学生在公开场合面向大众推销自己的胆量和能力，这是成为一名成功推销员的前提。

(2) 加深同学之间的相互了解，推动团队协作。

要求：

学生需精心撰写一份一分钟自我推销词，利用课余时间反复演练，做到内容熟练、表情自然，在课堂上进行一分钟的自我推销。具体步骤如下：

(1) 从容上台，问候。注意展现热情，面带微笑，以打动听众。

(2) 进行自我推销。注意音量、站姿、演讲顺序、眼神交流、肢体语言等。

(3) 致谢回座。

项目七
推销准备

【学习目标】

知识目标：掌握推销环境的内容，理解推销计划的内容，遵循推销职责，了解着装原则。

能力目标：能够熟练进行推销前的准备工作，根据推销环境制订详尽的推销计划，并按照推销人员的着装和行为规范进行着装和开展推销活动。

素质目标：认识推销准备工作的重要性，明确推销目标，热爱推销工作，发挥创新思维，培养服务意识，树立随时随地皆可推销的推销理念。

实训目标：通过实训，能够根据推销环境制订推销计划，培养推销人员应具备的基本素质与岗位能力，熟练运用推销礼仪。

【导引案例】

假发的故事

假发，在非洲是一种时尚。

这是因为黑人天生的头发又卷又蓬，而且还容易打结，不好打理，导致许多黑人女性多数有两种发型：一种是常见的爆炸头，叫 kinky hair；另一种是极其细密的小辫子，叫 braids，而这两种发型打理起来都耗时又费力，于是，方便又多变的假发套就成了一种潮流。根据调查，生活质量稍微好点的黑人女性，平均每人会有 6～7 顶假发，甚至在黑人的社交圈中，假发已经成为了一种隐形财富的证明。

河南许昌的假发以其优秀的质量征服了世界，如今在世界假发市场上拥有绝对的话语权，尤其随着我国“一带一路”倡议的提出以及政策的推进，现在许昌的发制品行业已经形成了产业带，出口的假发数量已经占到世界假发市场的 70%，遍布 120 个国家和地区，有 30 多万的从业人员，发展出了 3 000 多个产品种类。“许昌假发”居阿里巴巴海外热销榜第 3 位，每天的全球销量约为 4 万套。在跨境电商平台上，每 2 秒钟就有一顶许昌发制品被交易。全球每 10 顶假发中，有 6 顶来自许昌。其中一家名为瑞贝卡的公司在进行环境调研后，在尼日利亚、加纳和柬埔寨设立了工厂，实现了全球化生产，已成为欧洲和非洲假发市场的主流品牌之一。

这一案例说明，推销活动必须重视对推销环境的分析和研究，并根据推销环境的变化调整自己的产品设计，制定有效的推销策略，扬长避短，适应变化，抓住机会，从而实现推销目标。

问题：

推销环境包含哪些方面的内容？

任务一
熟悉推销环境

曾经有人问过700名日本最佳推销人员："你同顾客见面时，特别注意的是什么?" 79%的人说："先搜集好情报和有关知识。"这充分说明了准备工作的重要性。可以这样说，推销成功的概率与准备的程度成正比。一般来说，推销准备主要包括以下几个方面：了解推销环境、准备推销产品、熟悉公司情况、分析顾客状况、制订推销计划。

各种商品推销要素的组合，离不开一定的环境和条件。推销人员的推销活动总是在一定的环境下进行，良好的销售环境是推销成功的基础条件和要素。

环境是指以人类生存和活动为中心的周围及其相关的事物境况，包括自然环境和社会环境。推销环境也称商品销售环境，是指与企业推销活动相关的所有外部力量和相关因素的集合。任何推销活动都处于一定的推销环境之中，为了提高推销工作的成功率，避免或减少推销风险，推销人员不仅要了解推销环境，而且要分析和研究推销环境，使推销活动适应推销环境，从而使得推销成功。

影响企业推销活动的环境因素有两种：一种是宏观环境，另一种是微观环境。微观环境是指直接影响与制约企业推销活动的环境因素，也称直接环境或作业环境。宏观环境是通过直接环境的相关因素作用于企业的社会力量，对企业产生影响，也称间接环境。

推销环境中的各个因素都会影响消费者的购买行为，进而影响企业的推销活动。

一、识别宏观环境

企业宏观推销环境是指那些直接或间接作用于企业微观推销环境，并由此产生的市场机会或足以影响社会的力量，它主要包括人口环境、经济环境、社会文化环境、科学技术环境、自然环境、政治法律环境六大因素。这六大因素体现为比较庞大的社会力量，是企业难以控制的因素，其变化速度远远快于微观环境的变化速度。

（一） 人口环境

人，即产品的生产者、劳务的提供者，也是产品和劳务的消费者。现代市场营销学认为，市场是有购买意愿和购买能力的人群的集合，这种集合越大，市场的规模就越大。人口环境要素包括人口总量、人口结构、人口迁移、人口增长等细分要素。一方面，世界人口数量的增长意味着社会对商品和劳务的需求量有不断增加的趋势；另一方面，人口结构等细分要素的变化会对市场格局产生深刻影响，并直接影响企业的推销策略和推销活动的内容和形式。此外，随着人们需求的个性化特征的日益明显，由此派生出来的细分市场呈现多元化、可变性的特点，这在一定程度上使推销人员面临更大的困难和挑战。

作为一名推销人员，必须重视对人口环境的研究，密切注视人口特性及其发展动向，针对不同的人口环境，应及时果断地调整推销策略。

（二） 经济环境

经济环境是指企业推销人员在推销过程中所面临的社会整体经济状况，社会经济发展状况及其运行态势会直接或间接地对企业的推销活动产生影响。具体说来，影响推销的社会经济因素包括以下三个方面。一是消费者收入水平的变化。因为消费者的收入水平直接决定消费者的购买能力和消费结构。二是居民储蓄和信贷状况的变化。消费者储蓄和信贷状况是影响消费者现时购买力和潜在购买力的重要因素之一。三是消费者支出模式和消费结构的变化。

除了这些直接影响企业的市场推销活动的经济环境因素外，还有一些经济环境因素也会或多或少地对企业的营销产生影响。比如，该地区的经济发展水平、经济体制、地区与行业发展状况和城市化程度。

（三） 社会文化环境

社会文化是人类在长期的社会生产和生活中形成的，包括独特的生活方式、行为规范、价值观念、对事物的态度和看法、审美观以及世代相传下来的风俗习惯、语言文字等。每个人都生活在一定的社会文化环境中，不同的社会文化环境下，消费者的需求和行为会有很大的差异，推销人员应做到入“境”随俗，采取不同的推销策略。不同国家、不同地区有不同的自然条件、生产力水平、价值观念和文化习俗，推销人员在一个地方洽谈生意时，必须事先了解该地区的风俗习惯、商业习惯和历史文化传统，避免造成双方误会，影响成交。

【教学互动】

互动问题：

中国和西方国家的婚丧习俗有何不同？对推销活动有何影响？

要求：

教师不直接提供上述问题的答案，而是先引导学生结合本部分内容进行独立思考、自由发表见解，再组织课堂讨论，最后对学生提出的典型见解进行点评。

（四） 科学技术环境

科学技术是第一生产力，它对推销活动的影响主要体现在以下两个方面。第一，新技术革命有利于改善企业的经营管理模式，提高推销效益。目前，一场以微电子技术为基础的信息技术，促成互联网的形成，加速了全球市场一体化的进程，使得企业的推销领域无限扩大，从而推销方式也发生了很大的变化。第二，新技术革命会影响零售商业结构和人们的购买习惯、购买行为。随着科学技术的发展，传统的、古老的商业机构——百货商店的统治地位逐渐削弱，新的商业机构不断涌现。如超级市场、邮购和电话订购、网上订购、自动售货机、特级市场、现代化的购物中心，这些新型零售机构的兴起与发展，大大方便了顾客的购买。同时，新技术革命对消费者的购买习惯和购买行为也产生了积极的影响。随着电话、电视、网络系统的普及，出现了“网上购物”“电视购物”“微信购物”这些新型的购物方式。这些科学技术的发展，一方面为顾客提供了大量不同类型、不同档次的商品；另一方面又刺激了顾客个性化消费的欲望，使他们不再满足于消费大众化商品，而是渴求消费能体现自身个性的商品。推销人员应了解这些变化，并采取相应的对策。

（五）　自然环境

自然环境的内容包括：一是自然地理状况，如阳光、雨水、地形、地貌、气候、温度等，这些因素决定了处于不同地理位置、不同经纬度地区的居民会有不同的商品需求，因此，推销商品必须因地制宜；二是自然资源状况，包括国土资源、水资源、矿产资源、植物资源、动物资源等。自然资源受自然地理条件的限制，在不同国家和地区存在明显的资源差异，某些自然资源短缺或即将短缺，既可以给一些产业或行业带来机会，也可以造成威胁，势必影响到某种或某类商品的销售。如一些资源的代用品、节能设备将具有良好的销售前景。

推销人员要尽量避免由自然地理环境带来的威胁，最大限度地利用环境变化可能带来的机会，应不断地分析和认识自然地理环境变化的趋势，根据不同的环境情况来销售产品。

【教学互动】

互动问题：

台风对企业的推销有何影响？

要求：

教师不直接提供上述问题的答案，而是先引导学生结合本部分内容进行独立思考、自由发表见解，再组织课堂讨论，最后对学生提出的典型见解进行点评。

（六）　政治法律环境

政治法律环境是指对企业经营活动具有现存和潜在的作用与影响的政治力量，同时包括对企业经营活动加以限制和要求的法律和法规等。政治法律环境对推销活动的影响主要体现在以下几个方面。第一，政治局势的变化。政局稳定，推销活动就能正常开展。在国际市场商品销售中，一个国家政治局势的变化，会刺激或抑制某种商品的推销。第二，政治、经济体制的变化。在不同的政治、经济体制模式下，商品流通的调节方式、管理方法、决策体系各不相同，经营机制的不同，必然会影响推销活动。我国由计划经济体制向市场经济体制的转变，推销工作也必须转变观念，以市场需求为出发点，一切为顾客着想、为顾客服务，这样才能获得长期的推销效益。第三，各种法律、法规、方针、政策的连续性和稳定性。政府的方针、政策是随着政治经济形势的变化而变化的，并具有较强的阵地性，对商品推销活动产生各种直接或间接的影响，尤其是财政、金融、税收、价格、购销等各项政策，对商品推销具有更加显著的直接作用。

市场经济是法治经济。各种法令及法规的制定、颁布和实施，特别是有关经济方面的立法，规范和制约着企业的活动，推销商品必须依法行事。

【教学互动】

互动问题：

战争对哪些企业造成了打击？

要求：

教师不直接提供上述问题的答案，而是先引导学生结合本部分内容进行独立思考并发言，再对学生提出的典型见解进行点评。

二、认识微观环境

企业微观推销环境是指对企业的产品和服务及其目标市场构成影响的各种力量，包括企业内部条件、供应商、购买者、竞争者和社会公众，是企业可以通过自身的行为去影响或部分控制的直接环境。因此，在制订销售计划时，企业的能动性对直接环境具有较大的影响。

（一）企业内部条件

企业进行推销决策，制订推销计划，开展推销活动，无一不以企业的内部环境条件为基础，无一不与企业内部各方面的工作保持着直接的联系。企业的内部环境条件，涉及人员条件、技术条件、生产条件、资源条件、管理条件、企业文化等。这些内部环境条件共同决定着企业综合素质的状况，形成了企业的发展能力。由此可以看到，推销工作主要是企业市场营销部门的职责，但推销工作的成败从根本上来说取决于企业的综合素质和整体工作状况。

（二）供应商

供应商是影响企业微观推销环境的重要因素之一。供应商是指向企业及其竞争者提供生产产品和服务所需资源的企业或个人。供应商所提供的资源主要包括原材料、设备、能源、劳务、资金等。供应商对企业推销活动的影响主要表现在：

1. 供货的稳定性与及时性

原材料、零部件、能源及机器设备等货源的保证，是企业营销活动顺利进行的前提。供应量不足，供应短缺，都会导致企业无法按期完成交货任务。而这在某种程度上也会间接影响推销活动的顺利进行。

2. 供货的价格变动

毫无疑问，供货的价格直接影响企业的成本。如果供应商提高原材料价格，生产企业亦将被迫提高其产品价格，由此可能影响推销人员的销售量和利润。

3. 供货的质量水平

供应货物的质量直接影响企业产品的质量。企业产品的质量状况会直接影响推销人员推销产品时表现出来的态度。推销人员对自己所推销的产品是否具有足够的信心和热情，将直接影响顾客对产品的态度，顾客既会为推销人员对产品的热情与自信所吸引，也会因推销人员对产品的冷淡和不自信而排斥推销活动。试想一下：如果推销人员自己都对所推销的产品没有太大的信心，又怎么能够说服顾客信任他的产品？顾客又怎么会愿意掏钱购买这样的产品呢？

（三） 购买者

购买者是对企业有重要影响的微观环境因素。企业的产品和推销活动能否被顾客认同和接受，是关系到企业生死存亡的大事。顾客的不同态度意味着企业市场的得失，分析并掌握顾客需求变化的趋势是企业的重要工作。对购买者的分析可以从质和量两个方面进行。市场规模是量的指标，顾客需求是质的指标。

1. 市场规模

顾客对产品的总需求决定着行业的市场规模，进而影响行业内所有企业的发展边界。市场规模由于受到各种因素的影响，会不断发生变化，企业要随时掌握这种变化趋势。

2. 顾客需求

根据美国心理学家马斯洛的需求层次理论，人的需求分为五个层次：生理需求、安全需求、社会需求、尊重需求、自我实现需求。当消费者的生理需求被满足后，一般会产生安全需求，安全需求被满足后，会进一步向满足社会需求发展，以此类推，消费者需求层次由低级向高级不断上升。消费者需求除了层次性以外，还具有差异性，会因时、因地、因人的不同而不同。

（四） 竞争者

在日益激烈的市场竞争环境中，推销人员必须十分注意他们的竞争对手。首先，必须深入了解现有的竞争者：竞争对手的数量有多少？分布在什么地方？其市场定位如何？其年销售额和市场占有率如何？他们的优势和劣势是什么？其次，要找到谁是主要的竞争者以及他们对本企业构成的威胁主要是什么。最后，必须随时分析竞争对手的动向，把握市场竞争的态势。依据对这些方面的了解，推销人员就可以制定出有针对性的推销策略。

需要注意的是，竞争对手并不是单纯指那些销售同样产品的企业，也包括那些能满足顾客同样需求的替代产品生产商。如果两种相互可以替代的产品，其功能实现可以给消费者带来大致相当的满足感，但价格却相差悬殊，则会给推销人员的推销活动带来较大的难度。因此，推销人员必须熟悉这些企业产品的优缺点，以便找出自己企业的产品的竞争优势加以发扬，找出产品的竞争弱势加以补强。

（五） 社会公众

这里所说的社会公众，指的是所有实际或潜在地关注企业的生产经营活动，并对其实现目标的能力具有一定影响的组织或个人。由于企业的生产经营活动影响着公众的利益，因此政府机构、金融组织、媒介组织、群众团体、地方居民乃至国际上的各种公众必然会关注、监督、影响和制约企业的生产经营活动。这些制约力量的存在，决定了企业必须遵纪守法，善于预见并采取有效措施满足各方面公众的合理要求，处理好与周围各种公众的关系，以便在公众中树立起良好的企业形象，这是企业适应和改善微观环境的一项重要的工作。

经典案例

20世纪60年代以前，日本制造在美国就是“质量差、劣质产品”的代名词，在汽车行业，通用和福特几乎独霸美国汽车市场。美式汽车以大马力著称，也是身份的象征。后来，随着石油危机，再加上交通堵塞、停车困难等问题，引发了对价格低、节能车型的需求。而美国汽车企业继续生产高耗能、体积宽的车型，这显然已经不满足消费者的需求。同时，美国人的消费观念和方式也逐渐改变，摆脱了把汽车作为身份象征的消费观念，而逐渐把汽车作为一种单纯的交通工具。这就给了丰田生产的小型车更多的市场机会，相对于同样定位小型车的德国大众来讲，丰田以国民化汽车为目标，吸收其长处而克服其缺点，如按“美国车”进行改良的“光冠”小型车，性能比大众牌高两倍，车内装饰也高出一截，连美国人个子高、手臂长、需要大驾驶室等因素都考虑进去了。自此，丰田汽车在美国站稳了脚跟。

问题：

该案例说明环境对推销工作有哪些影响？

案例解析：

这则案例充分说明环境因素对推销工作的影响非常重要。因此，只有认真研究商品的推销环境，善于识别环境变化带来的机会和威胁，及时调整推销商品的类型、方式，才能使商品推销工作适应各种环境的变化，并掌握推销商品的主动权，提高推销效益。

任务二
制订推销计划

一、推销计划的含义

制订推销计划对推销工作具有重要意义，它不仅是企业考核推销人员工作的依据，也是推销人员取得良好推销业绩的前提和基础。就像一个企业必须有新产品开发计划、生产计划、采购计划、资金使用计划一样，每个推销人员在推销前必须制订自己的推销计划。很多人认为，推销是艺术，用不着计划。其实，这是对推销的极大的误解。推销前就详细地做好计划，对推销成功起着重要的作用，漫无目的的推销活动极少能取得成功。成功的推销人员不会坐在那里盼望有人进来或打电话来要买什么东西。他们不会坐等好事临门，而是主动地创造条件让好事发生。他们之所以成功是因为他们把发掘主顾、介绍产品以及成交的策略都计划在先并贯彻始终。简而言之，他们的成功就是计划出来的。

推销计划是实现推销目标的具体实施方案，推销计划制订得合理与否，关系到企业推销业务的活动进程和实际效果。因此，作为推销人员，应该懂得如何制订推销计划。一般来说，一份完整的推销计划包括以下内容：

（一） 推销目标

推销洽谈是一个复杂的过程，这一过程的最终目标是推销成功并达成交易。但这一目标的实现往往是经过若干次推销访问才达成的。而每一次推销访问也都应有明确的目标，每一次访问的目标应是递进的，逐步接近推销成功。因此，推销人员必须了解顾客购买决策的过程，清楚顾客在不同购买阶段需要解决的主要问题，确定每一次访问应采取的对策和行动方案。

（二） 拜访顾客的路线

推销人员可将拜访的顾客进行适当的分类，如重点拜访的顾客和一般拜访的顾客，拜访某一地区的顾客和拜访某一行业的顾客。还可按顾客对产品的反应态度分为反应热烈的顾客、反应温和的顾客、无反应的顾客和反应冷淡的顾客。在此基础上，推销人员可根据短期推销目标，采取重点拜访的方式，专门与反应热烈的顾客进行商谈。如果考虑长远的推销目标，则可采用平均拜访的方式，建立和发展与所有潜在顾客的关系。考虑到与某个行业或地区保持比较良好的关系，就可以进行有针对性的拜访和推销。然后，结合以上目标，再根据顾客的地址和方位设计出最有效的推销行动日程表及顾客拜访路线，争取以最少的时间、最高的效率完成推销目标。

（三） 推销洽谈要点

确定洽谈要点的过程即针对洽谈对象的具体情况和推销产品的特殊性，提出在推销洽谈中需要重点介绍说明的，用来刺激顾客产生购买欲望的产品特征、交易条件、服务保证等内容。确定推销洽谈的要点是为了说服顾客、引导顾客、刺激顾客完成购买。如果推销人员能把推销洽谈要点与顾客的实际需求和利益结合起来，推销成功的可能性就会大大增强。

（四） 推销策略和技巧

在推销洽谈过程中，顾客可能会提出各种问题，推销人员应事先估计洽谈中顾客可能会提出哪些问题，应如何应对和解决。这些问题包括：应该用什么样的方法接近顾客？怎样在最短的时间内吸引顾客的注意？如何激发顾客的购买欲望？怎样使顾客相信和接受产品？如何促使顾客最终作出购买决定？等等。推销人员应从实际出发，巧妙地解决这些问题。

（五） 推销访问日程安排

根据洽谈双方的时间安排，拟定好访谈日程，掌握好谈判进度，也是取得推销成功的必要条件之一。

制订推销计划可以节省时间和有效利用有限的时间。美国大西洋石油公司的一项调查显示，优秀推销人员和劣等推销人员在交通时间相同的情况下，在时间安排上有明显差别（见表 7-1）：优秀推销人员用于准备、开拓新顾客、接触和交易的时间多，而劣等推销人员用于等候面谈和聊天的时间多。这一调查结果为推销人员怎样有计划地利用时间提供了参考。

表 7-1　　优秀和劣等推销人员时间安排对比表

时间安排	事务处理及准备	等候面谈	开拓新顾客	接触和交易	聊天
优秀推销人员	21%	6%	22%	40%	11%
劣等推销人员	13%	12%	11%	21%	43%

二、企业推销计划

（一） 制订推销计划的原则

推销计划的优劣，不仅仅取决于推销计划内容的科学与否，更重要的是遵循制订计划的原则与否。一般来说，推销计划的制订应遵循以下原则：

1. 具体化原则

推销人员在前一天晚上就应该把第二天要做的事逐项做好计划。这样，在推销时可以做到心中有数、印象深刻，而且便于在赴约之前迅速地梳理一遍各项要点。

2. 务实性原则

推销人员订立计划，应以团队计划为中心，而后根据个人的实际情况拟订，计划不要订得太高或太低。计划订得太高，没达成将会打击个人的信心和自尊心；订得太低，会令人无法感受到自我价值的体现。若计划不明确，将会失去提升的指标。一位成功的推销大师说得好："没有计划，就意味着没有胜利。计划只有适情而定，才能有效地提升销售业绩。"可见，唯有务实的计划，才能引导团队明确地实践。

3. 动态性原则

由于推销环境的不断变化，推销人员应经常对推销计划进行改进，根据形势的发展调整自己的行动方案，使推销计划始终与推销环境相适应。

4. 顺序性原则

突出重点，重要的事项和亟待处理的事项要优先列入计划。此外，还要考虑到类似的事情可以放在一起，以便提高工作的效率。

（二）日计划的制订

1. 日计划的内容

推销计划可以分为年计划、月计划和日计划。一般来说，公司管理部门要求业务员汇报年计划或月计划，并对计划的制订提出指导思想和修改意见，而日计划则由业务员自己制订。日计划是制订月计划、年计划的基础，因而日计划的制订至关重要。有效的推销日计划包括拜访顾客前和拜访顾客后两方面的内容（见表 7-2）。

表 7-2　日计划的制订

拜访顾客前	顾客的基本情况	（1）顾客的姓名和职务
		（2）顾客的性格、爱好和固有观念
		（3）顾客家庭情况（成员、工作单位、生日）
		（4）顾客的权限
	顾客购买行为的特征	（1）对推销人员的态度
		（2）推销过程会遇到哪些阻力
		（3）顾客会有哪些反对意见
		（4）顾客主要的购买动机是什么
		（5）顾客的购买政策
	我能为顾客做什么	（1）产品
		（2）其他服务
		（3）洽谈要点是什么
	我如何进行推销	（1）如何吸引顾客注意力
		（2）如何引起顾客的购买兴趣
		（3）如何刺激顾客的购买欲望
		（4）如何实现购买行动
		（5）顾客的哪些特殊之处可能影响（有利于或不利于）我的推销

续前表

拜访顾客前	我此次拜访所要达到的目的是什么	（1）了解顾客需求
		（2）影响顾客的购买行为
		（3）向顾客介绍有关情况
		（4）促使顾客做出购买决定
拜访顾客后	我取得了哪些成绩	（1）洽谈结果
		（2）我所获得的有益启示
	下一步如何行动	（1）再次拜访的时间、方式、途径
		（2）再次拜访的洽谈内容

2. 计划表的制作

计划表可以使计划变得更加清晰。因此，推销人员最好学会用表格帮助自己做出推销计划。表格有三种形式。

（1）第一种是为了向个人及家庭推销零售产品而设计的。表格内容可包括父母（及子女）的姓名，父母（及子女）的职业及职位，经济来源及总收入以及他们现在拥有的、与你将推销的产品相类似的产品有何特点，拥有多长时间了，你的产品能给他们带来什么好处，等等。

（2）第二种是供你会见各种组织机构的决策者时使用的。表格的内容包括公司名称、决策者姓名、公司类型、公司产品、总销售额估计，对该公司推销的最大困难所在以及你的产品能给他们带来的好处。

（3）第三种是推销步骤计划表，内容可包括为电话邀约而准备的理由，为判断顾客的购买条件而准备的问题，产品介绍和示范表演的计划，预计会遇到哪些来自顾客的障碍和过去类似的推销情况以及你的产品能给他们带来的好处等。以向家庭推销为例，表格内容应包括：他们现在拥有什么，他们拥有这种产品多久了，他们处于购买欲望周期的哪一阶段以及他们上次选购时的大致情况。当你列出一个家庭的成员名单时，一定要在你认为是决策者的那个名字上做个记号，你要说服并与之成交的正是此人。搜集上述信息能使你更准确地为顾客提供他们想要也买得起的东西。

经典案例

王伟今年刚刚26岁，从事推销工作已三年，每年能挣80万元，他在所属公司成为最佳推销人员的原因之一在于他在介绍推销项目之前就计划好了要说的每一句话和将采取的每一个步骤。王伟说服顾客李明在一项房地产经营中投资就是一个最生动的例子，说明事先有计划的推销介绍有何等的威力。有一天李明来找王伟，那时李明还从没想过要对房地产投资，可是在几小时之后，经过王伟系统且深入人心的推销，他们成交了一笔240万元的生意。可见，事先计划好后再做产品介绍真是效果惊人。

问题：

推销计划对推销工作起到了什么作用？

案例解析：

这则案例说明，推销前详细地做好推销计划，对推销成功起着重要的作用，漫无目的的推销活动极少能取得成功。成功的推销人员不会坐在那里盼望有人进来或打电话来要买什么东西。他们不会坐等好事临门，而是主动地创造条件让好事发生。他们之所以成功是因为他们把发掘主顾、介绍产品以及成交的策略都计划在先并贯彻始终。简而言之，他们的成功就是计划出来的。

三、推销人员现场作业计划

推销现场作业计划是对实际推销过程中的许多细节性问题，提出具有可操作性的步骤和方法。推销现场作业计划一般为推销人员自己使用，以做到对推销活动过程心中有数。推销现场作业计划的内容由两部分组成，即推销计划概要和推销访问计划。

（一）推销计划概要

推销计划概要由三个方面的内容组成：

（1）规划推销要点。推销要点也称推销面谈要点，主要是指在推销过程中能激发顾客购买欲望的产品特点和交易条件，或者是一些必须向顾客说明的产品特性和促销内容。规划推销要点的主要目的是说服顾客。因此，推销人员应该站在顾客的角度去解释推销要点，只有把产品的特征和顾客的需求结合起来，才能够刺激顾客的购买欲望。

（2）设想顾客可能提出的问题，并准备答案。这要求推销人员善于从自己和其他推销人员的经历中总结顾客提出的问题，能够针对不同的顾客多角度地回答问题，并找出最优答案。

（3）制定推销策略和技巧。包括：用什么方法接近顾客？怎样在较短的时间内吸引顾客的注意力？如何获得顾客对产品和推销人员的信任？如何激发顾客的购买欲望？如何展示或说明产品？如何解决顾客异议？如何促使顾客最终采取购买行为？等等。针对特定的潜在顾客和推销面谈目标制定推销面谈策略和技巧，有助于克服推销面谈中的困难。

（二）推销访问计划

推销人员应养成工作有计划的习惯。企业的销售管理部门一般只要求推销人员汇报年计划和月计划，并对计划的制订提出指导思想和修改意见，日计划的制订则由推销人员自主完成。推销人员可以根据业务量具体安排一些短期的推销访问计划。有效而完整的访问计划可以节省时间、提高访问效率，具体包含以下内容：

（1）确定访问者：确定要访问哪一个潜在顾客。

（2）拟定访谈内容：拟定访谈的具体内容。

（3）拟定访谈方法：拟定访谈的策略和方法。

（4）拟定访谈地点和场所：拟定访谈的具体地点和场所。

（5）拟定访谈的时间：根据顾客需求安排访谈的具体时间并拟定需要多长时间洽谈。

此外，推销访问时所需用具的准备也是推销访问计划的一部分，如公文包、推销记录本、价格目录、产品图册、订单以及必备的视听设备和小礼品等。

任务三
了解推销职责

一、推销岗位素质要求

人的素质是在社会实践中逐渐提升和成熟起来的。某些素质的先天不足，可通过学习和实践得到不同程度的补偿。推销人员不是先天就能具备优秀的推销素质，而是依靠自身的不断努力去提高、去完善。

（一） 推销人员的职责

在传统观念中，推销人员的职责就是销售产品，尽可能多地将产品推销给顾客，完成销售任务，实现利润。在实际工作中，企业对推销人员职责的认知也是如此，因此在考核推销人员时，往往片面地以销售额和利润为指标，而忽略了推销人员为企业所做的其他贡献。多数销售人员没有认识到自己的真正职责，而仅仅以推销产品为工作目标。事实上，推销人员还承担着多方面的职责，具体有以下几个方面。

1. 搜集资料，传递信息

推销人员应及时而准确地向顾客传递有关企业、商品和劳务的信息。推销人员在实际推销过程中必须先搜集有关的信息资料，包括有关本企业产品销售、竞争对手和市场现状及发展趋势等；必须了解和掌握与销售工作密切相关的信息和资料，如企业的基本销售目标、经营方式、信贷条件和交货期限等；必须掌握有关产品的全部知识等，以便在适当的时间和地点向顾客推销商品时，能向顾客说明购买和使用本企业产品所能得到的利益及产品的售后服务情况，并做好示范，引导其购买。与此同时，推销人员还应随时搜集市场信息资料，如市场的需求状况及其发展变化趋势、目标顾客的具体情况、顾客对企业产品的评价和意见、竞争对手的产品与本企业的区别、竞争对手的市场营销战略和战术等，推销人员要及时而准确地搜集这些信息并反馈给企业的决策者，为决策者提供决策的依据。

2. 销售产品，开拓市场

推销商品是推销人员的主要职责，也是推销工作的核心。这项职责要求推销人员通过与顾客的直接接触引起顾客的注意和兴趣，刺激顾客的购买欲望；利用提供产品鉴定证明、示范使用产品、请顾客亲自试用产品等方法，以取得顾客的信任；善于正确处理反对意见；运用其推销艺术，分析并解答顾客的疑虑，最终达成交易。

寻找目标市场与开拓新的市场既是推销人员的主要工作，也是推销人员的职责。推销人员不仅要了解和熟悉现有顾客的需求动态，还要寻求新的目标市场，发展潜在顾客，从事市场开拓工作。为此，推销人员必须具有相当的开拓能力，善于发现机会，挖掘潜在顾客，并通过真诚的工作将产品推荐给顾客。

3. 跟踪顾客，提供服务

商品推销活动的过程也是为顾客提供服务的过程，服务包括售前服务、售中服务和售后服务。做好服务工作是增加产品价值、提高产品竞争力的重要手段。推销人员除了推销产品外，还应该为顾客提供如业务咨询、技术性协助、融资安排、准时交货等服务。

推销人员将产品推销出去，并不是推销工作的结束。顾客购买商品并使用后，会对商品有一定的评价，这些评价会直接影响企业及产品的声誉，关系到企业的未来及产品的市场生命。在产品推销出去以后，推销人员还必须与顾客保持经常的联系并继续为其服务，进行定期回访，进行节日问候等；定期了解顾客对产品的意见和建议，并采取改进措施，充分履行安装、维修、退货等服务方面的保证。推销成功后，能否保持和重视与顾客的联系，是推销活动能否持续发展的关键。为此，推销人员应做好以下几个方面的工作：一是确定主要顾客的名单，建立顾客档案，对重点顾客进行分析和管理；二是继续与顾客保持联系，同顾客定期接触，了解他们对商品的满意度；三是保存销售记录，作为市场信息，为决策者进行营销决策提供依据。

教你如何做好客户跟踪

4. 沟通信息，树立形象

推销产品是推销人员的首要任务，但并不是唯一的任务，因为推销任务是长期的，信息沟通的目的就是促进长期销售。推销活动实际上就是推销人员与顾客双方的双向信息沟通过程，沟通交往的意识实质上也可以说是推销人员的一种现代信息意识。推销一方为了吸引更多的顾客，让更多的顾客接受自己的产品，就需要构建一个信息交流的网络。一方面在推销过程中搜集社会各界和广大用户的意见、评价和建议，做到“外情内达”；另一方面作为企业的代言人，推销人员需要运用各种传播媒介和传播手段向外界准确而及时地传递有关产品的信息，做到“内情外达”。这要求推销人员掌握信息传播的基本规律和方式，具备熟练的传播沟通的技巧。

（二）推销人员的职业素质

所谓推销人员的素质，是指推销人员为胜任推销工作而应具备的综合能力，包括思想素质、文化素质、心理素质和身体素质。优秀的推销人员究竟是一些什么样的人呢？美国的有关资料显示，超级推销人员比普通推销人员的业绩高出300倍。一般来说，推销人员的业绩分布呈正态分布，大体是2∶6∶2，即在所有推销人员中，业绩很好的占20%，业绩一般的占60%，业绩很差的占20%。那么，是什么原因导致在环境、产品等外部条件差不多的情况下，推销人员的业绩存在差异呢？实践证明，在环境、产品等外部条件区别不大的情况下，推销业绩的显著差距主要是由推销人员自身素质的差异造成的。杰出的推销人员自有他的杰出之处，有了优秀的素质，才可能有优秀的推销业绩。

1. 思想素质

（1）热爱推销工作，有强烈的推销意识。所谓推销意识，是一种时刻具备的强烈的达成交易的潜在心理。只有热爱本职工作，才会有内驱力，才会感觉到工作的意义，才会用饱满的热情感染顾客。日本企业界曾经做过调查，得出这样的结论：成绩差的推销人员大都不爱自己的职业，或不爱自己的企业，或不爱自己所推销的产品，成绩差是因缺乏内在动力而造成的；成绩好的推销人员都有一个共同的特点，即爱企业、爱工作、爱所推销的产品。《哈佛商业评论》杂志将最优秀推销人员的素质精炼成两条：其一，能够设身处地地感受到顾客的感受；其二，具备自发地促成交易的强烈愿望与信心。

（2）高度的工作责任感。推销工作是一项崇高的职业，推销人员是企业利润的实现者，是顾客的良师益友，是企业的形象代表。推销人员只有具有高度的责任感，才能想方设法为顾客排忧解难，千方百计完成销售任务，才能在推销活动中处处维护企业的形象，与顾客保持融洽、良好的关系，不会因个人利益而损害顾客利益。只有具备高度的责任感，推销人员才能正确处理企业与顾客的关系。在当今市场条件下，商品供应充足，卖者之间竞争激烈，推销人员要想赢得顾客，不仅要向顾客提供令其满意的产品，而且必须切实树立为顾客服务的思想，视顾客为衣食父母，在行动上要设身处地地为顾客着想。因此，推销人员只有具备强烈的责任心，才能做好推销工作。

（3）良好的道德品质。推销活动是一项塑造形象、建立声誉的崇高事业。它要求从业人员具有优秀的道德品质、诚实严谨、恪尽职守的态度和廉洁奉公、公道正派的作风。良好的道德素养是现代企业推销人员必备的一个基本条件。推销人员良好的道德品质主要体现在两个方面：一是对企业的忠诚，二是对顾客的诚实。诚实对于企业的销售来说无疑是非常关键的，诚实应当包括：真实地反映情况、不歪曲事实、能够及时地察觉问题的真相等。这些都是诚实的范畴，许多企业都将“诚实”作为衡量优秀销售人员的首要因素。

（4）百折不挠的进取精神。推销活动以人为工作对象，而人的心理和需求又是复杂多变的，这就使得推销工作具有很大的难度。加之，相对于企业的其他工作来说，推销是一种相对比较自主和自由的职业，推销人员可以自主选择推销对象，自由地开展推销活动，因而受到的约束较少，全靠自己的自觉性。因此，推销工作要求推销人员具备百折不挠的进取精神和坚忍不拔的毅力。

2. 文化素质

推销工作是一项极富挑战性的工作，推销人员除了具备过硬的思想素质外，还要具有较宽广的知识结构和文化素质。推销人员需要接触众多的顾客，而顾客的心态和想法各不相同，在推销活动中，推销人员必须在较短的时间内迅速做出判断和分析，从而确定推销的方式和技巧。推销人员具备的文化知识越丰富，推销成功的可能性就越大。推销人员的文化素质，主要表现在对以下几方面的知识的掌握上：

（1）企业方面的知识。掌握企业知识，一方面是为了满足顾客对这方面的要求，另一方面是为了使推销活动体现企业的方针政策、达成企业的整体目标。企业知识主要包括企业的历史、企业的方针政策、企业的规章制度、企业的生产规模和生产能力、企业在同行中的地位、企业的销售策略、企业的服务项目、企业的结构方式等。

（2）产品方面的知识。推销人员不是技术专家，也不是产品开发设计人员，不可能透彻了解有关产品的全部知识。推销人员掌握产品知识的最低标准是顾客想了解什么、想知道多少。顾客在采取购买行动之前，总是要设法了解产品的特征，以减少购买的风险。通常，越是技术上比较复杂、价值或价格高的产品，顾客要了解的产品知识就越多。掌握产品知识，是为了更好地了解自己的推销客体，更好地向顾客介绍产品，从而增强自己的推销信心和顾客的购买信心。

(3) 市场方面的知识。市场是企业和推销人员的基本舞台，了解市场运行的基本原理和市场营销活动的方法，是推销获得成功的重要条件。推销人员掌握的市场知识应当是非常广泛的，虽并不要求推销人员对这些学科知识有很深的掌握，但对一些基本的常识要有所了解。这些学科知识包括市场营销学、市场调查与预测、经济学、金融学、经济法、企业管理、广告学等，尤其要懂得市场知识，掌握市场调查、预测、商务谈判和推销技巧。

(4) 顾客方面的知识。推销人员需要掌握的顾客方面的知识主要是购买心理和购买行为方面的知识。因此，应有效掌握心理学、公共关系学、人际关系学和社会学等方面的知识，以便能科学地分析顾客的购买心理和行为，并选择恰当的推销策略和技巧。

(5) 竞争方面的知识。要成功地进行推销活动，推销人员还必须了解同行业竞争对手和竞争产品的情况，知此知彼，方能百战不殆。推销人员需要了解的竞争方面的信息包括：整个行业的产品供求状况，企业所处的竞争地位，竞争企业的市场策略、目标市场、生产规模，竞争产品的特色、价格、服务、付款方式等。对竞争对手的情况掌握得越清楚，推销人员在推销活动中就越主动和自信，推销成功的可能性就越大。

3. 心理素质

良好的心理素质是对推销人员的第一要求。推销是最容易遭遇挫折的职业，推销人员经常会遭受冷落、拒绝、嘲讽、挖苦、打击与失败，每一次挫折都可能导致情绪的低落、自我形象的萎缩或意志的消沉，最终影响业务的拓展，或者干脆退出竞争。在市场竞争激烈的环境中，推销人员若没有良好的心理素质，无论其他各方面的条件多么好，都难以完成销售任务。因此，推销人员必须加强心理训练，培养正确的推销态度和心理素质。良好的心理素质是指有很强的抵抗挫折的能力，遇到困难与失败时，能保持情绪稳定，以高昂的精神状态去面对环境的压力。

优秀推销员应具备的心理素质

4. 身体素质

推销工作既是一项复杂的脑力劳动，也是一项艰苦的体力劳动。推销工作的性质决定了推销人员必须经常外出推销，并携带样品、产品说明书等资料；有时还要日夜兼程，工作时间长，劳动强度大；一些工业品的推销，还需要推销人员进行安装、操作、维修等体力劳动；与形形色色的顾客打交道，更是费神费力的过程，需要充沛的精力做保证。因此，推销人员仅具备过硬的思想素质和文化素质，没有健康的体魄和旺盛的精力，也是难以胜任推销工作的，知识再渊博，还是要身体力行。强健的身体是推销事业成功的基础和重要保证。

二、推销人员着装规范

在人际交往的初级阶段，推销人员的外在形象在开口说话之前，就已经被存进顾客的脑海中了。推销人员是否受到其谈话对象的重视、尊敬和好感，其外表起了非常重要的作用。正所谓：“佛靠金装，人靠衣装。”推销人员可以先从着装打扮和调整外表着手。

（一） 着装原则

经典案例

小黄去一家外企参加最后一轮销售代表的面试。为确保万无一失，这次她做了精心的打扮：一身前卫的衣服、时尚的耳环、造型独特的戒指、亮闪闪的项链、新潮的耳坠。身上每一处都是焦点，简直是无与伦比、鹤立鸡群。况且她的对手只是一个相貌平平的女孩，学历也并不比她高，所以小黄觉得胜券在握。但结果却出乎她的意料，她没有被这家外企认可。主考官抱歉地说："你确实很漂亮，你的服装配饰无不令我赏心悦目，可我觉得你并不适合销售代表这份工作。实在抱歉。"

问题：

小黄为什么会求职失败？

案例解析：

着装适宜是职场往来中的基本规范。盲目地追求新潮摩登，把那些不合时宜的服装穿在身上，效果只会适得其反。

1. 整洁原则

保持服装的清洁、整齐，这是服装美的第一要求。任何情况下，每个人的服饰都应该是干干净净、整整齐齐的。沾满污渍、气味难闻、少扣开线等都是不美观的。

2. 应己原则

推销人员应针对个人的性别、气质、年龄、肤色、体型、爱好及行业特点等因素来合理着装，扬长避短，恰到好处地展示自己的形象。盲目追求新潮摩登，把那些不适合自己的衣服穿在身上，最后只能是东施效颦，贻笑大方。

3. TPO 原则

这种原则是指根据时间（Time）、地点（Place）、场合（Occasion）来选择相应的着装。具体来讲，推销人员的着装标准没有固定的模式，应根据预期的场合、推销商品的类型，以及即将拜访的顾客的社会地位、经济状况和文化程度来决定着装。

4. 三色原则

着装时要有意识地将服装的颜色控制在三种颜色以内，否则就会让人感觉眼花缭乱。

（二） 男士着装礼仪

1. 西装的着装规范

西装是全世界最流行的男性服装，是正式场合着装的首选。鉴于西装在对外活动中往往充当正装的用途，面料的选择应力求高档。黑色、藏蓝色西装是推销人员的首选，灰色或棕色也可以。正规的场合，通常以着单色西装为宜。

推销人员要想使自己所穿着的西装真正称心合意，就必须在西装的款式、穿法、搭配等方面严守规范。

(1) 拆除商标。购买回来的西装一定要记得拆除袖口上的商标。

(2) 保持西装外形的平整洁净。西装要定期干洗，穿着前熨烫平整。西服只有穿起来显得平整挺括、线条笔直，它的美感才能充分地展示出来。皱皱巴巴的“抹布西服”，只会让观者皱眉。

(3) 注意内衣搭配。西装的标准穿法是西装里面直接穿着衬衫，而衬衫之内不穿棉纺或毛织的背心、内衣。不穿衬衫，而让 T 恤直接与西装配套的做法，则是西装穿着的大忌。

(4) 慎穿毛衫。讲究西装的原汁原味，在西装上衣之内，原则上不允许穿毛衫。如果在冬季实在是寒冷难耐，也只宜穿一件薄型 V 领的单色羊毛衫或羊绒衫。色彩、图案十分繁杂的羊毛衫或羊绒衫、扣式的开领羊毛衫或羊绒衫穿在西装里面，会大煞风景。

(5) 不卷挽西装衣袖和裤管。在正式场合，推销人员应该时刻注意细节方面的问题，如不能卷起西裤的裤管或者挽起西装上衣的衣袖，悉心维护自己的整体形象，以免给人以粗俗的感觉。

(6) 正确系好西装的纽扣。西装纽扣是区分款式、版型的重要标志。能否正确地系好西装纽扣，直接反映出对西装着装礼仪的把握程度。

(7) 用好西装的口袋。西装的口袋，装饰作用多于实用价值。因此，不能让口袋显得鼓鼓囊囊，使西装整体外观走样。

(8) 掌握四不要：衣袖不要过长（最好是在手臂向前伸直时，衬衫袖子要露出 2～4 厘米）；衣领不要过高（一般以衬衫后领口露出西装后领口 1～2 厘米为宜）；雨天不要穿西装；不要长时间只穿一套西装。

2. 衬衫的穿着礼仪

(1) 面料：和西装一起穿的衬衫，应是长袖的以纯棉、毛织品为主的正装衬衫。

(2) 颜色：正装衬衫必须是单色，白色是最好的选择。另外，蓝色、灰色、黑色也可以考虑。正装衬衫大体上以没有任何图案为佳。较细的竖条衬衫在普通商务活动中也可以穿着，但不要和竖条纹的西装搭配。印花、格子以及带人物、动物等图案的，都不是正装衬衫。

3. 鞋袜的搭配

(1) 鞋：选择和西装配套的鞋子，只能选择深色的单色皮鞋。黑色皮鞋和西装最般配。磨砂皮鞋、翻毛皮鞋不适合与西装搭配。在正式场合穿的皮鞋，应当没有任何图案、装饰。

(2) 袜：和西装、皮鞋搭配的袜子，最好是纯棉、纯毛的深色或单色的袜子，黑色比较正规。

4. 领带的款式

(1) 斜纹：让人显得果断权威、稳重理性，适合谈判、主持会议、演讲的场合。

(2) 圆点、方格：让人显得中规中矩，适合初次见面和见长辈、上司的场合。

男士西服穿着礼仪

（3）不规则图案：让人显得活泼，有个性、创意和朝气，较随意，适合酒会、宴会和约会的场合。

（三） 女士着装礼仪

1. 西装套裙的穿着礼仪

套裙可以分为两种基本的类型：一种是用女士西装上衣和随便的一条裙子进行的自由搭配组合的随意型；另一种是女士西装上衣和裙子成套设计、制作而成的成套型或标准型。

（1）面料。一套在正式场合穿的套裙，应该由高档面料缝制，上衣和裙子要采用同一质地、同一色彩的素色面料。

（2）色彩。以冷色调为主，应当清新、雅致而庄重，以体现女性推销人员的典雅、端庄和稳重。藏青、炭黑、茶褐、土黄、紫红等稍冷的色彩都可以。

（3）套裙的长短。一般认为，裙短不雅，裙长无神。最理想的裙长是裙子的下摆恰好抵达小腿肚最丰满的地方。套裙中超短裙的裙长应以不短于膝盖以上15厘米为限。

（4）鞋袜的选择。用来和套裙配套的鞋子，应该是皮鞋，以黑色为宜。和套裙色彩一致的皮鞋也可以选择。穿裙装的时候，应有意识地注意一下鞋、袜、裙之间的颜色是否协调，鞋、裙的色彩必须略深于或接近袜子的色彩。

2. 女士着装禁忌

成功的职业女性应该懂得如何适宜地装扮自己。但在日常生活中，职业女性的着装经常会出现以下问题：

（1）过分时髦。现代女性热爱流行的时装是很正常的现象，有些女性盲目地追求时髦。职业女性对于流行的选择必须有正确的判断力。

第一夫人首秀展现大国魅力：着装得体 举止大方

（2）过分暴露。夏天的时候，有些职业女性不够注重自己的身份，穿起颇为性感的服装。这样的着装可能会将个人才能和智慧埋没，甚至会被认为轻浮。职业女性即使在炎热的夏季也应该注意自己仪表的整洁、大方。

（3）过分潇洒。最典型的样子就是一件随随便便的T恤或罩衫，配上一条泛白的“破”牛仔裤，丝毫不顾及职业形象。

（4）过分可爱。服装市场上有许多可爱俏丽的款式，并不适合在推销工作中穿着，这样的着装会给人以不稳重的感觉，令顾客的信赖感大打折扣。

三、推销人员行为规范

（一） 坐姿

坐与站是最容易表现仪态是否美好的动作。就坐姿来说，美的坐姿是一种文明的行为，它既体现形态美，又体现行为美。中国人一向讲究坐姿，老一辈人经常教育年轻人“坐有坐相”，可见，对坐姿是有要求的。

（1）入座时，应轻、缓、稳，动作协调柔和，神态从容自如。

（2）从椅子左侧入座，走到椅前转身，右脚后退半步，然后轻稳坐下。

（3）女士入座时，要用手把裙子向前拢一下，臀部落坐在椅子 2/3 的位置。

（4）坐下后，上身要保持直立状，既不前倾，也不后仰；胸微挺，不要耷拉肩膀、含胸驼背，否则会给人以萎靡不振的印象。

（5）头正目平，嘴微闭；两腿自然弯曲，小腿与地面基本垂直，两脚平落地面。

（6）女士的膝盖靠拢、双脚并拢，绝对不可分开；男士则两腿略分开，看起来既不拘束又显得稳重。

（7）肩部放松，双臂自然下垂。

（8）注意两手的位置。若有扶手，则双手应该放在扶手上；若没有扶手，男士则双手轻放在两腿上，女士可以双手交握轻放在腿上，并面带微笑，眼神温和地注视着前方，这样会给人大方、举止文明的感觉。

（9）起立时，右脚先向后收起半步，然后起立，缓慢离开。

（二）站姿

站立的效果：女士要站得优雅，男士要站得稳重。

（1）挺胸收腹抬头。挺胸能使人身宽厚，显得英姿勃发，充满力量。收腹既可使人的胸部挺起，也可以使臀部上抬，这种直立姿态，显得很稳定、很平衡。挺胸的方法是双肩略向后用力，平时多做上肢运动，增强胸肌、背肌、腹肌的力量。抬头时，头正颈直，腰部用力，背脊挺直，不要弯腰或垂头，不要显出萎靡不振或松松垮垮的样子。

（2）下颌微收，双眼平视，视线与眼睛同高，眼睛看前方一米左右。向上或向下看，都会使印象减弱，显得不沉着。嘴唇应微闭，面带微笑。

（3）站立式，应注意身体的轻松自然，手臂自然下垂，肩膀既不要向前扭，也不要向后扭，更不能抬肩，要保持平衡。

（4）注意双手的位置。没有文件时，左手应轻轻叠放在右手背上，双手轻靠在腰下，或者轻放两侧，但记得不要拉衣角，互握时手不要摇动，那样十分不雅。

（5）注意两脚的位置。男士为求稳重，双脚可略微分开，与肩同宽。脚尖可以朝前并拢，双膝自然垂直，重心在两脚中间，肌肉略有收缩感，身体的重量均衡地落于双脚，给人一种自在自如的感觉。女士的双脚最好并拢，也可以站成丁字步，即两脚尖稍稍展开，右脚在前，将右脚跟靠于左脚内侧，腿绷直并拢。

（三）走姿

走姿正确，很自然地就会流露出自信、积极向上的精神面貌，同时给人以专业的信赖感。保持优雅姿态的走姿有如下四句口诀：“以胸领动肩轴摆，提髋提膝小迈步，跟落掌接趾推送，双眼平视背放松。”

（1）双腿并拢，直而不僵，身体挺直，身体重心落于脚掌前部，下巴微向内收。双脚应笔直地走，脚尖朝前，切莫呈内八字或外八字。着地时，膝盖应伸直，后脚跟先着地。

（2）双手自然垂在两侧，双臂随着脚步自然地前后轻轻摆动，切勿同手同脚。

（3）抬头挺胸，收腹直腰，腰部应用力，收小腹，臀部收紧，背脊挺直，切忌垂头丧气。

（4）肩平不摇，步幅适中均匀，两脚落地一线，脚印正对前方。

（5）步度是跨步时两脚之间的距离。标准步度是本人的一脚之长。

（6）步位是指两脚下地落到地面时的位置。男士行走时的步位要求一般是：两脚跟交替前进在一线上，两脚尖稍外展。女士走路时的步位要求是：两脚交替前进，踩在一条直线上，称为一字步。

（7）端正、稳健、轻盈、有节奏感、充满活力，鞋跟不要发出太大声响。

（8）眼光平视前方，切勿左顾右盼，经过反射玻璃或镜子前，更不可停下来梳头、补妆或整理衣冠。

（9）尽量靠右行走，携带吊挂式皮包时，应挂在右肩上。携带手提式皮包或袋子时，应提在右手；携带手拿式皮包或牛皮纸袋时，应拿在右身侧或偏右侧。

（10）行进间，迎面遇见熟人，点头微笑招呼即可，若要停下步伐交谈，注意不要影响他人行进。

四、推销人员自我管理

（一） 服装整洁，仪表端庄

服装是人与人见面时注意到的第一印象。在服饰方面，推销人员要注意衣服穿着是否搭配、适宜，服饰应与环境和谐，这样可以缩小与买主之间的距离。因此，在仪表方面，会面前要先行检查一下，如发型是否合适、头发是否凌乱、胡子是否刮净、化妆是否得体等。

（二） 举止文明

举止文明是给人留下深刻印象的一个重要因素。推销人员应做到：进门时无论门关着还是开着，均应敲门；见到顾客时要先问好；不应该在顾客未坐定时先坐下；递名片时应双手送上；交谈时要目视对方；告别时应使用礼貌的告别语，特别是推销不成功或不理想时。

（三） 态度诚恳

尤其在顾客拒绝购买产品时，不应有任何反感的表示。即使这次没有成功，仍要对买主的接待表示感谢，并承诺当买主需要时，仍可为其提供服务，要为以后的交往创造条件。

（四） 尊重顾客

给顾客留下美好印象的重要一点是让顾客觉得自己受到尊重。优秀的推销人员把销售过程看成信息传递和感情沟通两个过程的统一，并且这两者既互相影响又互相促进。

（1）要充分肯定顾客对产品的鉴赏能力。否则，顾客会认为你把他当成无知的人。给予肯定不但能使顾客感到被尊重，而且能使顾客坚定购买产品的决心。

（2）绝对避免与顾客争论。推销人员在与顾客的交谈中，尽量少说否定的字眼。如双方存在差距和分歧，要通过摆事实、讲道理进行耐心说服，逐步沟通。若一时找不到合适的解决办法，可将分歧暂时放在一边。

(3) 耐心认真地倾听顾客的讲话。不注意倾听顾客讲话，无疑是对对方的不尊重。能将顾客讲的话听进去，显示了一个优秀推销人员的涵养。

(4) 要尽可能解答顾客的各种问题。推销人员要做到对所推销的产品十分熟悉和了解，要掌握产品的性能、规格、特点以及维修、保养、使用等方面的知识。做到了这些，才能正确回答顾客提出的各种问题，也才能消除顾客的疑虑，从而更有效地促成购买行为。

（五） 为顾客着想

从事推销工作，如果只想怎样把产品卖出去，而不考虑顾客所关心的问题，往往会遭到拒绝，也不会给顾客留下良好的印象。推销人员设身处地地站在顾客的立场上考虑问题，通常是避免被拒绝的一条有效途径。

乐学善思

干部化身推销员，助农销售解民忧

2020年，县长群体成为网红，他们纷纷走进直播间为自己所在地区的农特产品代言。县长们的“直播间”并不局限于室内，有的在鸡棚里、鱼塘边，有的在果园和蔬菜基地里，不少人“战绩”不俗。

作为纱线大省，山东为了缓解纺纱企业出口压力，积极寻求出路，一场名为“厅长带纱”的网络直播在山东省工业和信息化厅的会议室里举行。晋宁作为云南鲜切花生产大县，短短2个月间，当地近6万名花农损失严重，滞销鲜花占70%以上。为帮助花农打开销路、挽回损失，昆明市晋宁区区长亲自走进线上直播间，向网友推介晋宁鲜花。通过这场直播吸引了100多万名网友参与，线上订单卖出35.6万枝鲜花，解决了当地花农的一时之困。类似的直播也在全国陆续展开，不少电商平台也积极牵手当地干部，开启直播推销模式。

问题：

“县长推销员”的出现有什么意义？

思政提示：

“县长推销员”直播带货，“播”的是自身担当，“带”的是政府公信，直播的不仅是货，更是政府为农民排忧解难的决心，是脱贫攻坚和乡村振兴的希望。这种推销方式，以全新的消费体验，激活消费市场，目的是帮助本地企业产品、农副产品找销路。对此，作为企业、商家和农户更应秉承诚信之德，发扬工匠精神，切实在产品质量上下足功夫，以品牌的力量，推动流量转化，不辜负消费者的信任支持。

主要概念和观念

◀主要概念

推销环境　宏观环境　微观环境　人口环境　经济环境　社会文化环境　科学技术环境　自然环境　政治法律环境　推销计划　推销职责　推销人员素质　着装礼仪　行为规范　自我管理

◀主要观念

推销成功的概率与准备的程度成正比。一般来说，推销准备主要包括以下几个方面：了解推销环境、准备推销产品、熟悉公司情况、分析顾客状况、制订推销计划。

制订推销计划对推销工作具有重要意义，它不仅是企业考核推销人员工作的依据，也是推销人员取得良好推销业绩的前提和基础。广义的推销计划既包括企业的推销计划，也包括推销人员的现场作业计划。狭义的推销计划只是指每个推销人员在推销前必须制订的个人推销计划。

人的素质是在社会实践中逐渐发展和成熟起来的。同样，推销人员也不是先天就具备优秀的推销素质的，而是需要依靠自身的努力不断去提高、去完善。

项目单元训练

一、单项选择题

1. 影响企业推销活动的环境因素有两种：一种是宏观环境，另一种是(　　)。

A. 人口环境　　　　B. 法律环境

C. 自然环境　　　　D. 微观环境

2. 推销人员在前一天晚上就应该把第二天要做的事逐项详细地做出计划，这种情况体现了(　　)。

A. 具体化原则　　　　B. 动态性原则

C. 务实性原则　　　　D. 顺序性原则

二、多项选择题

1. 微观环境包含(　　)。

A. 企业内部条件　　　　B. 供应商

C. 购买者　　　　D. 竞争者

2. 男士的着装礼仪主要包括(　　)。

A. 西装的着装规范　　　　B. 衬衫的穿着礼仪

C. 鞋袜的搭配　　　　D. 领带的款式

三、判断题

1. 自然环境包含阳光、雨水、地形、地貌、气候、温度。(　　)

2. 企业微观推销环境是指对企业的产品和服务及其目标市场构成影响的各种力量。(　　)

3. 推销洽谈是一个复杂的过程，这一过程的最终目标是推销成功、达成交易，一般两次访问就可以完成。(　　)

4. 首次见面，推销人员不要总是想着怎样卖东西，而是要想着怎样给买主留下好印象。（　　）

四、简答题

1. 推销的宏观环境包含哪些因素?

2. 制订推销计划的原则有哪些?

3. 推销人员的职责是什么?

五、论述题

“推销准备是至关重要的，推销准备的好坏直接关系到推销活动的成败。”谈谈你对这句话的理解。

六、实操题

实训内容：销售游戏。通过销售游戏，学生根据人们的外表审视自己的主观看法和对别人的印象，然后根据推销人员的着装，分析顾客可能会对他们产生的印象。

背景资料：

截至2018年年底，中国（不含港澳台地区）总人口13.95亿人。从城乡结构来看，城镇常住人口8.31亿人，乡村常住人口5.64亿人。从性别构成来看，男女性别比例为104.6：100。从年龄结构来看，我国60岁及以上老年人口2.49亿人，占总人口的17.9%。

你认为这种状况对推销工作有什么影响?请小组内部进行讨论，并推选出代表发言，从不同的角度阐述答案。

要求：

从杂志或印刷品中挑选几张人物照（每个小组至少需要5张）。照片应能广泛地代表各种类型的人，但不能是知名人士或相识的人。

把学生分成若干小组，每组六七人，给每一个小组看几张照片。让学生根据照片中人的外表，讨论对这些人的印象。

大约5分钟后，要求学生简短地说出各自小组对这些人的印象，并讨论根据这些人的外表，顾客有可能会对这些人（推销人员）产生什么印象。

项目八
寻找客户

【学习目标】

知识目标：认识到寻找客户的必要性，了解寻找客户的基本原则和一般程序，掌握寻找客户的方法与技巧。

能力目标：在了解并掌握寻找客户的方法与技巧的基础上，学会将各种技巧结合起来使用，创造性地寻找客户。能够根据不同类型的客户采取不同的策略，明确各种方法与技巧的适用条件，并具有灵活运用的能力。

素质目标：寻找客户的过程中，树立“处处留心皆客户”的信心，深化“客户至上”的推销理念，能够准确判定顾客资格，培养吃苦耐劳的精神和团队合作的意识。

实训目标：能够根据不同行业的行业背景，通过调查分析，总结出不同类型的客户的特点，以及不同行业客户的接近方法的异同。能够在特定的交易场景下对准客户进行初步的判断。

【导引案例】

原一平寻找准客户的故事

一天，原一平搭出租车出去办事，在一个有红绿灯的十字路口，红灯亮起，他把车停在那儿。原一平无意中转头向窗外看了一眼，正好看到与他同行的一辆黑色豪华轿车里坐着一位很气派的老人。他想，这老人一定大有来头。于是他让司机跟上那辆车，抄下那辆车的车牌号。接着，原一平打电话去交通监理所查这个车牌号的车主。原来这辆车的主人是一家大公司的董事长。

然后他打电话到该公司，说：“你好，是××公司吗？今天我在街上看到贵公司坐在黑色豪华车上的那位老先生，非常面熟，好像在哪见过，但我一时想不起来，您能帮忙提醒一下吗？我没有其他的意思。”对方说：“那是我们公司董事长山本先生的车。”

原一平终于知道那辆车的车主是××公司的董事长山本先生。然后，原一平开始调查他的学历、出生地、兴趣、爱好等。当一切都调查清楚后，就直接去拜访山本先生。由于原一平对山本先生的情况已一清二楚，对他公司的情况也已全面了解，因此拜访山本先生这件事就比较容易了。后来，山本先生就成了原一平的客户。

资料来源：胡善珍．现代推销——理论、实务、案例、实训［M］．2 版．北京：高等教育出版社，2015.

问题：

你觉得原一平的成功之处在哪里？他是怎样在日常生活中发现准客户的？

任务一 学会寻找客户

选择推销对象，即选择可能的买主或客户，这是整个推销过程的第一步。如果是针对特定客户的推销，那么销售人员要先确定自己的推销对象，这样才能有效地开展推销工作。

寻找客户是指推销人员主动找出潜在客户即准客户的过程。准客户是指对推销人员的产品或服务确实存在需求并具有购买能力的个人或组织。客户是指那些已经购买产品或服务的个人或组织。有可能成为准客户的个人或组织称为“线索”或“引子”。寻找客户是推销程序的第一个步骤。由于推销是向特定的客户推销，因此推销人员必须先确定自己的潜在客户，然后开展实际推销工作。寻找客户实际上有以下两层含义。一是根据推销品的特点，提出有可能成为潜在客户的基本条件。这个基本条件框定了推销品的客户群体范围、类型及推销的重点区域。二是根据潜在客户的基本条件，通过各种线索和渠道，寻找符合这些基本条件的合格客户。寻找客户对提高销售额具有极其重要的作用，且必须遵循一定的原则。

一、寻找客户的原则

寻找客户是最具挑战性、开拓性和艰巨性的工作。推销人员必须明白，寻找准客户是一项讲究科学性的工作，是有一定的规律可循的。推销人员需遵循一定的规律，把握科学的准则，以使寻找客户的工作科学化、高效化。通过借鉴前人总结的经验和创造的方法，寻找准客户的方法将更加科学和高效。

（一） 确定客户范围

在寻找客户前，首先要确定客户的范围，使寻找客户的范围相对集中，提高寻找效率，避免盲目性。准客户的范围包括两个方面：

（1）地理范围，即确定推销品的销售区域。

（2）交易对象的范围，即确定准客户群体的范围。

经典案例

一位房地产推销人员去访问一位客户。客户对他说：“我先生忙于事业，无暇顾及家务，让我做主用几百万元购买一套别墅。”推销人员一听非常高兴，便三番五次到她家拜访。有一次，他们正在谈话，有人敲门要回收废品，这位太太马上搬出一堆空酒瓶与收购者讨价还价，推销人员留心一看，这些酒多是一些低档酒，很少有超过百元的，推销人员立即起身告辞，从此便不再登门。

资料来源：李红梅．现代推销实务［M］．5版．北京：电子工业出版社，2018.

问题：

推销人员在说服顾客时要注意什么？

案例解析：

推销人员在说服客户的同时要善于观察，从客户的言语、行为、衣着等一些小细节中判断哪些是准客户，对准客户进行精确的定位在推销过程中是至关重要的。

（二）　挖掘潜在客户

寻找客户是一项长期而细致的工作，推销人员要具有随时随地挖掘潜在客户的意识，并逐渐使之成为一种工作习惯，而不能平时漠不关心、无所事事，到推销之前才临时抱佛脚，像无头苍蝇一样去寻找客户。潜在客户散布于成千上万的个人、企业或单位之中，推销人员不仅要在工作中接触他们，更重要的是在工作之余去接触他们。推销人员要处处留心，以自己的职业敏感去听、去观察、去接触，只有抓住一切线索和机会，积累大量的客户资料，才能在关键时刻有的放矢，有效地找到目标客户。

作为推销人员，要想在激烈的市场竞争中不断发展壮大自己的客户队伍、提升推销业绩，就要在平时的“工作时间”特别是在“业余时间”，养成一种随时随地搜寻准客户的习惯，牢固树立随时随地寻找客户的强烈意识。

经典案例

一天，推销人员小王回家途中，经过一个坟场。正巧在坟场入口处，他看到几位穿着丧服的人走出来。他知道刚才那批人在这里拜祭过，于是灵机一动，走了进去，记下墓碑上的信息后，走向墓地管理者：“请问，你知道这里有一座××的坟墓吗?”“当然知道，他生前可是一位名人呀!”管理员说。“你说得对极了，在他生前，我们是朋友，只是不知道他的家眷在哪里，我想去看看故人之后，我想你是知道的。”管理员从档案袋里找到了坟墓主人家眷的地址，告诉了小王。小王拿着地址寻找，又成功地开发了一名新客户。

资料来源：李红梅．现代推销实务［M］．5版．北京：电子工业出版社，2018.

问题：

开发新客户时要注意什么？

案例解析：

要时时处处地留心生活中的人和事，哪里都有可能发现新的客户。

（三）　多途径寻找客户

对于大多数商品而言，寻找推销对象的途径或渠道不止一条，究竟选择何种途径、采用哪些方法更为合适，还应将推销品的特点、推销对象的范围及产品的推销区域结合起来综合考虑。

很多推销人员并没有掌握寻找客户的精髓，天天疲于奔命，不断地拜访一个又一个客户，而没有同客户进行深入而持久的接触和交流。他们以为，只要拜访更多的潜在客户，就一定能找到合适的准客户。殊不知，这是一种最笨的方法，就像狗熊掰玉米棒子，掰一个扔一个，到最后仍然两手空空。职业的开拓客户的方法应该是以客户带来客户，从一个客户引申出一个甚至多个客户，这样做的成功率高，而且省时省力，这就是“分子裂变原理”。推销人员在接触一个客户后，不但要想方设法促成交易，而且要促使客户重复购买。更重要的是要取得客户的信任和好感，紧紧抓住客户，以此为突破口，让客户给自己介绍客户，一带二、二带四，这样推销人员就会迅速形成自己的潜在客户群，极大地提高推销效率和业绩。

经典案例

一些国家的汽车推销人员，往往雇用汽车修理站的工作人员当推销助手。通常，当客户在修车时，当修理站的工作人员发现汽车各个部件老化严重或者车主表现出想要更换新车时，工作人员会根据客户的需求帮忙推荐汽车，或者直接帮助汽车推销员挖掘潜在客户，介绍潜在购买汽车者，而车主很可能就会成为真正的购车人。

问题：

怎样才能接触到更多的潜在客户？

案例解析：

只有充分利用身边的一切资源，拓展寻找途径，才能有效地接触到更多的潜在客户。

（四） 重视老客户

一位推销专家深刻地指出，失败的推销人员常常是从找到新客户取代老客户的角度考虑问题的，成功的推销人员则是从保持现有客户并且扩充新客户，使销售额越来越多、销售业绩越来越好的角度考虑问题的。对于新客户的销售只是锦上添花，没有老客户做稳固的基础，对新客户的销售也只能是对所失去的老客户的抵补，总的销售量不会增加。

客户是怎样失去的

推销人员必须树立的一个观念是：老客户是你最好的客户。推销人员必须遵守的一个准则是：你80%的销售业绩来自你20%的客户。这20%的客户是推销人员长期合作的关系户。如果丧失了这20%的关系户，将会丧失80%的市场。

（五） 遵循MAN原则

M：MONEY，代表“金钱”，是指所选择的对象必须有购买的资金来源或信用支付能力。

A：AUTHORITY，代表购买“决定权”，是指该对象对购买行为有决定、建议或反对的权力。

N：NEED，代表欲望，是指该对象有对产品或服务的购买欲望。

购买资金	购买决定权	欲望
M（有）	A（有）	N（有）
m（没有）	a（没有）	n（没有）

（1）M＋A＋N：有望客户，理想的销售对象。

（2）M＋A＋n：可以接触，配上熟练的销售技术，有成功的希望。

（3）M＋a＋N：可以接触，应设法找到具有决定权的人。

（4）m＋A＋N：可以接触，需调查其业务状况、信用条件等。

（5）m＋a＋N：可以接触，应长期观察、培养，使之具备其余条件。

（6）m＋A＋n：可以接触，应长期观察、培养，使之具备其余条件。

（7）M＋a＋n：可以接触，应长期观察、培养，使之具备其余条件。

（8）m＋a＋n：非客户，停止接触。

二、寻找客户的程序

在现实推销活动中，就绝大多数产品而言，推销人员几乎不可能知道所有的潜在购买者。实际上，推销人员也完全没有必要接触每一个潜在购买者。寻找客户的工作既包括获知潜在购买者是谁，也包括对潜在购买者是否会购买进行分析和判断，从而对潜在购买者进行筛选。图 8－1 为寻找客户的过程图。

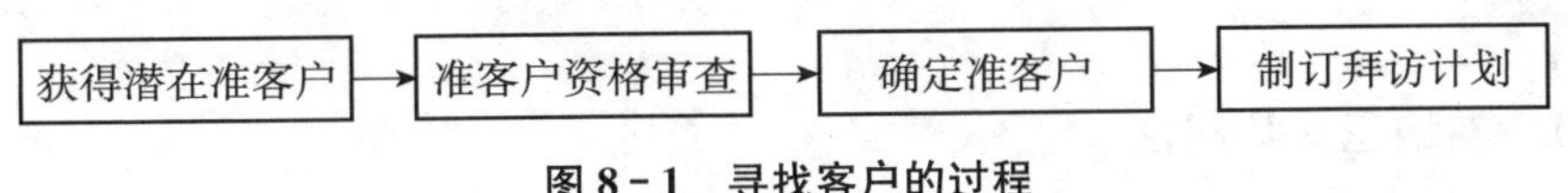

图 8－1　寻找客户的过程

推销人员先要根据推销品的特征，提出成为准客户的条件。然后根据这些条件搜集资料，寻找各种可能的线索，拟出一份准客户的名单，再按照这份名单进行准客户评估和资格审查，根据审查结果确定准客户。最后对这些准客户进行分析、分类、建立档案并据此编制拜访计划，进行拜访洽谈。

寻找客户的程序（见图 8－2）从发现可能购买的准客户开始。获得的准客户名单越多，可筛选的余地就越大。推销人员一般要采取多种途径和方法寻找准客户，以便使寻找准客户的有效性达到最大。

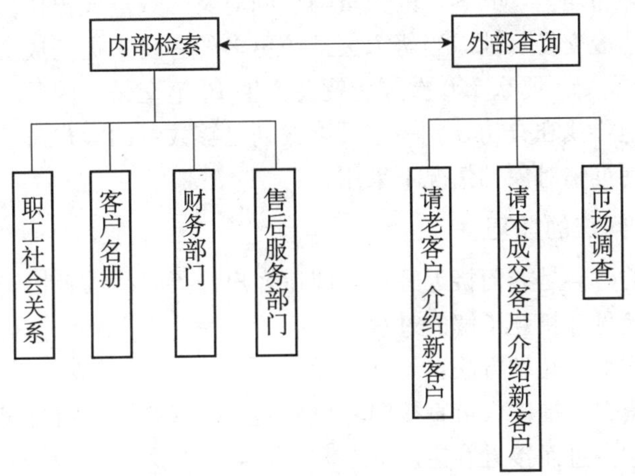

图 8－2　寻找客户的一般程序

销售人员应该怎样寻找客户资源？

推销无常规并非说推销没有规律。通常，即使是一个推销新手，只要按照理论上的推销步骤和程序认真操作，也是会有一定收获的。寻找客户的一般程序：一是内部检索，推销人员在寻找客户时要先从企业内部着手，包括从职工社会关系以及客户、财务、售后服务等部门去寻找；二是外部查询，推销人员在寻找客户时要本着先内后外、先近后远、先熟悉后陌生的原则来进行。

三、寻找客户的方法

对企业来说，市场是由众多的客户所组成的，客户多，对产品的需求量就大。推销人员若要维持和提高销售额，使自己的销售业绩不断增长，就必须不断地、更多地发掘新客户。因此，努力寻找准客户，使客户数量不断地增加，是推销人员业务量长久不衰的有效保证，也是促进推销产品更新换代、激发市场新需求的长久动力。

寻找客户往往是一个推销人员销售活动的开端。推销人员需要具备一种发现和识别潜在客户的能力，并通过自己的工作来提高寻找客户的成效。寻找客户的方法非常多且具有灵活性和创造性。

（一） 卷地毯式访问法

该方法又称普遍访问寻找法或挨门挨户访问法，是指推销人员在任务范围内或特定地区、行业内，用上门探访的形式，对可能成为准客户的单位、组织、家庭乃至个人无一遗漏地进行寻找并确定准客户的方法，也称“扫街”。采用此法寻找客户，推销人员必须根据自己所推销商品的各种特性和用途，确定一个比较可行的推销地区或推销对象范围，减少盲目性。

1. 理论依据

该方法遵循的是“平均法则”，即认为在被寻访的所有对象中，必定有推销人员所要寻找的客户，而且分布均匀，其客户的数量与访问对象的数量成正比。推销人员不可能与拜访的每一位客户达成交易，他应当努力去拜访更多的客户来提高成交的百分比。如拜访的 10 人中有 1 人会成交，那么 100 次拜访就会产生 10 笔交易。因此，只要对特定范围内所有对象无一遗漏地寻找和查访，就一定可以找到足够数量的客户。这种方法，通常在完全不熟悉或不太熟悉推销对象的情况下采用。

2. 卷地毯式访问法的技巧

运用此法最大的障碍是如何接近客户，即在客户购买商品或者接受服务之前，推销人员努力获得客户的接见并相互了解的过程。

接近客户可采用如下几种方法：

（1）派发宣传资料。推销人员直接向客户派发宣传资料，介绍公司产品或服务，引起客户的注意力和兴趣，进而接近客户。

（2）馈赠。这是现代营销常用的接近法。推销人员利用赠送小礼品等方式引起客户的兴趣，进而接近客户。

(3) 调查。[illegible]的机会接近客户，此法还隐藏了直接营销的目的，易被客户接受。

(4) 利益引导。[illegible]简单说明商品或服务的优点以及能给客户带来的利益来引起客户注意，从而转入[illegible]的接近方法。

(5) 赞美接近。推销人员利用人们的自尊和被尊敬的心理需求，引起交谈的兴趣。需要注意的是，赞美不但要出自真心，而且要讲究技巧，否则会弄巧成拙。

(6) 求教接近。对于虚心求教的人，人们一般不会拒绝他。但推销人员在使用此法时，应认真策划，讲究策略。

3. 卷地毯式访问法的优缺点

(1) 卷地毯式访问法的优点。

1) 可以借机进行市场调查，能够比较客观和全面地了解客户需求情况，这是因为推销人员原来不认识客户，客户可以毫不客气地表明自己的真实看法，而且此法的接触面比较广，推销人员可以听到各方面的意见。

2) 可以扩大推销品的影响，使客户形成共同的产品印象。

3) 可以积累推销工作经验，尤其是对新推销人员来说，这是必经之路。

4) 如果推销人员事先做了必要的选择和准备，推销技巧得法，则可以收到意想不到的新收获，争取更多的新客户。

此法适用于推销各种生活消费品，尤其适用于推销必备的日用工业品和人人必需的各种服务，如推销各种家庭用品或火灾保险服务等。

(2) 卷地毯式访问法的缺点。

1) 最大的缺点在于它的相对盲目性。由于推销人员对客户的情况不了解，访问的针对性较差。客户事先也不知道推销人员来访，对所推销的产品不了解，往往采取拒绝的态度。采用此法寻找客户，通常是在不太了解或完全不了解对方情况的条件下进行访问，尽管推销人员可能事先做了一些必要的选择和准备工作，但是仍然带有很大程度的盲目性。如果推销人员过于主观，判断错误，则会浪费大量的时间和精力。

2) 在许多情况下，人们大多不欢迎不速之客。由于在采用此法进行推销之前，推销人员一般难以事先通知客户，访问是在客户毫无心理准备的情况下进行的，因此客户往往表示拒绝接见，从而给推销工作带来阻力，给推销人员造成精神负担。

3) 由于推销工作和此法本身的有机联系和相互影响，推销工作一旦失误，就会影响整个推销计划。

特别提示：选一条合适的“地毯”，即事先确定可行而有效的推销地区和客户范围；尽量事先与被访者取得联系；善于总结经验；访问结束，务必留下联系方式和资料；试着带些小礼品前去拜访客户。

(二) 链式引荐法

链式引荐法又称客户引荐法或无限连锁法，是指推销人员请现有客户介绍未来可能的准客户的方法。链式引荐法在西方被称为最有效的寻找客户的方法之一，也被称为黄金客户开发法。

这种方法要求推销人员设法从自己的每一次推销面谈中，了解其他更多的新客户的名单，为下一次推销拜访做准备。购买者之间有着相似的购买动机，各个客户之间也有着一定的联系和影响，链式引荐法就是据此依靠各个客户之间的社会联系，通过客户之间的连锁介绍，来寻找新客户。介绍内容一般为提供名单及简单情况，介绍方法有口头介绍、写信介绍、电话介绍、名片介绍等。因此，了解和掌握每一个客户的背景情况会随时给你带来新的推销机会。运用这种方法可以不断地向纵深发展，使自己的客户群越来越大。此法的关键在于赢得现有客户的信赖。

1. 理论依据

该方法遵循的是“连锁反应”原则，例如我们现在只有10个客户，如果我们请每个现有客户为我们推荐2个准客户的话，我们现在就增至30个客户了，这新增的20个客户每人再为我们一人介绍2个客户，发展下去可能的结果就是10、10＋20、30＋40……那么，到了第二轮推荐时我们就有70个客户了。

2. 链式引荐法的形式

（1）请目前的客户向你介绍新客户。请他们向你介绍新客户之前，应先打电话给客户，了解他们对你所提供的产品（服务）的评价。千万不要在给客户打电话时试图卖掉产品（服务），只需真诚询问他们对你的印象如何。对于感到满意的客户，可以请他们同你联系，并请对方为你写引荐信。

（2）请新客户推荐。不要忘了新客户是你最重要的推荐人。一旦他们决定购买你的产品（服务），便会不断地向别人介绍和宣传你及你的产品（服务）以强调自己的决定是正确的。

欲从新客户那里获得被推举人，最好是在销售完成的时候。当你与客户讨论产品（服务）的价格时，先大致描述你的产品（服务）的价格和支付条件，再告诉他们，如果在几个月之后他们对所购买产品（服务）非常满意，就请他们推荐几位愿意购买产品（服务）的新客户。

（3）请那些拒买你产品（服务）的客户介绍。拒绝过你的客户，心理上或多或少会有些愧疚，尤其是在你服务十分热情的时候。因此，你可以请他们告诉你有哪些人可能需要你的产品（服务），他们或许知道谁需要你所推销的产品（服务）。

3. 链式引荐法的优缺点

（1）链式引荐法的优点。

1）可以避免推销人员寻找客户的盲目性。因为现有客户推荐的新客户大多是他们较为熟悉的单位或个人，甚至有着共同的利益，所以提供的信息准确、内容详细。同时由于各位客户之间的内在联系，使得链式引荐法具有一定的客观依据，可以取得新客户的信任。一般人对不速之客存有戒心，若经过熟人介绍，情况则不同。

2）链式引荐法既是寻找新客户的好办法，也是接近新客户的好办法。如果推销人员赢得了现有客户的真正信任，那就有可能赢得现有客户所推荐的新客户的信任。

3）成功率比较高。现有客户所推荐的新客户与现有客户之间存在某种联系，根据这种内在的联系来寻找客户，会取得较高的成功率。

（2）链式引荐法的缺点。

1）事先难以制订完整的推销访问计划。通过现有客户寻找新客户，由于推销人员不知道现有客户可能介绍哪些新客户，故事先难以做好准备和安排，时常因在中途改变访问路线而打乱整个访问计划。

2）推销人员常常处于被动地位。既然现有客户没有进行连锁介绍的义务，那么现有客户是否介绍新客户给推销人员完全取决于现有客户。若推销人员向现有客户推销失利，或者现有客户出于某种考虑不愿意介绍新客户，推销人员便无可奈何。

经典案例

某推销人员推销时，总是带两张纸。一张纸写了许多字，一张纸是白纸。那张有字的是客户的推荐信，当遇到客户拒绝时，他会说："×先生，您认识王明先生吧？他是我的客户，他用了我们的商品很满意，他希望他的朋友也享受这份满意。您不会认为这些人买我的商品是件错误的事情吧？""您不会介意把您的名字加入他们的行列中去吧？"运用这个方法，他一般都能取得较好的效果。当成功地销售一套商品之后，他会拿出另一张白纸，说："×先生，您觉得在您的朋友当中，还有哪几位可能需要我的商品？""请介绍几个您的朋友让我认识，以便让他们也享受到与您一样的优质服务。"然后把纸递过去。85%的情况下，客户会为他推荐2～3个新客户。

资料来源：张照禄．谈判与推销技巧案例评析［M］．2版．成都：西南财经大学出版社，2015.

问题：

本案例中寻找客户的方式有什么优势？

案例解析：

这种"滚雪球"的传播方式会最大限度地增加所能接触到的客户的数量，帮助推销人员发掘更多的客户资源。

（三）　中心开花法

中心开花法又称名人介绍法，是链式引荐法的一种特例，是指推销人员在某一特定的推销范围内，取得一些具有影响力的中心人物的信任，然后在这些中心人物的影响和协助下，把该范围内的个人或组织发展成推销人员的准客户的方法。利用中心开花法寻找客户，关键是取得中心人物的信任和合作。一般来说，中心人物或组织在公众中具有很大的影响力和很高的社会地位，他们常常是消费者领袖。这种方法特别适用于寻找使用消费品和无形产品的准客户。不过，随着不断结识新朋友，关系名单也要定期进行更新调整。

1. 理论依据

中心开花法所依据的理论是"光辉效应"。心理学原理认为，人们对于在自己心目中享有一定威望的人物是信服并愿意追随的。因此，中心人物的购买与消费行为就可能在他的崇拜者心目中形成示范作用与先导效应，从而引发崇拜者的购买与消费行为。在许多产品的销售领域，影响者或中心人物是客观存在的。特别是对于时尚性产品的销售，只要确定中心人物，使之成为现实的客户，就很有可能引出一批潜在客户。一般来说，中心人物包括在某些行业里具有一定影响力的声誉良好的权威人士；具有对行业里的技术和市场深刻认识的专业人士；具有行业里的广泛人脉关系的信息灵通人士。只要确定中心人物，使之成为现实的客户，就很有可能引出一批潜在客户。

2. 中心开花法的优缺点

（1）中心开花法的优点。

1）省时省力。采用这种方法，推销人员可以集中精力向少数中心人物做细致的说服工作。在实际的推销活动中，推销人员必须反复向每一位客户进行说服，既单调又费时费力。而这种方法则可以在一定程度上避免这种重复和浪费。

2）能有效扩大产品的影响力。中心人物多是该领域里的消费者领袖。利用中心开花法寻找客户，不仅可以通过中心人物的联系发现大批新客户，而且可以借助中心人物的社会地位来扩大商品的影响力。

（2）中心开花法的缺点。

1）中心人物起决定作用。由于这些所谓中心人物往往难以接近，因此推销人员要反复向中心人物做工作。假如中心人物不愿意与推销人员合作，那么推销人员就会失去很多潜在客户。

2）选错中心人物会得不偿失。如果推销人员选错了客户心目中的中心人物，就有可能弄巧成拙，既耗时间又费精力，还往往贻误推销时机。

特别提示：运用中心开花法时，寻找中心人物是决定使用效果的关键。一方面，推销人员要进行详细而准确的市场细分，确定每个子市场的范围、大小及需求特点，从中选择具有较多潜在客户的子市场作为目标市场，在目标市场范围内寻找有影响力的中心人物；另一方面，推销人员应努力争取中心人物的信任与合作。在较详细地了解中心人物后，推销人员应首先以良好的产品和高质量的服务充分满足其需求。其次，在现行政策允许范围内，推销人员应千方百计地开展推销活动，与之建立良好的人际关系。

经典案例

山田先生是日本一家肉店的老板，一次出席朋友举办的一个宴会，当服务员来问喝什么酒时，素不相识的同座中，有一位提议“喝啤酒”，结果大家都没意见，一致同意喝啤酒。这一偶然事件使山田先生受到启发，于是他开始在客户中物色中心人物，有意拉拢那些交际广、知识丰富又爱讲话的人，给他们以各种优惠和周到的服务，使他们对肉店产生好感。很快，这些人就成了山田肉店的义务宣传员，逢人就讲山田肉店的肉新鲜、斤两足、价钱公道，老板态度好，于是带动了一大批客户到店里来买肉，山田先生用这种方法使周围的一大批居民成了自己的客户。

资料来源：胡善珍．现代推销——理论、实务、案例、实训［M］. 2版．北京：高等教育出版社，2015.

问题：

山田先生运用了什么方法寻找客户？这样做的好处是什么？

案例解析：

山田先生运用了中心开花法来寻找客户。通过集中精力向少数中心人物做细致的说明工作，利用中心人物的示范效应，往往可以扩大商品的销路。

（四） 委托助手法

委托助手法也称猎犬法，就是推销人员雇用他人寻找准客户的一种方法。在西方国家，这种方法运用得十分普遍。一些推销人员常雇用有关人士来寻找准客户，自己则集中精力从事具体的推销访问工作。这些受雇人员一旦发现准客户，便立即通知推销人员，安排推销访问。这些接受雇用的人员被称为推销助手。在西方国家里，有些公司专门雇用一些低级推销人员寻找客户，以便让那些高级推销人员集中精力从事实际的销售活动。这些低级推销人员往往采用市场调研或提供免费服务等措施，对某些可能性比较大的销售地区发起卷地毯式访问。一旦发现潜在客户，立即通知高级推销人员或推销经理安排销售访问。也有一些企业或推销人员专门找特定行业、特定职业的工作人员为其寻找潜在客户。

1. 理论依据

委托助手法依据的是经济学的最小、最大化①原则与市场相关性原理。委托有关行业与外单位的人充当助手，在特定的销售地区与行业内寻找客户及搜集资料、传递信息，然后由推销人员去接见与洽谈，这样花的费用与时间肯定比推销人员亲自外出搜集资料少。越是高级的推销人员就越应该委托助手进行销售，推销人员只是接近那些影响大的关键客户，这样可以获得最大的经济效益。此外，行业间与企业间都存在关联性，某一行业或企业生产经营情况的变化，首先会引起与其关系最密切的行业或企业的注意。适当地运用委托推销助手来发掘新客户、拓展市场，是一个行之有效的方法。

2. 委托助手法的优缺点

(1) 委托助手法的优点。

1) 提高工作效率。此法使推销人员能把更多的时间和精力花在有效销售上。而助手又能帮助推销人员不断开辟新区域，从深度和广度两个方面来寻找合格的客户。

2) 避免了陌生拜访的压力。助手先做铺垫，再引荐给推销人员，利于销售工作的开展。

(2) 委托助手法的缺点。

1) 难以找到理想的助手。一般要找到一个能很好胜任推销工作的人较困难，他们大多没经验，未受过训练，因此要找到能胜任此工作的人需要花一定的时间、精力。

2) 推销人员较被动。寻找客户的绩效完全视助手的能力和相互的合作关系。助手能否毫无保留地将信息全部传递给推销人员，也是要注意的问题。

特别提示：注意对推销助手的甄别与聘用；培训推销助手，提高其工作能力；与推销助手进行有效沟通。此法比较适用于寻找耐用品和大宗货物的客户，如房地产、一批灯具、一批西瓜。

（五） 个人观察法

个人观察法又称现场观察法，是指推销人员依靠个人的知识、经验，通过对周围环境的直接观察和判断，寻找准客户的方法。个人观察法主要是依据推销人员个人的职业素质和观察能力，通过察言观色，运用逻辑判断和推理来确定准客户，是一种古老而基本的方法。

对推销人员来说，观察法是寻找客户的一种简便、易行、可靠的方法。绝大部分推销人员在许多情况下都会使用个人观察方法。不管是在何处与何人交谈，都要随时保持警觉，留意搜集潜在客户的线索。不同推销人员的个人观察能力不同，使用的方法也有所不

---

① 最小、最大化原则是指稻盛和夫《经营十二条》的第五条原则——销售最大化、费用最小化。

同。这里所讲的个人观察法只能作为一种提示，帮助推销人员培养自己的观察能力，形成适合自己使用的观察法。只要推销人员时刻留心、细心观察，就会发现到处都有客户。

1. 个人观察法对推销人员的要求

运用个人观察法寻找潜在客户，要求推销人员具有良好的职业意识，即随时随地挖掘潜在客户的习惯和敏锐的观察能力。有了这种意识，推销人员能在别人不注意的时间和地点找到潜在客户。

首先，运用个人观察法时，推销人员要善于用眼睛看，即用眼睛去观察一切可能捕捉到的信息。不同的出版物，如杂志、报纸、贸易评论等都可以提供目标客户。

其次，推销人员要善于用耳朵听，从广播、别人的谈话里发现信息。有时一位朋友无意中谈起的一条信息，对你寻找客户可能会起到良好的作用。

最后，在运用个人观察法寻找客户时，推销人员必须具有主动精神，充分调动各种感觉器官。

个人观察法可以说是其他各种方法的基础，因为其他任何方法的运用实际上都离不开推销人员个人的观察。运用个人观察结果寻找潜在客户，使推销人员直接面对市场、面对客户，对提高推销能力、积累推销经验有很大帮助。

2. 个人观察法的优缺点

（1）个人观察法的优点。可以使推销人员直接面对现实、面对市场，排除一些中间干扰；可以使推销人员扩大视野，跳出原有推销区域，发现新客户，创造新的推销业绩；可以培养推销人员的观察能力，积累推销经验，提高推销能力。

（2）个人观察法的缺点。推销仅凭推销人员的直觉、视觉和经验进行观察和判断，受推销人员个人素质和能力的限制；由于事先完全不了解客户对象，失败率比较高。

经典案例

有位汽车推销员应邀前往客户家里做推销。推销员进门后发现客户家里有一位老太太和一位年轻女士，考虑到老太太的年龄，便认定是年轻女士要购买。于是，推销员直接向年轻女士进行了推销，基本没理会老太太的反应。经过半天的推销，年轻女士很满意，但却表示是否购买需要老太太来决定，原来是老太太要购买汽车赠送给年轻女士。而由于推销员对老太太的全程忽视，老太太很不满，不但不想买，甚至要求汽车推销员赶快离开。两天后，又有一位汽车推销员应邀上门推销，而这位推销员并没有直接做出购买人选择，而是在与她们沟通洽谈中察言观色，发现年轻女士是汽车的使用者，但老太太才是真正的购买者，于是便同时向老太太和年轻女士展开推销，既关注了年轻女士的使用需求，也照顾了老太太作为购买人的感受，双方成功达成交易。

问题：

这两个推销员为什么一个推销失败，而另一个则能达成交易？

案例解析：

一名好的推销人员应善于观察、灵活应变。第一个推销员由于没有很好地进行观察从而作出错误的判断，导致推销失败。而第二个推销员通过观察法很好地锁定了潜在客户，取得了推销的成功。

（六）　广告开拓法

广告开拓法又称广告拉引法、广告吸引法，是指推销人员利用各种广告媒介寻找准客户的方法。这种方法依据的是广告学的原理，即利用广告的宣传攻势，把有关产品的信息传递给广大消费者，刺激或诱导消费者的购买动机和行为，然后推销人员再向被广告宣传吸引的客户进行一系列的推销活动。

1. 广告开拓法的形式

（1）报纸广告。利用报纸广告来寻找客户时，应该根据所推销商品的特点来做出选择，既要考虑各种报纸的发行地区和发行量，又要考虑各种报纸读者对象的类型。

（2）电视和广播广告。倘若决定通过在电视或广播里做广告来寻找客户，就应该考虑各个广播台或电视台的听众或观众的数量及分布地区，还应考虑广告播出的时间。你可以在电视媒体上，以实际动作将产品展示在使用产品的人们面前，包括实验证明书、统计表。要把它作为当天最令人兴奋的新闻来讲。

（3）杂志广告。杂志在时间上不如其他媒体那样及时。然而，许多出版物都可以刊登彩色照片，这可以让你更好地展示产品。杂志编辑对发表的信息有很大的选择权，文章的发表会使你被赋予更多的名人风采。

（4）直接邮寄广告。如果有大量的新客户需要某一产品，以直接邮寄广告的方式寻找新客户有时是联系个人和企业的有效方式。较之信息员，直接邮寄的成本较低、接触的人较多，而这些人可能广泛分布在某一地区。采用这种方式时，要采取多样的形式，避免浪费。

2. 广告开拓法的优缺点

（1）广告开拓法的优点。

1）可以借助各种现代化手段大规模地传播推销信息，推销人员可以坐在家里推销各种商品。若一条推销广告被二百万人看到或听到，就等于推销人员对一百万人进行了卷地毯式访问。

2）广告媒介的信息量之大、传递速度之快、接触客户面之广，是其他推销方式所无法比拟的。

3）广告不仅可以寻找客户，还具有推销说服的功能，能够使推销人员从落后的推销方式中解放出来，节省推销时间和费用，提高推销效率。

（2）广告开拓法的缺点。

1）推销对象的选择不易把握。现代广告媒介种类很多，各种媒介影响的对象都有所不同。如果媒介选择失误，就会造成极大的浪费。

2）有些产品不宜或不准使用广告开拓法寻找客户。

3）大多数情况下，运用广告开拓法寻找客户，难以测定实际效果。

但总体来说，广告开拓法不失为一种理想的开拓客户的现代化手段。在运用此法时，推销人员要认真做好市场调查，制订周密的计划，并辅以其他方法，以免出现大的失误。

（七）　文案调查法

文案调查法又称资料查阅寻找法，是指推销人员通过搜集、整理、查阅各种现有文献资料来寻找准客户的方法。这种方法是指利用他人所提供的资料或机构内已经存在的可以为其提供线索的一些资料，这些资料可以帮助推销人员较快地了解到大致的市场容量及准客户的分布等情况，然后通过电话拜访、信函拜访等方式进行探查，对有机会发展业务关系的客户做进一步的调研，将调研资料整理成潜在客户资料卡，进而形成一个庞大的客户资源库。文案调查要求更多的专业知识、实践经验和技巧。这是一项艰辛的工作，要求有耐性、创造性和持久性。

1. 文案调查法的基本要求

文案调查法的特点和功能，决定了调查人员在进行文案调查时，应该满足以下几个方面的要求：

（1）广泛性。对现有资料的搜集必须周详，要通过各种信息渠道，利用各种机会，采取各种方式大量搜集各方面有价值的资料。一般来说，既要有宏观资料，又要有微观资料；既要有历史资料，又要有现实资料；既要有综合资料，又要有典型资料。

（2）针对性。要着重搜集与调查主题紧密相关的资料，善于对一般性资料进行摘录、整理、传递和选择，以得到有参考价值的信息。

（3）时效性。随着知识更新速度加快，调查活动的节奏也越来越快，资料适用的时间在缩短，因此，只有反映最新情况的资料才是价值最高的资料。

（4）连续性。要注意所搜集的资料在时间上是否连续。只有连续性的资料才便于动态比较，便于掌握事物发展变化的特点和规律。

2. 文案调查法的优缺点

（1）文案调查法的优点。

1）文案调查法可用于经常性的调查。实地调查更费时费力，操作起来比较困难，而文案调查如果经调查人员精心策划，则具有较强的机动性和灵活性，便于调查人员随时根据需要，搜集、整理和分析各种调查信息。

2）文案调查法不受时空限制。从时间上看，采用文案调查法不仅可以掌握现实资料，还可获得实地调查所无法取得的历史资料。从空间上看，采用文案调查法既能对内部资料进行搜集，还可以掌握大量的有关外部环境方面的资料。文案调查法尤其适用于因地域遥远，条件各异，采用实地调查法需要花更多的时间和经费的调查。

3）可以发现问题并提供重要参考。根据调查的实践经验，文案调查法常被作为调查的首选方式。几乎所有的调查都可始于搜集现有资料，只有当现有资料无法提供足够的证据时，才进行实地调查。因此，文案调查法可以作为一种独立的调查方法加以采用。

（2）文案调查法的缺点。

1）文案调查依据的主要是历史资料，其中过时资料比较多，现实中正在发生变化的新情况、新问题难以得到及时的反映。

2）所搜集、整理的资料和调查目的往往不能很好地吻合，对所要解决的问题不能完全适用，搜集资料时易有遗漏。

3）文案调查要求调查人员有较扎实的理论知识、较出色的专业技能，否则在工作中将力不从心。此外，文案调查所搜集的文案的准确程度较难把握，有些资料是由专业水平较高的人员采用科学的方法搜集和加工的，准确度较高；而有的资料只是估算和推测的，准确度较低。因此，应明确资料的来源并加以说明。

（八）　市场咨询法

市场咨询法，是指推销人员利用社会上各种专门的行业组织、市场信息咨询服务等部门所提供的信息来寻找准客户的办法。一些组织，特别是行业组织、技术服务组织、咨询单位等，它们手中往往集中了大量的客户资料和资源以及相关行业和市场信息，通过咨询的方式寻找准客户是一种行之有效的方法。

这些专门的市场信息咨询服务公司，专门从事市场调查和市场预测工作，搜集各方面的市场供求信息，为社会上各行各业的推销人员提供市场咨询服务，便于推销人员利用咨询信息寻找客户。例如，服装推销人员可以通过咨询业者来寻找客户，婴儿用品推销人员可以通过育儿咨询从业者寻找客户等。此外，国家有关行政管理部门，如工商局、统计局、财税局及各行业协会或商会等，也是理想的信息咨询单位。

1. 市场咨询法的信息搜集

推销人员可以从以下部门获得市场信息：

（1）专业信息咨询公司。如一些专业建筑信息公司能提供详细的在建工程信息，包括工程类别、建筑成本、工程时间表和开发商项目经理及建筑师等联系方式，且信息每天更新。这为建材生产企业的推销人员节约了大量时间。虽然要向信息公司付一些费用，但总体而言还是合算的。

（2）工商行政管理部门。该部门涉及面十分广阔，包括工业、商业、交通运输等各个行业，是一个理想的市场咨询单位。

（3）各级统计和信息部门。这些部门提供的信息准确、可靠。

（4）其他相关部门，如银行、税务部门、公安部门、大专院校、科研单位等。

（5）当地行业协会。每个行业基本上都有自己的行业协会，如软件行业协会、电子元件行业协会、仪器仪表行业协会等，虽然行业协会只是一种民间组织，但恐怕没有人能比行业协会更了解行业内的情况了。如果你的潜在客户恰好是某协会的成员，该协会的帮助是你直接接触到潜在客户的有效途径。

2. 市场咨询法的优缺点

（1）市场咨询法的优点。

1）方便迅速，费用低廉，信息可靠。与推销人员自己寻找客户所需费用相比，可以节省推销费用开支。

2）节省推销人员的推销时间，全力以赴进行实际推销。

（2）市场咨询法的缺点。

1）推销人员处于被动地位。若推销人员过分依赖被咨询人员提供的信息，则容易丧失开拓精神，失掉许多推销机会。

2）被咨询人员所提供的信息具有间接性，会存在许多主观片面的因素，甚至出现一些与实际情况大相径庭的错误信息。

3）市场咨询法的适用范围有一定的限制性。

（九）　交易会寻找法

交易会寻找法，是指利用各种交易会寻找准客户的方法。国内外每年都有不少交易会，如广交会、高交会、中小企业博览会等。充分利用交易会寻找准客户，与准客户联络感情、沟通了解，是一种很好的获得准客户的方法。

参加展览会往往会让推销人员在短时间内接触到大量的潜在客户，而且可以获得相关的关键信息，对于有意向的客户也可以做重点说明，约好拜访的时间。例如，假如你想获得在印刷机械行业的潜在客户，可以参加国际印刷机械展，你将在那里遇到中国乃至世界上最著名的印刷机械制造商。你只需要去参加一个展览会，就会得到这个行业的几乎最有价值的那部分潜在客户。经常去参加某个行业的展览会，你甚至会发现每次都会看到那些准客户，这对以后向他们推销商品是非常有利的。

1. 交易会寻找法的注意事项

运用交易会寻找法的注意事项如下：

（1）要得到潜在客户的名片。

（2）在可能的情况下与这些潜在客户进行现场交流，明确主管人员。

（3）在展览会结束后，尽快与潜在客户取得联系，免得因对方记忆失效而增加后期接触的难度。

（4）将客户的产品资料拿回来仔细分析，寻找机会。

2. 交易会寻找法的优缺点

（1）交易会寻找法的优点。交易会寻找法的优点是效率高。这种方法能在最短时间内接触到最多的准客户。因为参加交易会的人本来都对该行业有兴趣，对有兴趣的客户，推销人员可以充分展示自己。

（2）交易会寻找法的缺点。该方法的缺点是费用较高。参加交易会要向主办单位缴纳一定的费用。

（十） 电话寻找法

电话寻找法，是指推销人员在掌握了客户的名称和电话号码后，用打电话的方式与客户联系来寻找目标购买者的方法。电话最能突破时间与空间的限制，是最经济、有高效的接触客户的工具。建议每天专门用一段时间至少给5个潜在客户打电话，一年下来能增加1 500个与潜在客户接触的机会。

1. 电话寻找法的注意事项

（1）推销人员应该选择合适的打电话的时间。例如，要避开使用电话的高峰期，避免客户因为忙碌而不能很好地沟通。

（2）应该讲究打电话的礼仪与效果。

（3）讲究效果，讲话应简单扼要，不要拖泥带水，应该尽快把事情讲清楚。

（4）做好准备。

阿里巴巴CCO戴珊：寻找客户代言人

2. 电话寻找法的优缺点

（1）电话寻找法的优点。寻找速度快，信息反馈快，不容易被拒绝。一般情况下，接电话的人肯定是全神贯注地听电话，只要掌握好讲话的内容与顺序，会收到很好的效果。因为打电话属单线联系，不受外人干扰。因此，电话寻找客户的方法被称为推销人员的“金矿”。

（2）电话寻找法的缺点。在个别地区通信设施落后，电话接通率低，有时会导致较多的错漏现象；一些推销人员的方言土语经过电话传递后更难以沟通。

【教学互动】

互动问题：

在上述寻找客户的方法中，你认为哪些方法在推销工作中相对应用较少？又有哪些方法是在推销工作中经常用到的？

要求：

学生分组进行讨论，之后每个小组选一名代表发言，其他组可以针对该同学的发言提出问题，最后由教师进行点评总结。

任务二
审查客户资格

客户资格审查又称准客户认定、客户资格鉴定，是指推销人员对对方是否真是一位准客户进行分析判断的全部活动过程。客户资格审查并非与寻找准客户截然分开，实际上它贯穿于寻找客户过程的始终。客户资格审查是推销工作的重要一环，只有经过严格的客户资格审查，推销人员才能把宝贵的时间放在最有可能成交的客户身上，节省推销成本。另外，通过客户资格审查，还能进一步了解客户需求的特点，从而使推销有的放矢。

客户资格审查是推销人员开展市场调研的重要内容之一，目的在于发现真正的推销对象，避免徒劳无功的推销活动，确保将推销工作落到实处。通过客户资格审查，可以使推销人员节约大量宝贵的时间，也可以提高客户的订货率和增加客户的订货量，提高推销人员的工作绩效。

一、客户需求审查

客户需求审查是指对潜在客户是否存在对推销产品的真实需求进行审查并得出结论，从而确定具体推销对象的过程。推销成功与否要看客户是否对推销品有需求。若客户不需要此推销品，即便其有钱有权，也不会购买。在某种意义上，客户需求审查就是寻找现实客户的过程。客户需求审查包括以下内容。

（一） 现实需求审查

现实需求是指已经发现的没有被满足的需求。推销人员应该通过需求审查，把具有现实需求的客户作为立即开展推销活动的对象。

（二） 需求特点和预购买的数量审查

推销人员一是应该关注现实需求量比较大的客户，以便提升推销业绩；二是应该关注目前需求量虽然不多，但是具有长期购买倾向的客户，因为他们是企业或者推销品未来的基本市场；三是应该关注购买行为对推销人员与推销品具有重要作用的客户，推销人员应该按照客户的重要性，在推销活动中给予特殊的照顾和安排，因为他们可能是“购买明星”，要善于利用他们的影响力来扩大企业和产品的知名度。

（三） 潜在需求审查

在寻找到的客户名单中，推销人员如果发现有人虽然没有现实需求，但是在未来存在需求，那么这也是潜在客户。推销人员应该把此类潜在客户列入“预备梯队”，作为以后的推销对象。

（四）　特定需求审查

在客户需求审查中，如果发现具有特殊需求的客户，应该继续进行审查，确切了解特定客户的需求特点及其需求的意义，以便在以后的推销活动中给予满足，同时了解其中可能存在的变数，以便从中发现推销机会或者风险。

需求也是可以创造的。现代推销工作的实质，就是要探求和创造需求。随着科学技术的发展和新产品的大量问世，客户中存在大量尚未被认识的需求，也存在出于某种原因暂时不准备购买的情况。对属于这两类情况的客户，推销人员不应将其视为不合格客户而草率除名。正是由于存在尚未被客户认识的需求，才为推销人员大胆探求和创造客户需求提供了用武之地，也正是由于客户中存在某种困难，才有赖于推销人员去帮助客户改善生产和生活条件并解决其潜在的问题。推销人员应勇于开拓、善于开拓，透过现象看实质，去发掘客户的潜在需求。

二、客户购买力审查

首先强调的是，客户支付能力是指客户的购买力或筹措资金的能力。支付能力的强弱是判断一个潜在客户是否能够成为目标客户的重要条件。单纯从对商品的需求角度来看，人们几乎无所不需。但是，任何潜在的需求只有具备了支付能力之后，才能成为现实的需求。即市场的构成要素中，缺少购买欲望和购买力两者中任何一个因素，这种需求都不是现实需求。因此，在对潜在客户购买需求进行审查的同时，必须对其支付能力进行审核，以避免推销时间的浪费。

单纯考察需求对于推销人员来说有一定的局限性，因为客户的支付能力包括现实的支付能力和潜在的支付能力。进行购买力审查时，首先，审查客户现有支付能力。只有具有购买需求及现有支付能力的客户，才能成为企业的现实客户，成为推销人员最理想的推销对象。其次，应注意对准客户潜在支付能力进行审查。一味强调现有支付能力，不利于推销局面的开拓，掌握客户的潜在支付能力，可以为推销提供更为广阔的市场，因为他们是企业的后备客户群。当准客户值得信任并具有潜在支付能力时，推销人员应主动协助准客户解决支付能力问题，建议客户利用银行贷款或其他信用方式购买推销品，或对其实行赊销。推销人员如果没有对客户的支付能力进行考察，没有对客户的资信情况做一个了解，就会付出很多无效劳动，降低推销工作的效率，甚至会给企业造成经济损失。

客户支付能力审查的内容主要有客户的现金兑付能力、财务状况和资金结构、经营状况、偿还拖欠贷款的能力与信用度等。

三、客户购买资格审查

客户购买资格，是指推销人员审查购买人员是否有作为市场经营主体的行为能力以及对推销品的购买是否有某些限制。

市场经营主体的行为能力是由国家法律赋予的，是由国家行政机关通过办理各类许可证的方式体现的，具体包括：

（一）营业执照

营业执照是由工商行政部门颁发的。营业执照中规定了执照人的经营范围，执照持有人应在经营范围内活动，否则，行为就是无效、非法的。

（二）行业执照

行业执照是由行业的主管部门颁发的。如卫生部门颁发给食品行业的“卫生许可证”。

（三）专营执照

专营执照是指对于某些行业，国家只许可某个行业专营（即垄断）。如卷烟行业必须有“专营许可证”。

（四）特征行业

特征行业是指由公安部门备案或颁发合格证才能进行有关经营活动的行业，一般是与社会治安有关的行业。如旅馆业、拍卖业、典当业等。

当然，上述所有证照都有时间效力，过期失效。

四、客户购买决策权审查

决定推销能否成功，还要看客户是否有购买决策权。潜在客户或许虽然对推销的产品有某种需求，也具备支付能力，但他也许没有购买决策权。在推销过程中，“找准人”是关键的一环，即要找到具有购买决策权的人或决策的核心人物。了解或找准具有购买决策权的那个人无疑能节省推销人员的时间，提高推销的效率，还能提高推销成交的可能性。

（一）家庭及个人决策权审查

在家庭或个人购买决策中，推销人员要根据推销品的特点、家庭或购买者个人的特点，来分析判断在购买决策中的各种角色，找到真正的购买决策人来开展推销工作。若事先不对潜在客户的购买决策状况进行了解，不区分不同的角色类型，见到谁就向谁推销，很可能事倍功半，甚至一事无成。

在消费者市场中，消费一般以家庭为单位，而决策者常常是其中的一两位成员。而不同的家庭、不同的文化背景、不同的社会环境，使各个家庭的购买决策状况不尽相同。除一些大件商品或高档商品的购买决策权比较集中外，一般商品的购买决策权呈逐步分散趋势，这增加了对其进行审查的难度。尽管如此，正确分析准客户家庭中的各种微妙关系，认真进行购买决策权分析，仍是非常必要的。

家庭购买决策类型有妻子做主型、丈夫做主型、共同协商决定型和各自做主型四大类。对于家庭购买生活资料的资格审查可以从以下几个方面考虑。

（1）家庭生命周期。处在不同阶段的家庭，其购买决策者是不同的。

（2）家庭收入水平。客户收入的多少决定其市场购买水平的高低。其中，收入中可任意支配的部分是影响客户需求量最活跃的经济因素，也是影响高档耐用消费品、旅游等商品销售的主要因素。家庭收入越高，其中对家庭收入做出较大贡献的一方，往往拥有对购买大宗产品的决策权。

（3）家庭的开放程度。例如，比较开放的家庭一般采取协商决策的方式，往往以掌握信息最多的人的意志为转移。

（4）家庭稳定性。稳定的家庭中，夫妻俩的气质类型多为相反的人，比较外向的一方或比较有控制欲的一方，往往处于主动地位，因而在购买决策中起决策拍板作用。

（5）家庭的心理重心倾向性。例如，典型的小家庭是一对夫妇一个孩子，小孩成为家庭的重心，对家庭的购买决策有较大影响。

（6）产品类型。例如，大件商品以丈夫做主居多，日用小商品的购买主要由妻子做主。

除此之外，还有很多因素决定家庭购买决策类型，如文化水平、居住地、信仰、价值观念、性格等。

（二） 组织类客户决策权审查

在组织类客户中，决定成交的往往不是一个人，而是一个决策层。在这个决策层中，每个人所起的作用是不同的，推销人员应该明确客户所有制性质、决策运行机制、决策程序、规章制度、企业自主经营的权限等，还要审查具体人物在购买决策中的地位和角色、权限、声望、威信、人际关系及个人特点等，从而判断购买决策中的关键角色，以增强推销的针对性和成功率。

推销人员应了解企业的购买程序，并按程序进行审查，从而确认有购买决策权的具体人物。企业、组织与团体购买者的购买程序一般包括发现需求阶段、核对需求阶段、说明需求阶段、批准需求阶段、购买行为决策阶段、执行购买阶段等。在企业的购买决策程序中，不同部门、不同的人，在购买过程的不同阶段中，可能分别拥有不同的决策权。推销人员应具体了解客户单位的规章制度与办事程序，确认在客户购买行为决策的各个阶段中拥有各种权力资格的决策人。

在上述客户购买阶段和购买决策程序中，共有七种角色介入其中，即发现需求的购买行为倡议人、影响人、决策人、执行人、使用人、批准人和把门人。其中，“把门人”是指有权阻止推销人员与主要决策者接触、有权对推销人员递交的各种信息资料进行处理的机关与人物，如秘书、办公室主任、助理等。推销人员必须对这些人做好资格审查工作，以便在开始推销活动时，有针对性地对上述七种人开展推销活动。

五、建立客户档案

随着信息技术的广泛使用，客户管理基本上实现了电子化和信息化，过去的客户档案管理办法也基本上被电子文档和电子表格取代。对于现代企业来说，建立客户档案，有助于更好地对企业现有的客户进行分析和研究，从而更好地为本企业推销业务所用。

企业的客户档案主要包括客户分析表、客户资料卡、客户评价表。

（一） 客户分析表

通过长期的资料积累，推销人员可以将自己的客户按照时间顺序分为三大类，即现有客户、过去客户、将来客户，对每一类客户都要进行详细的分析，以便从中发现产品销售机会。具体内容如表 8-1 所示。

表 8-1　客户情况分析表

<table>
<tr><td rowspan="3">现有客户</td><td colspan="4">哪些人</td><td>向我们买什么</td><td>不可能买什么</td><td colspan="2">能推荐哪些客户</td></tr>
<tr><td>名称</td><td>地址</td><td>电话</td><td>采购员及主管姓名</td><td>产品</td><td>数量</td><td>其他公司</td><td>朋友、亲戚</td></tr>
<tr><td></td><td></td><td></td><td></td><td></td><td></td><td></td><td></td></tr>
<tr><td rowspan="3">过去客户</td><td colspan="4">哪些人</td><td>为什么失去</td><td>如何挽回</td><td colspan="2">能买什么产品</td></tr>
<tr><td>名称</td><td>地址</td><td>电话</td><td>采购员及主管姓名</td><td rowspan="2"></td><td rowspan="2"></td><td colspan="2" rowspan="2"></td></tr>
<tr><td></td><td></td><td></td><td></td></tr>
<tr><td rowspan="3">将来客户</td><td colspan="4">哪些人</td><td colspan="2">怎样才能向我们订货</td><td colspan="2">他们可能购买什么</td></tr>
<tr><td>名称</td><td>地址</td><td>电话</td><td>采购员及主管姓名</td><td>他们需要什么</td><td>是否能满足他们的需要</td><td colspan="2" rowspan="2"></td></tr>
<tr><td></td><td></td><td></td><td></td><td></td><td></td></tr>
</table>

（二） 客户资料卡

在建立了客户分析表的基础上，推销人员还应为每一个经过审查的客户制作详细的资料卡，对资料卡中的有关内容做充分的调查和了解，便于将来在拜访客户时查找，使产品推销工作系统化、表格化，进一步提高产品推销工作的效率。

在实际推销工作中，推销人员一般要根据实际需要来设计客户资料卡的具体格式。表 8-2 和表 8-3 是两种比较常见的客户资料卡。

表 8-2　消费者个人或家庭资料卡

<table>
<tr><td>客户姓名</td><td></td><td>性别</td><td></td><td>住址</td><td></td></tr>
<tr><td>学历</td><td></td><td>年龄</td><td></td><td>性格特征</td><td></td></tr>
<tr><td>职业</td><td></td><td>年均收入</td><td></td><td>家庭成员数</td><td></td></tr>
<tr><td>购买商品</td><td colspan="2"></td><td>购买日期</td><td colspan="2"></td></tr>
<tr><td>付款方式</td><td colspan="5"></td></tr>
<tr><td>备注</td><td colspan="5"></td></tr>
</table>

表 8-3　客户（组织）资料卡

组织名称		营业地址	
企业性质			
联系电话		经营规模	
日销金额			
订购商品			
交易日期			
付款方式			
收款日期			
营业状况			
信用等级			
备注			

根据以上有关资料，推销人员就可以结合 ABC 准客户管理法对准客户进行分类，并对处在不同级别的客户进行分类管理。具体分类内容如表 8-4 所示。

表 8-4　准客户的 A、B、C 三个等级

项目等级	具备准客户要求条件的程度	计划访问次数	计划购买产品的时间	计划购买产品的数量
A 级	具备完整的购买条件	1 周访问 1～2 次	计划当月就购买产品	
B 级	虽未具备完整的购买产品的条件，但是具有访问价值	隔周访问 1 次	2～3 个月内购买产品	
C 级	尚不具备完整购买产品的条件，偶尔可以访问	应该每月访问 1 次	半年内购买产品	

（三）客户评价表

在以后的产品推销业务中，推销人员根据客户资料卡，就可以随时掌握客户购买本企业产品的情况、订货次数，并将客户的有关资料进行汇总，随时掌握客户的购买进度以及采购时机；可以清楚地分析、控制产品推销业务的成长状况，该客户占总推销额的比例是多少，发掘该客户的潜在购买能力；推销人员可以依此分析与每位客户每笔交易所花费的推销费用，将每一笔产品交易的推销费用汇总起来，就可以清楚地了解到推销费用占产品总推销额的合理比例，以此衡量以后推销业务的投入水平与产出效益。

推销人员利用客户资料卡可以定期地对客户进行综合评价，及时发现推销过程中存在的问题，并提出改进措施。表 8-5 就是一则利用客户资料卡编制的客户综合评价表，对推销人员完成配额任务非常有用。

表8-5 客户情况综合评价表

客户评价资料		评语	存在的问题	改进措施
1	客户的基本情况			
2	每次订购产品的数量			
3	订购产品的次数（每年）			
4	占公司推销总额的比例			
5	推销费用水平			
6	货款回收情况			
7	客户对本公司的评价			
8	客户对推销业务的支持程度			
9	访问计划			
10	延迟交货的情况			

乐学善思

质量赢得市场，诚信赢得客户

华联印染是一家专业从事伞布、国旗印染及高档服装面料后整理加工生产的规模企业。该公司拥有世界领先的生产设备和精湛的生产工艺，产品除销往全国各省份外，也远销东南亚各国，市场占有率在伞布面料供应中位居前列。2018年，该公司还被评选为“中国轻工业制伞（配套）行业十强企业”。

“一直以来，我们公司都秉持着‘开拓、创新、进取、诚信’这样的经营理念，重视产品质量，完善产品服务。”从小就受父辈熏陶，公司销售经理吕赛飞深知创业的艰辛，也把父辈敬业的态度、勤奋的付出以及经营理念等，深深积淀于自己的工作当中。“尤其是‘诚信’理念，让我们赢得了越来越多客户的信赖。”她说，有时候原料等市场波动比较大，但只要客户的订单已经接受，就一定会坚持完成。

如今，该公司业务覆盖全国十几个省份，并且在国际市场上的份额逐年递增，但吕赛飞并不满足。“近年来，制伞企业研发创新出了黑胶伞等新产品，伞布花形图案的更新速度也在不断加快，对企业产品提出了新要求。”公司销售经理吕赛飞说，公司也正在适应市场需求，拓展更多新产品。如数码印花，就是为了满足伞企等对伞布面料的需求而刚引进的新项目。“要让我们的企业立于不败之地，就要更加重视产品质量，完善产品服务，提升企业核心竞争力。”吕赛飞表示。

除了公司管理之外，吕赛飞也参加了一些社团及协会，担任崧厦镇团委副书记、区伞业商会团工委书记等。商会企业联谊、专题讲座、走访慰问困难家庭等活动，让她的生活更加丰富。

“新的一年，希望我能够不忘初心，砥砺前行，向优秀的企业家前辈们学习。”吕赛飞说。

问题：

华联印染公司是通过怎样的努力不断地获得新客户的？

提示：

诚信属于道德范畴，是每一装修企业的第二张“身份证”，在日常行为中，是诚实和信用的综合表现，即待人处事真诚、老实、讲信誉，言必信、行必果，一言九鼎、一诺千金。商人的诚信不是狡诈，是一种态度和理念，企业诚信，客户自然信任，老客户带新客户，企业才能获得长久的发展。

主要概念和观念

◀主要概念

卷地毯式访问法　链式引荐法　中心开花法　委托助手法　购买力　购买决策权

◀主要观念

寻找客户是指推销人员主动找出潜在客户即准客户的过程。准客户是指对推销人员的产品或服务确实存在需求并具有购买能力的个人或组织。潜在客户是指在准客户的基础上有购买意愿且有可能成为真实客户的客户。

失败的推销人员常常是从找到新客户取代老客户的角度考虑问题的，而成功的推销人员则是从保持现有客户并且扩充新客户，使销售额越来越多、销售业绩越来越好的角度考虑问题。

寻找客户是一项长期而细致的工作，推销人员要具备随时随地挖掘潜在客户的意识，并逐渐使之成为一种工作习惯。

客户资格审查并非与寻找准客户截然分开，实际上它贯穿于寻找客户过程的始终。只有经过严格的客户资格审查，推销人员才能把宝贵的时间放在最有成交可能的客户身上，节省推销成本，从而使推销有的放矢。

对于现代企业来说，建立客户档案，有助于更好地对企业现有的客户进行分析和研究，从而更好地为本企业推销业务所用，这是做好客户维系的主要办法。

项目单元训练

一、单项选择题

1. 制订推销计划的第一个步骤是(　　)。

A. 寻找客户　　B. 确定时间

C. 确定地点　　D. 确定人物

2. 卷地毯式访问法遵循的是(　　)。

A. 平均法则　　B. 连锁反应原则

C. 光辉效应　　D. 最小、最大化原则

二、多项选择题

1. MAN原则包括(　　)。

A. 金钱　　B. 时间

C. 权力　　D. 需要

2. 客户资格审查包括(　　)。

A. 客户需求审查　　B. 客户购买力审查

C. 客户购买资格审查　　D. 客户购买决策权审查

三、判断题

1. 准客户就是客户。(　　)

2. 进行客户管理有助于企业发展新客户。(　　)

四、简答题

1. 中心开花法有哪些优缺点？

2. 寻找客户的基本原则是什么？

五、论述题

作为一名推销人员，你认为本项目中所介绍的各种寻找客户的策略分别适合怎样的客户？试针对其中的一种举例说明。

六、实操题

实训内容：模拟寻找客户。

背景资料：

近年来，校园里出入的私家车越来越多。假定学校现在成立汽车清洁养护公司，你作为公司的业务代表，你会如何有效地寻找目标客户？

要求：

教师对实训要求进行讲解，学生分组陈述自己的计划，其他同学扮演不同年龄、性别、职务的教师，由推销人员开始实地演练操作。让学生通过模拟了解寻找客户的程序，知道寻找客户的方法，能够自己独立寻找客户。学生要积极参与、态度端正、方法得当；表演要真实、形象；要能将课本知识与实践有效结合。

项目九
约见与接近客户

【学习目标】

知识目标：了解约见客户的准备工作有哪些，掌握约见客户及接近客户的方法，并能用其指导产品推销的相关活动。

能力目标：掌握各种约见客户以及接近客户的具体方法的适用条件，并能够根据行业环境加以灵活运用。

素质目标：约见客户过程中，不怕挫折、积极进取。接近客户过程中，能够遵循因人而异的原则，设身处地为客户着想，培养明察秋毫、科学规划的思维意识。

实训目标：能够根据所学专业的行业背景，通过角色扮演，合理运用各种约见和接近客户的方法，有效开展相关产品的推销活动。

【导引案例】

一次失败的推销访问

一位推销人员急匆匆地走进一家公司，找到经理室敲门后进屋。

推销人员："您好，李先生。我叫李明，是美佳公司的推销人员。"

曲经理："我姓曲，不姓李"。

推销人员："噢，对不起。我没听清楚您的秘书说您姓曲还是姓李。我想向您介绍一下我们公司的彩色复印机……"

曲经理："我们现在还用不着彩色复印机。即使买了，可能一年也用不上几次。"

推销人员："是这样……不过，我们还有别的型号的复印机。这是产品介绍资料。"(将印刷品放到桌上，然后掏出烟与打火机)"您来一支?"

曲经理："我不吸烟，我讨厌烟味。而且，这个办公室里不能吸烟。"

推销人员：……

问题：

为什么说这是一次失败的推销访问?

任务一
约见客户

约见客户又称商业约会，是指推销人员事先征求客户同意后，接见洽谈的过程。约见是推销接近的开始。只有通过约见，推销人员才能成功地接近准客户，顺利开展推销洽谈。通过约见，推销人员还可以根据约见的情况进一步做推销预测，为制订洽谈计划提供依据。此外，约见还有助于推销人员合理地利用时间，提高推销效率。

一、约见客户的准备

约见客户前的准备工作简称约见准备，是指推销人员在与客户正式约定见面和正式接触前，针对某一特定准客户而进行的准备工作，是为了进一步了解、掌握和分析客户的情况而进行的预先准备的过程，是客户资格审查的继续，也是非常重要的推销工作环节。约见客户的准备工作越充分，推销工作成功的概率也就越高。一般来说，约见准备主要体现在以下几个方面：

（一）客户资料的准备

客户资料的准备是接近客户前的基础性准备工作。通过对客户的整体情况进行充分的调查和了解，可以促使约见达到应有的效果。一般来说，客户资料是反映客户基本情况的信息资料。针对不同的约见对象，所需要准备的资料内容也应有所不同。具体如表9-1所示。

表9-1　不同类型客户所需准备的资料

客户类型	所需准备的资料
个体客户	姓名、性别、年龄、职务、民族、文化程度、信仰、兴趣爱好、籍贯、家庭成员、收入、偏好、经历、需求内容等
团体客户	组织基本情况、生产经营情况、组织人事情况、组织采购惯例、决策系统和方式、决策人的性格与爱好、内部各部门的权限等

经典案例

推销人员小马打电话约见老客户——某公司的采购王经理，对话内容如下：

小马：王经理，您好，好久不见，今晚有空吗？我请您吃饭。

王经理：不用了，谢谢。

小马：我们公司刚研发了一种新的设备，我想向您介绍一下。

王经理：有业务就想起找我啦。

小马：当然，我们是老朋友了嘛。

王经理：我恐怕要让你失望了。

小马：为什么？

王经理：一年前我就辞职了，现在不做那个产品了。

问题：

小马的推销能成功吗？

案例解析：

小马的推销一定是不成功的，虽然王经理是熟人，但他长时间没有与客户保持联系，对老客户的职务变动情况不了解，因而导致老客户的流失。

（二）　推销方案的拟订

推销方案是指推销人员展开推销活动的行动方案。推销人员应充分考虑推销对象和推销环境及其他有关要素，根据各位客户的会见时间、地点等制订完善周密的推销方案，为顺利地接近客户做好准备。如果推销人员不事先约见客户，盲目地制订访问计划，就可能与被访问准客户的工作计划发生冲突，导致推销活动一开始就受阻，从而错失可能的推销机会。

（三）　心理准备

约见客户前，推销人员要对约见时可能会出现的各种情况做出充分估计，做好必要的心理准备。因为在实际推销过程中，约见请求被拒绝的事情经常发生。面对这种情况，推销人员应该明白客户拒绝的是推销品而不是推销人员本身，要坚定信心，具有百折不挠的精神。

（四）　其他物质资料的准备

除了上述准备之外，推销人员还应准备好必要的推销工具和推销辅助器材，如样品、照片、鉴定书、企业合法证件或其复印件、介绍信、引荐信、名片、身份证等。这些资料有助于增加客户的信任度，便于推销人员进一步接近客户。

二、约见客户的内容

作为推销拜访的准备阶段，约见客户的内容主要取决于拜访活动的客观要求。推销人员应该根据每一次推销访问活动的特点来确定具体的约见内容。通常，约见客户的工作内容可以概括为 4 个 W，即确定约见对象（Who）、明确约见事由（Why）、安排约见时间（When）、选择约见地点（Where）。

（一） 确定约见对象

确定对象效率高

约见对象指的是对购买行为具有决策权或对购买活动具有重大影响的人。进行推销约见，首先要明确具体的约见对象。针对不同的推销品，推销人员的约见对象是不同的。如果推销的是个人家庭用品，约见对象容易确定；如果推销的是大型工业用品，面向的是团体客户，情况则相对复杂。

推销人员在约见推销对象时需要注意以下两点：

1. 设法直接约见决策人或者对购买决策具有重大影响的人

对于企业而言，公司的董事长、经理和企业厂长等是企业或有关组织的决策者，他们拥有很大的权力，是推销人员首选的约见对象，这样就可以避免在无权或无关人员身上浪费时间。推销人员若能成功地约见这些决策者，将为以后的推销活动铺平道路。

2. 尊重接待人员并尽力争取接待人员的支持与合作

在实际推销工作中，推销人员往往发现自己无法直接约见这些大人物，而需要先和他们的下属或接待人员接触。这些接待人员通常是指助理、秘书、办公室主任等。由于决策人公务繁忙，一般会把很多日常性事务全权托付给他们，他们虽无决策权，但他们接近决策层，对决策者的决策活动有很大的、直接的影响。因此，为了顺利地约见主要客户，推销人员必须争取接待人员的支持与合作，为顺利约见其领导或购买决策人铺平道路。

经典案例

有一次，原一平去拜访一家业务很活跃的贸易公司。但是，去了好几次，总是无法见到董事长。多次拜访无果之后，他突然发觉接待小姐桌上的花瓶不见了。于是再去时，他便带了装着两朵菊花的小花瓶，送给接待小姐。此后，接待小姐就成了他的内援，每隔3天，他就带着两朵菊花前去拜访，被公司的人戏称为“菊花推销人员”。两月后，有一天原一平照常前去拜访，接待小姐兴高采烈地告诉他董事长等着他，并立刻将他带入董事长的办公室。“本公司的员工都非常称赞你哟!”董事长只说了这么一句话便当即签订了合约。

问题：

原一平成功签约的关键因素是什么？

案例解析：

原一平虽然没有约到企业直接决策人，但是他善于观察，并通过自己的努力争取到了接待人员的支持与合作，通过他们顺利约到了企业直接决策人。

（二） 明确约见事由

推销人员约见客户，总要有充分的理由，使准客户感到有会见推销人员的必要。由于推销活动的进行程度和具体情况不同，每次约见客户的目的也有所不同。一般来说，约见客户的目的和事由不外乎下列几种（见图9-1）：

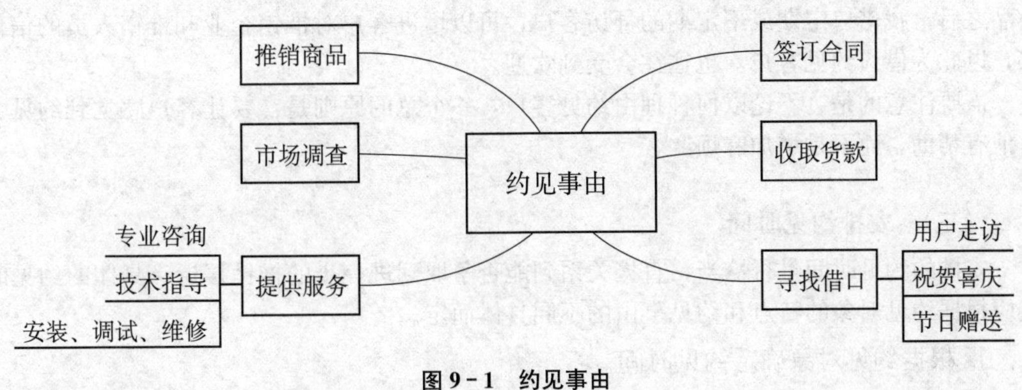

图 9-1　约见事由

1. 推销商品

多数情况下，推销人员访问客户的目的都是直接向客户推销商品。若准客户确实需要该推销品，自然会欢迎推销人员的来访，给予必要的合作。但若准客户对该产品没有需求，则以此为由约见客户往往会遭到拒绝。因此，推销人员在语言上要做精心设计，只有使客户在极短的时间内对推销品产生兴趣并重视自己的推销，才可能达到约见的目的。

2. 市场调查

市场调查是推销人员的重要职责之一。推销人员把市场调查作为访问事由来约见客户，比较容易被准客户接受。通过与客户面谈，推销人员可以了解到客户的一些真实情况，这既有利于搜集有关资料和信息，又可以避免强行推销，不容易引起客户的反感。优秀的推销人员往往会在调查的过程中，不知不觉将客户引向正式的推销，从而一举两得。

3. 提供服务

推销和服务是分不开的。在推销活动中，产品介绍、专业咨询、技术指导、安装、调试、维修等服务贯穿始终。因此，以提供服务为由约见客户，往往会受到客户的欢迎。如果这些服务能由推销人员直接提供，自然会给推销人员提供许多直接约见客户的机会，有利于推销人员与客户的直接沟通，有利于建立良好的推销信誉，也为今后的推销工作创造了条件。推销人员还可以利用提供服务的机会推销产品，这既有利于完成推销任务，又可扩大企业的影响力，树立企业和推销人员的信誉。

4. 签订合同

一般情况下，推销人员在与客户谈妥交易条件之后，应当即签订合同。如果因某种原因当时未签，也可在事后约定时间专门签订。以此为由约见客户一般比较容易，但要注意一定要抓紧时间，不可拖得太久，以免客户反悔。

5. 收取货款

在交易中因某种原因客户拖欠货款也是常有的事，欠债还钱本是天经地义，以收取货款为由约见客户自然也是理直气壮，客户一般不好回绝。但如果客户资金紧张或主观上不愿支付也会寻找各种借口来进行推托，避而不见，推销人员就要特别讲究约见的技巧，不给客户找借口的机会。

6. 寻找借口

推销人员以某种借口约见客户，比如用户走访、节日赠送、祝贺喜庆等，在客户购买商品之后，找借口定期或不定期的拜访客户，可以增进客户对推销企业和推销人员的信任感，以此为借口约见客户，也往往会受到欢迎。

需要注意的是，不论以何种理由约见客户，一个总的原则是：要让客户感觉到约见会对他有帮助，而不是增加麻烦。

（三） 安排约见时间

安排的约见时间是否恰当，直接关系到能否争取到进一步的推销接近。具体的约见时间应根据约见对象的特点和约见事由的不同具体而定。

1. 根据约见对象确定约见时间

访问对象的时间状况制约着约见时间的安排，推销人员应充分考虑约见对象的生活规律和作息时间等具体情况。安排的约见时间，要尽可能避免访问对象工作忙碌、休息或心情不佳的时候。如约见团体客户最好不要把约见时间确定为星期一上午，约见家庭主妇最好避开买菜做饭的时间等。

【教学互动】

互动问题：

作为推销人员，如果你的约见对象从事以下职业，约见的时间该如何确定？

（1）会计师。

（2）医生。

（3）行政人员。

（4）股票行业人员。

（5）银行家。

（6）公务员。

（7）餐饮业从业者。

（8）建筑设计师。

（9）律师。

（10）教师。

要求：

教师不直接提供上述问题的答案，而是先引导学生结合本部分内容进行独立思考、自由发表见解，再组织课堂讨论，最后对学生提出的典型见解进行点评。

2. 根据约见事由确定约见时间

推销人员还应根据具体的约见事由来合理安排和利用约见时间。直接推销产品应选择有利于成交的时间作为约见时间；市场调查应选择市场行情变动较大，或者客户对商品出现特殊需求时作为约见时间；收取货款应选择对方资金宽裕时作为约见时间等。

3. 根据约见的地点和路线确定约见时间

推销人员在约见客户时，应该使约见时间、约见地点和路线保持一致。一般来说，约见地点在家中，就要选择对方工作以外的时间；如果约在办公室洽谈，则应该选择上班时间；如果约见地点是在公共场所，就要根据各个公共场所的特点来决定约见时间。

4. 根据访问对象的意愿确定约见时间

在约到访问时间时，推销人员要尊重访问对象的意愿，做到留有余地，最佳的办法是双方协商确定一个妥当的时间。一般来说，如果双方都有足够的把握，就可以约定一个固定的时间，如下午三点整。如果双方在推销访问前后还安排有其他工作，或者考虑到可能出现其他意外情况，就可以约定一个较为灵活的时间，如下午两点半到三点。

此外，推销人员要注意准时赴约，合理利用访问时间，提高推销约见的效率。

（四）选择约见地点

与准客户约定在什么地点见面，主要遵循以下两个原则：一是以客户的意见和方便为主；二是避免干扰，以安静和便于谈话交流为宜，环境越雅致越好。一般来说，约见地点的选择有以下几种：

1. 工作地点

对于集团消费或者推销生产用品的推销人员来说，最佳的地点一般是访问对象工作单位的办公室。因为在大多数情况下，客户是被动的，所以推销人员应该采取主动。在办公室约见方便双方讨论问题，进行反复商议以达成共识。

2. 居住地点

对于推销家庭生活用品的推销人员来说，则通常以客户居住地为约见地点，既方便客户，又显得亲切、自然。

3. 社交场合

对组织客户和消费者客户，社交场所（如餐厅、酒吧、夜总会、咖啡店、休闲娱乐场所、电影院等）也是不错的约见地点。企业通常会组织一些社交活动，邀请客户与目标客户参加，气氛轻松愉快，这有利于拉近推销人员与客户之间的距离，营销人员要充分珍惜和利用这样的机会，施展社交活动的能力，先与客户交朋友，然后逐步将其发展为客户。

4. 公共场所

当前三种约见客户的地点都不适宜采用时，公共场所（如公园、候车室、图书馆、码头、车站等）也可以作为约见地点。这些地点显得比较随意，无拘无束，约见成本为零。这主要适合于小企业、老客户、年长客户、低收入客户。

三、约见客户的方法

推销人员要达到约见客户的目的，不仅要考虑约见的对象、时间和地点，还必须认真地研究约见客户的方式与技巧。现代商务活动中常见的约见客户的方式主要有以下几种：

（一）电话约见法

电话约见法是现代推销活动中最常用的方法，它的好处在于迅速、方便、经济、快捷，使客户免受突然来访的干扰，也使推销人员免受奔波之苦，可以节省大量时间及不必要的差旅费用。

当然，由于推销人员与客户之间缺乏相互了解，电话约见很容易引起客户的猜忌、怀疑，因此推销人员必须熟悉电话约见的原则，掌握电话约见的正确方法。获得电话约见成功的关键在于推销人员必须掌握打电话的技巧：精心设计开场白，引起对方足够的好奇心，使他们希望继续交谈；约见事由的叙述要充分，用词简明精练；态度要诚恳，语气平缓等。一般来说，电话约见可以依照以下几个步骤进行。

1. 问候对方

接通电话后正式问候对方，前提是你得充分了解对方的相关信息，如姓名职务等以表达你的敬意。

2. 自我介绍

问候之后要进行自我介绍，简单明了地说出自己的姓名及公司名称，并提及公司业务。注意要以用户的需求为导向。

3. 感谢对方

对客户抽出宝贵时间接听电话表示感谢，客户在感到自己受到了充分重视后往往会很乐意再给你几分钟时间。

4. 表达拜访的理由

这一步是约见的核心，以自信的态度，清晰地表明拜访的理由，让客户感觉出你的专业及可以信赖，从而引起客户的注意。

5. 约定拜访时间

提出约见的请求，如果客户有意见面，进一步提出有选择性的约定时间供对方选择，这样不易遭到客户的拒绝，且你仍占主动地位。

此外，打电话时，推销人员应事先设计好开场白，在语言的组织和运用中，要注意技巧。语言措辞和技巧不同，最后的效果也可能截然不同。

经典案例

一名推销人员需要和客户确定进一步拜访的时间，他有以下两种问话方式的选择：

问话一：王先生，我什么时候去拜访您比较方便？

问话二：王先生，我是下周三下午 4 点去拜访您还是下周四上午 9 点去拜访您呢？

问题：

推销人员的这两种约见措辞有什么不同？你会选择哪一种？

案例解析：

很明显，问话一的约见使推销人员完全处于被动的地位，易遭客户的推辞。问话二则相反，推销人员对于会面时间已主动排定，客户对推销人员提出的“选择题”若是一时反应不过来，便只好随推销人员的意志，做“二选其一”的抉择，而没法推托了。因此，第二种问话方式是一种比较好的选择。

6. 结束电话

再次感谢对方，并进一步强调约定的时间，弄清约定的地点，然后快速地结束电话。

电话约见需要注意以下两点：一是应避开电话高峰和对方忙碌的时间，一般上午 10 点以后和下午 2 点以后 5 点之前较为合适；二是要掌握好时间和分寸，如果客户表示时间不合适或者没兴趣，则应立即停止对话并道歉，不要强人所难。

【教学互动】

互动问题：

(1) 接打电话中谁先挂电话?

(2) 接打电话中应做好哪些记录?

(3) 通话时间多长为宜?

(4) 接打电话的禁语有哪些?

(5) 打电话的时间选择应注意哪些问题?

要求：

教师不直接提供上述问题的答案，而是先引导学生结合本部分内容进行独立思考、自由发表见解，再组织课堂讨论，最后对学生提出的典型见解进行点评。

（二） 信函约见法

信函约见法是指推销人员通过信函或电子邮件来约见客户。常见的约见客户的信函方式主要有：个人信件、单位公函、会议通知、请帖、便条、电子邮件等。另外，使用信函约见还可将广告、商品目录、广告小册子等一起附上，以引起客户的兴趣和关注。

信函约见既简便、快捷、易于掌握、费用低廉，又可避免当面约见时的层层人为阻碍，可以畅通无阻地将信息传递给目标客户。但这种方式也有一定的局限，如：信函约见的时间较长，不适于快速约见；许多客户对推销约见信函不感兴趣，甚至不去拆阅，回应率低。

（三） 当面约见法

当面约见法是指推销人员当面与客户约定拜访的时间和地点等。这种约见简便易行，极为常见，是一种较为理想的约见方式。

当面约见法具有以下优点：其一，有利于发展双方关系，加深双方感情；其二，便于双向沟通，缩短彼此的距离，易达成有关约见的时间、地点等事宜，进一步做好拜访准备；其三，可靠性高，有时约见内容比较复杂，只有当面约见才可以说清楚；其四，保密性好，当面约见还可以防止走漏风声，切实保守商业机密。

当然，当面约见法也有一定的局限性：首先，当面约见法受地理空间的限制，地理范围有限；其次，当面约见法要求推销人员及时约见每一位客户，作为一种古老的方式，效率较低；最后，当面约见一旦被客户拒绝，就会令推销人员当面难堪，造成被动不利的局面，反而不利于下一次的接近和拜访。

推销人员在具体使用这一方式时，需察言观色、随机应变，灵活运用一些技巧。例如，在途中不期而遇时，在见面握手问候时，在起身告辞时，推销人员都可以借机进行约见，以保证约见工作的完成。

（四） 委托约见法

委托约见法是指推销人员委托第三者约见客户的方式。所委托的第三者，可以是推销人员的同学、老师、同事、亲戚、朋友、上司、同行、秘书、邻居等，也可以是各种中介机构。

委托约见法最大的优势是通过借助第三者与推销对象的特殊关系，克服目标客户对陌生推销人员的戒备心理，取得目标客户的信任与合作，有利于进一步的推销接近与洽谈。但是，委托约见法也有一定的限制：一是推销人员拥有的亲朋、熟人有限；二是推销人员自己的好友未必与目标客户有交情；三是要搭人情，而且环节较多，如果所托之人与自己的关系或与目标客户的关系较一般，那么客户对约见的重视程度往往也不够。因此，运用此方法特别要注意真正了解第三者与推销对象的关系。

（五） 广告约见法

广告约见法是指推销人员利用各种广告媒体约见客户的方式。常见的广告媒体有广播、电视、网络、报纸、杂志、路牌等。

盘点 2018 上半年最走心的广告文案

广告约见法的优势是约见对象多、约见的覆盖面大、约见效率高等。在约见对象不具体、不明确或者约见客户太多的情况下，采用这一方式来广泛地约见客户比较有效。利用广告进行约见可以把约见的目的、对象、内容、要求、时间、地点等准确地告诉广告受众，从而节省推销时间。但广告约见也有一定的局限性，比如针对性较差、费用较高却未必能达到引起目标客户注意的效果等。

（六） 网络约见法

网络约见法是推销人员利用互联网与客户在网络上进行约见的一种方法。互联网的迅速发展为现代推销提供了快捷沟通的工具，尤其是 E-mail 以及微信、QQ 等一些即时通信软件的普遍使用，加快了网上约见与洽谈的进程。

网络约见的优点是范围广、快捷、便利、费用低。这种方式的局限性是其会受到推销人员对网络技术和客户网址及电子邮箱等情况的掌握程度等方面的限制。因此，现代推销人员要掌握有关的网络知识，学会利用现代化的信息手段和推销工具开发客户。

经典案例

从 2016 年春节开始，支付宝进行了集五福活动，因为操作简单，中奖概率大，已经成为大家过春节时，一家老少相互交流、增进感情的全民小游戏。支付宝公布的过去三年集五福活动的数据显示，从 2016 年集五福活动以来，连续三年参与集五福的用户数量为 1 亿人。随着活动的持续推进，活动的形式也越来越丰富多样，除了五福之外，用户还有机会获得跟随蚂蚁森林去看树、欧洲足球观赛之旅、全年帮还花呗等少量幸运大奖。可以说，五福活动集游戏娱乐、社会公益、安全教育集于一身，吸引了上亿人参与，极大地提高了支付宝用户的黏性和社交属性，是一次非常成功的营销活动。

问题：

这种营销方式取得快速发展的秘诀是什么？

案例解析：

像支付宝集五福这样的营销活动极大地刺激了消费者敏感的神经，像病毒一样蔓延传播，无疑对品牌的宣传起到了推波助澜的作用。

任务二
接近客户

接近客户是指推销人员在完成约见客户以后就推销洽谈的实质性内容开始直接与客户正式接触的过程。这时的推销人员可以按照“约见时间”在“约见地点”同“约见对象”（客户）讨论“约见事由”，在此过程中，推销人员不仅要在地理位置上接近客户，更要在心理上靠近客户，与客户实现真正的沟通。

心理学研究表明：人们在见面的10秒钟后就会对对方做出许多判断。因此，推销人员要在这一刻，充分运用接近客户的策略和技巧，给客户留下美好的第一印象。这样才能营造一个良好的推销气氛，使推销活动得以顺利进行。因此，掌握接近客户的技巧，有助于推销人员塑造良好的个人形象，便于更快取得客户的信任，从而顺利完成推销工作。

一、接近客户前的准备

接近前的准备是指在正式会见前做好最后的准备。具体来讲，推销人员应做好以下方面的准备工作：

（一） 遵循因人而异的原则，掌握多种接近客户的方法技巧

现实经济生活中，客户在性格、爱好、阶层等方面存在很大差异，这就要求推销人员以不同方式接近不同类型的客户，即使是接近同一位客户，也不应该总是使用同一种方式。推销人员可以从以下方面入手：一是培养细心观察生活的习惯，通过观察总结，学会与不同的客户打交道；二是努力掌握尽可能多的接近客户的方法和技巧，只有掌握多种方法，才能有所选择；三是要善于扮演生活中的各种角色，以不同的身份去接近不同的客户。

（二） 遵循自我调整的原则，培养百折不挠的精神

推销人员在接近客户的过程中，会遇上各种各样的困难，这对推销人员的毅力是巨大的考验，正视和克服这些困难是现代推销人员应当具备的基本职业品质。事实上，客户的冷漠或拒绝有多方面的原因，如推销时正赶上客户情绪不佳，或者客户当时很忙，没有时间接待，或者客户对推销存有某种偏见等。推销人员应该从多方面分析客户冷漠或拒绝的真正原因，做到处变不惊、从容应对。

（三）遵循换位思考的原则，减轻客户压力

美国的一位推销经理通过分别和推销人员或客户进行交谈发现：在绝大多数情况下，客户方面存在一种明显的压力，即他总感到推销人员是在企图推销什么东西，于是他本能地设置一些障碍，下意识地干扰和破坏推销过程的顺利进行。因此，推销人员在接近客户时要学会换位思考，尽量消除对方的紧张心理，制造轻松愉快的气氛。

减压的方法有很多，常见的有以下几种：

1. 延期法

当客户过于紧张时，任何有关推销的话语都是无用的。这时候推销人员可以先说明今天来的目的不在于推销，而是提供产品信息，简单向客户解释和介绍产品后，留下名片改天再来。这样就可以给客户留下好印象，下次再见面时对方不会感到陌生，接触时间长了，紧张感自然就消失了。

2. 建议法

客户虽然会对出钱购买商品感到紧张，但其通常对能给自己带来利益的事情还是很感兴趣的。推销人员要设法使客户相信这次会面是完全值得的，客户能从中得到一些有趣或者有利的收获，使客户认识到不应从自身的好恶，而应该从客观利益出发来考虑问题，从而消除洽谈中的紧张气氛。

3. 调查法

推销人员可以告诉客户这次访问的目的只是做市场调查，听取各方面的意见，并希望对方坦率表明自己的态度。一般情况下，客户对产品多少都有自己的想法，通过这一方法，可以使客户在发表意见的过程中慢慢消除戒备心理。

4. 直接法

推销人员直接告诉客户完全不必有压力，如果无意购买，随时可以要求推销人员离去而不必感到为难。使用这种方法，推销人员应该自然、诚恳。

如果不能消除客户的紧张心理，推销工作就无从谈起。作为推销人员要正确处理这种微妙关系，抓住最佳时机转入推销洽谈，使客户轻松自如、心甘情愿地购买。

（四）遵循有条不紊的原则，制订访问计划

为了更好地完成推销任务，一般在接近客户前最好制订一个访问计划，就本次访问计划要达成的目标、议题等进行规划，做到心中有数。每一次接近的时间不宜过长，推销人员要善于控制接近的时间，不失时机地转入正式面谈。具体时间的长短应因人、因时、因事、因地而异。

（五）遵循未雨绸缪的原则，带齐相关物品

“优秀的推销人员一靠技巧，二靠各种推销工具”，这是丰田汽车公司的推销人员始终坚守的一条不可动摇的原则，说明推销时相关物品准备的必要性和重要性。推销接近常用的物品及其功用如表 9-2 所示。

表9-2 推销接近常用的物品及其功用

物品类型	具体形式	功用
视听材料	商品实物、图文资料、影像材料	给客户以直观、形象的产品展示，吸引其注意力，并激发其兴趣
宣传材料	公司广告、产品说明书、检验报告、鉴定证书、获奖证书等	帮助推销人员增强推销说服力，提高可信度
签约材料	合同、票据、印章等	谈判一旦成功，就能不失时机地抓住机会，签订合同
其他物品	名片、笔、记录本、计算器、身份证、工作证等	推销访问必带的物品

（六）遵循礼仪规范的原则，保持良好形象

要想在激烈的商业竞争中求得生存与发展，就必须保持良好的个人形象和企业形象。通过一个人对礼仪运用的程度，可以了解一个人教养的好坏、文明的程度和道德水平的高低。“客户不是购买商品，而是购买推销商品的人”，这是营销领域流传的一句名言。

礼仪的重要性

礼仪规范已经成为商务交往中不可缺少的内容。从某种程度上说，礼仪是人际关系和谐发展的调节器。在现代生活中，人们的相互关系比较复杂，人们在交往时按照礼仪的规范去做，有利于加强彼此之间的尊重并建立友好合作的关系，避免不必要的矛盾和冲突。因此，作为推销人员，也要学会和运用礼仪，从仪表仪容、举止谈吐等方面塑造良好的个人形象，提高个人的修养，从而建立良好的人际关系。

【教学互动】

互动问题：

1. 两个人之间握手，谁先伸手？

（1）长辈和晚辈之间。

（2）上下级之间。

（3）男女之间。

2. 接待来访者时，主人和客人之间，谁先伸手？

（1）客人抵达时。

（2）客人告辞时。

3. 名片的递接顺序，谁先递出名片？

（1）上级与下级。

（2）男士与女士。

（3）主人与客人。

4. 乘车礼仪，哪个位子是主位？

（1）有司机驾驶时的小轿车。

（2）主人亲自驾驶时的小轿车。

(3) 主人夫妇驾车时的小轿车。

(4) 吉普车。

(5) 旅行车。

5. 楼梯的引导礼仪中，客人和接待人员谁走在前面?

(1) 引导客人上楼时。

(2) 引导客人下楼时。

6. 电梯的引导礼仪中，谁先进出电梯?

(1) 引导客人乘坐电梯时。

(2) 电梯到达时。

要求:

教师不直接提供上述问题的答案，而是先引导学生结合本部分内容进行独立思考、自由发表见解，再组织课堂讨论，最后对学生提出的典型见解进行点评。

二、接近客户的方法

接近客户是推销顺利开展而与推销对象正式接触的过程。通过这一过程，可以吸引客户的注意，激发客户的兴趣，从而引导客户转入洽谈。可以说，这一环节对洽谈能否顺利起决定性的作用。因此，接近客户的方法选择是否得当至关重要，它直接关系到推销目标能否实现。具体的接近客户的方法有以下几种：

(一)　介绍接近法

介绍接近法是指推销人员通过自我介绍或他人推荐介绍接近客户并转入推销洽谈的一种方法。通常有两种形式：

(1) 自我介绍法，是指推销人员通过自我口头表述，并用书面形式，包括名片、身份证、营业执照副本的复印件（注明推销人员专业并盖章）、单位介绍信、工作证、授权书、委托书等，来辅佐说明和证实自己的身份，以便达到进一步向客户推销商品的目的。这是最常用的方法，但一般客户往往在对商品感兴趣时才会注意推销人员的名片等个人的情况，因此要注意和别的方法配合使用。

(2) 他人介绍法，是指推销人员通过与客户熟悉的第三者的介绍来接近客户的一种方法。他人介绍与托约一样，可以缩短双方的心理距离，容易引起客户的注意和信任，利于促成交易。一般通过介绍人电话、介绍人便条、介绍人名片、介绍人当面举荐等方式，便可轻而易举地接近客户。通常，介绍人与客户之间的关系越密切，所起到的作用就越大，就越容易接近客户，也就越容易促成交易。使用这种方式应注意介绍人的意愿，不可强人所难。

(二)　产品接近法

产品接近法是指推销人员利用所推销的产品引起客户注意和兴趣，从而接近客户并转入推销洽谈的一种方法。

这种方法主要通过产品所具有的功能、特征、包装、色彩、外观、价格、知识产权保护等来刺激客户的感官（如视觉器官、听觉器官、嗅觉器官、触觉器官等），引起客户的注意和兴趣，为顺利转入推销洽谈做好铺垫。这种方法一般适用于有形产品，而无形商品（服务）、不便携带的有形商品（易损、体积重量大、冷藏）、同质化商品、差异化小的商品（没有卖点）就不适用。

经典案例

每一种产品都有自己的味道，乔·吉拉德特别善于推销产品的味道。与“请勿触摸”的做法不同，乔·吉拉德在和客户接触时总是想方设法让客户先“闻一闻”新车的味道。他让客户坐进驾驶室，握住方向盘，自己触摸操作一番。如果客户住在附近，乔·吉拉德还会建议他把车开回家，让他在自己的太太、孩子面前炫耀一番，客户会很快地被新车的“味道”陶醉。根据乔·吉拉德本人的经验，凡是坐进驾驶室把车开上一段距离的客户，没有不买他的车的。即使当时不买，不久后也会来买。新车的“味道”已深深地烙印在他们的脑海中，使他们难以忘怀。

问题：

乔·吉拉德是怎样进行产品介绍的?

案例解析：

乔·吉拉德通过让消费者进行尝试、接触、操作来充分调动了自己的感官。通过让客户亲身参与，让他们对于所展示的商品有了深刻的感官印象，同时掌握了客户的感情与心理。

（三） 利益接近法

利益接近法是指推销人员抓住客户追求利益的心理，利用所推销的产品或服务能给客户带来利益来引起客户的注意和兴趣，从而接近客户的方法。例如，一个女孩推销一种洗地毯的清洁剂，她敲开了一户人家的门，当时女主人很忙，对这位推销人员确实不太感兴趣，而这个女孩子经过专业化的训练，她说：“太太，您不买没关系的，我只是告诉您，现在市场上已经有了这种洗地毯的清洁剂，您看一看，真的很好，您家的房子那么大，地毯很漂亮，有没有什么地方有一点点脏，我帮您去清洗清洗。”结果这位女主人只好打开了大门，让她进来。餐厅的地毯上有小孩洒的可乐，这位女主人说：“你看看能不能帮我清洗掉。”她就把一点清洁剂倒在上面，擦一擦，然后拿毛巾一抹，结果那里的污点就不见了，这位女主人很吃惊，一下买了两瓶。该女孩在整个推销的过程中，通过实际效果的展示向客户阐明了产品所能给其带来的利益，从而引起了客户的购买兴趣，达成了交易。

这种方法既符合客户的求利心理，也符合商业交易中互利互惠的基本原则。求利是客户的一种普遍现象，客户之所以购买商品，是因为它能满足自己的利益需求，如增加收入、降低成本、提高效率、解决温饱、方便生活、精神享受、延年益寿等。推销人员就是要证实推销品能够帮助客户实现这些利益需求，这样就能引起客户的注意和兴趣，达到接近客户的目的，并增强客户的购买欲望，从而完成推销任务，实现成交。

（四） 问题接近法

问题接近法是指推销人员通过向客户提出问题而引起客户的注意和兴趣，从而接近客户并转入推销洽谈的一种方法。例如，一位保险推销人员向客户推销一种少儿险时问道：“您知道目前一个小孩从出生到上大学要花费多少钱吗?”这个问题一下子引起了客户的注意。

采用问题接近法时，推销人员要注意：一是问题必须简明扼要，最好形象化、量化，直观生动；二是要突出重点，有的放矢，要引起客户的兴趣和注意；三是问题要有针对性，耐人寻味，应该是客户乐意回答和容易回答的，要避免争议、伤感情的问题。例如，图书推销人员可以采用下述问题接近客户：“如果我送您你一套有关合理利用时间的书，您会读吗?”“如果读过之后觉得很有收获，您会买下来吗?”这两个问题简单明了，使对方无法回避，几乎找不出说“不”的理由，从而达到了接近客户的目的。

经典案例

一名矿泉水推销人员上门推销，下面是他与一位家住七楼的家庭主妇的对话。

推销人员：夏天到了，自来水供应正常吗？水质如何？

家庭主妇：供应不正常，水质又不好。

推销人员：如果有一种既纯净又有保健功能的饮用水，您的家庭愿意接受吗？

家庭主妇：可以考虑。

推销人员：如果我们每周两次送水上门，既经济又方便，这种服务方式您会满意吗？

家庭主妇：非常好，那我就订三个月的用量吧。

问题：

本案例中的推销人员是如何顺利完成推销任务的？

案例解析：

本案例中的推销人员成功地完成了推销，最主要的一点就是通过问题将客户的潜在需求与所推销的产品联系起来，通过问题逐步引起客户的兴趣和注意力。有的时候客户可能没有意识到自己的需求，这时候需要推销人员循循善诱，方能激发客户的需求。

（五）好奇接近法

好奇接近法是指推销人员通过激发客户的好奇心，从而接近客户并转入推销洽谈的一种方法。人们普遍具有好奇心理，只是好奇的强弱和好奇的方面不同而已。许多客户的购买决策有时仅仅来自对产品的好奇心，只要对客户的好奇心善加利用和诱导，就可能创造出良好的推销效果。

例如：“您知道××公司（客户的竞争对手）上一季度的销售业绩为什么会增加吗?”在首次推销时往往容易遭到客户的拒绝，即便是这样，推销人员也不必灰心，可以利用语言、动作或其他方式激发客户的好奇心，这样做往往能够产生戏剧性的转机，重新唤起客户的注意和兴趣，促使客户再次考虑对产品的需求，继而接近客户。

运用好奇接近法时，推销人员要注意的是：无论是以语言、动作、实物还是其他方法唤起客户的好奇心，都应符合客观规律，合情合理，不故弄玄虚，避免弄巧成拙。

与众不同的名片

（六）表演接近法

表演接近法是指推销人员利用各种戏剧性的表演手法来展示产品的

特点来引起客户的注意和兴趣，进而接近客户并转入推销洽谈的一种方法。例如，一位消防用品推销人员与客户见面时并不急于推销商品，只是从提包里拿出一套防火服，浇上一些汽油然后用火点燃，待汽油燃尽后防火服仍然完好如初。这一夸张的演示，使客户产生了极大的兴趣，没费多少口舌，这位推销人员便拿到了订单。

使用该方法应注意：一是表演的内容应与推销有关，但最好是不露声色；二是选择有利时机、表演自然；三是操作小心、不出现失误，尤其不能出现产品质量问题，如果难以避免，就应该事先准备好应急措施，否则表演效果会适得其反；四是如果能让客户直接参与表演，则效果会更加显著。

（七）请教接近法

诚恳请教显奇效

请教接近法是指推销人员通过向客户求教有关问题，请客户帮忙解答来接近客户的方法。请教既可以是经营方面的问题，也可以是人品修养、个人情趣等方面的问题，用求教的方法满足客户自尊心的需要，容易被客户接受，特别是对那些个性强、有学识、有身份、有地位的客户，这一方法尤其奏效。但也不能所有问题都使用这一方法，只有在确认客户对这一问题在行时才会有效，否则就适得其反。

运用请教接近法应注意：一是态度诚恳，让客户多讲，推销人员多听；二是赞美在先，请教在后；三是请教在先，推销在后；四是要注意分析客户讲话，确定推销重点。

（八）赞美接近法

赞美接近法是指推销人员通过赞美客户以获得其好感，从而接近客户并转入推销洽谈的一种方法。

卡耐基曾说过："人性的弱点之一，就是喜欢被别人赞美。"喜欢被人接纳、承认、赞美是人的天性，在他人的称赞中可以建立起自尊和自信，并获得一定的满足感。在现实生活中的每一个人都有值得他人羡慕和称赞的地方，推销人员应善于发现客户的"闪光点"，若能适时、巧妙地利用赞扬、恭维的话真诚地赞美客户，从而达到缩短双方心理距离、营造融洽的面谈气氛、成功接近客户的目的。

在运用赞美接近法时，要做到：赞美内在胜于外表，赞美行为胜于言辞；寻找被他人忽略的赞美点；寻找对方引以为自豪的赞美点。同时，用语要恰到好处，应本着尊重客户的原则，讲究赞美的方式和方法，真心实意、态度诚恳地对客户值得赞美的方面加以赞美，使客户在一种自然亲切的气氛中接受赞美。如果仅为了讨好客户而虚情假意，那么只会引起他人的反感。

经典案例

一位推销人员走进银行经理办公室推销伪钞识别器，见女经理正在埋头写一份东西，从表情来看心情很糟，从桌上的混乱程度可以判定经理一定忙了很久。推销人员想：怎样才能使经理放下手中的活计，高兴地接受我的推销呢？经观察发现，经理有一头乌黑发亮的长发。于是推销人员赞美道："好漂亮的长发啊，我做梦都想有这样一头长发，可惜我的头发又黄又少。”只见经理疲惫的眼睛一亮，回答说：“没以前好看了。太忙，瞧，乱糟糟的。”推销人员马上送上一把梳子，说：“梳一下更漂亮，您太累了，应休息一下。注意休息，才能永葆青春。”这时经理才回过神来问：“你是……？”推销人员马上说明来意。经理很有兴趣地听完介绍，并很快达成了购买意向。

问题：

本案例中的推销人员是如何打动客户的？

案例解析：

每个人都渴望得到别人的重视与赞美，只是大多数人把这种需要隐藏在内心深处罢了。这位推销人员成功达到推销目的的原因：第一，善于观察，及时发现了这位经理的闪光点，为成功推销奠定了良好的基础；第二，赞美术的巧妙运用，有效地消除了这位经理的抗拒推销的心理，这位经理在非常愉悦轻松的气氛中很快就接受了她的推销。

（九）馈赠接近法

馈赠接近法是指推销人员通过赠送礼品来引起客户的注意，从而接近客户并转入推销洽谈的一种方法。

小小礼品润滑剂

在推销人员和客户之间，礼品往往可以作为传递感情、沟通思想的媒介，对于拉近彼此的距离，形成融洽的商谈气氛具有重要的作用。在选择礼品时，应挑选一些纪念意义强、具有一定特色又经久耐用的礼品，不能长久保存的一次性使用的物品不适合作为礼品，礼品最好能符合客户的爱好，并尽量与推销的产品有关，同时礼品不宜过于贵重，要符合国家的有关法规。

（十）震惊接近法

震惊接近法是指推销人员利用某一个值得认真考虑和令人感到震惊的事实来引起客户的注意，从而接近客户并转入推销洽谈的一种方法。

例如，一个汽车轮胎修理销售店的修理工向前来补胎的客户说：“前几天的报纸报道，去年高速公路上发生多起交通事故，有近三分之一是由天热导致的爆胎引起的，还有三分之一是由于轮胎打滑导致刹车不灵引起的。一般情况下，私家车行驶 6 年或 8 万公里就应该更换轮胎了。您看这胎还要补吗？”根据修理工的专业建议，一般客户都会选择直接更换轮胎。

虽然这一事实十分令人震惊，但是非经特别提示，人们一般不会予以关注。同时有些事实人们虽然知道，却不知如何解决，经推销人员的提示更容易引起客户对这一问题的重视，而进一步的解决方案恰恰是有待推销的产品。

运用震惊接近法要注意：提供的令人震惊的事物或数字一定要真实，避免引起客户巨大的恐惧，过分恐吓容易引起客户的反感。

除了以上几种常见的接近客户的方法以外，还有多种方法，如调查接近法、讨论接近法、搭讪聊天接近法等。在各种接近客户的方法中，既没有严格的区分，也没有固定的模式，推销人员可以通过推销实践，不断积累和创新，并加以灵活运用。

免费的背后

随着农村留守在家的老弱妇孺越来越多，不少骗子觉得农村人更容易受骗，纷纷从城市转战农村。在有些农村地区，出现了这样的情景：一伙骗子进村后，先是给点好处，让众人尝到甜头，给点免费的礼品，如小盆、小馍筐子、梳子、勺子，老百姓很高兴，一听是免费的，都抢。紧接着，这伙骗子就开始上演“三天就跑”的伎俩。

第一天，卖点生活用品，说先交钱，第二天退钱，等于免费送给大家。

第二天，先将昨天的钱退还，显示自己的可信度。接着卖家用电器（一般都是电磁炉），说明天会接着退钱，于是好多人买了。

第三天，骗子却不来了，老百姓的钱也就打水漂了。

问题：

你如何看待免费赠送？

提示：

诚实守信是做人行事的根本。但是，现实生活中，仍然有一些不法商贩利用人们贪小便宜的心理，做拐骗违法的生意。天下没有免费的午餐，只要坚持不要不劳而获，不法商贩自然没有生存的空间。

主要概念和观念

◀主要概念

约见客户　电话约见法　信函约见法　当面约见法　委托约见法　广告约见法　网络约见法　接近客户　介绍接近法　产品接近法　利益接近法　问题接近法　好奇接近法　表演接近法　请教接近法　赞美接近法　馈赠接近法　震惊接近法

◀主要观念

约见客户是推销接近的开始。只有成功约见客户，才有可能接近准客户，顺利开展面谈。通常，约见客户的工作内容可以概括为 4 个 W，即确定约见对象（Who）、明确约见事由（Why）、安排约见时间（When）、选择约见地点（Where）。

接近客户是指推销人员在完成约见客户以后就推销洽谈的实质性内容开始直接与客户正式接触的过程。推销人员要充分运用接近客户的策略和技巧，给客户留下美好的第一印象。营造良好的推销氛围，使推销活动得以顺利进行。应当遵循以下原则：

（1）遵循因人而异的原则，掌握多种接近客户的方法技巧；（2）遵循自我调整的原则，培养百折不挠的精神；（3）遵循换位思考的原则，减轻客户压力；（4）遵循有条不紊的原则，制订访问计划；（5）遵循未雨绸缪的原则，带齐相关物品；（6）遵循礼仪规范的原则，保持良好形象。

项目单元训练

一、单项选择题

1. 广州表壳厂的推销人员到上海手表厂去推销，他们准备了一个产品箱，里面放着制作精美、琳琅满目的新产品。进门以后，不说太多的话，只求客户看看箱内的产品，箱子一打开，一下子就吸引了该厂的采购人员，达到了接近的目的。推销人员用的是(　　)。

A. 产品接近法　　B. 问题接近法　　C. 赞美接近法　　D. 请教接近法

2. 推销人员见到客户时说："如果我能向您阐述如何在您的生产流程中使用我们的产品，从而使得贵公司每 100 个产品的次品率下降 5%的话，您能给我一小时时间做说明吗?"推销人员用的是(　　)。

A. 产品接近法　　B. 问题接近法　　C. 赞美接近法　　D. 请教接近法

3. 某推销人员接近一女客户时说："您这身衣服真漂亮，一看就知道您很懂颜色搭配。如果再穿上我们公司的新款凉鞋，就更能显出您那优美的身材。"推销人员用的是(　　)。

A. 产品接近法　　B. 问题接近法　　C. 赞美接近法　　D. 请教接近法

4. 推销人员见到客户时说："刘总，您是电子方面的专家，我以前接触的客户都提到过您，您看看我们的最新产品都有哪些优点?"推销人员用的是(　　)。

A. 产品接近法　　B. 问题接近法　　C. 赞美接近法　　D. 请教接近法

5. 书籍推销人员见到客户时常会说："丈夫的寿命与妻子有关，你想了解这是为什么吗?"推销人员用的是(　　)。

A. 好奇接近法　B. 利益接近法　C. 震惊接近法　D. 表演接近法

二、多项选择题

1. 推销人员约见客户需有相关理由，下列可作为约见事由的有（　　）。

A. 推销商品　B. 市场调查　C. 提供服务　D. 走访用户

2. 推销接近常用物品中的签约材料包括（　　）。

A. 合同　B. 票据　C. 印章　D. 名片

三、判断题

1. 成功的推销需要推销人员主动寻找客户，向客户介绍产品的特色、优点和利益，需要推销人员强力推销，说服客户购买，而不必考虑客户的感受。（　　）

2. 所谓约见，是指推销人员在接近目标客户之前进一步了解该客户的基本情况，设计接近和面谈计划，谋划如何开展推销洽谈的过程。（　　）

3. 推销人员在接近客户时绝不能“不约而见”。（　　）

4. 在接近准客户后，再进一步确认需求和问题纯属多余。（　　）

5. 消防用品推销人员见到客户后尚未开口，就先从提包里拿出一件防火衣，然后将它放进一个大纸袋里，用打火机点燃纸袋，当纸袋烧完后露出了完好无损的防火衣。接下来推销人员不费口舌就拿到了订单，推销人员用的是好奇接近法。（　　）

四、简答题

1. 什么叫约见？约见客户的内容有哪些？

2. 约见客户的方法有哪些？

3. 如何进行客户资格的评审？

4. 接近客户之前需要做好哪些准备工作？

5. 结合实例说明接近客户的方法有哪些。

五、论述题

1. 结合实际论述客户资格审查对于约见和接近客户的重要作用。

2. “良言一句三冬暖，恶语伤人六月寒。”谈谈你对这句话的认识。

六、实操题

实训内容： 模拟约见、接近客户。

背景资料：

（1）给定某一产品，结合自身实践认知，设计约见客户的方法，并进行约见客户的现场模拟。

（2）根据对产品的熟悉程度，每个实训小组自己选定产品类型，面对全班同学进行接近客户的现场模拟。

要求：

设计约见、接近客户的情景，角色扮演要真实，实训后以小组为单位提交实训总结。

项目十 客户异议处理

【学习目标】

知识目标：认识客户异议产生的根源，掌握处理客户异议的原则、步骤和技巧。了解客户抱怨产生的原因，并灵活把握处理客户抱怨的方法。

能力目标：在遵循相关原则的基础上，灵活运用相关技巧处理客户异议，并能够根据客户抱怨产生的不同原因，有针对性地处理客户抱怨。

素质目标：培养正确的推销态度和良好的心理素质，面对棘手的客户异议与抱怨，能保持情绪稳定，不回避、不逃避，以谦逊的态度与高昂的精神状态积极面对。

实训目标：通过仿真体验各实训任务，强化职业素养，培养处理客户异议与抱怨的专业能力。

【导引案例】

小刘的困扰

小刘是一名医药公司的销售代表。他发现在他的推销活动中，经常会遇到客户以各种借口作为拒绝购买或讨价还价的理由，这使他感到很困扰，以下是他曾经碰到过的客户的说辞：

(1)“这种产品真有那么好的疗效?”

(2)“连你都不清楚它有什么副作用，我们怎么买啊?”

(3)“这种产品太贵了，能不能再便宜点?”

(4)“等等吧，我们再研究研究。”

(5)“对不起，我们领导不在，等领导回来再说吧!”

(6)“我们有固定的进货渠道，不需要考虑其他公司的产品。”

资料来源：王丽丽．商务能力教程［M］．3版．北京：高等教育出版社，2019.

问题：

小刘的困扰怎么解决呢?

任务一
分析客户异议根源

客户异议又称推销障碍，是指客户针对推销人员及其在推销中的各种活动所做出的一种反应，是客户对推销品、推销人员、推销方式和交易条件产生的怀疑、抱怨，提出的否定或反对意见。

世界推销大师海因兹·姆·戈德曼就曾经说过："推销，是从被拒绝开始。"事实上，在推销活动的整个过程中，从接近客户、推销面谈直至成交签约的每一个阶段，推销人员都可能面临客户提出的各种各样的不同意见或者怨言，这就是推销学中的客户异议，它是推销成功的主要障碍。因此，作为推销人员，要认真分析异议产生的根源，采用相应的方法和技巧并遵循一定的原则去处理，最终才能促成交易，达到推销目的。

按照异议的性质，客户异议可以划分为真实异议和虚假异议两种。真实异议是指客户针对推销活动的真实的、有效的意见和看法。对于客户的真实异议，推销人员应该认真对待、详细分析，找出客户异议产生的根源，并采取有效的方法去消除异议，达到推销目的。虚假异议是指客户为了拒绝购买而编造的理由或借口。虚假异议属于无效异议，即推销人员即使采取办法解决了这些异议，客户仍然会随便找出其他理由或借口，并不会购买。因此，推销人员要有效辨别虚假异议，采取不理睬或一带而过的方法进行处理。

【教学互动】

互动问题：

(1) 你经常遇到的异议有哪些?

(2) 这些异议都是来自哪些方面的?

要求：

教师不直接提供上述问题的答案，而是先引导学生结合本部分内容进行独立思考、自由发表见解，再组织课堂讨论，最后对学生提出的典型见解进行点评。

客户异议是推销过程中的必然现象。客户的异议其实说明了他的兴趣、关注和顾虑，客户异议既是推销的障碍，也是成交的前奏与信号。作为推销人员，要理性看待客户异议，只有善于分析客户异议产生的根源，才能找到解决问题的关键所在。概括起来，客户异议产生的根源（见图 10－1）主要有以下几方面：

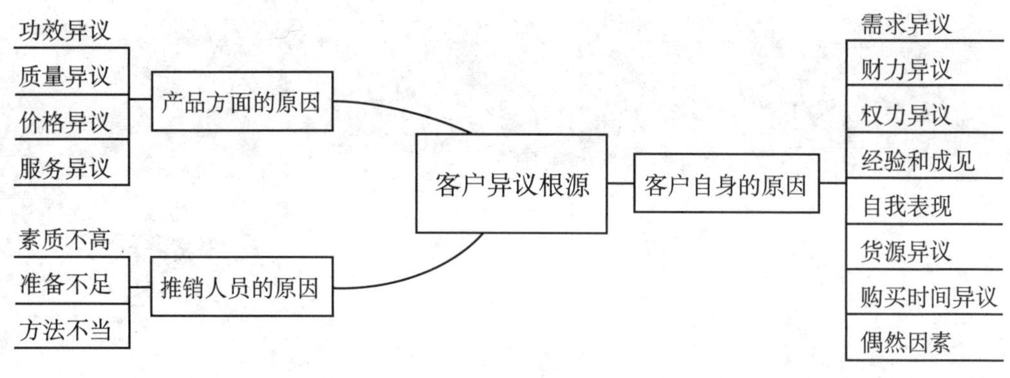

图10-1 客户异议的根源

一、产品方面的原因

产品异议是指客户认为产品本身不能满足自己的需要而形成的一种反对意见。产品本身分为五个层次，即核心产品、形式产品、期望产品、附加产品、潜在产品。在向客户推销的过程中，任何一部分存在不能让客户满意的地方，也就是存在不能满足客户需求的因素，或者所推销的产品本身并不具备比竞争对手的产品更多的特色与优势，都可能导致客户产生异议，成为推销中的障碍。例如："我不喜欢这种颜色。""这个产品的造型太古板。"产品异议表明客户对产品有一定的认识，但了解还不够，担心这种产品能否真正满足自己的需要。为此，推销人员一定要充分掌握产品知识，准确、详细地向客户介绍产品的使用价值及其所能带来的利益，从而消除客户的异议。常见的产品异议主要有：

（一）功效异议

功效异议是指客户对所推销产品的功效提出质疑而拒绝购买的异议。例如："这个商品功效真有这么神奇吗?""我觉得这个功能华而不实，我用不上。"客户提出这种异议，说明推销人员所提供的产品与客户所期望的产品不符合，对客户来说，产品的实际功效和适用性最为重要，当客户没有认可推销品的实际功效时，再多的推销也是无用的。这种情况下，需要推销人员事先对客户的需求进行调查，了解其真正需求，找出与客户需求匹配的产品，或者是通过一些演示引导客户需求，让客户意识到该功效是满足其需求的，只有找出所提供产品与客户需求之间的契合点，才能使推销洽谈顺利进行。

（二）质量异议

质量异议是指客户以推销产品有质量问题而拒绝购买的异议。现代市场竞争异常激烈，大部分产品处于买方市场，消费者有足够的挑选余地。面对推销人员的介绍，很多消费者会对产品的质量提出疑问，如面对推销人员的推销活动，客户反应为"这种商品质量不好""别的品牌比你们的质量更好"等，面对这样的质疑，推销人员应弄清楚具体原因然后分别对待。如果产品确实存在质量问题，不符合客户要求，推销人员也不要勉强推销；如果客户只是以质量为借口来压低价格，推销人员应先避开谈价格，通过展示产品获得的各种荣誉证书，或通过演示与同类产品相比较来证明产品的质量，让客户感觉物有所值。

（三） 价格异议

价格异议是指客户以推销产品价格过高而拒绝购买的异议。无论产品的价格怎样，总有些人会说价格太高、不合理或者比竞争者的价格高。例如："太贵了，我买不起。""我想买一种便宜点的型号。"当客户提出价格异议，表明他对推销产品有购买意向，只是对产品价格不满意，而进行讨价还价。当然，也不排除以价格高作为拒绝推销的借口。在实际推销工作中，价格异议是最常见的，推销人员如果无法处理这类异议，就难以达成交易。

面对价格问题，推销人员最好"先谈价值，后谈价格"，"多谈价值，少谈价格"，当推销人员讲明推销品的优点和给客户带来的利益后，客户自然就会认为价格是合理的了。但如果客户认为价格过低，推销人员应给客户一个明确的解释，以消除客户的疑虑。

（四） 服务异议

服务异议是客户以产品附加的服务不能满足其需求而拒绝购买的异议。服务作为附加产品，在产品整体中所占的比重越来越大，很多客户购买某种产品就是看中了它的服务。服务内容一般包括送货上门、安装调试、定期检修、零配件供应、技术培训等。良好的服务能够消除客户的后顾之忧，增强他们的购买决心。

二、推销人员的原因

推销异议是指客户认为不应该向某个推销人员购买推销产品的异议。有些客户不肯买推销产品，只是因为对某个推销人员有异议，不喜欢这个推销人员，不愿让其接近，也排斥该推销人员的建议。但客户肯接受自认为合适的其他推销人员。例如："我要买老王的。""对不起，请贵公司另派一名推销人员来。"推销人员对客户应以诚相待，多与客户进行感情交流，做客户的知心朋友，消除异议，争取客户的谅解和合作。产生这方面异议的主要原因有：

（一） 推销人员素质不高

导致客户排斥推销人员的原因有很多，例如：推销人员不注意推销礼仪，从言行举止、态度上无法赢得客户的好感，从而导致客户拒绝购买；推销人员为了说服客户购买，弄虚作假、夸大宣传，导致客户对推销人员的信誉产生怀疑而拒绝购买；等等。针对这种异议，推销人员要进行反思和总结，不断加强自身修养，改进服务态度，讲究推销礼仪，提高推销信誉，努力消除误会，争取客户的谅解与合作。

（二） 推销人员准备不足、方法不当

由于推销人员面对的客户存在很大的差别，每个客户的需求以及购买特点也千差万别，因此，如果事先没有充足准备，就可能导致客户产生怀疑。例如：推销人员在说明产

品时用了大量高深的专业术语，导致客户无法理解而拒绝购买；推销人员为了说服客户引用了不准确的调查资料，导致客户对推销人员的信誉产生怀疑；推销人员没有向客户提供足够的、具有说服力的有关信息，致使客户半信半疑而难以做出购买决定；在演示推销产品的过程中突发意外情况，客户对推销人员的介绍产生怀疑而难以下定决心购买；等等。因此，推销人员必须掌握大量的信息，做好充足的准备工作，在推销过程中当好客户的参谋，尽快促成交易。

三、客户自身的原因

客户是产品最终的购买者和使用者。在整个推销活动过程中，客户全程参与并提出自己的意见和质疑，除了上述两大原因外，形成客户异议的根源有相当一部分是来自客户自身方面的原因。

（一） 客户没有需求——需求异议

需求异议是指客户认为不需要产品而形成的一种反对意见。客户的需求是客户发生购买行为和形成客户异议的最基本的原因。许多客户之所以拒绝推销品，就是因为他们没有这方面的需求，或者还未觉察到自己在这方面的需求，或者暂时不需要。例如：“我们根本不需要它。”“这种产品我们用不上。”这类异议有真有假。真实的需求异议是成交的直接障碍。推销人员如果发现客户真的不需要产品，那就应该立即停止推销。虚假的需求异议既可表现为客户拒绝的一种借口，也可表现为客户没有认识或不能认识自己的需求。推销人员应认真判断客户需求异议的真伪性，对虚假需求异议的客户，设法让其觉得推销产品提供的利益和服务符合其需求。

（二） 客户缺乏支付能力——财力异议

财力异议是指客户认为缺乏货币支付能力的异议。例如：“产品不错，可惜无钱购买。”“近来资金周转困难，不能进货了。”客户缺乏支付能力有两种情况。一种是真实的缺乏购买能力。真实的财力异议处置较为复杂，推销人员可根据具体情况，或协助对方解决支付能力问题，如答应赊销、延期付款等，或通过说服使客户觉得购买机会难得而负债购买。另一种是虚假的缺乏支付能力。客户只是以此作为拒绝购买的借口而已，对于作为借口的异议，推销人员应该在了解真实原因后再做处理。

（三） 客户没有决策能力——权力异议

权力异议是指客户以缺乏购买决策权为理由而提出的一种反对意见。例如，客户说：“我做不了主。”“领导不在，等他回来再说。”与需求异议和财力异议一样，权力异议也有真实或虚假之分。推销人员在寻找目标客户时，就已经对客户的购买人格和决策权力状况进行过认真的分析，也已经找准了决策人。面对没有购买决策权的客户极力推销商品是推销工作的严重失误，是无效推销。在决策人以无权作为借口拒绝推销人员及其产品时放弃推销更是推销工作的失误，是无力推销。推销人员必须根据自己掌握的有关情况对权力异议进行认真分析和妥善处理。

（四） 客户的经验和成见

客户在以往的购买活动中积累的经验，往往被用以指导其以后的购买行为。例如："我就喜欢用一线品牌。""贵的就是好的。"这些既定的购买习惯和成见会影响客户的购买决策，推销人员应该对此有充分的理解和认识，因为每位客户都具有一定的成见，这是与客户个人的文化水平、社会经历及社会舆论有关的，推销人员应正确认识和谨慎处理。

（五） 客户的自我表现

有的客户出于个人性格方面的原因，喜欢通过提意见来表现自己的能言善辩、反应机敏、见多识广、消息灵通、成熟老练等。针对这种情况，推销人员应少说多听，随时对客户的见解给予肯定，表现出对客户的充分尊重，避免以自己的专业优势与客户针锋相对，为推销活动的继续进行营造良好的洽谈氛围。

（六） 客户有相对固定的货源——货源异议

货源异议是指客户认为不应该向有关公司的推销人员购买产品的一种反对意见。大多数客户在长期的生活、生产活动中，形成了自己的购买习惯，或与某些供货商建立了比较固定的购销合作关系。例如："我们已经有长期稳定的货源，他们的产品很好，我们不考虑更换。"客户提出货源异议，表明客户愿意购买产品，只是不愿向眼下这位推销人员及其所代表的公司购买。当然，有些客户是利用货源异议来与推销人员讨价还价，甚至利用货源异议来拒绝推销人员的接近。面对客户的这些反应，如果推销人员不能令客户相信他们会得到更多的利益与更可靠的合作，客户就不会轻易改变购买习惯。

（七） 客户不愿意现在作决定——购买时间异议

购买时间异议是指客户有意拖延购买时间的异议。客户总是不愿马上做出决定。事实上，许多客户用拖延来代替说"不"。例如："我们需要再研究研究，有消息通知你。""把材料留下，以后答复你。"这些拒绝很明显意味着客户还没有完全下定决心，拖延的真正原因，可能是因为价格、产品或其他方面的不合适。有些客户还利用购买时间异议来拒绝推销人员的接近和面谈。因此，推销人员要具体分析，有的放矢，认真处理。

（八） 客户的其他偶然因素

在推销过程中，客户由于一些偶然因素，如家庭关系不和、人际关系紧张、事业受挫、身体欠佳等，会导致心情不好，当面对推销人员的推销介绍时，有可能不能有效地控制自己的情绪，从而不停地提出异议，以此作为发泄情感的途径。推销人员一定要细心观察、及时判断，尽量避免出现这种情况。

总之，造成客户异议的因素是多种多样、复杂多变的，推销人员应认真分析研究各种异议的真正根源，从而寻找到消除这些异议的有效途径。

任务二
灵活处理客户异议

客户异议是推销的障碍，能否处理好客户异议决定了推销人员能否推销成功。作为推销人员，在面对客户异议时，需要有正确的心态。其实，客户的异议具有两面性，它既是成交的障碍，也是成交的信号。我国有一句经商格言："褒贬是买主，无声是闲人"，说的就是这个道理。对推销而言，可怕的不是异议而是没有异议，不提任何意见的客户通常是最令人头疼的客户。有异议表明客户对产品感兴趣，意味着有成交的希望。推销人员通过对顾客异议的分析可以了解对方的心理，知道客户为何不买，从而按病施方、对症下药，而对客户异议的满意答复，则有助于交易的成功。

一、处理客户异议的原则

（一） 充分准备，防患于未然

"不打无准备之仗"是推销人员处理客户异议应遵循的一个基本原则。推销人员可以事先将客户可能会提出的各种异议列出来，然后考虑一个完善的答复。面对客户的异议，做一些事前准备可以帮助推销人员做到心中有数、从容应对；反之，则可能惊慌失措、不知所措，或不能给客户一个圆满的答复以说服客户，良好的准备工作有助于消除客户异议的负面性。

编写标准应答语

（二） 避免争论，谨慎回答客户异议

在处理客户异议时，推销人员难免会因与客户意见不一而陷入争论，这种争论不但容易发生，而且会带来糟糕的后果。推销人员必须牢记，不管客户怎样激烈地反驳你，不管他的话语怎样与你针锋相对，都不要与客户争吵。因为，争辩不是说服客户的好方法，与客户争辩，失败的永远是推销人员。有这样一句销售行话："占争论的便宜越多，吃销售的亏越大。"

另外，对于客户提出的异议，推销人员必须谨慎回答。一般而言，推销人员应以坦白、直率的态度，将有关事实、数据、资料或证明，以口述或书面方式送交客户。回答客户异议时，措辞必须恰当，语调必须温和，并在和谐友好的气氛下进行，以解决问题。

（三） 尊重客户，维系良好的客户关系

推销人员在处理客户异议时，一定不要忽视或轻视客户异议，客户的意见无论是对还

是错、深刻还是幼稚，推销人员都不能表现出轻视的样子，如不耐烦、轻蔑、走神、东张西望、绷着脸、耷拉着头等，以免引起客户的不满或怀疑而使交易谈判无法继续下去。推销人员要尊重客户的意见，双眼正视客户，面部略带微笑，表现出全神贯注的样子。并且，推销人员不能语气生硬地直接反驳客户，如果粗鲁地表示反对，甚至指责其愚昧无知，会使客户受到伤害，双方的关系将永远无法弥补。

（四）摆正心态，学会换位思考

任何一个推销人员都可能经常觉得自己的工作困难重重，客户总是提出许多不购买的理由，有的还好对付一些，而有的似乎根本就无从下手。这种时候，作为推销人员，要摆正心态，不要从心理上将自己和客户对立起来，认为客户提出异议就是想和自己作对。其实应该学会换位思考，多站在客户的立场上想问题，多替客户想一想。当客户提出异议时，可以想象假如自己是客户，提出这些异议时，自己的真实想法会是什么样的，多从自身寻找原因，多站在客户的立场上思考和解决问题。

经典案例

杜先生经营着一家工程机械设备，一年来他一直想把自己的产品推销给一位大客户，但是大客户是另一个竞争对手品牌的忠诚客户，并不想更换品牌。“我已经没有信心了。”杜先生说，“可是有人提醒了我，使我下决心改变策略，于是，我打听他最感兴趣的是什么，他所关注的又是什么事情。”杜先生终于发现那位大客户有一个孩子正在读初三，并且成绩一般。于是，他便在后续登门拜访的过程中，和对方大谈孩子的教育学习问题，并用自己大学生的身份对孩子进行专业学习辅导，向孩子推荐比较好的学习资料。几个月之后，这位大客户就购买了杜先生的设备。签协议那天，大客户只说了一句话：“我要是再不买你的东西，我老婆孩子都饶不了我。”

问题：

本案例中，推销人员是如何打动客户的？

案例解析：

推销是从拒绝开始的，遇到困难只有不退却，不轻言放弃，才能达到成功推销的目的。在推销受阻时，不仅要有不到最后不言放弃的精神，还要善于总结经验，及时改变推销策略，找准推销突破口。杜先生从研究客户心理入手，投其所好，进行感情投资，先交朋友，建立友谊，后做生意，这是他推销成功的关键。

（五）把握节奏，适时处理客户异议

美国某权威机构通过对几千名推销人员的研究发现，优秀推销人员所遇到的客户反对的机会只是普通推销人员的十分之一。主要原因在于：优秀的推销人员对客户的异议不仅能给予一个比较圆满的答复，而且能选择恰当的时机进行答复。可以说，懂得在何时回答客户异议的推销人员会取得更大的成绩，推销人员对客户异议答复的时机选择有四种情况：

1. 在客户异议尚未提出时解答

防患于未然是消除客户异议的最好方法，推销人员觉察到客户会提出某种异议，最好

在客户提出之前就主动提出并给予解释，这样可使推销人员获得主动权，做到先发制人，避免因纠正客户看法或反驳客户的意见而引起不快。推销人员完全有可能预先揣摩客户异议并抢先处理，因为客户异议的发生有一定的规律性，如推销人员谈论产品的优点时，客户很可能会从最差的方面去琢磨问题。有时，客户没有提出异议，但其表情、动作及措辞和声调却可能有所流露，推销人员觉察到这种变化时可以抢先解答。

2. 在异议提出后立即回答

绝大多数异议需要立即回答，这样做有以下好处：一是能让客户真真切切地感受到被尊重；二是表示我们对于解决问题的诚心和诚意；三是可以进一步防止客户的负面宣传可能造成的恶劣影响。因此，对于可以在现场解决的问题，必须当即回复；不能解决的，要给客户准确的回复时间，换取客户对我们的信任，为以后的推销扫清障碍。

3. 过一段时间再回答

以下异议需要推销人员暂时保持沉默：当异议显得模棱两可、含糊其词、让人费解时；当异议显然站不住脚、不攻自破时；当异议不是三言两语就可以辩解得了时；当异议超过了推销人员的能力水平时；当异议涉及较深的专业知识，不易被客户马上理解时……急于回答客户的此类异议是不明智的。经验表明：与其仓促答错十题，不如从容答对一题。

4. 不回答

许多异议不需要回答，如无法回答的奇谈怪论、容易引发争论的话题、废话、可一笑置之的戏言、明知故问的发难等。推销人员可以采取以下处理技巧：沉默；装作没听见，按自己的思路说下去；答非所问，悄悄扭转对方的话题；插科打诨幽默一番，最后不了了之。

（六） 理智撤退，留有余地

在推销过程中客户异议是客观存在的，针对这些客户异议，有的可以通过推销人员的努力快速解决，但有些客户异议不是能轻而易举地解决的。如果感觉到一时无法成交，推销人员就应设法敲开今后重新洽谈的大门，以期再有机会去解决这些分歧。因此，推销人员要时时做好遭遇挫折的心理准备，学会在适当的时候“理智地撤退”，以给自己保留后路。

以上各种原则都是推销人员处理客户异议的一般原则，依据这些原则，推销人员可以更好地把握和处理各种异议的界限和分寸。当然，在实际运用中，推销人员还应注意具体情况具体对待。处理客户异议，既要讲究原则，又要讲究方法，只有灵活运用最恰当、最有效的处理方法，才能处理好各类客户异议。

二、处理客户异议的基本步骤

（一） 耐心倾听，收集客户异议

圆满解决客户异议，首先要通过聆听来收集客户异议。在客户陈述异议时，推销人员要聚精会神地倾听，不要中途插话，使客户感到自己充分被尊重。要注意的是，推销人员在聆听客户异议时，可以在语言、行为和表情上给予适时的反应，以鼓励客户充分陈述异议。这样做有利于推销人员充分弄清楚客户提出了哪些异议，为什么提出这些异议，从而为回答客户异议做准备。

（二） 简单重复，确认客户异议

在客户陈述完自己的异议后，推销人员要简单重复客户前面提出的各项异议，这是一种非常重要的沟通方式：一方面表示推销人员认真倾听了客户异议，也进一步验证推销人员对客户异议的理解；另一方面有利于推销人员对客户异议进行快速思考，想出解决办法。同时，推销人员还应主动询问客户有没有其他顾虑，让客户对自己所提出的异议重新审视有无修改或补充之处。

（三） 稍作停顿，处理客户异议

在客户陈述完异议后，推销人员不要急于回答客户问题，要稍作停顿进行思考。这样做，一方面让客户感到推销人员是经过慎重考虑才回答他的异议的，从而感到被尊重；另一方面，适当的停顿为推销人员争取到更多的时间，让其能够更冷静地思考用何种方式来妥善处理客户异议。在弄清楚客户异议后，推销人员就要根据自己的经验和判断，采用适当的方法进行转化和解决，直至客户满意，达成协议。

一般来说，只要客户提出异议，推销人员就要根据以上步骤马上予以解决，但是在某些特殊情况下，推销人员也可以采用一些特殊的处理方法。如一些经验丰富的推销人员在客户提出异议之前，就能预测客户可能会提出的异议，并抢在客户前面主动提出问题并予以解决；推销人员对于在面谈的开始阶段客户提出的价格异议，可以暂时不予处理；对于客户提出的虚假异议，推销人员可以不予理会等。

三、处理客户异议的一般方法

在销售过程中，并不是每一单都成交得非常顺利，客户总是会或多或少提出一些异议，而每个推销人员都有自己独特的处理异议的方法，不同的方法适用于不同的客户、产品和场合。一名优秀的推销人员，只有掌握多种多样的消除异议的方法，才能在处理客户异议的过程中取胜，使销售工作顺利进入下一阶段。常用的处理客户异议的方法有：

（一） 直接反驳法

直接反驳法是指客户提出异议后，推销人员直截了当地予以否定和纠正。直接反驳对方容易使气氛僵化，使客户产生敌对心理，不利于客户接纳推销人员的意见。但当客户的反对意见是出于对产品的误解，而你手头上的资料可以帮助你说明问题时，你不妨直言不讳。例如，客户："贵公司经常延迟交货，实在糟糕透顶。"推销人员："张先生，您这话恐怕不太属实吧，在我所接触的客户中，还从来没有人这样讲过，他们都认为本公司的交货一向准时，在同行中是有口碑的，您能否举出最近的实例，供我参考?"在这个案例中，延迟交货是客户异议的重点，若真有其事，客户必能举证，推销人员可以向上级反映，设法补救；若有不实，客户必然无语搪塞，其所谓的异议也就无法自圆其说。

直接反驳法的优点是推销人员通过摆事实、讲道理，直接说明有关情况，可以增强说服的效果，能够避免客户继续纠缠，节省时间，提高推销效率。这种方法的缺点主要是推销人员直接反驳客户，容易使客户的自尊心受到伤害，甚至激怒客户，造成推销障碍。如果客户的异议正确或有一定的道理，直接反驳只会降低推销人员或企业在客户心目中的信誉度。

一般来说，直接反驳客户的做法是最不明智的，往往会让客户感到不被尊重，容易使气氛恶化，导致推销活动中断。因此，使用反驳技巧时，推销人员在反驳客户异议时态度要委婉，语气要诚恳，切勿怒颜责备客户，要注意营造良好的人际关系和推销气氛。另外，推销人员在反驳时理由要充分，证据要充足，使客户心服口服，切忌盲目否定。而对于那些无关紧要的客户异议和那些固执己见、气量小、比较敏感的客户，不适合采用直接反驳技巧。

（二） 间接反驳法

间接反驳法也称转折处理法，是指推销人员在听完客户异议后，首先承认客户的看法有一定的道理，也就是向客户做出一定的让步，然后根据有关事实和理由来间接否定客户的意见。例如，客户提出营业员推销的服装颜色过时了，营业员不妨这样回答：“美女，您的记忆力的确很好，这种颜色几年前已经流行过了。我想您是知道的，服装的潮流是轮回的，如今又有了这种颜色回潮的迹象。”

间接反驳法的优点是推销人员是间接否定，而不是直接反驳，更容易被客户接受，使客户感到被尊重和理解，从而缩短了与客户的心理距离，也容易使客户在感情上接受劝说。同时，此过程也为推销人员赢得了思考的时间和余地。这种方法的不足之处主要是先期推销人员对于客户异议的承认和理解，可能会使客户在心理上加大坚持异议的信心。另外，这种方法容易使客户感到推销人员在玩弄花招、回避问题，进而认为推销人员不可靠，从而增加推销的难度。

经典案例

一位客户在购买吸尘器时提出：“这种型号的吸尘器价格太贵，几乎比另外一个型号贵了一倍。”推销人员回答：“先生您说得很对，这个款式的价格确实是比较高。但是它的功能也是其他产品不能相比的。它有内置的可以灵活拆卸的垃圾桶，方便您及时清理吸尘器中的垃圾。它内置了雾化装置，确保吸尘过程中不会产生任何扬尘，而且它能够处理一些比较顽固的污垢，使吸尘效果更好，更加省时省力。一分价钱一分货，它的性价比还是很高的。”

问题：

本案例中，推销人员是如何说服客户的？

案例解析：

这个推销人员在客户提出价格高的异议后，并没有立即反驳，反而是先承认客户的判断，表达了对客户的认可和尊重，接着再反驳，让客户能够充分接受和认可产品的实际价值，这种方法一方面维护了客户的面子，另一方面阐明了自己的立场，从而化解了客户异议。

采用间接反驳法时应注意：推销人员要掌握更多的新的推销信息，把推销重点放在“但是”之后，使客户在新的推销信息中对产品产生新的认识，这是本方法取得成效的关键。另外，推销人员语气要尽量委婉，切忌与客户针锋相对，在转换词的选用上尽量少用“但是”，而运用婉转一些的转折词，如“不过”“然而”“可”等。只要灵活掌握这种方法，就能保持良好的洽谈气氛，为自己的谈话留有余地。

【教学互动】

互动问题：

假如你是一位推销人员，当客户提出下列异议时，你该如何回答？

（1）客户买房子时说：“公摊面积也太大了吧？”

（2）客户说：“你们企业的售后服务不好，电话报修总是姗姗来迟。”

要求：

教师不直接提供上述问题的答案，而是先引导学生结合本部分内容进行独立思考、自由发表见解，再组织课堂讨论，最后对学生提出的典型见解进行点评。

（三）　太极法

太极法也称转化处理法，是指推销人员利用客户异议中正确的一面转化为客户购买的理由的技巧。太极法的基本做法是：当客户提出一些不购买的异议时，这正是推销人员认为客户应当购买的理由，也就是推销人员能立刻把客户的反对意见直接转换成其必须购买的理由。例如，一个经销店的老板说：“你们企业把太多的钱都花在广告上，为什么不把钱省下来，作为我们进货的折扣？让我们多一点利润那多好呀！”推销人员接着说：“就是因为我们投下了大量的广告费用，客户才被吸引到指定的地方去购买我们品牌的产品。这不但能够为您节省销售时间，而且能够顺带销售其他商品，您的总利润还是最大的吧？”

太极法的优点是推销人员直接将客户的反对意见转化为客户购买的理由，一方面使自己变被动为主动，另一方面使客户感到推销人员没有回避自己的异议，从而产生被尊重的感觉，有利于形成良好的推销气氛。这种方法的不足之处是如果推销人员语气掌握不好，就容易使客户感到推销人员在耍嘴皮子，很容易引起客户的反感甚至恼怒。

应用太极法时应注意的是：推销人员在肯定客户异议时，态度要诚恳、真诚，方式要得当，不能伤害客户的感情。此法一般不适用于与成交有关或敏感性的反对意见。

（四）　补偿法

补偿法也称以优补劣法，是指推销人员利用客户异议以外的产品优点来补偿、抵消客户异议的技巧。世界上没有一件商品可以做到十全十美，客户就产品的缺点提出异议是正常的，如果客户的反对意见的确切中了产品或服务的缺陷，千万不可以回避或直接否定。明智的方法是肯定有关缺点，然后淡化处理，利用产品的优点来补偿甚至抵消这些缺点，这样有利于使客户的心理达到一定程度的平衡，进而使客户做出购买决策。例如，客户说：“你这个皮包的设计和颜色都非常棒，令人耳目一新，可惜啊这个皮子品质不是最好的。”推销人员可以这样回答：“这位先生，您的眼力真的特别好，这个皮料啊，的确不是最好的，若选最好的皮料的话，价格可能就要比现在高出好几倍了。”这样一来，既打消了客户的疑虑，又以价格优势激励客户购买。这种方法侧重于心理上对客户的补偿，以便使客户获得心理平衡感。美国著名的推销专家约翰·温克勒的著作《讨价还价技巧》指出：如果客户在价格上要挟你，就和他们谈质量；如果对方在质量上苛求你，就和他们谈服务；如果对方在服务上挑剔你，你就和他们谈条件；如果对方在条件上逼近你，就和他们谈价格。总之，一个优秀的推销人员能坦然地面对推销品的缺陷，相信推销品的优点足以让客户忽略推销品的不足而决定购买。

以优势补劣势的推销技巧

补偿法的优点是推销人员实事求是地肯定产品的缺点，又提示产品的优点，体现了推销人员诚恳的工作态度，容易营造良好的推销气氛，赢得客户的信任。另外，推销人员对产品的优点的介绍，往往能使客户达到心理平衡并消除心理障碍，促成最终交易。这种方法的缺点是推销人员肯定客户提出的异议，容易助长客户对异议的坚持，甚至发展为纠缠不休，或提出更多的异议，降低对购买的信心。此外，推销人员不可能补偿所有的客户异议，尤其是那些根源于客户的购买动机和认识水平的异议，很难抵消和补偿。因此，在使用补偿技巧前，推销人员必须对客户异议进行分析，只有当客户属于理智购买型，并且异议属于真实、有效的异议时，才能使用补偿技巧。

（五）询问法

询问法是指推销人员在客户提出异议时，继续查问原因的技巧。客户提出的异议，有的属于有效异议，有的属于无效异议。如果是有效异议，进一步查问能够使推销人员找出异议的根源，有针对性地进行处理；如果是无效异议，也就是那些连客户自己也不能说明原因的异议，那么通过推销人员的进一步询问，往往能够使异议不攻自破。例如，客户提出："我觉得这种产品不好，我就是不喜欢这种产品。"推销人员可以询问："那您能不能说说产品的哪些地方不好，您为什么不喜欢?"

询问法的优点是推销人员通过询问不仅能够了解客户异议的根源，有针对性地采取解决措施，而且能够搜集一些有用的市场信息。作为推销人员，如果言辞得当，采用请教的方式，能够赢得客户的好感，缩短与客户的心理距离。这种方法的缺点是如果运用不当，容易引起客户的反感，并且在推销人员的询问下，有可能不断地产生新的异议，从而破坏推销气氛，阻碍成交。

追根究底探虚实

使用询问法时应注意：要及时询问，查明异议的根源和性质；询问要适可而止，不可穷追不放，以免耽误时间，并激发客户更多的异议；要讲究询问的姿态与语气，要使客户感觉自己在被请教，不要使客户感到自己在被责问或质问，给客户造成心理压力；在询问时不要节外生枝，对于那些与成交无关的、次要的、无效的异议，最好不要询问。

（六）不理睬法

不理睬法也称忽视法，是指推销人员对于与购买成交无关的、无效的乃至虚假的客户异议故意不理睬的技巧。例如：一个销售人员去拜访服装店的经销商，老板一见到推销人员就开始抱怨说："哎呀！你们这个广告为什么不找××明星拍呢？如果你们找比较有名的明星的话，我早就向你进货了。”这个推销人员只是面带微笑说：“您说得对。”推销人员只要满足了客户那种所谓的表达欲望，就可以迅速地展开所要谈的话题，向经销商介绍自己的产品了。

对于客户的这些不影响成交的反对意见，推销人员最好不要反驳，采用不理睬的方法是最佳的。如果推销人员予以理会的话，不但浪费时间，有时还会节外生枝，甚至会有与客户发生争执与冲突的可能。例如，客户说：“你们厂可真不好找。”推销人员随声附和、一语带过后即可转入正题：“是的，我们厂的位置是有点偏。您看看我们的新产品在功能上又有一些改进。”在推销活动中，有些客户异议是无效的、无关的，甚至是虚假的，推销人员完全可以不予理会。但是要切记，不能客户一有反对意见，你就反驳或以其他方法处理，那样就会给客户造成你总在挑他毛病的印象。

不理睬法的优点是可以使推销人员坚持原来的推销计划和推销重点，避免在一些无关紧要的问题上与客户纠缠，从而节省推销时间，提高推销效率。但这种方法也存在不足，不理睬客户的反对意见，会引起某些客户的不满，进而产生反感。并且有些反对意见与客户购买关系重大，推销人员如果把握不准，不予理睬，则会有碍成交，甚至失去推销机会。因此，运用这种方法时必须谨慎，推销人员必须对客户异议进行认真分析。不理睬法只适用于处理那些无关、无效的异议。另外，在与客户洽谈的过程中，推销人员要态度温和谦恭，不管客户提出的异议是否无效，都要认真听取，让客户感到自己受重视。

（七）　预防法

预防法是指推销人员在客户尚未提出异议时，抢先就客户可能提出的异议进行主动处理的技巧。如推销人员可以在客户提出价格异议前抢先提出：“我们这批鞋子原价都是100多元的，现在是反季处理，所以比较便宜。”

一般来说，推销人员不要引导客户提出异议，但是也不能消极地回避客户可能提出的异议，而应该主动地防止客户可能提出的异议。采用这种方法可以使推销人员按照自己的思路和擅长的手法去开展推销，从而先发制人，争取到推销的主动权，也让客户感到推销人员了解自己，说出了自己想说而没说的意见，从而容易赢得客户的好感和信任。这种方法的缺点是推销人员有可能给自己制造推销障碍，使客户失去购买信心。因此，采用这种方法时推销人员必须经验丰富或者做好充分的准备工作，能够比较准确地预测不同类型的客户可能会提出的不同异议。另外，推销人员在主动提出异议时，要低姿态，语气要委婉恳切，从而大事化小、小事化了。

（八）　价格分解法

价格分解法是指当客户提出有关价格的异议时，推销人员可以化解计量单位，以此来化解客户异议的方法。这是一种心理策略，即推销人员尽量使用小的计量单位报价，以减少高额价格对客户的心理压力，如改“吨”为“千克”，改“千米”为“米”，改“年”为“天”等。例如，某推销人员在推销房子时对客户讲道：“您买我们的房子，您住上20年的话，每天只需要付4元，而对于您家庭的每一个人来说，每天只是8毛钱的事。”而实际上，这套房子的报价是30万元。这种标价策略尤其适用于像家电、汽车、房子、机电设备等大额商品。

采用这种方法的优点是通过对商品的价格分解，降低了高价格对客户造成的压力，使客户对该商品的价格看法发生改变，有利于化解交易障碍，需要注意的是分解数字要准确，如果出现错误则容易让客户对推销人员的信誉产生误解，认为他是为了快速达成交易在误导客户。

（九） 良机激励法

这是处理购买时间异议的一种比较有效的策略，是指推销人员利用对客户有利的机会来刺激客户购买。例如，面对客户的犹豫不决，推销人员可以这样表示："我们现在是节日期间做让利活动，过了这两天价格可能就要回归原价了"或"公司已经制定了新的价格，下个月我们就要执行新的更高的价格了"。

这种方法的优点是可以通过购买时间给客户施加一定的压力，让其能够迅速做出决策，促成交易的快速达成。但是采用良机激励法应该注意："良机"的确有其事，但不能虚张声势，欺骗客户。

（十） 利益得失法

利益得失法是指推销人员利用各种可能存在的变动因素来刺激客户购买，如物价上涨、政策变化等，使客户意识到早购买受益较多，而晚购买将减少受益，以刺激客户尽早做出购买决定。例如，房地产推销人员在与客户面谈："王先生，这套房子虽然现在看起来贵了点，但我们的地段好啊，而且您也知道现在的房价一直在上涨，两三年后，您购买的这套房子还会是这个价吗？肯定要翻番了。"

这种方法也是一种处理客户购买时间异议的策略，通过推销人员的引导推荐，让客户意识到购买时间会对其自身利益造成影响，从而促使其尽快做出购买决策。使用这种策略，推销人员要充分把握行业未来发展动态，最好引用大量数据、事实等增强说服力。

以上是推销人员在处理客户异议时可以参考与运用的常见方法，但是由于推销过程千差万别，推销环境也在不断变化，推销人员在实际的推销活动中应该灵活运用，并不断总结完善。

任务三
妥善处理客户抱怨

会抱怨的客户是好客户

在世界走向全球化的今天，消费也开始走上全球化。当今客户消费极具情绪化，对产品或服务的挑剔程度几乎达到苛刻的地步，作为企业，如何应对处理客户的抱怨，将抱怨化为企业的机会，是提升企业服务水平的必备条件。处理客户抱怨是弥补产品或服务的缺失、维持客户满意、防止客户流失的一道防线。客户的不满、抱怨、投诉是企业与客户接触的核心环节，客户的抱怨使企业发现产品或服务存在的问题，通过这些问题的解决，使更多的客户不满意因素被消除，最终达到客户满意。

一、客户抱怨产生的原因

客户抱怨是因为客户感到不满意。客户满意度主要涉及三个方面：客户的期望值、产品或服务的质量、服务人员的态度与方式。客户的期望在客户对企业的产品或服务的判断中起着关键作用，客户将他们所要的或期望的东西与他们正在购买或享受的东西进行对比，以此评价购买的价值。简单地用公式表示：

客户的满意度＝客户实际感受/客户的期望值

一般情况下，客户的期望值越大，购买产品的欲望就越大。但是当客户的期望值过高时，就会使得客户的满意度越小；客户的期望值越低，客户的满意度就越大。因此，企业应该适度地管理客户的期望。例如，有的商场承诺客户包退包换，但是一旦客户提出时，总是找理由拒绝。还有的企业在广告中过分地宣传产品的某些性能，故意忽略一些关键的信息，转移客户的注意力。这些“海口”承诺与过度销售容易导致客户在消费过程中有失望的感觉，从而产生抱怨。

要正确地处理客户的抱怨，就必须先认真分析客户的抱怨，弄清楚客户抱怨的原因，从而对症下药，采取有针对性的有效措施。

（一）　产品方面的问题导致的客户抱怨

良好的产品质量是维持客户满意度的直接因素。客户对一次购买经历是否满意，首先取决于他对此次购买的产品是否满意。客户在商场选购商品时，能否以合适的价格顺利地买到质量合格的商品，这是决定客户对产品是否满意的一个重要标准。如果产品出现如下问题，则容易导致客户抱怨。

（1）产品本身存在质量问题，没有达到规定的标准。如产品上有刮痕、挤压痕迹，服装开线、掉色，食品中有异物、没有达到安全卫生标准，产品按说明书操作却不能正常使用等。

（2）产品功能问题。如产品的操作太过麻烦，产品实际功能与产品说明书或企业宣传有差距等。

（3）产品包装问题。如产品标示得不清楚，包括食品包装上没有标注生产日期、商品标示的规格和实际规格有出入、商品的使用说明不够详细等。

化危机为转机

对于产品方面的问题导致的客户抱怨，推销人员应该注意以下方面：一是严把质量关，不销售有污损或有缺陷的产品，不让不良产品流入客户手中；二是在销售产品时，为客户提供更多的产品知识，一定要让客户在购买时完全了解产品的特性，同时给其安全的品质保证；三是向客户销售品质优良而且能够满足客户需求的产品，如能够提供多类别、多品种、多档次的产品，以满足不同客户的不同需求；四是认真、及时地解决产品方面的问题导致的客户抱怨，如办理退货、调换等。

（二） 企业员工的服务态度和方式导致的客户抱怨

除了产品的质量会导致客户抱怨外，在客户整个消费过程中，售前、售中和售后服务也是影响客户满意度的一个重要方面。美国管理协会（AMA）所做的一项调查显示，68%的企业失去客户，原因就是服务态度不好。如产品在使用过程中出现了问题，公司的售后服务不够规范，乱收费、不及时，不致力于尽快解决问题，一味地撇清责任等。客户往往会因为使用产品得到的效果并不是自己想象的那样，而对整个服务产生不满和抱怨。因此，好的产品除了质量过硬外，还应附带优质服务，二者缺一不可。如果仅有好质量但服务欠佳，依然无法赢得客户的认可。

服务人员的态度不好是造就抱怨的较为普遍的现象。客户满意与否，往往取决于某一个接触的瞬间。例如：服务人员对客户的态度不友善、结算错误、让客户等待时间过长、服务环境的公共卫生状态不佳、安全管理不当、店内音响声音过大、服务制度存在缺陷等，都是造成客户不满、产生抱怨的原因。概括起来，主要表现在以下几个方面：

（1）企业员工服务态度差。不尊敬客户，不懂礼貌；语言不当，用词不准，引起客户误解；企业员工有不当的身体语言，如对客户表示不屑的眼神，无所谓的手势，僵硬的面部表情等。

（2）缺乏正确的推销方式。缺乏耐心，对客户的提问或要求表示烦躁，不够耐心；对客户爱理不理，独自忙活自己的事情，言语冷淡，似乎有意把客户赶走。

（3）企业员工缺少专业知识，无法给客户提供专业指导意见。客户在购买产品的过程中会产生很多疑问，如果推销人员无法回答客户的提问或者答非所问，势必会影响企业产品的形象，从而导致客户抱怨。

（4）推销人员的过度推销。过分夸大产品或服务的好处，引诱客户购买，或有意设圈套让客户中计，强迫客户购买。

（5）服务项目不足。如没有专用的卫生设施或卫生设施条件太差，没有找零兑换等服务，没有远程送货安装服务等，这些都会导致客户产生不满。

（6）企业服务缺乏规范。无论是售前、售中还是售后服务，缺乏统一的规范制度，客户遇到问题，没有一个部门真正站在客户的立场来尽快解决问题，而是相互推卸责任，把客户撂一边。

对于企业服务方面的问题导致的客户抱怨，应该注意从以下方面改进：一是搞好岗前培训，包括服务技能、服务态度及岗位制度等方面的内容；二是公司可通过举办业务竞赛活动，鼓励服务水平高的推销人员，鞭策业务技能稍差的推销人员，从而促进推销人员整体业务水平的提高；三是通过强化规章制度，督促推销人员不断改进服务水平，规定推销人员顶撞客户应该承担的责任；四是一旦出现由推销人员方面的问题导致的客户抱怨，企业和推销人员要拿出诚意及时予以解决。

（三）　虚假信息导致的客户抱怨

虚假信息也是导致客户抱怨的一个重要原因。由于买卖双方的信息是不对称的，因此在交易过程中就可能会出现一方凭借所拥有的完备信息，做出对自己有利而对另一方不利的行为，也就是所谓的道德风险。例如，有些企业为了尽快实现销售，向外宣传产品时故意夸大产品的价值功能，不合实际地美化产品，甚至有些企业在宣传产品时，刻意宣传一些产品本身不具备的功能或特性。比如××手机在宣传时，注明此手机是双卡双待，客户在购买后发现，这个手机只能插一张卡。再如，一些企业大力宣传自己的售后服务而不加以兑现。有的商场承诺客户包退包换，但是一旦客户提出，总是找各种理由拒绝。有些商家进行促销时打出“买一赠一”的标语，可是客户购买时发现并非如此，商家玩很多猫腻，不是真正给客户实惠，而是商家搞的一些数字游戏，客户经常有上当的感觉，时间长了，次数多了，商家也会因此失去客户的信赖。

对于客户这方面的抱怨，企业要从以下两方面做起：一是加大企业文化建设，塑造诚信经营的企业形象。虽然靠这种虚假信息欺骗的方式可能会在短期内给企业带来一定的收益，但是付出的代价却是企业长远的发展。一个没有信誉的企业是不会有发展前途的。二是在进行相关策划活动时，要遵守相关法律法规，而且要向客户解释清楚，免得引起客户过高的期望，避免不必要的误解和矛盾。

善意的谎言

（四）　其他原因所导致的客户抱怨

除了上述原因之外，一些突发情况的出现、客户自身情绪状态不佳等，也会导致客户抱怨。如快递公司遇到突发的自然灾害天气，包裹因道路受阻而无法及时送达，导致客户等待时间延长等。遇到这种情况，企业应该做好与客户的沟通工作，争取客户的理解。

总之，客户抱怨作为消费者对企业提供的产品或服务表现出的不满，是对客户需求调查不足的补充，是客户内心需求的真实反映。客户抱怨是企业不断发展的动力，而分析客户抱怨可以为企业提供持续改进的方向和依据。如果说企业是一个人，那么客户抱怨就是一面镜子，透过这面镜子可以清晰地看到企业各项工作的不足，为企业进行自我改进提供依据。

二、处理客户抱怨的态度

根据调查研究，有80％的客户不再去光顾某企业的原因是客户对产品或服务不满意。

一位不满意的客户会把他的抱怨转述给 8～10 个人听，而企业如果能当场为客户解决问题，95%的客户会成为回头客；如果推迟到一定时候解决，处理得好，将有 70%的回头客，客户流失率为 30%；如果客户抱怨没有得到正确的处理，将有 91%的客户流失率。当客户的不满得到满意解决时，他们一般会继续做企业的忠诚客户，并将向朋友和同事讲述自己的抱怨怎样得到解决，但是那些被忽视的或者没得到重视的甚至得不到公正对待的客户，可能会在其相关群体中通过大众传媒传播自己的经验，这样，企业推动的不只是客户一人的流失，而是相关群体甚至更大范围市场的葬送。

由此可见，客户的抱怨并不可怕，可怕的是不能有效地化解抱怨，最终导致客户离去。只有尽量化解客户的抱怨，才能维持乃至增加客户的忠诚度，保持和提高客户的满意度。

经典案例

在每位客户的背后，都大约站着 250 个人，这是与他关系比较亲近的人：同事、邻居、亲戚、朋友。如果一个推销人员在年初的一个星期里见到 50 个人，其中只要有 2 个客户对他的态度感到不愉快，到了年底，由于连锁影响就可能有 500 个人不愿意和这位推销人员打交道。这就是乔·吉拉德的 250 定律。由此，乔·吉拉德得出结论：在任何情况下，都不要得罪哪怕是一个客户。在乔·吉拉德的推销生涯中，他每天都将 250 定律牢记在心，抱定生意至上的态度，时刻控制自己的情绪，不因客户的刁难，或是不喜欢对方，或是自己心绪不佳等原因而怠慢客户。乔·吉拉德说得好："你只要赶走一个客户，就等于赶走了潜在的 250 个客户。"

问题：

乔·吉拉德是如何处理客户抱怨的？

案例解析：

面对客户的抱怨，乔·吉拉德有正确的心态，没有因为客户的抱怨产生消极的情绪，反而更加积极热情地对待每一位客户，这才是聪明人的选择。

三、处理客户抱怨的方法

面对客户的抱怨，推销人员不能充耳不闻、忽视或者敷衍了事，那样只会招致客户更大的抱怨，甚至失去客户，严重的会影响企业的生存。

（一） 处理客户抱怨的原则

处理客户抱怨是一项十分必要又非常复杂的工作，企业应遵循以下原则：

1. 及时性原则

在通常情况下，客户产生抱怨时情绪上非常激动，如果客户抱怨能够及时得到处理，让客户的情绪得以宣泄，便会给予客户精神上的慰藉，还能赢得客户的心。不但要在语言上第一时间给予客户安慰，而且在行动上一定要快。这样做的好处如下：一是可以让客户感觉到受尊重；二是表示经营者解决问题的诚意；三是可以防止客户的负面宣传给公司造成重大损失。

2. 鼓励性原则

客户抱怨的存在一定程度上代表了企业在某一方面存在缺陷，是一种信息反馈，让企业了解自身存在的不足，并加以改正，对企业的成长大有益处。同时，接受反馈，使客户抱怨的问题得以解决，通常也是提升客户忠诚度的契机，有利于企业自身的发展。

3. 换位思考的原则

客户之所以产生抱怨，主要是因为企业提供的产品或服务与客户期望的有差距，比如：很多客户服务部门午餐时间都要歇业休息，但对忙碌紧张的上班族来说，午餐时间是他们唯一的空闲时间；退货程序要求客户保存原始包装才能退，但很多客户很少保留包装盒；等等。因此，面对客户的抱怨，企业应站在客户的角度，设身处地地为客户着想，充分考虑客户的利益，征求客户的意见，制定出客户乐于配合的管理政策，这样做往往能够缓和客户的情绪，拉近与客户的距离，提升客户的忠诚度。

经典案例

小王是一位在校大学生，参加了“双11”的网店客服兼职工作。在刚开始的几天，看着每天大量攀升的成交数量他感觉非常兴奋。但是“双11”过后的客服工作却让他感觉很烦恼，尤其是大量的催货咨询，他认为客户的货没有及时收到应该归咎于物流公司，而不是他这个小小的客服，又不是他来负责配送的，干吗要替别人来背黑锅？后来在与网店客服主管的沟通交流下，他学会了换位思考。试想一下，如果自己“双11”抢到了梦寐以求的商品，但是迟迟不能收到，自己也会非常焦虑，而客户唯一可以和商家联系的方式只有通过客服了。学会换位思考后，再面对客户的责难，他变得没有那么焦虑了。

问题：

小王该如何处理客户的抱怨？

案例解析：

“双11”购物狂欢节是对各个平台、网店商家以及物流企业的一次大考验。面对客户的责难，推销人员应该学会换位思考，及时安抚客户的情绪，只有这样，才会让客户有愉快的购物体验，进而帮助企业获得更高的利润。

4. 补偿性原则

客户抱怨是因为经营者提供的产品或服务未能满足客户的需求，客户总认为他们蒙受了利益的损失。因此，客户抱怨之后，往往会希望得到补偿。即使公司给了他们一点补偿，他们也往往会认为这是他们应当得到的，而不会感激公司。这时如果客户得到的补偿超出了他们的期望值，客户的忠诚度往往会有大幅度提高，而且他们会到处传诵这件事，公司的美誉度也会随之上升。因此，在处理客户抱怨时，要及时了解客户的期望值，及时给予适度的补偿，使客户从抱怨转为满意甚至忠诚客户。

（二）处理客户抱怨的步骤

客户抱怨是企业在日常运营中经常会遇到的情况。可以说，及时处理客户抱怨也成为企业的一项常规性工作。处理得不好，将会使公司失去客户甚至更多的潜在客户；处理得好，可以提高客户的满意度，进而提高客户的购买欲望，其结果是为企业带来更大的利润。因此，有必要将日常工作中遇到的常见的客户抱怨进行归纳整理，并形成一套处理客户不同抱怨的工作体系。这样，一旦出现客户抱怨，企业就可以做到有条不紊，而且能够快速对客户抱怨进行处理。可以采取以下步骤处理客户的抱怨：

1. 真诚感谢客户的抱怨

客户向你投诉，不管是否是你的问题，有一点可以证明，客户是在意你的产品的。因此，先感谢他。最可怕的不是客户抱怨，而是客户不满意也不告诉你。

2. 认真倾听，找出问题所在

给客户足够的说话的时间，让他把所有的怨恨都发泄出来。不要急于辩解，那样只是火上浇油。不管怎样，你都要笑脸相对。当你笑脸相迎的时候，他的火也会越来越小的。

经典案例

一位客户到当地的电话公司声称电话的通信记录是错的，拒付电话费，并破口大骂，还声称要写信给报社，电话公司在派人当场调解失效后，决定第二天到客户家里登门拜访。没想到，电话公司随后连续派去解决问题的几个人都失败而归。后来，电话公司派出一个最有耐心的员工。在该员工面前，客户仍然大发脾气、暴跳如雷，但是这位职员静静地连着听了几个小时，对客户所讲的每一点都表示同情。最后，客户的态度渐渐变得友好起来，并付清了全部账单。

资料来源：王丽丽．商务能力教程［M］．3版．北京：高等教育出版社，2019.

问题：

本案例中，客户抱怨是如何妥善解决的？

案例解析：

客户在抱怨的时候往往情绪是非常激动的，工作人员应耐心倾听客户的抱怨。这不仅是对客户的一种尊重，更是给客户足够的时间让其发泄情绪。只有当客户的情绪发泄完之后，双方才有可能心平气和地进行磋商。

3. 搜集资料，找出事实真相

处理客户抱怨，一定要站在客观的立场上，找出事实的真相，公平处理。当然，客户的抱怨有时可能会有夸大的地方，但找出事实的真相是必须的。作为企业，不但要对客户负责，还要对产品负责。如果是客户本身的问题，一定要耐心讲解。要知道，指导客户正确使用产品是企业的责任，知道怎样正确使用产品是客户的权利。

4. 征求客户的意见和建议

前面三个步骤如果做得到的话，客户的不满一般都会减少，可能会因为你的表现对你更加了解。问问他们的意见，需要如何进行补偿。

5. 立即采取补偿行动

在征求客户意见之后，了解到了客户期望的处理方式，并结合公司的实际情况，双方达成了一定的解决纠纷的协议。接着企业就要信守承诺，说到就要立即做到。不要拖延处理时间，在规定的时间内一定要完成对客户的补偿，最好能超出客户的期望值。

6. 追踪与反馈

对处理客户抱怨的结果进行验证，主动询问客户的满意度，再次感谢客户。这样做既能够让客户感受到企业对于客户的尊重和重视，塑造诚信负责的良好企业形象，也能够帮企业留着客户，减少客户流失。

7. 建立客户抱怨资料档案

把企业在经营过程中经常遇到的客户抱怨进行整理，将这些常见抱怨的处理办法进行梳理，整理出一套处理客户抱怨的标准工作流程，这样做就可以在客户出现抱怨时尽快处理，并且企业通过对常见客户抱怨的整理进行适当的改进，做到防患于未然。

（三）处理客户抱怨的技巧

无论客户抱怨出于何种原因，企业工作人员都要对此及时处理，而不能置之不理，任由其发展。常见的处理客户抱怨的技巧有：

1. 撤换当事人

当客户因为对推销人员的服务不满而情绪高涨时，继续由该推销人员向客户解释会招致客户更进一步的不满和愤怒，这时，适时撤换当事人就成为必要。如果能更换成某一领导，如商场经理、公关经理或市场部经理等，由他们出面沟通效果会更好。这样做的理由是：一方面使客户感到自己受重视，从而心理上得到安慰；另一方面客户会认为与领导沟通更有利于问题的切实解决。而且客户有时候为了表示自己的通情达理，通常会在新的推销人员或调解人员前重新控制自己的情绪，从而有利于洽谈的进一步顺利开展。

2. 改变沟通场所

当客户在公开场所或者营业场所发泄自己的不满时，会对公司的正常经营造成困扰，同时会吸引很多人围观，进而对公司的形象产生一定的不良影响。而适当地更换沟通场所，则可以给客户一段冷静的时间。如果客户是反省力强的人，经过冷静，一般情绪也会由刚才的激动变得平稳冷静，这样会更有利于问题的解决。

3. 改变沟通时间

当发现无论是撤换当事人还是变更场所都不能有效解决客户抱怨时，最好的解决方法就是将沟通时间改为第二天或者再约定一个洽谈时间。例如，可以告诉客户："要不您先回去休息一下，改天我一定登门向您道歉。""明天我再到您家中去拜访您。"需要注意的是，一定要言而有信，不能让客户觉得你是在敷衍，随便打发了事。同时为了表示诚意，拜访时最好备些小礼品。如果一天的拜访不能解决问题，公司可以派人多次去，直到问题解决。

四、处理客户抱怨的"禁句"

客户在抱怨时本身就情绪比较激动，如果推销人员语言不当或者语气不当，就会进一步激怒客户，更不利于交谈的顺利进行和问题的及时解决。以下是推销人员在处理客户抱怨时禁止使用的语句。

（1）“很抱歉，我无能为力，这是公司的规定。”“对不起，这是我们的规矩。”

乍一听这话，觉得工作人员没有什么问题，确实得遵守公司的相关规定，按规矩来执行。但是从客户的角度来看，这样的话，只能让客户感到自己在被应付。事实上，这句话很典型地反映了该企业还是以自身利益作为经营的核心，没有把客户放在第一要位来进行相关制度的设计。而实际上，企业定的所有规矩都应该以“为客户提供满意的服务”为理念，或者换句话说，没有客户的满意和支持，企业就只能破产。因此，当出现问题时，企业应该灵活地帮客户解决问题，令客户满意，即便客户真的不了解企业的规章制度，推销人员也不能这样简单粗暴地指责客户。

（2）“这种问题太简单了吧。”“这种问题连小孩子（傻瓜）都知道。”

不妨来看看下面的例子：

有一位客户来买瓜子，抱怨说：“前天买的瓜子都是绵的，很难吃。”

炒货店老板听了就问：“你是不是敞着塑料袋口，受潮了？”

客户说：“我是没有系紧袋子。”

那位老板就鄙夷地笑了，说：“这种问题连小孩子都知道，明明是你没常识，还想抱怨我的瓜子不好。”

客户一听这话就不高兴了，俩人就吵了起来。客户的家人得知这事，心里不舒服，于是又来找炒货店的茬，最后搅得炒货店老板没法做生意，无奈搬走。

由此可见，当客户因不了解产品的功能或使用方法而询问推销人员时，再简单的问题，推销人员也应该认真、耐心地解答，而以上例子的话语，极易引起客户的反感，并认为推销人员在嘲笑、蔑视自己，对自己不尊重，从而产生抱怨。

（3）“一分价钱一分货。”“您花了那么点钱，当然只能买到这样的产品了。”

这样的话，客户一听就知道推销人员在给自己的产品质量不好寻找借口，而且让客户感觉推销人员态度傲慢，瞧不起客户，言语中流露出蔑视的口气。这样做，只能使客户恼羞成怒。

经典案例

王老板是一位香烟零售商，在零售过程中，经常会遇到客户来砍价。有很多的零售户因不耐烦而摆出一副爱买不买的状态，说：“我们这香烟保真，一分价钱一分货，要不你先去别处转转，有便宜的。”客户听了就会心里不舒服，想：“他是不是嫌我寒酸小气，只配买假烟？”针对这种情况，王老板是这样来处理的。他说：“客户来买烟也有砍价的，我都是好言相告，本身一盒烟赚不了他多少钱。然后，我会详细告诉他这种品牌的烟贵在质量更高一筹，它的配方精良，注重科技含量和人的口味，给人以愉悦的品吸感受。总之，这种烟它不白贵。”这么多年，遇到这种情况，王老板从来不往外推客户，而总是以自己的真诚和善的话语劝导客户。听了他的分析解释，客户很容易就接受他的建议，转而消除了抱怨。

问题：

王老板是怎么处理客户异议的？

案例解析：

王老板在客户提出价格异议后，没有用生硬的方式回复客户，而是通过耐心的解说，让客户明白商品的价值所在，进而从心理上认可对方的报价是合理的。

(4)“这种问题请去问厂商，我们只负责卖。”“这种情况不关我们的事，请您去找生产厂家吧。”

例如，某健身房内，一位女士在锻炼时因器材发生故障而擦伤。当这位女士提出责问时，接待的服务人员说：“这种情况不关我们的事，请您去找生产厂家吧。”在这种情况下，尽管器材是由生产厂家生产的，但该健身房在购进器材时，就应当对器材本身的使用操作、日常维护有所了解。因此，以这句话来搪塞、敷衍客户表明了该健身房不负责任，不讲信誉。正确的问题处理方式是积极与厂家协调，并对客户做好解释工作。如果企业能够帮助客户与其他相关企业协调，高效地处理抱怨，那么企业将成为最终的赢家。

(5)“不是这样”，“不可能”，“我们的商品绝对不会有问题”，“一定是您弄错了”。

这样的话语只能表明推销人员对客户的意见一点也没有听进去，而只是一味地试图打断对方的话并且加以否定。根本就无法了解客户的意见、要求和愿望，更不利于客户抱怨的解决。

例如，一位客户在店里买了一盒茶叶，但是回到家后打开包装一看，发现盒子里面是空的，于是找到商家理论，店里的另一位推销人员立马说：“不是我们的问题，我们肯定不会犯这样的错误。”后来事实证明，原来是公司为了防损的需要，故意把放在外面的茶叶包装里的茶叶全部收了起来，就只摆放了一个空盒子在货架上，新来的推销人员不知道这事，直接潦草处理，还好公司后来发现失误后直接与客户联系，承认了失误，挽回了客户的损失。事实上，任何公司都不可能保证自己百分百不出错。如果一开始公司就能理智看待客户的问题，并认真查验解决，相信能减少双方不必要的麻烦。

(6)“不知道”，“不清楚”，“这个问题我也不太清楚”。“我不太了解这件事，请您去问问客服人员。”

当客户提出疑问时，如果推销人员回答“我不清楚，你问问其他人吧”这样的话语，客户一听，就知道推销人员把事情推得一干二净，只会让客户感到这家企业的推销人员水平低、没有责任感，从而感到没有购买的必要。面对客户提出的问题，有经验的推销人员一定会很热心地去回答，即便会遇到自己解答不了的问题，也要赶紧寻找能够解决问题的人，很好地回复对方。因为，这是推销新品的一个很好的机会。如果不负责任，随便应付客户，只会更加剧客户对推销人员的不满。

(7)“我决定不了”，“这不是我能决定的”。

例如，服务人员不小心将饮料洒在消费者身上时，听到客户说：“怎么搞的，付我洗衣费，另外今天的消费免单!”如果服务人员回答“我决定不了”，客户会认为这个服务员没有责任心，同时会更加生气。因为哪怕是一线员工，其实从客户角度来讲，也代表着整个企业，一线员工的反应也代表了企业对客户的重视程度和处理问题的态度。此时，应该赶紧找来可以处理的人。另外，企业管理者应适当地授权一线员工，充分发挥他们的潜能去为客户服务。因为通常一线员工能最先接触到客户，如果一线员工有充分的授权，在客户产生抱怨的第一时间，他们就可以根据情景和客户的不同灵活地为客户提供得体的服务。授权意味着一线员工可以立即处理客户的投诉或抱怨，而不会因为处理程序复杂导致矛盾激化；授权还可以充分发挥员工的创造性、积极性和主动性，提高客户服务质量。

（8）"我绝对没有说过那样的话。"

客户有时会因服务人员的一两句话而生气，这时服务人员可能会否认："没说过。"这样会陷入无休止的争论，而不能找到解决问题的突破口。在这样的状态下相互指责，渐渐地，双方会变得感情用事，陷入一种不可收拾的局面。

（9）"改天我再跟你联络"，"有消息我们就通知你"。

有的时候客户的抱怨可能当时没法解决，要等一定的时间，这个时候往往会收到这样的答复："回家等通知吧。"表面上看起来企业也很重视客户，但是这样的回答却显得有些敷衍，最好的回答应该是："三天后一定帮你办好。"或者："2月15日之前我一定和您联系。"确定在几天后可以办成的说法，代表企业有自信帮助客户解决问题。

以上是处理客户抱怨时应该避免使用的常见的禁句，但在实际推销活动中，推销人员应该灵活把握，在处理抱怨时应该站在客户的角度思考问题，争取在不触怒客户的前提下顺利地把洽谈进行下去，赢得客户的信任与忠诚。

乐学善思

"爱在胖东来"——消费者与企业的双赢

在河南许昌，有一家企业被称为中国零售业的标杆，前去参观学习的人络绎不绝。因为它创造了很多传奇，比如人均销售额、利润、坪效等核心指标在中国民营商业企业排名第一，这家企业就是胖东来商贸集团有限公司。公司创建于1995年3月，如今已成为一家涵盖专业百货、电器、超市等业态的大型企业。胖东来快速发展的秘籍之一就是用心服务。在胖东来，顾客就是上帝，楼层电梯出入口总有数名专职服务人员站立搀扶老人和孩子，不断轻声提醒乘客。在胖东来，宠物可以进入到超市内，因为胖东来给宠物设立了专门的寄存处。在胖东来，购物车的种类十分多样，有适合带婴儿的、适合儿童的、还有适合老人的。一些老人由于年龄较大，逛超市的时候比较累，但是胖东来所提供的服务让他们累了之后就能够及时地休息，甚至还在每一辆车上都配备了放大镜，方便老年人来查看价格。在胖东来，如果顾客对商品不满意，是可以随时退货的。在胖东来，顾客对服务人员不满意，可以随时投诉，并可以得到500元的奖励。同时还专门设置客诉展板、留言簿、曝光台等，鼓励顾客提意见，让顾客监督企业的成长，让企业像玻璃般透明！……去过胖东来的顾客都说，在胖东来没有你想不到的，只有胖东来不能为你做到的。

思考：

你认为企业应该如何处理与顾客的关系？

提示：

现实经济生活中，任何一家企业要想走的长远，就必须正确处理与顾客的关系。只有用心为顾客服务，倾听顾客的声音，才可以更能打动顾客，培养顾客对企业的忠诚度。

主要概念和观念

◀主要概念

客户异议　客户抱怨　需求异议　财力异议　权力异议　货源异议　购买时间异议　价格异议　直接反驳法　间接反驳法　太极法　补偿法　询问法　不理睬法　预防法　价格分解法　良机激励法　利益得失法

◀主要观念

客户异议是指客户对推销人员或其推销的产品、推销活动所提出的一种表现为怀疑、否定或反面意见的反应。要想正确处理客户异议，推销人员先要对客户异议有一个正确的认识。客户异议是推销活动中的一种必然现象，客户异议既是推销的障碍，也是成交的信号，客户异议是企业无偿的信息源。面对客户异议，企业应遵循以下步骤：耐心倾听，收集客户异议；简单重复，确认客户异议；稍作停顿，处理客户异议。

客户抱怨是因为客户感到不满意。客户满意度主要涉及三个方面：客户的期望值、产品或服务的质量、服务人员的态度与方式。客户总是将他们所要的或期望的东西与他们正在购买或享受的东西进行对比，以此评价购买的价值。如果实际所购买或享受的东西与期望呈现很大差距，就会产生抱怨。客户抱怨是企业不断发展的动力，而分析客户抱怨可以为企业提供持续改进的方向和依据，因此，企业应该视抱怨为金玉良言。

处理客户抱怨是一项十分必要又非常复杂的工作。企业只有遵循及时性原则、鼓励性原则、换位思考原则和补偿性原则，方可有效地处理客户抱怨。

项目单元训练

一、单项选择题

1. 客户：“你们的产品比别人的贵。”推销人员：“不会吧，我这里有同类商品不同企业的报价单。我们产品的价格是最低的。”推销人员采用的是(　　)。

A. 直接否定法　　B. 间接否定法　　C. 转化处理法　　D. 补偿法

2. 客户：“这个东西太贵了。”推销人员：“这个东西的价格是不低，不过，它比同类型的产品功能多了三项，从性价比的角度来看，它还是便宜的。”推销人员采用的是(　　)。

A. 直接否定法　　B. 间接否定法　　C. 转化处理法　　D. 补偿法

3. 客户：“你们的东西价格是不贵。但是，我们现在还不想买。”推销人员：“您认为东西便宜，为什么现在不买呢?”推销人员采用的是(　　)。

A. 不理睬法　　B. 询问法　　C. 转化处理法　　D. 补偿法

二、多项选择题

1. 处理客户异议的原则有(　　)。

A. 尊重客户异议　　B. 永不争辩　　C. 维护客户自尊　　D. 强调企业利益

2. 下面关于处理价格异议的策略，正确的有(　　)。

A. 先谈价值，后谈价格；多谈价值，少谈价格

B. 报价后不要附加评议或征询客户对价格的意见

C. 不主动提及价格

D. 不急于回答客户较早提到的价格问题

三、判断题

1. 在处理客户异议时，反驳处理法是指推销人员直接利用客户异议中不利于推销成功的因素，并对此加工处理，转化为自己观点的一部分，从而消除客户异议的方法。（　　）

2. 在处理客户异议时，间接否定法是指推销人员根据有关事实和理由间接否定客户异议的方法。（　　）

3. 售后服务是良好客户关系的润滑剂。（　　）

4. 推销人员必须是诚实的。因此，在推销洽谈中应该将全部交易条件毫无保留地和盘托出。（　　）

四、简答题

1. 什么是客户异议？推销人员应该如何正确对待客户异议？

2. 产生客户异议的根源有哪些？

3. 简述处理客户异议的一般策略。

4. 结合实际，简述处理客户异议的技巧。

5. 什么是客户抱怨？处理客户抱怨应该注意哪些问题？

五、论述题

1. 哈佛大学的李维特教授曾说过这样一段话："与客户之间的关系走下坡路的一个信号就是客户不抱怨了。"谈谈你对这句话的看法。

2. 面对客户提出的这样或那样的意见，"客户总是有理的"这种观点是否有其合理性？

3. 如何理解"客户异议既是成交的障碍，也是成交的信号"？

六、实操题

实训内容：处理客户异议。

背景资料 1：

假定你是某手机公司的推销人员，要向客户推销你们公司的产品，完成下列练习。

要求：

（1）列出买主可能向你提出的三个异议。

（2）选择不同的方法分别处理以上三个异议。

（3）为每个异议的处理写出你与买主之间的对话。

背景资料 2：

根据所学专业选定相关行业环境的企业类型及产品类型，确定企业及产品针对的客户可能提出的各类异议（价格异议、时间异议、权力异议等）或产生的各种客户抱怨（产品抱怨、推销人员抱怨、其他抱怨）。

要求：

由一方扮演客户提出各类异议或抱怨，另一方扮演企业推销人员尝试逐个解决。

项目十一
推销成交及善后事宜

【学习目标】

知识目标：了解成交的含义，学会识别成交信号，掌握成交的基本策略。能够熟练运用各种成交方法达成交易。熟悉成交的善后工作。

能力目标：能够分辨出成交的信号，并具有促成交易的能力。掌握成交的基本策略和方法，并能灵活运用。熟悉售后服务，能够做好各项成交的善后工作。

素质目标：具备促成交易的强烈愿望与信心。做好成交善后工作，明确推销活动是一项塑造形象、建立声誉的崇高事业。培养恪尽职守的态度和廉洁奉公、公道正派的作风。

实训目标：通过模拟推销成交，练习各种推销成交技巧，做好顾客关系维护。

【导引案例】

耐心介绍，实现成交

某品牌豆浆机为拓展销售渠道，选择了一家繁华路段的知名超市设了展销专柜，并选聘了一个耐心细致、思维敏捷的产品推销员进行产品推销。为提高销售率，在展销柜前，该推销员不厌其烦地向来往顾客介绍产品质量、品牌性能、使用方法等，并通过演示来展示产品的各项功能和特点。现场一位顾客看了产品演示后，提出该款豆浆机用后过滤网不易冲洗干净，并指出另一品牌的豆浆机具有无网冲洗功能，使用更为方便。该推销员听后并没有表现出不耐烦，反而更为细致地展示了该品牌豆浆机的冲洗方法和冲洗流程，指出虽然不具有无网冲洗功能，但该款豆浆机冲洗方式操作简单，且在价格上具有明显优势，更适合平常家庭，性价比更高，安全性更好。该推销员最后还提到，该品牌豆浆机具有一年免费保修、包换，一年后整机维修，只收配件费，免收修理费等售后服务特点，同时，及时向驻足的顾客发放了印有厂家名称、联络方式和产品详细介绍的宣传页。同样是柜台推销，这家豆浆机展柜前的成交量明显比较高。

问题：

该品牌推销人员采用了哪些方法促成交易？

任务一
推销成交

成交是整个推销过程中最关键的一个环节。它决定了从寻找顾客到处理异议的一系列活动最终是否能取得预期的成果。在成交阶段，推销人员的核心任务就是促使顾客采取购买行动。没有成交，推销人员所做的一切努力都成为徒劳。因此，一个优秀的推销人员应该具有明确的推销目标，千方百计地促成交易，并做好成交后的相关善后工作。

一、正确认识成交

（一）成交的含义

成交即达成交易，是指顾客接受推销人员的推销建议，做出购买决策的活动过程。成交是推销的目的和归宿，推销人员从寻找顾客到处理异议的一系列活动都是围绕这一核心开展的。成交的含义可从以下三个方面理解：

1. 成交是整个推销工作的目的和核心

成交是推销的终极目标，是推销工作的核心。可以说，前期的推销工作是为了达成交易而进行的基础性工作，只有到了成交阶段，顾客才会决定是否购买推销的产品。即使是一个老练的推销人员顺利地通过了成交前的一系列推销阶段，如果不能抓住成交这一关键环节而导致交易失败，那么这位推销人员所做的努力也均为徒劳。

2. 成交并非瞬间行为，而是一个过程

成交是顾客接受推销建议的行为过程，在这个过程中，顾客的心理在不断地发生变化，由开始的漠不关心到产品引起其注意，再发展到对产品产生兴趣直至做出购买决策，整个过程表现出循序渐进的特点。况且很多情况下，洽谈、沟通并非一次就能完成。成交也是一个不断发展变化的过程，因此，推销人员必须密切注意顾客的言行举止，善于抓住顾客发出的成交信号，从而顺利达成交易。

3. 成交不是推销活动的结束

对推销人员来说，成交代表本次推销活动的成功，但绝不是推销活动的结束，推销人员应做好各项成交的后续工作。例如，签订合同、及时发货、协助顾客安装调试、做好售后服务等。只有这样，推销人员才能与顾客建立良好的合作关系，从而使双方实现共赢。

（二） 成交的条件

1. 顾客对推销人员所推销的商品完全了解

在推销的过程中，如果顾客比较熟悉推销人员推销的商品，就会表现出较强的购买热情，或表现出想与推销人员沟通的意向，甚至接受推销人员的推销建议；反之，就会毫不客气地拒绝推销人员，甚至推销人员手中的商品。因此，作为推销人员，应该主动地向顾客展示自己的商品，主动地介绍商品的优势、性能，尤其是带给顾客的效用价值，尽可能消除顾客的疑虑。根据顾客的不同心理，多给顾客一些了解产品的时间和机会，让顾客在做出购买决定之前全面地了解推销人员推销的商品。

2. 顾客对推销人员所推销的商品产生强烈的购买欲望

根据市场营销学的原理，人们的需要有限，但其欲望却很多。当具有购买能力时，欲望便转化成需求，这就说明市场营销者连同社会上的其他因素，只是影响了人们的欲望，并试图向人们指出何种特定商品可以满足其指定需要，进而使商品更具有吸引力，适应顾客的支付能力且使之容易得到，影响需求。因此，作为市场营销者一员的推销人员，工作重心应放在做好推销说明的工作上，这样才能影响和激发顾客的购买欲望。

3. 推销人员对顾客的情况有充分而全面的了解和掌握

“知己知彼，百战不殆”，推销前的准备是必不可少的。当然，在即将成交时，更要对顾客情况了如指掌，这样才能保证顺利成交。推销人员的职责是推销商品，提供服务。反过来在实际推销工作中，推销人员也必须了解和掌握下列情况：

（1）顾客对哪类产品感兴趣？

（2）顾客为什么会对这些产品感兴趣？

（3）顾客有哪些不同意见？

（4）顾客本身有无购买决定权？

（5）顾客为什么会做出这样的购买决定？

4. 利用恰当的时机促使顾客做出购买决策

在向顾客推销商品时，不失时机地促使顾客做出购买决定，从而促成交易是每个推销人员的目标。因此，作为推销人员，要等待合适的时机，必要时要想办法制造合适的时机，促使顾客做出购买决策。例如，与顾客的谈话达到高潮或遇到重大的节假日等。

了解和掌握顾客的上述情况后，推销人员在实际工作中就比较容易应对成交时出现的各种问题，做出科学、合理的判断并采取对策。

二、推销成交技巧

对推销人员来说，能否有效地促成交易，直接关系到其推销业绩的好坏。这犹如踢足球，经历了抢球、传球，好不容易把球带到了对方的门前，只差那临门一脚，可是，踢不进去，所有的努力就都白费了。因此，成功地运用推销技巧，解除顾客的犹豫和顾虑，抓住当前时机促成交易，是推销过程中的关键环节。

（一） 成交的基本策略

为了更有效地促使顾客采取购买行动，推销人员必须掌握成交的基本策略和方法。成交策略是对成交方法的原则性规定，是推销人员在促进成交的过程中必须遵守的活动准则；成交方法则是用来解决成交中实际问题的各种特定方法。成交的基本策略有以下几种。

1. 克服成交心理障碍，保持积极的成交态度

在成交过程中，气氛往往比较紧张，推销人员容易产生成交心理障碍，而这种不利于成交的推销心理状态很大程度上阻碍了成交，导致推销活动失败。比如担心成交失败，尤其是推销新手遇到顾客异议时便会心情紧张、举止失态，以致词不达意。当出现这种情况时，成交就难以实现。推销人员的心理状态是推销成功的基础，只有坚定自信，保持积极的成交态度，才能消除各种不利的成交心理障碍，顺利达成交易。

（1）增强自信。有的推销人员对推销职业没有正确的认识，存在职业自卑感，认为推销工作低人一等。这种自卑感对推销工作有着极大的负面影响。只有充分了解自己工作的社会意义和价值，才能为自己的工作感到自豪和骄傲，才会激发努力工作的巨大热情和力量。因此，推销人员应正确认识推销工作，建立职业自豪感，增强自信心，为推销工作打开局面奠定基础。

（2）行为主动。推销活动的特点之一即为推销人员行为的主动性。绝大多数顾客不会主动说"我要买"，即使具有购买意向，也都采取被动态度。这就需要推销人员主动提出成交要求，而不是在洽谈结束后被动地等待。推销人员必须充分地认识这一点，否则就会错过成交时机。因此，推销人员只要有机会就应该大胆主动地提出成交要求，并适当施加成交压力，积极促成交易。

（3）正确面对失败。一般在推销过程中，推销人员最怕出现两种情形：一是害怕听到"我不要"或"我考虑考虑"；二是怕客户说"你把材料留下来，我有机会再跟你联络"。许多推销人员因为害怕遭到客户的拒绝而不敢引导客户做出购买决定；还有一些推销人员在经历了几次失败的推销后，产生了畏惧心理，且担心失败的心理障碍愈发严重，在推销中易产生急躁情绪，表露出急于求成的心理，这反而会引起顾客的疑心，影响顾客购买的决策，导致推销人员心态上的恶性循环。世上没有常胜将军，胜败乃兵家常事。商战与兵战一样，即使最优秀的推销人员，也不可能使每次的推销洽谈都能达到最后成交的目的。要清楚地认识到这一点，推销人员就能鼓起勇气，不怕挫折、不畏失败，坦然地面对不同的推销结果。这种坦然、平和的心态有助于推销人员取得心理上的优势。

2. 善于识别成交信号，把握最佳成交时机

成交信号是指顾客在接受推销的过程中有意无意表现出的各种成交意向，我们可以把它理解为成交暗示。在大多数情况下，顾客为了保证自己所提出的交易条件得以实现或保证自己的交易谈判的主动权，一般不会先提出成交，更不愿主动、明确地提出成交。但是顾客的购买意向会通过各种方式表现出来。作为推销人员，必须善于观察顾客的言行，捕捉各种成交信号，以便及时做出成交提议。

（1）语言信号。语言信号是在推销人员与顾客的交谈过程中，从顾客的某些语言流露出的成交信号。例如，顾客询问交货时间、付款条件、交易方式等具体事宜；对产品质量

及商品加工问题提出具体要求；询问关于维修、退换货条件等售后服务问题。在顾客的这些言谈中，尽管没有明确提出成交，但已经比较明确地流露出成交的意向了。推销人员可以从顾客的询问和措辞中分辨出成交信号。例如：

> 如果我们购买这台机器，你们能否协助我们培训操作人员？
> 你们公司最早什么时候可以交货？
> 对这种产品，你们后续的服务有何保障？
> 不错，别人也建议我购买一件这样的产品。
> 买多点，能不能给个折扣价？
> 要是过两天降价了怎么办？
> 是否可以分期付款？

（2）行为信号。行为信号是在推销人员向顾客推销的过程中，从顾客的某些行为中流露出的成交信号。例如，顾客认真阅读推销资料，比较各项交易条件；认真聆听推销人员的讲解，甚至身体前倾；顾客非常专心地研究推销人员带去的样品或资料；要求推销人员展示产品，并对所展示的产品表现出关注，甚至亲手触摸、试用产品；有签字倾向的动作，如顾客出现找笔、摸口袋，靠近订货单、拿订货单看，这都是很明显的购买行为信号。

（3）表情信号。表情信号是在推销人员向顾客推销的过程中，从顾客的面部表情和体态中流露出的一种交易信号。例如，情感由冷漠、怀疑、深沉变为自然、随和；顾客对推销人员的介绍点头表示同意，并流露出赞许的神色；微笑地表示赞成推销人员的意见；顾客表现得很轻松，并专心倾听推销人员的说明讲解；顾客拿起笔来，在记事簿上记录推销人员的介绍要点；身体姿势不像访问初期那样规矩板正，开始放松，活动自如；面部表情多流露出高兴、感兴趣的神色等。

（4）事态信号。事态信号是在推销人员向顾客推销的过程中，形势的发展和变化所流露出的成交信号。例如，顾客征求他人意见；顾客要求看销售合同；接受推销人员的重复约见或主动提出会面时间；在面谈中，接见人主动向推销人员介绍企业的有关负责人或高级决策人。这些事态的发展都比较明显地表达了顾客的成交意向。例如：

> 如果推销人员访问的是一位总经理，谈到一定程度，该经理拿起电话打给供应处长："徐处长，你来我办公室一趟，有事要商量。"
>
> 如果访问的顾客是一位采购科长，谈到一定程度，该科长拿起电话打给总经理："李总，您有时间吗？我和××公司的王先生要到您那儿去一下。"

3. 保留一定的成交余地

保留一定的成交余地，有两个方面的含义。

一是即使某次推销活动双方不能达成交易，推销人员也要为顾客留有一定的购买余地，以便在数日后再次拜访时还有成交的机会。顾客的需求总是不断变化的，今天不能接受推销，并不意味着永远不接受。在一次不成功的推销之后，如果推销人员能给顾客留下一张名片或者产品目录，并真诚地对顾客说"如果有一天您需要什么的话，请随时与我联系，我很愿意为您服务。在价格和服务上，还可以考虑给您更优惠的条件"，那么你就会经常得到一些回心转意的客户。

二是在推销洽谈中，推销人员应该及时提出推销重点，开展重点推销，去说服和吸引客户，但推销人员不要一开始就把交易条件和盘托出。因为，从约见到顾客对推销品产生兴趣再到做出购买决定，需要经历一定的过程，这个过程有时甚至是漫长的。到了成交阶段，推销人员如能再提示某个推销要点和优惠条件，就能促使顾客做出最后的购买决定。有些推销人员不了解顾客心理，一开始就口若悬河，既不利于客户逐步接受产品信息，又不利于最后的成交。推销应该讲究策略，注意提示的时机和效果，留有一定的余地。

4. 把握成交时机，随时促成交易

推销人员必须机动灵活，随时发现成交信号，把握成交时机，做好随时成交的准备。一个完整的推销过程要经历寻找顾客、推销接近、推销洽谈、处理异议和签约成交等不同的阶段。但并不是说每一次成交都必须严格地、不可缺少地经过每一阶段。在现实情况下，成交可以在推销活动的任何一个阶段达成，也就是随时都可能成交。一旦成交时机成熟，推销人员就应立即促成交易。机不可失，时不再来。有的推销人员善于接近和说服顾客，就是抓不住有利的成交时机，常常是功亏一篑。

把握成交时机，要求推销人员具备一定的直觉判断力。只有具备了这种职业敏感性，才能及时有效地做出准确的判断，从而引导顾客达成交易。一般来说，以下三种情况可能出现促成交易的好时机：一是重大的推销异议被处理后，二是重要的产品利益被顾客接受时，三是顾客发出各种购买信号时。

5. 做最后的推销努力

在经历了洽谈和处理异议后，推销活动已经走向了最后的阶段。大量的推销实践和推销学研究成果表明，许多生意就是在推销人员与顾客即将告别的那一刻成交的。顾客的情绪、态度和成交的机会复杂多变，机会需要及时把握，同时推销人员也必须坚持不懈地做出努力。即使在推销洽谈中多次成交失败，也不能放弃最后的机会。在正式洽谈中后，顾客没有成交的心理压力，心情变得轻松愉快，他们甚至会同情推销人员，并且担心自己错失了好机会。在推销人员忙于收拾产品样品，准备起身告辞时，这恰是成交的好时机，推销人员如果善于利用这一时机，则很可能是“山重水复疑无路，柳暗花明又一村”。有的推销人员很善于利用这一时机，每当与顾客告别时便慢慢收拾东西，有意无意地露出一些能引起顾客注意的其他物品，企图达成交易。如果推销人员忽略了这最后的成交机会，则会与一些本该达成的交易失之交臂。

【教学互动】

互动问题：

“在推销人员做完产品推荐介绍后，客户只要真正需要推销人员所推销的产品，他们就会主动提出成交请求。”你如何评价这种观点？

要求：

教师不直接提供上述问题的答案，而是先引导学生结合本部分内容进行独立思考、自由发表见解，再组织课堂讨论，最后对学生提出的典型见解进行点评。

（二） 促成交易的方法

推销人员除了要掌握成交的基本策略，还要掌握具体的成交方法。常用的成交方法主要有以下几种。

1. 直接请求成交法

直接请求成交法是在推销人员接到顾客的购买信号后，用明确的语言直接向顾客提出购买的建议，以求成交的方法。一般来说，推销人员和顾客经过深入的洽谈，双方就主要问题已达成一致。这时，推销人员向顾客主动提出成交的请求，如“既然已经没有什么问题，我看咱们现在就把合同签了吧”。下列几种情况适于使用请求成交法。

（1）已经建立了良好人际关系的老顾客。推销人员了解老顾客的需求，而老顾客也曾接受过推销人员所推销的产品。因此，老顾客一般不会反感推销人员的直接请求。推销人员可以轻松地对老顾客说：“您好，近来生意可好？昨天刚到了一批新货，您打算要多少？”

（2）发出购买信号的顾客。若顾客对产品有好感，也流露出购买意向，只是一时拿不定主意，或不愿主动提出成交要求，推销人员可以用请求成交法促使顾客做出购买决定。

经典案例

一位家庭主妇对推销人员推荐的家用电热水器很感兴趣，反复询问它的安全性能和价格，但又迟迟不做出购买决定。这时推销人员可以用请求成交法帮助她做出决定：“这种电热水器既实用又美观，可以给您九折优惠，买下它吧，您一定会感到满意的。”

资料来源：龚荒．现代推销学——理论·技巧·实训［M］．北京：人民邮电出版社，2015.

问题：

针对本案例中的顾客类型，推销人员应采用何种成交方法？

答案解析：

一般情况下，即便顾客有了购买意向，往往也不愿主动提出成交，此时推销人员可以采取直接请求的方式，使顾客做出购买决定，从而促成成交。

（3）需提醒考虑成交问题的顾客。有时候顾客对推销品感兴趣，但思想上还没有意识到购买的问题。这时，推销人员在回答了顾客的提问或详细介绍完推销产品之后，可以接着说：“如果没有什么问题的话，您看什么时候给您送货？”或者说：“这个产品还有库存，您是刷卡还是现金？”其实，这样的请求并非一定要马上成交，只是集中顾客的注意力，让顾客意识到该考虑是否购买这一问题了。

这种方法运用的关键是“火候”的把握，推销人员对最后的成交很有把握，顾客也感到顺理成章。这时，运用直接请求成交法才是最恰当的时机。

直接请求成交法的优点：可以充分利用各种成交机会有效地促成交易；可以节省时间，从而提高工作效率。

直接请求成交法的局限性：可能对顾客产生成交压力，破坏成交气氛；可能失去成交控制权，造成被动局面；若运用不当，可能会引起顾客反感，甚至使成交化为泡影。

2. 假定成交法

假定成交法是指推销人员假定顾客已经接受推销建议，只需对某一问题做出答复，从而要求顾客购买的一种成交方法。这种方法回避了是否购买的问题，只就有关具体问题与顾客商议。在下列情况下，推销人员可以假定顾客已经接受了推销建议：

（1）购买频率较高的老顾客，成交只是数量和时间问题。

（2）顾客对推销人员的演示流露出比较满意的表情，没有提出明确的购买异议。

（3）顾客以不同方式发出了成交信号，购买决定已在内心形成。

（4）经过推销人员的努力，顾客已经对推销品产生了浓厚的兴趣。

（5）顾客接受了推销人员的现场展示。

假定成交法的优点：可节约推销时间，提高工作效率；推销人员暗示成交可减轻顾客的成交心理压力；还可以把顾客的成交意向直接转化为行动，促成交易。

假定成交法的局限性：一是不利于妥善处理顾客异议。使用这一方法，推销人员主观假定顾客没有任何异议，或主观假定顾客已经形成购买决定，可能会使顾客觉得推销人员自以为是，从而提出一些无关异议或虚假异议，直接阻碍成交。二是此法使用不当，容易引起顾客的反感。使用这一方法，推销人员把顾客的暗示反应看作明示反应，把成交信号当作成交行为。如果根据主观和片面的判断做出错误的假定，就会引起顾客的反感，导致顾客拒绝成交，从而使推销人员处于被动的地位。

经典案例

一位老顾客走进商品批发部，推销人员基本可以断定他是来进货的。于是，推销人员把前边的一系列工作都省略了，直接进入成交阶段，手持订货单向顾客发出一系列问题。但其中没有一个是“买与不买”的问题。推销人员一般会这样问：“这次准备开点什么货?”“毛毯给您开了 30 条，您看可以吗?”“这里有新进的保暖衣，要不要给您开 1 件?”“明天发货您看可以吗?”如果顾客没有异议，把上述问题填入订货单，生意也就做成了。

资料来源：龚荒．现代推销学——理论·技巧·实训［M]．北京：人民邮电出版社，2015.

问题：

运用假定成交法有哪些优点?

案例解析：

面对老顾客或熟识的顾客，推销人员运用假定成交法一方面可以节省双方的时间，另一方面顾客也没有拖沓感，有利于拉近与顾客的距离。

3. 选择成交法

选择成交法是指推销人员向顾客提供几种可供选择的购买方案，并要求顾客立即做出抉择的成交方法。选择成交法是推销人员在假定成交的前提下，提供可选择的购买方案。先假定成交，后选择成交，顾客无论做出何种选择，其结果都是成交。例如：“先生，您是喝红酒还是啤酒?”“我们是周二还是周三见面?”

选择成交法使顾客的思维重点放在了数量、质量、型号等方面的选择上，而不是买与不买的抉择上。推销人员直接假定成交，假定顾客会购买推销的产品，然后向顾客提供产品目录或服务，让顾客选择购买的具体产品，达到成交的目的。此方法是假定成交法的应用和发展。

选择成交法的优点：可以减轻顾客的成交心理压力，创造良好的成交氛围；有利于推销人员掌握成交主动权，留有一定的成交余地。

选择成交法的局限性：如果不经过分析和观察而滥用这一方法，则会给顾客造成压力，甚至使顾客失去购买信心，引发新的成交心理障碍，还会浪费时间，降低推销效率。

4. 小点成交法

小点成交法是根据顾客的心理活动规律，利用成交的次要问题间接促成交易的一种成交技巧。通常，顾客在重大的成交问题面前往往比较慎重、敏感，顾虑重重，难以做出购买决定；而在一般的成交问题面前则比较马虎、果断，比较容易做出购买决定。小点成交法正是利用了顾客这一心理活动规律，避免直接提示重大的成交问题，直接提示较小的成交问题。先小点成交，再大点成交，先就成交活动的具体条件和具体内容达成协议，再就成交本身达成协议，最后促使成交实现。

小点成交法的优点：营造良好的成交气氛，减轻顾客的成交心理压力；有利于推销人员主动做出成交尝试，保留一定的成交余地；合理利用成交信号，从而有效地促成交易。

小点成交法的局限性：有可能引起顾客误会，产生成交纠纷；有可能分散顾客注意力，造成不利于成交的气氛。

5. 从众成交法

从众成交法是指推销人员利用顾客的从众心理，促使顾客立刻购买推销产品的方法。顾客的消费行为既是一种个人行为，又是一种社会行为，既受个人购买动机的支配，又受社会购买环境的制约。个人认识水平的有限性和社会环境的压力是从众心理产生的根本原因。因此，顾客会把大多数人的行为作为自己行为的参照。从众成交法正是利用了人们的这种心理，营造出一种众人争相购买的氛围，促成顾客迅速做出购买决策。例如：

> 这是今年最流行的款式，您穿上一定漂亮，昨天刚进了十套，今天已经卖出了三套。
>
> 今年保暖内衣销得最好，各大商家都在上货，您可别错过这个机会。
>
> 王经理，这种直饮水机目前在一些大城市非常流行。特别适合大公司的办公室使用。既方便、实用，又能提高办公室的现代感。与贵公司齐名的××公司、××公司等，办公室都装上了这种饮水机。

从众成交法的优点：可以增强推销人员的成交说服力，有利于吸引和招徕顾客，增加交易量；可以增强其购买的信心，尤其对新客户来说，能促使其下决心购买。

推销成交技巧：按钮成交法

从众交易法的局限性：若遇到个性较强、喜欢特立独行的顾客，会起到相反的作用。

除了上面介绍的常用的几种成交方法外，还有许多其他的成交方法，如优惠成交法、保证成交法、机会成交法等。在推销实践中，推销人员应根据具体情况灵活运用。

任务二
处理善后工作

成交与签约并不意味着推销活动的结束。相反，成交代表了此次合作即将顺利结束，更重要的是为下次推销铺平道路。这样一来，推销人员才能始终保持推销的主动权，迎接一系列成交。成交后的相关工作如售后服务、顾客关系维护、及时处理各种问题、收集顾客的反馈意见等，都是推销善后工作。

一、售后服务

（一） 售后服务的含义

售后服务是指厂家（经销商）把产品（服务）销售给消费者之后，为消费者提供的一系列服务，包括安装维修、故障咨询、上门服务等。

在传统的市场营销观念影响下，有些人认为，商品一旦售出就万事大吉，售后服务是额外负担，白白浪费人力和钱财，因而对售后服务总是抱消极敷衍的态度。但是在现代市场营销观念的指导下，人们逐渐认识到，对于质量、价格基本相当的商品来说，如果企业为顾客提供的附加价值越多，这些企业就越有可能赢得顾客而占领市场。因此，搞好各项售后服务，是关系到企业生存和发展的大事。对于推销人员而言，热情、周到的售后服务，不仅可以巩固已争取到的顾客，促使他们重复购买，还可以通过这些顾客的宣传，争取得到更多的新顾客，开拓新市场。所以说，售后服务也是一种有效的促销手段。

（二） 售后服务的内容

售后服务是产品生产企业对消费者负责的一项重要措施，也是增强产品竞争能力的有力工具。主要包括送货上门、安装、调试、技术指导、提供零配件、保修期内的保证服务（如三包）、保修期外的维修服务，定期拜访顾客等。

1. 严格执行合同，按时交货，做好送货上门服务工作

推销人员与顾客一旦达成交易，推销人员就应该严格按照合同的要求，保证商品按时、按质、按量交货和发货。以消费品市场为例，家用电器的部分品种（如大屏幕彩电、冰箱等）竞争十分激烈，商家都十分重视及时送货。例如：承诺市区×小时送货到家，内环线内、外环线内×小时送货上门等；而一些尚不具备送货条件的商家，则推出向消费者贴补运费的方法促销。这是做好售后服务的首要内容。

对购买了较为笨重、体积庞大的商品的顾客，或一次购买量较多、自行携带不便、有

特殊困难的顾客，推销人员都有必要提供送货上门的服务，以方便顾客。如果不提供送货服务，则可能会令顾客因此而打消购买念头，进而影响推销工作的绩效以及企业或推销人员的形象。原来这种服务主要是提供给生产用户和中间商的，如今已被广泛地应用在对零售顾客的服务中。送货服务对工商企业来说，并不是一件难事，但它却大大方便了顾客。

2. 提供安装、调试服务

对规格较大、结构复杂的大型工业品，精密设备以及安装技术要求较高的高档消费品，推销人员应提供安装调试服务，以保证顾客购买的商品能及时投入正常使用，发挥其效益，满足顾客的需求。至于面向个人消费者的某些商品，如空调、家用电脑等，安装和调试已成为销售中不可缺少的内容。

安装和调试服务是消除顾客疑虑的有力工具之一，通过为顾客安装调试，可以增强顾客在购买商品时的安全感和信任感，避免因顾客安装使用不当而造成的商品损失。同时，通过安装调试还可增进推销人员与顾客之间的感情交流，提高推销人员或企业的信誉和知名度。

3. 质量保证服务

质量保证服务主要是指顾客购买商品后，如果出现商品质量不尽如人意的问题，能够及时得到检修或予以退换的服务，如对售出商品包修、包退、包换的“三包”服务。质量保证服务体现了对顾客的负责，能减少顾客购买商品时对商品的质量、使用和修理等不安的心理，坚定顾客的购买决心，实际上强化了顾客的满意度，这样就能提高企业的知名度和美誉度，并能不断稳固老顾客和开发新顾客。

4. 技术服务

技术服务包括技术咨询服务和技术培训服务，主要目的是帮助顾客解决使用产品时所遇到的各种技术难题。技术咨询服务是推销人员主动向顾客提供必要的技术数据以及说明产品的性能特点、检测标准和使用方法。技术培训服务是为用户培训合格的操作使用和维修管理人员，以帮助客户提高使用推销产品的技术力量。

科学技术的发展使新产品层出不穷且日益丰富，产品结构日益复杂，其技术含量也大大提高。顾客大多缺少产品知识，因而对生产销售人员产生很大的依赖性，这就要求推销人员在产品出售后，提高消费教育服务。例如，传授一些商品日常的维修、保养和修理的简单知识，以避免使用不当所带来的产品故障和造成的人员伤害；宣传推广新观念、新习惯，以改变一些旧观念、旧习惯和旧的生活方式等。

5. 跟踪服务

跟踪服务是指对于购买了本单位商品的顾客，尤其是购买机器设备等工业消费品的顾客，推销人员或公司其他方面的技术人员，要定期或不定期地通过上门、电话、信件等方式了解或检查产品使用情况和顾客对产品的反馈情况；帮助顾客进行维护保养，更换易损部件等。在访问顾客的时候，无论是推销人员还是其他技术人员，都要注意宣传本公司的最新产品，以激发老顾客更新产品的欲望。同时，注重商品的销售区域，争取以点带面，扩大商品的销售范围。

6. 维修服务

通过设立维修网点或采取随叫随到的上门维修方式为顾客提供维修服务，以解决顾客在使用商品过程中发生的问题。提供良好的维修服务，可使顾客放心地购买、使用产品，从而有利于推动产品的销售。如果推销服务的对象是个人消费者，则定期上门施行维修保养服务将更受欢迎。这样做，也可以增加顾客重复购买的机会。

7. 妥善处理顾客的投诉

产品售出后，出于种种原因，难免会招致一些投诉。推销人员不能因为商品已经售出就不认账，只做一次性交易。在遇到投诉的时候，推销人员应认真对待客户的意见，要运用一定的技巧使之得到妥善处理，使顾客从不满意到满意。特别是对于质量方面的原因所引起的索赔，一定要及时处理。妥善处理索赔，甚至已成为推销服务中最为重要的一个环节，一些信誉很高的公司之所以顾客盈门，是因为在索赔处理方面十分守信用，使顾客很满意。

一般来讲，处理投诉时，首先应采取措施控制顾客的不满和愤怒情绪，如认真倾听，向顾客表示同情和关心，询问有关事件的经过，对投诉事件做出有效回应，归纳和总结投诉事件并得到顾客的确认等措施。然后迅速、准确、诚恳、妥当地处理投诉，以使顾客的投诉得到完美的解决。

不少推销人员把顾客的抱怨视为“小题大做，无理取闹”，这是由于推销人员仅仅把自己作为一个旁观者来看待。抱怨是不满意的表露，顾客对产品的抱怨，往往产生于需求与满意的矛盾之中。顾客由于目的没有达到，愿望没能实现，因此通过情绪、语言和行动来表达对推销人员与企业的不满。正确对待并处理顾客的抱怨，是对现代推销人员的一项重要要求。推销人员应真正站在顾客的立场上考虑问题，为顾客着想。

梅赛德斯-奔驰售后服务

二、顾客关系维护

（一）顾客关系维护的重要性

推销人员将产品推销出去后，还要继续保持与顾客的联系，做好成交善后工作，以利于提高企业的信誉，结识更多的新顾客。成交后，能否保持与顾客的联系，是推销活动能否持续发展的关键。推销人员与顾客建立并保持良好的关系，对销售工作具有非常重大的意义。

1. 便于获取顾客对产品的评价信息

一方面，推销人员是顾客与产品生产企业之间的桥梁，通过与顾客保持联系，可以获取顾客各方面的反馈信息，作为企业正确决策的依据；另一方面，通过做好成交的善后处理工作，能使顾客感觉到推销人员及其所代表的企业为他们提供服务的诚意，便于提高推销人员及其企业的信誉。

2. 有利于销售其他相关产品

良好的关系有利于增强顾客对推销人员或企业的信任度、认同感，这种信任和认同会惠及企业的其他产品，所谓爱屋及乌，相应地会为推销人员带来更多的相关业务。

3. 有利于发展和壮大自己的顾客队伍

成交之后经常访问顾客，了解产品的使用情况，提供售后服务，与之建立并保持良好的关系，可以使顾客连续地、更多地购买推销品，并且可以防止竞争者介入，抢走顾客。

同时，老顾客还会把他的朋友介绍给推销人员，使其成为推销人员的新顾客，从而使顾客队伍不断发展和壮大。

（二） 与顾客建立良好关系的方法

推销成交后，推销人员是否重现与顾客的关系，直接关系到推销活动能否持续发展。推销人员应积极主动，经常深入顾客之中，加强彼此之间的联系。联系的方法多种多样。

（1）通过信函、电话、走访和面谈等形式，加强与顾客的关系。既可以加深感情，又可以询问顾客对企业产品的使用情况及用后的感受，如是否满意、是否符合自己预期的要求以及有什么意见和建议，并及时将搜集到的信息反馈给企业的设计和生产部门，以便改进产品或服务。

成交后切勿马上离开你的客户，维系关系很重要

（2）通过售后服务、上门维修的方式，加强与顾客的联系。

（3）利用本企业的一些重大喜庆事项，邀请顾客参加或寄送资料以加强与顾客的联系，如新产品开发成功、新厂房落成典礼、新的生产流水线投产、产品获奖，都是很好的机会。

推销人员与顾客保持良好关系主要要把工作做在平时。例如，在本企业的一些重大喜庆日子或企业举行各种优惠活动时，邀请顾客参加，寄送资料或优惠券等；在客户庆典、顾客生日、节日等特殊日子，要对顾客表示祝贺、赠送礼物、寄发慰问函电等。

乐学善思

走和衷共济之路

2022年11月的亚太经合组织（APEC）工商领导人峰会上，习近平主席在主旨演讲中提道："我们要走开放包容之路，开放包容是人类繁荣进步的基本条件"，"开放带来进步，封闭必然落后"，"我们要走和衷共济之路"，"亚太地区不是谁的后花园，不应该成为大国角斗场"，"任何搞'新冷战'的图谋，人民不会答应，时代不会允许！"这些话表达了中国坚持以人民为中心的发展理念、打造更高水平的开放格局、实现更高层次的互联互通、推进经济优化升级的发展理念。

思考：

中国走和衷共济之路的重要性体现在哪里？

提示：

过去几十年，亚太经济合作为地区发展注入强大动力，有效提升了人民福祉。中国实现了与世界的深度融合，这种融合为很多国家和地区的经济增长与繁荣带来了机遇。开放的中国欢迎更多的同路人，这意味着中国坚定地与世界同行，与全球最广大的发展中国家同行，也与当前和未来相当长时期内、依然主导全球经济的发达国家同行。最终，全球化进程中的同路人，是要与世界形成联动的发展格局并实现成果共享。

主要概念和观念

◀**主要概念**

成交　成交信号　售后服务　顾客关系维护

◀**主要观念**

促成交易是推销活动的最终目的，也是推销过程中最重要的一个环节。推销人员要想顺利地达成交易，首先必须消除成交过程中的各种障碍，梳理正确的成交态度。其次要识别客户的各种成交信号，及时把握成交时机，灵活机动地促成交易。

要想获得推销成功，不仅要有正确的态度和及时把握时机的能力，更要善于运用成交的方法与技巧。在促成交易的过程中，常用的成交方法有直接请求成交法、假定成交法、选择成交法、小点成交法和从众成交法等。

从现代推销的角度来看，成交并不意味着推销活动的结束，而是下个推销循环的开始。因此，成交后的跟踪就成为现代推销必不可少的一部分。成交善后工作的主要内容有售后服务、顾客关系维护等。

项目单元训练

一、单项选择题

1. 当顾客有购买的征兆，如问“什么时候可以送货”时，推销人员应该(　　)。

A. 说明送货时间，然后继续介绍产品

B. 告诉他送货时间并请求签订单

C. 告诉他送货时间并试做销售提成

D. 告诉他送货时间并等候客户的下一步骤

2. 对较为熟悉的老顾客和性格随和的顾客宜采用(　　)。

A. 直接请求成交法　　B. 肯定成交法

C. 假定成交法　　D. 选择成交法

3. “小姐，这是今年最流行的服装，和您年龄相仿的人都喜欢。”推销人员使用了(　　)。

A. 最后机会法　　B. 直接请求成交法

C. 从众成交法　　D. 小点成交法

4. 节省时间、效率高的成交方法是(　　)。

A. 假定成交法　　B. 小点成交法

C. 优惠成交法　　D. 威吓利诱成交法

5. (　　)的优点是既调动了顾客决策的积极性，又控制了顾客决策的范围。

A. 假定成交法　　B. 直接请求成交法

C. 选择成交法　　D. 妥协式成交法

二、多项选择题

1. 成交信号的一般形式有(　　)。

A. 语言信号　　B. 表情信号

C. 行为信号　　D. 事态信号

E. 语气信号

2. 以下哪些是成交信号？（　　）

A. 顾客对推销人员的态度逐渐转好　　B. 顾客乐意接受推销人员的约见

C. 顾客要求推销人员回答有关问题　　D. 顾客提出各种购买异议

E. 顾客态度蛮横

3. 在下列现象中，不属于成交信号的有（　　）。

A. 顾客询问新、旧产品的比价　　B. 顾客用铅笔轻轻敲击桌子

C. 顾客打哈欠　　D. 顾客皱眉

E. 顾客询问能否试用产品

三、判断题

1. 在现代市场经济条件下，达成交易签订合同，并不意味着推销活动的真正终结。（　　）

2. 重大的推销障碍处理后，是促成交易的好时机。（　　）

3. 推销人员发现顾客的成交信号后，不要急于成交，应该详细介绍产品，以使顾客更好地了解企业产品。（　　）

4. 推销人员应该克服成交恐慌症，必须抓住成交机会，但要注意，不要给顾客施加任何压力，否则顾客会有被强迫的感觉。（　　）

5. 顾客抱怨是对推销人员不利的因素，因而推销人员应该回避顾客抱怨。（　　）

6. 从现代推销的角度来看，成交并不意味着推销活动的结束，而是下一推销循环的开始。（　　）

四、简答题

1. 成交的含义是什么？

2. 成交的基本策略有哪些？

3. 怎样识别成交信号？成交信号有哪些具体的表现形式？

4. 成交的方法有哪些？各种方法有何特点？实际应用中应注意哪些问题？

5. 售后服务有哪些内容？你是如何认识售后服务的？

6. 产品推销出去后，还有必要再与顾客建立和保持良好的关系吗？你是如何看待这个问题的？

五、论述题

有经验的药品推销人员奇兹韦尔说："有些顾客非要你把笔塞到他们手里才签字。"他的一些同事也同意这种看法，认为有时确实存在这一情况。不过，他们仍然主张不要对顾客施加压力。对此，你怎么看？

六、实操题

实训内容：模拟推销。

背景资料：

通过模拟推销，向陌生人推销产品（产品自选），学会把握成交机会，掌握引导推销走向成交的方法。

要求：

（1）教师简单讲解推销过程中的注意事项、把握成交机会的基本方法、引导推销走向

成交的基本方法。

(2) 推销人员以小组为单位，每组6～10人，由学生轮流作为主推销人向陌生人推销产品，每组的陌生人由教师选择或指定班级的其他同学扮演。

(3) 由主推销人向陌生人推销，未作为主推销人的学生做评委和观摩工作，在推销训练后，发表看法，指出优缺点，并说出自己在遇到类似问题时的处理方法。

(4) 主推销人应注意把握成交机会，适时提出成交请求。

(5) 在小组训练时，教师要协助主持人做好实训的组织实施工作，在小组间巡视并及时纠正训练中存在的问题。在小组派主推销人当众模拟推销时，教师要针对出现的问题及时点评。

(6) 模拟推销实训后，各小组要写一份简要总结，在课堂上发言。

项目十二
沟通、洽谈语言技巧

【学习目标】

知识目标：认识沟通、洽谈语言技巧在推销中的重要作用，掌握叙述、倾听、提问、回答等的方法与技巧，掌握运用无声语言进行沟通的技巧。

能力目标：能够熟练运用沟通、洽谈语言技巧与客户进行有效沟通。

素质目标：明确高效表达是一个职场人的基本素质，以真诚和善之心待人，培养积极、端正的沟通心态。

实训目标：在实际的推销或谈判沟通中，正确运用有声语言和无声语言的沟通技巧达成交易。

【导引案例】

卖辣椒的学问

卖辣椒的人，恐怕经常碰到这样一个问题，那就是不断会有买主问："你这辣椒辣吗?"作为卖主很难回答。答辣吧，也许买辣椒的人是个怕辣的，会立马走人；答不辣吧，也许买辣椒的人是个喜欢吃辣的，生意还是不成。

有位卖主他是这样和顾客沟通的。辣椒摊上来了一个买主，问的果然是那句话："辣椒辣吗?"卖家很肯定地告诉他："颜色深的辣，颜色浅的不辣!"买主信以为真，挑好辣椒付过钱，满意地走了。也不知道是怎么回事，这会儿大部分人都是买不辣的，不一会儿，颜色浅的辣椒就所剩无几了。

不久又一个买主来了，问："辣椒辣吗?"卖家看了一眼自己的辣椒，答道："长的辣，短的不辣!"果然，买主就按照卖家的分类标准开始挑起来。这一轮的结果是，长辣椒很快告罄。

看着剩下的都是深颜色的短辣椒，卖家仍不慌不忙地经营。当又一个买主问"辣椒辣吗"的时候，卖家信心十足地回答："硬皮的辣，软皮的不辣!"可不是嘛，被太阳晒了半天，确实有很多辣椒因失水而变软了。就这样，这位卖家毫不费力地满足了所有顾客的需要还使自己收获满满。

问题：

如果你是这位卖家，你会怎样和买主沟通呢?

任务一
有声语言沟通技巧

沟通、洽谈的语言技巧是一门艺术性、技巧性很强的学问。虽然洽谈的形式多样、内容各异，但口头语言和肢体语言是最基本的方式，也是运用最为普遍的方式。和交谈对象（谈判中的另一方或推销中的顾客）沟通的过程，实际上就是伴随着无声语言的提问、回答、倾听、叙述的过程，恰到好处的问、答、听、说，能够使得推销、谈判工作顺利进行，并达成最终的交易目的。

一、沟通、洽谈中的叙述技巧

在推销过程中，叙述是推销人员介绍己方情况、阐述己方观点和看法的重要方式，也是推销过程中常用的沟通形式。叙述语言表述能力至关重要。简洁明了、论点清晰、表达充分的叙述，能够有力地说服顾客，协调双方的目标和利益，保证推销活动的成功。沟通、洽谈中的叙述技巧主要包含以下几点：

（一） 选择恰当的切入点

沟通中的入题方式多种多样，如以关心的方式、以赞美的方式、以请教的方式等。但无论采用什么方式入题，都应使顾客有兴趣与推销人员继续洽谈，保证洽谈能够有序进行，而不能使沟通对象产生排斥、抗拒心理。

（二） 叙述主题明确，叙述内容围绕主题

在和沟通对象洽谈的过程中，推销人员不可漫无边际地臆想发挥，沟通、洽谈前要明确叙述的主题，叙述过程中要围绕主题和对方沟通，如果顾客偏离主题，需要及时纠正，使沟通内容回归主题。每次叙述的主题不宜过多，主题多而不明确会使对方记不住、理不清，从而失去沟通、洽谈的意义。

（三） 语言通俗易懂，内容简明扼要

所谓通俗易懂，就是要使用对方听得懂的语言，这也是尊重沟通对象的表现。语言要尽量避免过多地使用方言、专业术语。表达要简洁明了，切勿词不达意，更不要长篇大论。

（四）　叙述内容真实可靠，数据准确具体

推销人员在洽谈时不能信口开河，更不可随意捏造。叙述内容要有理有据，避免出现“大概”“可能”“也许”“差不多”之类的词，对不清楚的资料或问题应委婉回避，不可随口而述。

二、沟通、洽谈中的倾听技巧

“喜欢说，不喜欢听”是人性的弱点之一。推销人员应了解这一特点，让顾客畅所欲言，多给顾客创造说的机会。只要顾客开口说话，推销人员就有了观察和了解顾客真实意图的机会。推销人员只要认真倾听就能了解顾客的心理，观察和发现其兴趣所在，从而确认顾客的真正需要，不断调整自己的推销计划，突出推销要点，实现推销目标。

在推销过程中，首先，推销人员如果注意倾听，就会发现许多问题，能避免许多不必要的误解。如果顾客误会了推销人员的意思，推销人员可以从对方的谈话中知道；如果推销人员误会了顾客的意思，推销人员也能从对方的谈话中发现。遇到这种情况，推销人员可以立即向顾客解释，消除误会。其次，推销人员如果注意倾听，就会让顾客感到你是尊重他、重视他的，从而拉近彼此之间的距离。最后，推销人员如果注意倾听，就能了解顾客对推销品的看法和购买倾向，以便在其后的洽谈中针对这些情况提出自己的对策，从而增加说服的针对性和推销成功的可能性。

倾听的技巧与无声语言沟通技巧

洽谈中要想获得良好的“听”的效果，应掌握以下倾听技巧。

（一）　专心致志地听

认真、专心地听是倾听艺术最重要、最基本的方面。研究数据显示，一般人说话的速度为每分钟180～200个字。而听话思维的速度，大约要比说话快4倍。因此，对方的话还没说完，听者大都理解了。这样一来，听者往往会因精力富余而开小差。也许恰在此时，顾客提出了要推销人员回答的问题，或者传递了一个至关重要的信息，如果因为心不在焉没有及时反应，就会错失推销良机，导致推销失败。

（二）　要有积极的回应

要使自己的倾听获得良好的效果，不仅要潜心地听，还必须有反馈的表示。

（1）轻轻地点头，做出反应。推销人员用这种方式表示自己正在听顾客的谈话，有时轻轻点几下头，可以表示对顾客所传达信息的默许或赞同。

（2）推销人员目光注视正在说话的顾客，不要做任何动作。这表明推销人员正专心致志地倾听顾客的谈话，并且对顾客的谈话表现出浓厚的兴趣。

（3）倾听者不时做出回应，用尽量少的话语表达出自己的意思。推销人员使用一些简短的话语，比如“我了解”“是的，是这样”“很有趣”“嗯，嗯”，来表示对顾客的话有所了解，或者表示推销人员同意顾客的看法。发出声音也表示推销人员正在倾听顾客的谈话而并未走神。

（三） 不因意见不合而急于反驳

当顾客所表达的内容与推销人员的观点不同时，也要坚持听完对方的叙述，不要因为意见不同而急于反驳，更不能因为急于纠正顾客的观点而打断对方的谈话。即便不同意顾客的观点，也要耐心听完他的意见，听得越多，就越容易发现顾客的真正动机和主要反对意见，从而尽早予以处理。

经典案例

推销人员张小姐是从事天然食品推销工作的，一天在给一位老夫人做上门推销时，她已把这种食品的功能和效用清楚地讲完了，而对方反应冷漠。临出门之前，她忽然看到窗台上有一盆美丽的盆栽，上面种的是红色的植物，推销人员就对老太太说："好漂亮的盆栽啊！平常似乎很少见到。""确实罕见。这种植物叫嘉德利亚兰，属于兰花的一种。"老太太马上话多起来，开始有些情绪激动。见此情况，张小姐马上接着问："的确很美，会不会很贵呢？""很昂贵，这一盆就要800元。"张小姐想：我的天然食品也是800元。于是慢慢把话题转入重点："每天都要浇水吗？""是的，每天都得细心养育。""那么，这盆花也算是家中的一分子喽？"这一句话果然发挥了效用，立刻让对方觉得张小姐真是有心人，于是开始倾囊传授所有关于兰花的学问，而张小姐也聚精会神地听，中途告一段落，张小姐就把刚才心里所想的事情说出来："太太，您今天买我们的天然食品，就当作今天买一盆兰花吧。"结果那太太竟爽快地答应下来。她一边打开钱包，一边还如此说道："即使我女儿或我丈夫，也不愿听我嘀嘀咕咕讲这么多，而你却愿意听我说，甚至能够理解我这番话。希望改天再来听我谈兰花，好吗？"

资料来源：任锡源．大脑拒绝不了的销售术［M］．北京：北方妇女儿童出版社，2014．

问题：

本案例中的推销人员是怎样拉近与顾客之间的距离的？

案例解析：

倾听胜于雄辩。有时和顾客拉近距离恰恰是靠听而不是靠口若悬河、滔滔不绝地说。沟通、洽谈要投其所好，找准切入点也是十分重要的。恰当的话题能够使双方关系熟络，营造有利于交谈的气氛。

三、沟通、洽谈中的提问技巧

经典案例

汽车加油站职员A："您需要加多少升汽油？"

客户："加10升吧。"

汽车加油站职员B："我为您把油加满吧？"

客户："好吧！"

问题：

不同的提问得到的回答相同吗？为什么？

案例解析：

不同。推销人员A问："您需要加多少升汽油？"顾客会思考后回答出一个数字，这个数字往往是偏小的。而推销人员B这样问顾客："我为您把油加满吧？"顾客面对这样的选择式提问，往往会说："好吧。"汽油的销售量会因此而增加。

在推销洽谈中，提问是一种非常有用的面谈方式。推销人员应特别注意问题的表述，因为不同的问法会带来不同的结果。在推销洽谈中，提问的主要作用是：引起客户的注意；探求客户的潜在需求，获得自己所需要的有关信息；引起客户思考，赢得时间；向客户传达自己的感受，或传递客户不知道的信息，减少与客户之间的误会等。在沟通、洽谈中，常用的提问方式有以下四种：

（一）　求解式提问

这是一种直接提问的方法，以请教问题的形式进行发问，语气通常较委婉。这种问法旨在了解顾客的态度，发掘他的需要。如"您的看法呢"和"您是怎么想的"这种提问的方式一般在不了解对方意图的情况下，可以投石问路，以避免遭到对方拒绝而出现难堪局面，又能探明对方关心的问题和兴趣点。

（二）　诱导式提问

诱导式提问发出的问句旨在引导顾客做出符合推销人员预期的回答。通过一系列的提问，循循善诱让顾客不断给予肯定的回答，从而诱导顾客做出决定。提问的技巧在于推销人员要不断地使顾客多说"是"，这样才能步步为营，控制推销劝说的方向。

（三）　选择式提问

选择式提问以征求对方意见的形式提问，引导对方做出合作性的回答。这种方式对方容易接受，运用也较为普遍。一般在提醒顾客购买时，这种问句规定了顾客在一定范围内选择答案，往往可以增加销量。比如，"您买两包还是三包笔芯"这种问句显然比直接问"您需要多少笔芯"效果要好。即使顾客不想买，也能保持融洽的关系，使双方可以进一步沟通。

（四）　澄清式提问

澄清式提问是一种针对顾客的回答，重复一遍以使顾客澄清或补充原来的答复，或者让顾客做出评价的提问方式。这种提问在关键时刻、关键问题上常用，通过提问，推销人员可以从顾客那里进一步得到确认的反馈。例如："您刚才说比较喜欢红色和蓝色的汽车，也就说如果这种款式的没有红色，您就会选择蓝色，是吗？"

提问的技巧

四、沟通、洽谈中的回答技巧

洽谈的过程往往是问答的过程，一问一答构成了洽谈的基本形式。回答既是答复对方的提问，又是阐明己方的观点。在推销洽谈中，巧妙、得体地回答顾客，既能赢得顾客的信任和好感，又能使推销局面朝着有利于推销人员的方向转化，这是体现推销人员水平的重要方面。

掌握推销洽谈中回答的技巧，应注意以下三点。

（一）回答时应先搞清楚对方提问的真正含义，不轻易作答

推销人员回答问题前，应认真思考问题的真正含义。因为许多顾客会提出一些模棱两可或旁敲侧击的问题，以探求推销人员的真实情况。面对此类问题，推销人员回答时一定要清楚地了解顾客的用意，做到有的放矢，简明扼要地回答；否则，轻易答复会导致推销人员陷入被动的局面。

（二）为自己争取充分的思考时间

推销人员回答问题必须谨慎从事，对问题要进行认真的思考，要做到这一点，就需要有充分的思考时间。一般情况下，推销人员对问题回答的好坏与思考时间的长短成正比。正因为如此，有些顾客会不断地催问，迫使推销人员在对问题未进行充分思考的情况下仓促作答。遇到这种情况，推销人员更要沉着，不必顾忌顾客的催问，而是转告对方你必须进行认真思考，因而需要时间。而为自己赢取思考时间的一个技巧就是重复顾客的问题。重复顾客的问题不仅会使顾客觉得推销人员很重视他，还可以为自己赢得思考的时间。

（三）回答要有分寸，给自己留有余地

最好的回答不在于回答的对错而在于掌握什么应该说、什么不应该说。对于顾客提出的一些问题，有的可以只局部回答，应简明扼要、通俗易懂，不必主动提供更多的信息。对于己方不愿回答或不方便回答的问题，应采取迂回的方法，不要确切回答顾客的提问，要给自己留下进退的余地。例如，对属于企业保密的资料，应巧妙地绕过去不正面回答，或者找些客观理由表示暂时无法回答对方的问题；对于己方不愿回答的问题，可用“不清楚”“不记得”或“资料不全”等为借口来拖延回答。总之，不可信口开河、言过其实，更不能不懂装懂，给推销过程增添障碍。

老大娘买水果

五、沟通、洽谈中的说服技巧

改变一个人，有两种方式：一是感动他，让他的心由内向外打开，自觉自愿地改变；二是压服他，用武力、恐吓、惩罚等手段威胁，让他不得不做改变。这种改变是强迫性的，是屈服。在推销沟通的说服过程中，聪明的推销人员往往都会选择第一种方式，让顾客先接受他，从而接受他的产品。沟通、洽谈中的说服技巧主要有以下几点：

（一） 建立关系，取得信任

说服他人时，无论双方地位高低，必须先与之建立良好的关系，对方对你有了信任感，才愿意接受你的劝导和说服。因此，在推销洽谈中，双方关系融洽，气氛和谐，合作的可能性就大，推销人员就容易说服对方。在推销过程中，利用空暇时间邀请对方参观游览、赠送有意义的纪念品等行为，都能对建立良好的客户关系起到推动作用。

（二） 换位思考，投其所好

所谓换位思考，就是把自己放在别人的立场去思考问题，然后找出彼此间的共同点。推销人员与顾客的共同点在于，推销人员希望将产品出售，而顾客则希望买到合适的产品。推销人员与顾客都希望达成交易。只有找到共性，才能促成交易的达成。设身处地地站在他人的角度谈问题，从而使对方对你产生一种“自己人”的感觉，拉近沟通的心理距离，营造良好的氛围。因此，推销人员在说服顾客时，要在深入了解顾客要求及意图的基础上，在不影响自身目标的前提下，投其所好，让对方得到满足，同时为自己争取进一步说服对方的筹码。

经典案例

衣着整洁的推销人员小李来到一家超市。

小李：“王老板在吗？我是大晔公司推销人员李健，在百忙中打扰您。我是本地区的推销人员，经常路过贵店，看到这里一直生意都是那么好，实在不简单。”

王老板：“您过奖了。生意只能说还可以吧。”

小李：“您店里的员工对客户的态度都非常亲切，能看出王老板对员工的培训一定非常用心。我也常常到别家店，但像贵店服务态度这么好的实在是少数。临街的刘老板，对您的经营管理也相当钦佩。”

王老板：“刘老板是这样说的吗？刘老板经营的店也是非常好啊！事实上他也是我学习的对象啊！”

小李：“王老板果然不同凡响。不瞒您说，刘老板前几天换了一台新功能的收银机，非常高兴，才提到王老板您一直是他追赶模仿的对象，因此，我今天才来打扰您。”

王老板：“他换了新的收银机呀？”

小李：“是的，王老板是否也考虑更换新的收银机呢？目前您的收银机虽然不错，但是如果能够使用一台功能更全、速度更快的新型收银机，让您的客户不用排队等待结账，他们肯定会乐意光临您的店的。请王老板考虑一下更换新的收银机。”

问题：

本案例中的推销人员在与客户沟通的过程中体现了哪些技巧？

案例解析：

本案例中的推销人员小李一方面积极寻找与客户的共同点，拉近洽谈双方彼此的距离，同时讨论客户需要，提出客户问题所在；另一方面适时抛出主题，巧妙地把谈话转入正题并开展推销工作。

（三） 动之以情，晓之以理

世界上没有两片树叶完全一样，何况是人呢？人和人是不同的，每个人都有差异。这些差异最主要表现在对事物的认知上。原因来自人的情感。说服一个人，首先要令其感动。要令其感动就是要找到不同的人情感的触点。所谓一把钥匙开一把锁，因人而异，以情动人，就难以令其不被感动。因事而谈，晓之以理。要想感动人，除了感情上融洽外，还应对被说服者与说服者未保持一致的原因以及原因背后的实际问题予以重视，与其一道站在对方的立场进行分析，不如拿出切实可行的办法加以解决。感情相融很重要，但解决实际问题更重要。如果不能帮其解决实际困难，空对空的说服是难以让人感动的，也是难以真正达到说服目的的。

六、沟通、洽谈中的辩论技巧

沟通、洽谈是推销的关键阶段，也是最应注意洽谈礼仪的时候。沟通、洽谈中失礼的言行，大都发生在这个阶段。因此，推销人员要把握好“利益”与“礼仪”的关系，既要维护自身利益，又要不失礼仪。

（一） 理智争辩，以“和”为贵

洽谈是“谈”出来的。一切洽谈都得经过双方智慧的角逐、话语的较量方能达成妥协。洽谈的辩论阶段，双方人员从各自的观点和角度出发陈述利弊，稍不留神就会因不同观点的交锋而酿成个人冲突，生意可能就此告吹。因此，在辩论中应坚持以和为贵，坚持“就事论事，对事不对人”的原则，防止感情用事。

（二） 事理交融，举证有力

在辩论中，必须条理清楚，表达严密，言辞简洁，以据论理，善用逻辑，突出主题，不缠枝节。为此，在辩论前，谈判者应在思想上、资料上和语言表达上做必要的准备。“九备一说”乃洽谈者的经验之谈。

（三） 体态端庄，用语谨慎

在洽谈中除了要注意正确使用语言外，还要注意举止气度，用语准确。如仪态端庄、彬彬有礼、宾主分明，是有修养、有信心和有力量的表现；双腿合拢、双手前合、上体微前俯、头微低、目视对方，则表示谦虚有礼，并愿意听取对方的意见；朝对方方向挪挪椅子，或走过去和对方凑近一些，对方会认为你很有诚意，想尽快成交，不再绕圈子等。说话忌无理纠缠，挖苦讽刺；忌不顾事实狡辩或诡辩；忌鲁莽轻率。应举止庄重，不伤大雅。

任务二
无声语言沟通技巧

无声语言又称行为语言或体态语言，是指通过人的形体、姿态等非发音器官来表达的语言，一般理解为身体语言。这种语言是借人的视觉传递信息、表示态度、交流思想等。曾经有人总结过这样一个公式：交际双方的相互理解＝语调（占 38%）＋形象（占 55%）＋语言（占 7%）。由此可见，无声语言沟通在我们这个资源化、信息化日趋完善的时代里，其发挥了语言文字所不能替代的作用，一个人的手势、表情、眼神、笑声等都可以说话或传达感情。因此，无声语言沟通不仅是利用语言进行信息交流的一种补充，而且是一种人与人之间的心灵沟通，是人的情绪和情感、态度和兴趣的相互交流和相互感应。

一、无声语言的作用

（一）　无声语言沟通对语言沟通具有加强作用

人际沟通中无声语言的运用，能加强言语表达的效果，在表达情感、情绪和态度方面，无声语言有时甚至比有声语言更明确、更具体、更有感染力。在沟通、洽谈过程中，无声语言多是伴随着有声语言通过动态的、直观的形象，传递着各种信息。这使得有声语言在直接诉诸人的听觉的同时，还具有视觉的形象可感性，是对交际内容的强化表达，给人以深刻的印象，使表达更加生动、鲜活。另外，无声语言还可以调动情绪，同时情绪也会从无声语言中表现出来。例如：当一个人高兴时，会声音高亢、眉飞色舞、手舞足蹈；当说到沉重的话题时，会脸色凝重；等等。

（二）　无声语言沟通对语言沟通具有辅助作用

在沟通过程中加入表情语、手势语等这些无声语言，会使得有声语言沟通更富有色彩感与表达力，在传递信息过程中起着重要作用。有时在某种情况下，无声语言亦能体现人们的内心思想活动和对待他人的态度，在沟通、洽谈过程中，有时无声语言沟通能起到“无声胜有声”的效果。

（三）　无声语言沟通对语言沟通具有替代作用

有声语言虽然是我们表达思想感情的重要工具，但它也有言不尽情、词不达意的时候，这时无声语言作为有声语言的重要补充，同样可以起到表达思想、沟通情感的作用。在面对面的交流中，说话人的身姿体态、语气语调特别是面部神情等，始终发送着各种信息，不经意地流露着内心的情感、愿望等。听者也会不自觉地从对方的面部表情中捕捉信息。许多时候，只需一个眼神、一种表情、一个手势，我们就会明白对方要表达的意思，看似默默无语但沟通与交流却没有停止。《毛诗序》中有这样的句子："言之不足，故嗟叹之。嗟叹之不足，故咏歌之。咏歌之不足，不知手之舞之足之蹈之也。"可见，许多用语言难以表达的情感可以用态势语来代替。

二、无声语言的类别

按照无声语言沟通信息传递的介质分类，无声语言沟通可以分为：

（一） 副语言

副语言沟通是指有声但没有具体意义的辅助语言，包括说话者的音质、音调、语速以及停顿和叹词的应用。如所谓的抑扬顿挫等。副语言虽然有声音，但因为本身没有具体的语义，所以不能称为语言。副语言沟通却能传递出非常丰富的信息，在某些场合甚至胜似语言。

（二） 身体语言

身体语言既包括先天性的身体的特征，如身高、肤色等，也包括后天训练或者展现的，如发型、化妆、服饰、身体动作、身体姿态等。总体来说，身体语言能分为形象语言、肢体语言、面部表情语言等。

1. 形象语言

形象语言沟通包括发型、化妆、服饰等方面。一个人的形象对其信息的传递起着非常大的作用，管理学中有"致命的 7 秒钟"这个说法，即对一个人的第一印象通常在 7 秒钟之内就已决定。研究表明，看上去有魅力的人往往更容易被人接受，其说出来的话也更容易被人相信，而外表出众的男性往往比外表一般的男性获得的起薪更高。我们必须清醒认识并且接受一个事实，自己不仅是作为沟通的对象出现，还是他人的审美对象。

（1）发型：头发要干净、美观、整齐。

（2）化妆：化妆可以改变人们五官的形状，突出想让他人注意的优点，遮蔽自己的缺点。上班期间宜化淡妆，晚宴或舞会才化浓妆。

（3）服饰：服饰搭配应遵循以下原则：1）符合着装者的年龄、职业和身份；2）符合个人特点；3）符合环境要求。

2. 肢体语言

肢体语言沟通包括姿态、手部动作、头部动作、肩部动作、脚姿、身体接触等。

（1）姿态。姿态是指人们身体语言不断变化所呈现的状态。如站姿、坐姿、行姿、蹲姿等。姿态是人们心理活动的晴雨表，反映了人的处事态度，传递了人的心理状态和情绪，透露了个人的自信度和个性偏好，也常常显示了一个人的地位与权力。人们的姿态能给人很多感受。保持优雅得体的姿态，大方、沉稳、冷静、不拘谨，会给人留下良好的印象，有利于沟通交往。在站姿方面，男士站姿应体现出阳刚之美，抬头挺胸，双脚大约与肩膀同宽站立，重心自然落于两脚中间，肩膀放松；女士则宜丁字步站立，体现出柔和与轻盈。在坐姿方面，以大方、舒服为原则。坐得太直，会让人感觉僵硬；坐得太松弛，会让人觉得失礼。

（2）手部动作。手在无声语言沟通中的作用非常巨大，是身体动作中最重要、最容易被关注的部分。它以不同的动作，配合讲话者的语言，传递讲话者的心声。一般情况下，握拳表示向对方挑战或自我紧张的情绪；用手指或铅笔敲打桌面，或在纸上乱涂乱画，表示对对方的话题不感兴趣或不耐烦的意思；吮手指或咬指甲的动作是婴儿行为的延续，成年人做出这样的动作是个性或性格不成熟的表现；两手手指并拢置于胸的前上方呈尖塔状，表明充满信心，这种动作多见于西方人，特别是会议主持人、领导者、教师在主持会议或上课时，用这个动作以示独断或高傲，以起到震慑学生或与会者的作用；手与手连接放在胸腹部的位置，是谦逊、矜持或略带不安心情的反应，歌唱家、获奖者在等待被人介绍时常用这样的姿势；两臂交叉于胸前，表示防卫或保守；两臂交叉于胸前并握拳，则表示怀有敌意。

（3）头部动作。头部动作需结合不同的语境识别和判断。点头：在对方说话的时候轻轻点头，一般表示理解、认可、赞同、肯定；在和人相遇的时候轻轻点头，则代表打招呼和问候。摇头：一般代表不同意、不认可、拒绝，有时候轻轻摇头还代表对思考中的问题的否决。低头：一般表示谦恭、臣服、认错、顺从、害羞。仰头：一般代表比较激昂的情绪，如自信、激越、悲愤、不服气等。

（4）肩部动作。耸肩膀在西方人的沟通中运用较多，一般是耸耸肩膀，摊开双手，表示一种无奈或不理解。受到惊吓的时候，也会紧张地耸肩膀。

（5）脚姿。抖脚表明轻松或无聊，跺脚表明兴奋或愤怒，而脚尖的方向，会泄露一个人的倾向。

（6）身体接触。身体接触是指沟通双方通过身体某一部位的接触，传递某种沟通信息，最典型的是握手、拍肩膀、拥抱等。

3. 面部表情语言

（1）眼睛动作语言。眼睛是心灵的窗户。一个人眼睛的形态及其变化可以反映出其喜怒哀乐、思虑爱憎。暴露人们心灵秘密的，首先是眼睛瞳孔的变化。在相同的灯光条件下，随着态度和情绪从积极转向消极，瞳孔就会由扩张转向收缩，反之亦然。当人们处在兴奋的状态中时，瞳孔会比原始尺寸扩大四倍；相反，如果人们处在消极的情绪中时，瞳孔就会收缩。其次是注视。注视分为三类，分别是公务注视、社交注视、亲密注视。

1）公务注视是指在进行业务洽谈、商务谈判、布置任务等谈话时，注视区间的范围一般是以两眼为底线，以前额上部为顶点所连接成的三角区域。由于注视这一部位能造成严肃认真、居高临下、压住对方的效果，因此常为企图处于优势的商人、外交人员、指挥员所采用，以便帮助他们掌握谈话的主动权和控制权。

2）社交注视是指人们在普通的社交场合中采用的注视区间，其范围是以两眼为上限，以下颚为顶点所连接成的倒三角区域。由于注视这一区域容易形成平等感，因此常被公关人员在茶话会、舞会、酒会、联欢会以及其他一般社交场合使用。注视谈话者这一区域，会让对方轻松自然。因此，他们能比较自由地发表自己的观点、见解。

3）亲密注视区是指具有亲密关系的人在交谈时采用的注视区间。主要是对方的双眼、嘴部和胸部。恋人之间，至爱亲朋之间，注视这些区域能够激发感情、表达爱意。“暗送秋波”“眉目传情”都是通过这样的区间进行的。

（2）鼻子动作语言。鼻子在沟通中较少使用，但也会泄露一个人的真实感情。比如，不满的时候，会在鼻子里发出哼哼的声音；愤怒的时候，鼻孔会张大、鼻翼翕动；紧张的时候，鼻子会流汗、鼻尖会发红；说谎的时候，人会不自觉地摸鼻子。

（3）嘴巴动作语言。嘴的表情是通过上下唇的动作来实现的：生气或不屑时，嘴巴往下撇；开心微笑时嘴角上翘；惊讶时嘴巴张大；用手指挡在嘴唇上方，通常代表想要掩饰自己的真正想法。

（4）眉毛动作语言。眉毛除了和眼睛一起，构成仪表的重要部分外，还可以表现主人的心情。如眉飞色舞、眉开眼笑说明心情很好，横眉冷对说明愤怒，双眉紧锁说明苦恼。

三、无声语言的禁忌

有效的沟通必然包含诸多要素。每一个要素都有可能成为影响沟通的障碍。许多容易被忽略的细节，都有可能妨碍沟通的实现。只有通过努力不断克服自身缺点，掌握沟通技巧，才能轻松实现沟通的目的。

（一） 忌不良的身体姿态

无论站、坐、行走，都要大方得体。站立时，忌手插衣袋、无精打采、弯腰驼背、东张西望、腿不停地抖动、东依西靠、双手做无意的小动作等；忌入座时不能稳坐、左摇右晃。

（二） 忌交谈中手舞足蹈

在商务场合，交谈时不宜手势动作幅度过大、过频，更不要随意打响指、拍桌子等。忌用手指着对方说话。与女士交流应注意手势运用的分寸。比如，握手用力不能太大，时间不能太长。女士在社交活动场合更应注重手势的优雅。

（三） 忌面无表情，目光呆滞

人的面部表情是非常有效的沟通工具，传递着特殊的感情、想法和目的。与人交往应面带微笑、落落大方、目光专注、眼睛有神，不回避目光的接触和视线的交流。避免扫视、斜视和不敢正视。

（四） 忌着装容貌不得体

在商务场合，商务人士应显得干练、整洁。穿着打扮应大方得体，符合环境、身份、年龄和职业，忌蓬头垢面、不修边幅。

（五） 忌沉默不语

沉默本身传递着某种重要的信息。不同场合的沉默具有不同的含义。可能表示默认、厌倦、异议、抵制、不满、蔑视等。沉默的含义是很难猜测的。沉默不利于与客户的沟通。

（六） 忌不守时

时间作为一种客观现象，其本身在沟通中不具备特殊的含义。但由于人们的交往、约定、合作等总是在一定的时间中完成。而每个人的时间观念不同，往往造成时间节奏不合拍，因而产生误会，这是沟通中的一大忌。在商务沟通中，一定要守时，这既体现了对别人的尊重，也表现出对事情的重视。

守住语言文字规范，建设健康文明的网络语言环境

随着互联网技术的不断发展，微博、抖音、B站等社交软件已成为网民发表个人言论的重要载体，各种风格独特的语言文字表达不断涌现在网络公共空间，其中包括谐音字、变体字的大量使用以及花样百出的玩梗等。应当看到，此类语言文字的演变，体现了网络时代的必然趋势。毕竟，身处打破时空界限的网络空间，人们需要更加高效便捷、更具个性化的表达方式。

但同时，不规范用字情况在网络上表现得也比较突出。2023年6月8日，由澎湃新闻牵头发起，上海人工智能研究院、上海市信息安全测评认证中心等联合共建的“数字内容生态实验室”发布《网络不规范用字用词现象研究报告》。实验室随机抽取2022年12月到2023年3月期间互动论坛、数字报、客户端、微博、网站、微信、短视频平台七类信源内容，形成具有4946.3万条、706.6亿字内容的样本。经过排查发现，网络语言环境中的不规范字词主要包括误用繁体字、异体字、异形词、常见错误等。

事实上，对于谐音字、变体字、玩梗等网络语言文字的无序异化现象，相关平台已意识到问题的严重性，并采取了相应的治理措施。2022年7月，微博、抖音、B站等平台就相继公布了对语言文字表达的规范要求，宣布将加大排查清理力度，完善关键词识别模型，建立正向引导机制。这些举措在一定程度上改变了网络语言文字野蛮生长的环境，有助于网络语言文字的表达回归规范严谨、风清气正的氛围。

2023年3月1日，由教育部制定的《信息技术产品国家通用语言文字使用管理规定》正式施行，首次以部门规章的形式，确立了不同类别信息技术产品使用语言文字应当遵守的规范标准。这一举措对于维护语言文字价值、净化网络表达空间，意义深远。

问题：

网络语言的规范和约束会不会限制语言文字的创新？

提示：

横竖撇捺有乾坤，一笔一画著华章。活跃的语言创造赋予了古老汉字新的魅力。网络语言文字的百花齐放，不仅能够扩充汉语的词汇量、丰富表达的情感，也在很大程度上愉悦了网民的身心、活跃了网络的氛围。一些有创新价值的“网言网语”获得了社会认可。“点赞”“刷屏”等词语也被收入第十二版《新华字典》。但网络语言文字的创新，绝不能盲目任性，而应“变而合规、创而有序、治而合德”。只有坚决遏阻庸俗暴戾网络语言传播，才能建设健康文明的网络语言环境。

主要概念和观念

◀主要概念

有声语言　叙述技巧　倾听技巧　提问技巧　回答技巧　说服技巧　辩论技巧　无声语言

◀主要观念

沟通、洽谈的过程，实际上就是通过运用有声语言叙述、倾听、提问、回答等方式说服对方的过程，当然推销人员还要利用无声语言的优势，运用无声语言的配合，通过表情、肢体等语言使沟通、洽谈朝着推销活动既定的目标进行，促使推销走向成功。

项目单元训练

一、单项选择题

1. 当你进入客户的办公室时，正好他在阅读，他告诉你可以一边阅读，一边听你说话，这时你应该（　　）。

A. 开始你的推销

B. 向他说你可以等他阅读完了再开始

C. 请求合适的时间再访

D. 请求对方全神贯注地聆听

2. 客户告诉你，他正在考虑竞争者的产品，他征求你对竞争者产品的意见，你应该（　　）。

A. 指出竞争者产品的不足

B. 称赞竞争者产品的特征

C. 表示知道竞争者的产品，然后继续推销自己的产品

D. 开个玩笑以引开他的注意

二、多项选择题

1. 下列对倾听技巧描述正确的有（　　）。

A. 听者由于精力富余可以适当开小差

B. 倾听时可以急于反驳和打断

C. 倾听时要有适当的回应

D. 要“同理心”地倾听

2. 下列对回答技巧描述正确的有（　　）。

A. 思考后再答

B. 回答前了解对方提问的目的和动机

C. 不方便回答的可以模糊回答

D. 对于有些问题可以进行局部回答

三、判断题

1. 在推销洽谈时，推销人员应与顾客保持相同的语速，使用同一风格的语言，只有这样才能使顾客愿意谈、喜欢谈。（　　）

2. 为了能够说服顾客，使推销工作顺利进行，有时候与顾客争吵也是必需的。（ ）

3. 在推销过程中，推销人员应该隐藏自己的要求，设法让顾客先表明其观点、条件。（ ）

四、简答题

1. 叙述的技巧有哪些？

2. 倾听的技巧有哪些？

3. 提问的技巧有哪些？

4. 回答的技巧有哪些？

五、论述题

在沟通、洽谈的过程中，怎样让对方感受到你是在认真地倾听他的表述？

六、实操题

实训内容：“听”与“说”的游戏。通过倾听别人的发言，进行归纳总结，并正确地表达自己的观点。

背景资料：

私人飞机坠落到荒岛上，只有6个人存活，他们是：

（1）孕妇：怀孕8个月。

（2）发明家：正在研究可再生、无污染的新能源。

（3）医学家：多年研究艾滋病的治疗方案，已取得突破性进展。

（4）宇航员：即将远征火星，寻找适合人类居住的新星球。

（5）生态学教授：负责热带雨林的抢救工作。

（6）流浪汉。

要求：

6位学生分别扮演6位存活者。逃生工具只有一个能容纳一个人的橡皮气球吊篮，没有水和食物。针对自己应该乘坐气球先行离岛的问题，各自陈述理由。先复述前一个人的理由再重申自己的理由，最后决定可先行离岛的人是复述别人逃生理由最完整并陈述自己先逃生理由最充分的一个。

参考文献

1. 罗杰·道森，刘祥亚，译．优势谈判［M］．成都：四川人民出版社，2018.
2. 克里斯·沃斯，塔尔·拉兹．赵坤，译．强势谈判［M］．北京：九州出版社，2017.
3. 利·汤普森．赵欣，译．国际商务谈判［M］．6版．北京：中国人民大学出版社，2019.
4. 戴尔·卡耐基，巫和雄，等译．卡耐基成功学全集［M］．北京：北京燕山出版社，2015.
5. 肯·布兰佳，凯西·卡夫，维基·哈尔西，王霆，译．极致服务——如何创造不可思议的客户体验［M］．北京：中国人民大学出版社，2015.
6. 汤姆·霍普金斯，本·卡特．杨晓瑜，译．当客户说“不”［M］．北京：中信出版社，2016.
7. 海肯．郭晶晶，译．超级客服［M］．北京：中国财政经济出版社，2015.
8. 陈鹏．商务谈判与沟通实战指南［M］．北京：化学工业出版社，2019.
9. 毕思勇，赵帆．商务谈判［M］．3版．北京：高等教育出版社，2018.
10. 李志军．商务谈判与礼仪［M］．北京：中国纺织出版社，2018.
11. 黄杰，汤曼．商务沟通与谈判［M］．北京：人民邮电出版社，2018.
12. 崔文丹．商务谈判与沟通［M］．北京：机械工业出版社，2018.
13. 周延波．商务谈判［M］．2版．北京：科学出版社，2018.
14. 饶雪玲．商务谈判与操作［M］．2版．北京：北京交通大学出版社，2018.
15. 鲁小慧，孙勇．商务谈判［M］．郑州：河南科学技术出版社，2014.
16. 白远．国际商务谈判：理论、案例分析与实践［M］．5版．北京：中国人民大学出版社，2019.
17. 李建民．国际商务谈判案例［M］．北京：经济科学出版社，2016.
18. 王丽丽，王军华．商务能力教程［M］．2版．北京：高等教育出版社，2014.
19. 胡善珍．现代推销——理论、实务、案例、实训［M］．2版．北京：高等教育出版社，2015.
20. 李红梅．现代推销实务［M］．5版．北京：电子工业出版社，2018.
21. 林力，解永秋．模拟商务谈判案例教程［M］．北京：中国轻工业出版社，2015.
22. 吴建伟．商务谈判策略与案例分析［M］．北京：清华大学出版社，2017.
23. 张照禄．谈判与推销技巧案例评析［M］．2版．成都：西南财经大学出版社，2015.
24. 蔡春红，余远坤，冯强，蒋勇，杜春杰．推销技巧与实战［M］．2版．北京：清华大学出版社，2017.
25. 黄金火，陈新武．现代推销技术［M］．4版．北京：高等教育出版社，2018.

26. 吴健安．现代推销理论与技巧［M］．4 版．北京：高等教育出版社，2018.
27. 吴健安，王旭，姜法奎，吴玲．现代推销学［M］．5 版．大连：东北财经大学出版社，2017.
28. 艾丹，吴建平．推销实务［M］．北京：中国纺织出版社，2018.
29. 岳贤平．推销：案例、技能与训练［M］．北京：中国人民大学出版社，2018.
30. 林望道．世界上最伟大的推销员：原一平与乔・吉拉德的财富传奇［M］．北京：立信会计出版社，2016.
31. 王鉴．深度营销：解决方案式销售行动指南［M］．北京：机械工业出版社，2017.
32. 崔小西．推销的艺术：如何让顾客从拒绝到掏钱购买［M］．南昌：江西美术出版社，2017.
33. 金源．你的推销能力价值百万［M］．黑龙江：黑龙江教育出版社，2018.
34. 李立恒．阿里铁军销售课［M］．成都：四川人民出版社，2019.
35. 黄铁鹰．海底捞你学不会［M］．2 版．北京：中信出版社，2015.